다산의 사서학

동아시아의 관점에서

다산의 사서학,
동아시아의 관점에서

2014년 12월 29일 제1판 1쇄 인쇄
2015년 1월 12일 제1판 1쇄 발행

지은이   차이전펑
옮긴이   김중섭, 김호
기획   인하대학교 한국학연구소
펴낸이   이재민, 김상미

편집   이미경
디자인   달뜸창작실, 최인경

종이   다올페이퍼
인쇄   천일문화사
제본   광신제책

펴낸곳   너머북스
주소   서울시 종로구 누하동 17번지 2층
전화   02) 335-3366, 336-5131 팩스 02) 335-5848
등록번호   제313-2007-232호

ISBN 978-89-94606-33-0 93100

이 책은 2007년 정부(교육과학기술부)의 재원으로 한국연구재단의 지원을 받아 수행된 연구임
(KRF-2007-361-AM0013)

너머북스와 너머학교는 좋은 서가와 학교를 꿈꾸는 출판사입니다.

동아시아한국학 번역총서 2

다산의 사서학
동아시아의 관점에서

차이전펑 지음 김중섭, 김호 옮김

너머북스

인하대학교 한국학연구소는 2007년부터 '동아시아 상생과 소통의 한국학'을 의제로 삼아 인문한국(HK) 사업을 수행하고 있다. 상생과 소통을 꾀하는 동아시아한국학이란, 우선 동아시아 각 지역과 국가의 연구자들이 자국의 고유한 환경 속에서 축적해 온 '한국학(들)'을 각기 독자적인 한국학으로 재인식하게 하고, 다음으로 그렇게 재인식된 복수의 한국학(들)이 서로 생산적으로 소통할 수 있는 방법을 구성해내는 한국학이다. 우리는 바로 이를 '동아시아한국학'이라는 고유명사로 명명하고 있다. 따라서 동아시아한국학은 하나의 중심으로 수렴된 한국학을 지양하고, 상이한 시선들이 교직해 화성和聲을 창출하는 복수의 한국학을 지향한다.

이런 목표의식 하에 한국학연구소는 한국학이 지닌 서구주의와 민족주의적 편향성을 극복하기 위한 방법으로 근대전환기 각국에서 이뤄진 한국학(들)의 계보학적 재구성을 시도하고 있다. 주지하듯이 한국에서 자국학으로 발전해온 한국학은 물론이고, 구미에서 지역학으로 구조화된 한국학, 중국·러시아 등지에서 민족학의 일환으로 형성된 조선학과 고려학, 일본에서 동양학의 하위 범주로 형성된 한국학 등 이미 한국학은 단성적單聲的인 방식이 아니라 다성적多聲的인 방식으로 존재하고 있다. 우리는 그 계보를 탐색하고 이들을 서로 교통시키고자 한다. 다시 말해 본 연구소는 동아시아적 사유와 담론의 허브로서 동아시아한국학의 방법론을 정립하기 위해 학문적 모색을 거듭하고 있다.

　더욱이 다시금 동아시아 각국의 특수한 사정들을 헤아리면서도 국경을 넘어서는 보편적 가치를 모색할 필요성이 절실해지는 이즈음, 상생과 소통을 위한 사유와 그 실천의 모색에 있어 그간의 학문적 성과를 가름하고 공유하는 것은 여러 모로 의미가 있으리라 여겨진다. 이에 우리는 복수의 한국학에 대한 계보학적 탐색, 상생과 소통을 위한 동아시아한국학의 방법론 정립, 연구 성과의 대중적 공유라는 세 가지 지향점을 중심으로 지속적으로 축적되고 있는 연구 성과를 세 방향으로 갈무리하고자 한다.

　본 연구소에서는 상생과 소통을 위한 동아시아한국학 연구에 있어 연구자들에게 자료와 토대를 정리해 연구의 기초를 제공하고, 또한 현재 동아시아한국학 연구의 범위와 향방을 보여줄 뿐만 아니라 그 연구 성과들을 시민들과 공유하는 것까지 고려하는 방향으로 총서를 발행하고 있다. 모쪼록 이 총서가 동아시아에서 갈등의 피로를 해소하고 새로운 상생의 방법을 모색하는 데 일조할 수 있기를 기대한다.

인하대학교 한국학연구소

차례__

1999년 대만 교육부에서 '대학학술탁월추구계획'을 추진하면서 대형 연구 프로젝트를 공모했다. 대만대학은 황쥔제 교수의 주관하에 '동아시아 근세 유학 중의 경전 해석 전통'이라는 주제로 교육부의 지원을 받게 되었다. 그 후 이 프로젝트를 바탕으로 2002년 '동아시아문명연구센터'를 설립했다. 필자는 황쥔제 교수의 초청을 받아 '동아시아문명연구센터'의 연구원으로 참여하여 근세 한국과 일본 유학에 관한 연구 주제에 관심을 갖게 되었고, 다산학술재단의 지원 아래 한국을 방문하여 안동지역의 유학과 전통문화 현장을 접할 수 있었다. 이 방문으로 필자는 조선 유학에 친근감을 느꼈고, 한국의 다산학술재단으로부터는 정약용의 『여유당전서』를 기증받았다. 이를 계기로 연구 주제를 정약용의 유학 저술에 집중하게 되었다.

조선 유학자의 저술을 읽으면서 필자는 조선의 유학이 동아시아 사상 세계에서 차지하는 독특성을 깊이 인식했다. 조선 유학은 그 자체 내부의 치열한 논쟁과 토론의 결과로 일부 철학 주제는 중국 유학을 초월한 기세를 보였으며 동아시아 및 세계정세의 변화에 대해서도 나름의 예리한 통찰을 보여주었다. 이 책에서 토론한 조선 후기의 정약용을 예로 본다면, 정약용의 학술은 중국의 고증학과 일본의 고학파의 유학 해석을 참조했을 뿐만 아니라 그의 서학에 대한 견해도 많이 융합되었다. 따라서 정약용이 보여준 유학적 견해는 조선 한 국가만의 유학으로 보면 안 되고 동아시아적 시각을 갖춘 중요한 학자로 보아야 할 것이다. 정약용의 유학 저술은 유학사 연구의 귀중한 자료뿐만 아니라, 동아시아 문명이 서양 문명을 어떻게 상대했는가를 탐구할 때 이용할 수 있는 중요한 자원이다.

이 책은 2010년 대만대학출판부에서 출판되었지만 이제 한국어판을 볼 수 있게 되어 매우 기쁘게 생각한다. 한국어판이 출판될 수 있도록 도움을 준 이봉규 교수의 추천과 김중섭, 김호 두 교수의 번역에 고마움을 전한다. 이외에 동아시아 유학 연구를 주관한 황쥔제 교수와 한국 다산문화재단의 학술 지원에도 감사드린다.

2014년 12월 차이전펑

『다산의 사서학, 동아시아의 관점에서』는 대만대학 중국문학과 교수 차이전펑 선생이 동아시아 유학을 연구한 후 내놓은 중요한 성과물이다. 차이전펑 선생은 나에게 이 책의 원고를 미리 읽을 수 있는 기회를 주었고, 추천글을 부탁했다. 나는 이 책의 출판을 기쁘게 생각하고 기꺼이 응하는 바이다.

중국 대륙과 대만 중문학계의 조선 유학에 대한 연구는 아직 시작 단계이고 다산 정약용에 대한 연구는 더더욱 적다. 차이전펑 선생의 저술을 통해 중문학계의 조선 유학에 대한 연구가 크게 도약할 수 있다는 점에서 그 공은 매우 크다고 할 수 있다.

이 책은 차이전펑 선생이 조선 유학과 다산 정약용 연구에서 이룬 탁월한 성과라고 생각한다. 이 책의 가장 특출한 성과는 다음의 세 가지로 정리할 수 있다.

첫째, 이 책은 정약용의 사서학을 '동아시아의 유학'이라는 넓은 시야에 두고 비교 분석하여 그 가치를 논했다. 정약용은 18세기 말에서 19세기 초 조선의 실학파 사상가이다. 그는 경세제민에 관한 저술 외에도 유교 경전을 해석하여 『주역사잠』, 『역학서언』, 『논어고금주』, 『맹자요의』, 『중용자잠』, 『대학공의』, 『상례사잠』, 『경세유표』, 『목민심서』 등 많은 저술을 남겼다. 그의 저술은 『여유당전서』에 수록되어 동아시아 유학사에서 전승과 개척이라는 중요한 의미를 지니고 있다.

정약용은 주해의 방식으로 유교의 경전을 재해석하였는바, 전통을 이어가는 동시에 새로운 것을 창조했다. 동아시아 유학사 중에서 정약용이 차지한 지위를 어떻게 평가할 것인가? 이것은 매우 중요한 연구 과제이다. 차이전평 선생은 이 책에서 1차 자료인 다산의 원전을 바탕으로 다산의 사서학을 세밀하게 분석하고 거시적으로 서술했다. 이 책은 다산의 사서 해석을 '동아시아'라는 더 넓은 범위에 두고 고찰하여 중국 학자의 해석과 비교했을 뿐만 아니라 일본 고학파의 이토 진사이伊藤仁齋와 오규 소라이荻生徂徠의 사서 해석도 참조하여 다산 사서학의 특별한 점을 부각시켰다. 차이전평 선생이 말하기를, 다산을 일본 고학파와 비교한 이유는 다산 스스로 일본 고학파의 영향을 많이 받았다고 하였고, 다산의 사서 주해에도 일본 고학파 학자의 저술을 많이 인용하였기 때문이다.

차이전평 선생이 다산을 동아시아 유학의 맥락 속에서 분석하였기 때문에 그는 비교의 관점에 입각하여 다산 사상의 위치를 설정할 수 있었다. 주자학은 동아시아 근대 유학 사상사 중에서 가장 중요한 이정표이다. 주자는 한漢, 당唐 및 북송北宋 유학자의 학문을 집대성하여 그 이후 동아시아 유학자에게 새로운 전범典範이 되었다. 13세기 이후 동아시아 각국의 학자는 주자를 해석할 수 있고 비판할 수 있고 반대할 수도 있지만, 주자를 회피하고 별도의 학문 체계를 세우는 것은 불가능했다. 17세기 이후, 일본이나 조선의 학자는 젊은 시절에 대체로 주자학을 공부하고 중년 이후 주자학을 반대하는 경향을 보였다. 일본 도쿠가와 시대 고학파의 반反주자학 성향은 더욱 뚜렷하다. 다산 정약용의 사서학도 그동

안 연구자들에 의해 반주자학 진영에 분류되었다. 하지만 이 책에서 차이전펑 선생은 상세한 분석을 통해 지적하기를, 다산은 비록 주자의 '이理, 기氣' 구도를 반대했지만 주자의 '인심人心, 도심道心'의 구분은 반대하지 않았고, 유학사에서 사서四書가 차지하는 중요성에 대해서도 주자의 의견을 따르고 있다. 따라서 다산의 사서학은 동아시아 근대의 '기학氣學' 혹은 '반주자학'으로 분류할 수 없고 '포스트 주자학'으로 보아야 한다고 차이전펑 선생은 주장한다.

두 번째 공헌은 다산 사서학의 기본 성질은 천주교 교리와 아직 거리가 있다는 것을 규명한 것이다. 17세기 이후 서학西學이 전래되면서 동아시아 학자들이 기독교 문화를 접하기 시작하였고, 이에 따라 경전을 해석할 때 간혹 서학 혹은 서교西教의 사상이 나타난다. 다산은 천주교를 받아들인 적이 있기 때문에 그의 저술에서 나타난 '천天', '상제上帝' 개념은 천주교의 영향 때문이라고 보는 견해가 있고 이것은 한국 학계에서 여전히 논란이 많은 문제이다. 차이전펑 선생은 이 책에서 다산 사서학의 이론 체계와 원본 텍스트를 분석한 후 다산의 사서학은 수사학洙泗學에 가깝고 천주교 교리와는 거리가 멀다고 지적했다. 차이전펑 선생의 이 결론은 다산의 사상 중 서학의 역할을 규명하는 데 도움이 된다.

세 번째 공헌은 다산의 사상을 동아시아가 '전통'에서 '근대'로 전환하는 계보 안에서 고찰했다는 사실이다. 차이전펑 선생의 이런 문제의식은 일본 사상사를 연구한 마루야마 마사오丸山眞男의 학설을 많이 참고했다. 마루야마는 도쿠가와 사상사의 발전은 '송학宋學―야마가 소코山鹿素行, 이토 진사이―오규 소라이―모토오리 노리나가本居宣長'라는 계보를 따른다고 설명하고, 소라이학徂徠學의 발전이 도쿠가와 봉건체제의 기초 사상인 주자학을 와해시켜 일본의 근대 의식의 기초가 되었다고 주장한다. 마루야마의 학설은 19세기 독일관념론과 1960년대 서구의 현대화 이론을 배경으로 하고 있고 동시대의 학자와 후기의 제자의 비판을 받았지만 여전히 동아시아 유학 사상을 연구할 때 반드시 참고해야 할 학설이다. 차이전펑 선생은 마루야마의 문제의식에서 출발하여 지적하기를, 다산의 사서학은 완전한 '반주자학'의 입장은 아니지만 그렇다고 근대 의식으로 발전할 수 있는 가능성이 전혀 없는 것은 아니라고 했다.

차이전펑 선생은 이 책에서 세 가지 논증을 제시했다. 첫째, 다산의 천인관天人觀은 천명天命이 아래로 관철하는 식이 아니므로 "천인天人이 자연적으로 연결되어 있다"는 사상으로 이해하면 안 된다. 둘째, 다산은 맹자의 심성론을 주장하지만 자연의 선善이 아닌 도덕적 실천(行事)에서 비롯하는 선을 강조한다. 셋째, 다산은 주체성을 강조하는 동시에 상호 주체성도 강조하여 '예악형정'론의 근거를 제공함과 동시에 '사회계약론'의 초보 형태를 보여주었다. 이 세 가지 논점은 깊이 생각해볼 가치가 있다.

대만과 중국 대륙 중문학계의 동아시아 사서학 연구 성과를 보면, 중국의 주자학과 사서학에 관한 저술이 가장 많고, 도쿠가와 일본의 사서학, 특히 고학파 학자들 관련 연구가 그다음이다. 조선 학자의 사서학에 대한 연구는 매우 적은데 차이전펑 선생의 이 신작 출판은 이런 부족함을 보완하고 관련 학문 발전에도 크게 기여할 것이다. 나는 이 책의 출판을 매우 기쁘게 생각하며 이를 계기로 조선 유학에 관한 저술이 더 많이 출판되기를 기대한다.

황쥔제(대만대학 인문사회고등연구원 원장)

1장

문제와 방법

1. 사서학의 방법 개념

주희 사서학의 성립

사서四書가 독립적인 학문 체계가 된 것은 주희朱熹(1130~1200) 때부터다. 주희는 자신의 유학儒學 체계에 대한 구상을 제시하기 위해 이정二程의『대학大學』해석을 계승했다. 주희는『예기禮記』중 「대학」과 「중용中庸」 두 편을 독립시켜『대학』을 '초학자가 덕을 공부하는 입문(初學入德之門)'으로 정하고『중용』을 '공자가 전수하는 심법(孔門傳授心法)'으로 정하여『논어』·『맹자』와 함께 '사서'라고 칭하였다. 그는 사서의 학문적 긴밀함과 완정함을 보여주기 위해 후학에게 사서의 공부 순서를 대학─논어─맹자─중용으로 제시하였고, 후학을 일깨우기 위해『대학장구大學章句』·『중용장구中庸章句』·『논어집주論語集注』·『맹자집주孟子集注』외에도『사서혹문四書或問』을 집필했다. 주희가 "『논어』·『맹자』의 집주는 한 글자를 더해도 안 되고 한 글자를 빼서도 안 된다"[1]고 말한 데에서 볼 수 있듯이『사서장구집주四書章句集注』는 그의 평생에 걸친 학문 세계가 담긴 '주자학'의 중요한 내용이라 할 수 있다.

유학 부흥의 측면에서 볼 때『사서장구집주』는 주희의 가장 중요한 업적이다. 그 의미는 세 가지 맥락에서 설명할 수 있다.

① 이 저술은 공자(논어)—증자(대학)—자사(중용)-맹자(맹자)로 이어지는 도통道統의 전승을 수립하였고, 이 도통의 전승으로 주희는 유학의 발전을 다시 해석했다.[2]

② 주희는『대학』·『중용』의 해석을 통해 자기의 '성리性理 세계관'을 확립하였고, 이 '성리 세계관'으로 자신의 유학 체계를 형성했다.

③ 주희는 유학의 부족함을 보완하기 위해『중용』의 형이상학 사상으로 불교 사상의 도전에 대응했다.[3]

비록 구양수歐陽修(1007~1072)를 비롯해 많은 학자가 자사子思가『중용』을 지었다는 설[4]과 증자曾子가『대학』을 지었다는 설에 의문을 제기하였지만, 주희는 도통설에 기초하여 공자—증자—자사—맹자의 혈맥을 확립하기 위해『중용』은 자사가 저술한 것이라고 강력히 주장한다. 또『예기·대학』의 문장 체계를 보면 '경일장經一章, 전십장傳十章'이라는 것을 알 수 있는데 '경일장'은 증자가 저술한 것이라고 주장한다.

성리의 세계관을 바탕으로 주희는 사서의 이론 체계에는 '도심道心과 인심人心', '이理와 기氣', '천리天理와 인욕人欲'의 구분이 있다고 본다. '도심'은 '이'에 속하고 인간의 선험적이고 근본적이며 본질적인 선善이요 만물의 이치를 갖춘 '천지의 성性'이다. '인심'은 '이'가 '기' 안에 있는 것이고 이와 기가 뒤섞인 '기질氣質의 성性'이다. 주자의 학설에 의하면, '기질의 성'은 반드시 천리를 가리지만 이런 가림은 진정한 변질은 아니다. 따라서 소위 본성 회복(復性)의 공부와 노력이 필요한 것이다. 즉 주자는 주경主敬과 궁리窮理의 공부로 인간 본연의 순수한 본성을 회복할 수 있다고 주장한다. 불교와 노장의 허무 이론에 대응하는 차원에서, 주희는 『중용』의 '천명지위성天命之謂性(하늘이 명한 것이 이른바 성이다)'이란 관념으로 공자의 윤리 교육과 성性, 천도天道의 관계를 설명하고, "성誠은 하늘의 도리이고 성하게 하는 것은 인간의 도리다(誠者, 天之道, 誠之者, 人之道)", "성誠이란 만물의 처음과 끝이요 성이 아니면 만물도 없다(誠者, 物之始終, 不誠無物)"는 개념을 통해 '중용'과 '성명性命' 문제에 대한 해답을 찾고자 했다.

주희 사서학의 전개

주희의 사서학 체계는 성공적으로 유학의 권위를 회복했을 뿐만 아니라,[5] 과거 시험을 통해 주자학은 동아시아 지식 계층의 기본 교양이 되었다.

주자학은 원나라 인종仁宗 연우延祐 2년(1315)에 학문의 정통과 과거 시험의 표준 교재로 지정되었다.[6] 이것으로 주자학의 관학官學 지위가 확정되었을 뿐만 아니라 사서의 경서화經書化 경향도 보이기 시작했다. 명나라는 원나라의 주자학을 관학으로 정한 정책을 이어받아 홍무洪武 17

년(1384)에 '과거정식科擧定式'[7)]을 반포하여 학습 교재의 표준화를 추진했다. 이로써 남송南宋 때 이미 나온 『사서장구집주』의 주석서[8)]가 고시의 수요와 상업 목적[9)]으로 계속 출판되었다.[10)]

주자학의 관학화와 사서의 경서화 추세는 일본과 조선에서도 진행되었다.[11)] 고려 말기(13세기 말) 안향安珦(1243~1306)은 충선왕을 따라 원의 대도大都(지금의 베이징)에 갔을 때 『사서장구집주』를 구입하여 고려로 돌아온 후 강의를 하였다. 그 후 공민왕 16년(1367) 대사성 목은牧隱 이색李穡(1328~1396)이 성균관을 재개하고 학제를 개정하여 오경사서五經四書齋(후에 구재九齋라고 칭함)로 나누어 송학宋學을 가르쳤다. 조선왕조 때는 고려의 법을 따라 성균관에 구재를 설치하고, 과거 시험의 경서의經書義 과목은 주자『장구집주』의 설을 위주로 했다.[12)] 이후 조선의 선비는 사서를 공부할 때 모두 주자를 으뜸으로 여겼다.

15~16세기 조선은 명明의 판본을 도입하여 『성리대전性理大全』·『사서오경대전四書五經大全』·『주자문집대전朱子文集大全』 등 성리학 관련 서적을 간행하였는데, 특히 『주자문집대전』이 보편화되어 조선 학자들 사이에서 필독서가 되었다. 『주자문집대전』의 주요 조선 간행본은 1543년 중종(1488~1544)이 권벌權橃(1478~1548)에게 하사한 판본과 1575년 유희춘柳希春(1513~1577)과 조헌趙憲(1544~1592)이 퇴계退溪 이황李滉(1501~1570)의 교감본을 바탕으로 간행한 활자 인쇄본, 1653년 원두표元斗杓(1593~1664)가 간행한 목판 인쇄본, 1771년 홍계희洪啓禧(1703~1771)가 간행한 목판 인쇄본 등이 있다. 1588년 이황은 『주자문집대전』의 1,700여 편 서한과 주자의 학문 출처와 관련된 1,008편의 글을 모아 『주자서절요朱子書節要』를 편집했다. 『주자서절요』의 보급으로 조선 학자들

은 단시간 내에 주자학을 이해하게 되어 그 영향력이 매우 컸다.[13]

16세기 중엽 이후 서원에서 인재를 육성하고, 향약鄕約 조직이 힘을 발휘하여 정주程朱(정호, 정이 형제와 주희를 이르는 말)의 학문이 조선에서 꽃을 피우기 시작했다. 이 시기의 학자들은 성리학 이론의 탐구에 전념하여『성리대전』,『주자대전』,『주자서절요』,『주자문록朱子文錄』,『심경心經』등 경전을 연구했다. 이 시기 철학적 논쟁의 핵심은 주리파主理派의 이황, 우계牛溪 성혼成渾(1535~1598)과 주기파主氣派의 고봉高峰 기대승奇大升(1527~1572), 율곡栗谷 이이李珥(1536~1584) 간의 '사단칠정四端七情' 논쟁이었다.[14] 처음에 퇴계와 고봉, 율곡과 우계의 논쟁은 진리를 추구하는 열정에서 나왔을 것이다. 하지만 퇴계와 고봉의 별세에 따라 이런 논쟁은 당파 대항의 상징이 되어 당쟁에 빠지고 말았다. 퇴계 이론을 원류로 하는 퇴계학파(지역적으로 영남학파)는 정치 파벌에서 동인으로 분류되고 (동인은 남인·북인으로 나뉘며 남인이 주류), 율곡을 계승한 학파(지역적으로 기호학파)는 서인으로 분류된다(서인은 노론·소론으로 나뉘고 노론이 주류).

퇴계학파와 율곡학파의 논쟁은 수백 년 동안 지속되었다. 주리와 주기의 논쟁 외에도[15] 18세기에는 주기파의 서인 내부에서 분열한 '인물성동人物性同(인성과 물성이 같다는 주장)', '미발순선未發純善(아직 발하지 않은 본성은 순수하게 선하다는 주장)'설과 '인물성이人物性異(인성과 물성이 다르다는 주장)', '미발즉유선악未發即有善惡(발하지 않은 본성에 이미 선과 악이 존재한다는 주장)'설 간의 논쟁이 있었다.[16] 이러한 추이에서 주자학이 심화 발전하여 조선 유학의 주류를 이루었다는 것을 알 수 있다. 집권하든 재야든 조야朝野의 학자 모두 주자학을 정학正學으로 삼았을 뿐만 아니라 조선의 왕도 하나같이 솔선수범하여 공부하였는데 특히 정조(1752~1800) 임금이 열성이었다. 정조는 1789년 4월 경연 강학經筵講學할 때 신하에게 자신이 일생 동안 주자학을 공부한 경험을 이야기했다.[17] 따라서 청대 건륭乾隆, 가경嘉慶 시기 중국의 주자학이 쇠퇴했을 때 조선의 주자학은 여전히 부흥했음을 알 수 있다.[18]

일본에 주자학이 전래된 시기는 13세기까지 거슬러 올라가지만[19] 초기의 영향력은 조선만큼 크지 않았다. 16세기 후반 이후에야 이러한 상황에 뚜렷한 변화가 나타났다. 일본에는 과거제도가 없었지만 16세기 후반 이후 조선과 중국의 서적은 조 · 일, 중 · 일 간 주요 무역 상품이었고 특히 과거 시험용 서적이 주류였다.[20] 도쿠가와德川 시기의 후지와라 세이카藤原惺窩(1561~1619)는 수입 한문 서적 및 전쟁 포로로 잡혀온 조선 지식인의 영향으로 도쿠가와 유학의 창시자가 되었다.[21] 세이카의 제자로 바쿠후幕府에서 관직을 역임한 하야시 라잔林羅山(1583~1657), 가이바라 에키켄貝原益軒(1630~1714), 나카무라 데키사이中村惕齋(1629~1702), 안도 세이안安東省庵(1622~1701) 등은 수입된 명의 사서학 서적을 통해서 유학자가 된 것이다.[22]

일본의 도쿠가와 바쿠후(1603~1868) 때 주자학자 하야시 라잔을 학관學官으로 기용했지만 그의 유학은 바쿠후의 기본 정책에 영향을 주지 못했다. 유학이 도쿠가와 시대에 미친 영향을 굳이 따진다면 통치 계급의 자제 교육 측면에서 찾아야 할 것이다. 유학 교육의 결과, 오카야마번岡山藩의 이케다 미쓰마사池田光政(1609~1682), 아이즈번會津藩의 호시나 마사유키保科正之(1611~1673), 미토번水戶藩의 도쿠가와 미쓰쿠니德川光圀(1628~1701) 등 주자학을 신봉하여 명군名君의 이름을 얻은 다이묘大名도

배출되었다. 18세기 말 마쓰다이라 사다노부松平定信(1758~1829)는 개혁을 실시하고 주자학을 정치 개혁의 이념으로 채택했다. 사다노부는 바쿠후 직할 학교를 설립하여 주자학을 '정학正學'으로 정했을 뿐만 아니라 동시에 이학異學을 금지시키기도 했다.

이러한 '유학 제도화'의 추세에 따라 주자학의 텍스트는 민간 서점의 출판물 외에도 바쿠후에서 간행한 '관판官版' 및 전국 한코藩校(번에서 세운 공립 학교)에서 출판한 '번판藩版'이 있었다. 주자학의 교재가 값싸게 대량 공급되었기 때문에 일본에서 18세기 후반부터 메이지유신까지 주자학을 중심으로 하는 유학이 보급화되는 추세를 보였고, 이 때문에 주자학은 중세의 불교를 대신하여 일본 근대 지식인의 지식 자원이 되었다.[23]

방법으로서의 사서학과 문제의식

주희가 『사서장구집주』와 『사서혹문』을 완성했을 때 그 자신은 '사서학'이란 개념을 사용하지 않았지만 주희의 제자 보광輔廣에게 수학한 웅화熊禾(1274년 진사進士)는 그의 저서에서 "주자의 사서학은 해와 달처럼 영원하리(考亭四書學, 日月行萬古)"(고정考亭은 주희가 만년에 머물며 강학했던 고을 및 서원의 이름)라는 시구를 남겼다.[24]

웅화의 용례에서 '사서학'과 '주자학'은 별반 차이가 없어 보인다. '사서학'은 '주자학'의 별칭으로 사용하기도 하지만 가끔 '오경학五經學'과 구분하기 위해 사용하기도 한다. 이는 순희淳熙(1174~1189, 남송 효종의 연호) 이후 학자들의 사서 해석이 점차 경서 강의보다 많아졌기 때문이다.[25] 이런 사실과 위에서 언급한 사서가 동아시아 공동의 지식 자산이 되는 과정을 볼 때, 소위 '사서학'의 의미는 다음 네 가지 측면에서 설명할 수 있다.

① 사서학은 단지 『논어』·『맹자』·『대학』·『중용』 네 권의 책을 모아놓은 것만은 아니다. 소위 사서학은 사서를 하나의 완정한 이론 체계로 다루는 것이다. 따라서 주희의 '사서학'은 '주자학'의 중요한 내용이고, 주자학은 사서라는 텍스트 체계를 통해 그 이론을 구축한 것이다. 이런 의미에서 볼 때, 주희의 『사서장구집주』에 대한 해석서나 과거 시험을 위한 참고서 역시 '주자학'의 '사서학'에 포함해서 보아야 한다.

② 사서학은 주희가 유학을 부흥시키는 중요한 작업으로서 사서학의 성립은 반드시 유학자의 보편적인 인정을 받아야 하고, 다른 한편으로는 필연적으로 사서 이외의 다른 경전의 지위 변화를 초래한다. 사서가 점차 경서화되고 오경은 사서를 보완하는 위치에 놓이게 된다.

③ 사서의 사상은 그 전개 과정에서 각 지역의 서로 다른 역사 조건에 따른 '맥락적 전향contextual turn' 때문에 다양하게 해석된다.[26] 이에 따라 주희가 사서학을 통해 완성한 유학 이론도 지역마다 서로 다른 점을 편중하게 된다. 해석의 차이로 말미암아 주자학은 중국에서 '이학理學'으로 부르고 한국에서는 '성리학性理學'으로 부른다.[27] 일본이 도쿠가와 시대에 도입한 유학은 주로 '명대의 사서학'이지 '주자의 사서학'은 아니었다. 따라서 일본의 사서학을 논하려면 야마자키 안사이山崎闇齋(1618~1682)가 '명대 사서학'을 "주자학의 말

단의 책"이라고 비판한 이후를 봐야 할 것이다. [28]

④ 사서학은 동아시아 지식인 계층이 보편적으로 받아들인 텍스트가 된 이후, 사서의 내용은 불가피하게 정치 담론의 기초와 동아시아 문명 개념의 근거가 되었다.

이상 사서학 의미에 대한 네 가지 설명에는 사실 사서학을 바탕으로 한 발전 가능성과 사서 연구의 과제 등이 내포되어 있다. 이를 구체적으로 설명하면 다음과 같다.

① 주희의 사서학은 사상과 사회의 문제에 대응하기 위해 나타난 사상 체계이므로, 더 이상 시대의 문제에 대응할 수 없는 경우 사서학의 체계는 재검토할 필요가 있다.

② 사서학이 성립된 이후 경학을 대체하는 추세를 고려해볼 때 오경(혹은 육경)과 사서 간에 더 이상 상호작용이 없는 것을 의미하는가? 주희 이후 육경과 사서의 정치적 관점은 어떻게 다른가?

③ 중국 밖의 조선, 일본에서 사서학에 대해 어떠한 새로운 해석을 제기하였는가? 이러한 새로운 해석은 또 어떤 새로운 문제에 대응하는 것인가?

④ 정치 담론 및 동아시아 문명의 개념으로서 사서학, 새로운 사서학 그리고 사서학의 해체는 어떤 새로운 담론을 제공할 수 있는가?

2. 시대의 전환과 주희 사서학의 변화

주희 사서학의 지위 변화

주희는 사서로 자신의 이학理學 체계를 완성하였고 동시에 사서와 기타 경서의 상대적 지위를 전환했다. 이런 현상에 대해 학자들의 이견이 없던 것은 아니었다. 중국에서 주희의 사서학을 반대하는 세력으로 송대에 진량陳亮(1143~1194), 섭적葉適(1150~1223)이 있었지만 주류는 역시 명대 이후의 양명심학陽明心學, 자연기학自然氣學[29] 및 청대의 문헌고증학文獻考證學이었다. 일반적으로 주희 사서학을 반대하는 논리는 세 가지로 나눌 수 있다.

첫째는 문헌학 측면에서 사서의 정전성正典性(즉, 정통 경전에 포함될 수 있는지)과 사서에서 도출한 도통론道統論에 의문을 제기하는 것이다.[30]

둘째는 경전의 해석과 실천의 효용 측면에서 주희의 해석을 반대하는 것이다.[31] 셋째는 학문적 접근 방법 측면에서 주희의 이학은 유학이 아니라는 의문을 제기하는 것이다.[32] 이러한 회의론과 외부 정치 요인의 영향으로 건륭14년(1749) 과거시험에 '경학특과經學特科'를 개설한 이후 "한학漢學만 이야기하고 송학宋學을 다루지 않는" 고증학이 학술의 주류가 되었다.[33]

일본은 주자학이 전래된 후 도쿠가와 시대에는 주희 사서학을 받아들이는 유학자도 있고 과거 참고서인 '명대 사서학'을 강력히 반대하는 이도 있었다. '명대 사서학'을 반대하는 학자 중 나카에 도주中江藤樹(1608~1648)와 구마자와 반잔熊澤蕃山(1619~1691) 등은 양명학을 주장했고, 양명학에 속하지 않은 야마자키 안사이는 『사서장구집주』의 주석본을 강력히 부정하며 명대 사서학을 통하지 않고 직접 주희의 원래 뜻을 이해하자고 주장했다.

야마자키 안사이 이후 이토 진사이伊藤仁齋(1627~1705)는 명대 사서학의 영향에서 벗어나고 동시에 주자학을 직접 인식해야 한다는 '안사이학闇齋學'과 대항하기 위해 독자적인 '고의학古義學'을 형성했다.[34] 소위 '고의학'이란 주자학을 거치지 않고 직접 경서의 고의古義를 통해 공맹의 도를 탐구하는 것이다. 진사이가 고의를 수립하는 방식은 '공맹의 혈맥'을 기준으로 하여 사서에 대해 비판하는 것이다. 진사이는 주희의 사서 중 『대학』의 경전성을 부정하고 『논어』·『맹자』 및 원본의 『중용』 등 세 가지 책만 볼 것을 주장한다.[35] 따라서 진사이의 고의학은 도쿠가와 시대에 일본 유학이 최초로 사서를 해체하고 '탈주자 사서학'을 시도한 것으로 볼 수 있다.

이토 진사이 이후 고문사(古文辭)학파의 오규 소라이荻生徂徠(1666~1728)는 『대학해大學解』를 저술하여 주희의 『대학』에 대한 해석을 반대하고[36] 『대학』의 지위를 '기記'로 격하시켰다.[37] 『대학』의 경서 지위를 부정한 것 외에 소라이는 『중용』도 공자의 사상과 부분적으로만 부합하고[38] 노자와 논쟁을 일으켜 후대 유학자의 오해만 초래한다고 했다.[39] 소라이는 진사이보다 더 철저하게 사서학을 해체하여 육경 혹은 '선왕의 도리(先王之道)'를 중심으로 한 소라이학徂徠學을 이루었다. 오규 소라이는 육경을 문자 텍스트이며 선왕이 제정한 '문물'을 제시해주는 고전으로 본다. 하지만 소라이는 『논어징論語徵』, 『대학해』, 『중용해中庸解』 등 사서의 주석서만 저술하고 육경에 대한 주석은 하지 않았다. 소라이는 육경을 중심으로 해야 한다고 주장했지만 새로운 '육경학'을 제시하지는 못했다.

진사이와 소라이의 공통점을 보면, 그들은 육경에 대한 주석 작업을 하지 않았지만 유학의 정전正典을 사서에서 육경으로 바꾸려고 했다. 진사이는 육경을 『시詩』, 『서書』, 『역易』, 『춘추春秋』 사경四經과 『예禮』, 『악樂』 등 두 부류로 나누고 『예』, 『악』을 사경의 정치 교화 측면의 보충으로 보았다. 진사이의 생각은 『논어』·『맹자』의 혈맥을 밝히면 육경과 서로 뜻이 통한다는 것이었다.[40] 소라이는 공자의 가르침은 육경에 있다고 보고 공부의 핵심은 『시』·『서』·『예』·『악』을 배우는 것이라고 주장한다.[41] 진사이가 표방하는 인륜일용人倫日用의 학문이나 공맹인의孔孟仁義의 도리이든, 소라이가 제시한 예악형정禮樂刑政이나 선왕의 도리이든[42] 그 기본 경향은 모두 주희의 이기심성론理氣心性論을 반대하고 왕의 예악형정을 중심으로 하는 전통적 해석을 지향하는 것이다.

일본과 달리 조선에서 주자학 혹은 사서학은 중앙집권 체제의 일환으로 매우 안정적으로 발전해왔다. 중간에 조선 학자 간의 독특한 토론이나 견해가 있었지만 모두 수정의 차원이고 주자학의 권위를 뒤흔든 것은 아니었다.[43] 이 점은 중국에서 주자학과 대항하는 양명학이 조선에서 처한 상황을 보아도 알 수 있다. 양명학은 조선에 전래될 때부터[44] 대학자 이퇴계의 비판[45]을 받아 주자학의 그늘 아래 숨어서 발전할 수밖에 없었다.[46] 조선 양명학의 발전은 주로 소론파 학자가 가학家學 형식으로 전승하다가 하곡霞谷 정제두鄭齊斗(1649~1736) 이후에야 체계를 이루었다. 정제두는「양지체용도良知體用圖」를 저술하여 주자학과 양명학의 차이를 언급하였지만 양자의 근본 요지에는 차이가 없다고 주장한다.[47]「양지체용도」는 조선의 특색 있는 양명학 이론이지만, 조선의 주자학자에게 양명학을 반대하지 말도록 설득하는 내용에서 주자학으로부터 심한 압박을 받았음을 알 수 있다.[48]

양명학은 조선 주자학에 직접적인 위협을 주지 않았지만, 주자학을 수정하고 양명학을 수용한 결과 조선의 유학은 중국이나 일본과는 다르게 독특한 발전 양상을 보였다. 임진왜란(1592~1598)과 병자호란(1636~1645)을 계기로 조선 유학자는 주자학의 도덕교양이 현실 문제를 해결하는 데 직면한 한계성을 생각하게 되었고, 따라서 주자학 이외의 지식 자원은 현 상황을 타파하려는 지식인에게 필요한 무기가 되었다. 이런 의미에서 조선 후기 유학의 발전은 학파와 가문 전통에서 벗어나는 경향을 보였다.

따라서 같은 스승이더라도 섣불리 그 학문적 영향을 단순하게 판단해서는 안 된다. 양명학자 정제두의 예를 보면, 그의 제자 이광신李匡臣(1700~1744), 심육沈錥(1685~1753), 윤순尹淳(1680~1741) 세 사람 중 이광신은 양명학을 절충하려는 경향을 보였고, 심육은 주자학을 숭상하며 양명학을 비판했고, 윤순은 양명학과 하곡학霞谷學을 받아들이는 모습을 보이지 않았다.[49] 물론 정제두와 그 문하생이 학문에서 보여준 태도는 양명학을 숭상하는 마음을 숨기기 위해 '겉으로는 주자, 속으로는 양명(陽朱陰王)' 방식을 채택했다고 추측할 수도 있다. 그들은 또한 문집을 편찬할 때 의식적으로 양명학을 추종하는 부분을 삭제했다.[50] 하지만 이런 상황에 대해 조선 후기의 학자는 이미 학파의 절대적 영향에서 벗어나 자주적인 학풍을 형성했다고 추론할 수도 있을 것이다.

성호학파의 성호星湖 이익李瀷(1681~1763)을 예로 든다면, 성호는 당파로 봤을 때 퇴계 계통이고 남인에 속한다. 그는 또한 퇴계를 사숙私淑하여 주자만큼 존경하고 숭배했다. 성호는 심성이기心性理氣의 토론에서 남인의 본색을 발휘하여 율곡을 퇴척해야 한다고 주장하지만 경제 실용의 학문에서는 오히려 이율곡, 반계磻溪 유형원柳馨遠(1622~1673)을 추종하며 다음과 같이 말했다. "우리 조선에서 세상을 가장 잘 인식한 자는 오직 이율곡과 유반계이다. 하지만 억제되어 전하지 못하거나 숨겨서 드러나지 못해 참으로 한스럽다."[51] 여기서도 자유로운 학풍을 엿볼 수 있다. 이러한 가문, 학파를 벗어나는 자주 학풍에 힘입어 조선 유학자는 점차 주희 사서학의 통제에서 벗어나 조선의 특색 있는 신사서학을 발전시킬 수 있었다.

사서학이 한국과 일본에 끼친 영향

　주자 사서학이 성립된 이후 이에 대한 찬동과 비판은 철학,[52] 문헌학, 사회 실천 등 여러 분야에서 있었다. 하지만 동아시아에서 주자 사서학에 대한 비교적 격렬한 반응은 17~19세기에 나타났다. 이 시기 중국은 청나라 고증학과 박학樸學의 시대였고, 조선과 일본의 유학에서도 주자학을 이탈하는 이론이 나타난 시기였다. 또 이 시기 청나라의 학술은 조선과 일본에 영향은 주었지만[53] 일본과 한국 모두 별도의 학술 전범典範을 세우는 경향이 있었다. 즉 중국의 학문적 영향력이 점차 이 두 나라의 학술을 좌우할 수 없게 되었다. 이런 현상을 가져온 역사적 요인은 '명 · 청의 교체'와 '서학의 동래東來' 두 가지로 귀결될 수 있다.[54]

　명 · 청 교체는 제일 먼저 중국을 중심으로 하는 '화이華夷 질서'와 '조공朝貢 체계'에 충격을 주었다. 우선, 1100년 동안 줄곧 '이夷'의 위치에 있었던 여진 · 만주가 '화이 질서'의 지배자가 되었다. 이것은 동아시아 지식인 계층에게 하늘이 무너지고 땅이 갈라지는 것만큼 큰 사건이었다. 비록 나중에 청과 주변 국가 간의 조공 질서는 회복되고 안정되었지만 이 사건으로 중심과 주변의 지위를 변화시키려는 시도는 더 늘어났다.

　화이의 관계에 대해 일본은 자고이래 나름의 '화이 질서'를 구축하려고 시도했다. 이 점은 『고사기古事記』, 『송서宋書』, 『수서隋書』, 『당서唐書』 중 일본과 '임나任那', '발해渤海' 간의 관계에서 알아볼 수 있다. 일본 화이사상의 천하관天下觀은 대략 5세기 말에 나타났다.[55] 7세기 후반부터 8세기 전반에 일본은 중국 왕조의 화이사상을 학습하여 '동이 소제국東夷小帝國'을 건립했다.[56] 이러한 화이사상을 기초로 일본은 신라를 번속藩

屬이나 부용국附庸國으로 보았다. 예를 들면 일본은 통일신라에 보낸 국서國書의 말머리에 '천황경문신라왕天皇敬問新羅王'이란 표현을 썼다.[57]
이런 화이사상과 천하관은 신라(935)와 발해(926)의 멸망으로 사라졌지만, 그 후 에도 바쿠후가 주희의 '명분론名分論', '정통론正統論'과 같은 화이사상을 외교 이념으로 삼아[58] 여전히 조선을 멸시하는 의식이 남아 있었다.[59] 명·청이 교체된 후 일본의 화이 질서 개념에도 큰 변화가 일어났다.[60] 일본은 마쓰마에, 나가사키, 쓰시마, 사츠마(지금의 가고시마) 네 개의 항구에서 아누이족, 중국, 네덜란드, 조선, 류큐(지금의 오키나와) 등과 무역 교류라는 구체적인 행동으로 점차 '일본형 화이 질서'를 형성했다.[61] 이는 바로 '명·청 교체'와 '서학 동래' 두 역사적 변화에 대한 대응으로 볼 수 있다.

조선에게 명의 멸망은 일본이 느끼는 것과 다른 의미가 있었다. 조선은 오랜 기간 유교 사상의 영향으로 주희의 명분론을 받아들이고 나름의 조공 체계를 갖추어 "소중화小中華"라고 불렀다.[62] 『태종실록』을 보면 태종(1367~1422) 때 여진, 일본, 쓰시마, 마쓰우라, 류큐 등에서 조공했다는 기록이 있고, 세종(1397~1450) 재위 기간에 일본은 1420년, 1425년, 1448년 세 차례에 걸쳐 사신을 파견했는데 세종은 사절을 서반삼품西班三品의 자리에 안배하고 일본의 외교적 무례를 나무랐다. 조선이 일본에 '소국小國', '서계역공순書契亦恭順' 등의 말을 사용한 것으로 보아 조선 역시 일본을 멸시했음을 알 수 있다. 그 외에도 조선은 쓰시마의 소가씨宗氏, 오우치씨大內氏 등 일본 국내의 특정 세력과 대국 대 소국 형식의 외교 관계를 유지했다.[63]

조선은 여진과의 교류에서 줄곧 여진을 오랑캐로 보고 스스로 여진보다 우월하다고 생각해왔다.[64] 자고이래 만주족에 대한 멸시, 만주족의 두 차례에 걸친 침략,[65] 그리고 명말 청초의 반청 조직이 조선의 만주족 혐오 심리를 이용하자[66] 조선은 명분주의名分主義 외교정책을 고수하여 청과의 관계 개선은 상당 기간 지연되었다. 명·청 교체 초기에 조선의 군신은 대체로 청이 중국을 통치하는 것은 '오랑캐가 중화를 어지럽히는 것(夷狄亂華)'이고 오랑캐에 칭신稱臣 조공하는 것은 "중국과 조선 간의 300년 은의(中朝三百年恩義)"[67]에 어긋나는 것이며 동시에 "오랑캐는 100년을 못 간다(胡無百年之運)"고 믿었다.[68] 인조 이후 역대 조선 국왕의 『실록』은 간지干支와 재위 햇수로 연도를 표시하는 경우가 많았고[69] 민간의 저술에서는 심지어 청 말기까지 숭정崇禎 연호를 쓰는 경우도 있었다. 이를 통해 조선이 중화 문화나 조공제도에 대한 감정이 일본보다 훨씬 강했음을 알 수 있다.

1683년 청이 타이완을 정복하면서 남명南明의 잔존 세력이 멸망하고 청과 조선의 관계도 안정적으로 발전할 수 있었다. 하지만 조선의 지식인은 시종 중국은 오랑캐의 지배를 받는다고 생각했다. 그 결과 점차 조선이 '소중화'에서 중화의 주류로 변할 수 있다는 '이이변화以夷變華' 사상이 생겼다. 예를 들면 송시열宋時烈(1607~1689)은 "옛 오랑캐 땅이 오늘의 중화가 된 것은 변화하기 나름이다"라고 말했다.[70] 그 후 한원진韓元震(1682~751)은 한발 더 나아가서 "이적夷狄이 이적의 행동을 버리고 중국의 도를 흠모하며 중국의 복식, 말, 행동을 따른다면 또한 중국이다. 사람들도 그를 중국으로 대하지 어찌 처음에 이적이었다는 것을 묻겠는가"[71]라고 말해 스스로 중화 정통이라고 자임하는 태세였다.

서학의 경우, 서양인이 처음 조선에 온 것은 선조(1552~1608) 때였고,[72] 인조(1595~1649) 이후 서양인과 조선의 공식적인 접촉이 있었다.[73] 그 후 개인이 서양 학문과 지식을 도입하는 경우가 점차 많아 졌다. 영조(1694~1776) 때 천주교가 황해에 전파되어 기호畿湖 일대의 지식인에게 많은 영향을 주었다. 경기지방의 남인이면서 실학을 주장한 성호학파는 경세치용의 측면에서 사회개혁을 시도했다. 성호는 실무를 중시하고 정치, 경제, 사회, 국방 등 다양한 지식의 중요성을 강조하여 천문학, 역학曆學, 수학, 광학光學 등 서양 과학 지식에 대해 광범위하게 탐구하였고,[74] 마테오 리치Matteo Ricci(중국명 이마두利瑪竇, 1552~1610)의 『천주실의天主實義』, 판토하P. Diadance de Pantoja(중국명 방적아龐迪我, 1571~1681)의 『칠극七克』등 서교西敎의 학설도 배척하지 않았다.[75] 따라서 성호의 제자 중 서교를 믿는 자도 자주 볼 수 있다.[76]

서학, 서교는 조선 실학의 발전에 영향을 주었을 뿐만 아니라 사서의 해석에도 영향을 주었다. 성호학파의 이병휴李秉休(1710~1776)와 그 제자 이기양李基讓(1774~1802)은 서학과 양명학을 적극 흡수하여 당시 주희를 맹종하는 학풍을 비판했다. 그들은 주희의 『대학장구』를 반대하고 원본 『대학』을 지지하였으며 그 학설 중에는 사천事天, 외천畏天, 경천敬天(하늘을 섬기고 두려워하고 존경함) 같은 종교적 특징도 있었다.[77] 그들의 사천, 경천사상의 근원은 두 가지가 있는데 하나는 천주교 교리이고, 다른 하나는 윤휴尹鑴(1617~1680)이다. 윤휴는 『대학』, 『중용』을 해석할 때 사천, 외천을 사상적 기조로 하여 선진先秦 학자들이 논한 '천天'의 사상을 회복하려고 했다.[78] 윤휴, 이병휴, 이기양 이후, 권철신權哲身(1736~1801)이 윤휴의 경천사상과 천주교 교리를 이어받아 훗날 정약용의 사서 해석 중

사천관事天觀에 영향을 주었다.[79)]

한 · 일 학자의 사서 해석

위에서 서술한 것처럼 17세기 명 멸망 이후 일본과 조선은 중국 중심의 화이 질서에서 벗어나려는 경향이 있었다. 일본은 '일본형 화이 의식'을 기초로 하여 스스로 '화'라고 자칭하고, 조선은 중화 문명의 승계자로 자임하여 소위 '조선 중화주의'가 나타나게 되었다.[80)]

하지만 '일본형 화이 의식'이든 '조선 중화주의'이든 그 전개 과정을 보면 사서 해석과 병행하여 발전한 것을 알 수 있다. 일본의 예를 보면, 이토 진사이는 비록 일본을 '이夷'라고 부르지만 '이夷'를 긍정적으로 해석하려고 노력했다. 진사이가 『논어』「팔일八佾」에서 나온 공자의 "오랑캐의 땅에 임금이 있는 것은 중화에 없는 것만 못하다(夷狄之有君, 不如諸夏之亡也)"를 해석할 때 주희의 『사서장구집주』에서 인용한 정자의 해석인 "오랑캐인데 군주가 있으니 중화의 참란僭亂과 반역으로 상하 질서가 없는 것과 다르다(夷狄且有君長, 不如諸夏之僭亂, 反無上下之分也)"를 따라 공자는 "무늬보다 실제를 중시한다(崇實而不崇文)"라고 평가했다.[81)] 이 해석을 보면 이미 이적夷狄은 제하諸夏보다 우위에 있는 것이 된다. 또 『논어』「자한子罕」의 "공자가 구이九夷에 가서 살겠다고 하자 혹자가 '누추해서 어쩌나'라고 했더니 공자 왈, 군자가 사는데 무엇이 누추한가?" 부분을 해석할 때, 진사이는 『후한서後漢書 · 동이전東夷傳』을 참고하여[82)] 비록 일본은 구이에 속하지만 화 · 이는 예의 문명의 기복에 따라 위치가 바뀔 수 있

다고 주장한다.[83]

오규 소라이의 해석은 진사이보다 더 급진적이다. 소라이는 진사이를 비판하며[84] 주장하기를 "우리나라의 도가 바로 하상夏商의 고도古道이다. 지금 유학자가 가르치는 것은 주周의 도뿐이다. 주의 것과 다르면 바로 중화 성인의 도가 아니라며 더 깊이 생각하지 않는다. 백가가 일어나고 맹자가 변론을 잘하지만 후학은 삼대 성인의 고도를 알지 못하니 비통하다"고 했다. '중화'로 자처하는 이러한 주장은 모두 '화이 질서'에 대한 전복으로 볼 수 있다.[85]

일본의 반응에 비해 조선의 유학자는 비록 스스로 화하라고 자임하지 않지만[86] 사서의 해석에서 조선의 문화 지위를 강조하는 경우가 많았다. 예를 들면 이유태李惟泰(1607~1684)는 『사서답문四書答問 · 논어답문論語答問』에서 "공자께서 오랑캐의 땅에 살고자 했다(子欲居九夷)" 부분을 논할 때 주희가 『사서혹문』에서 말한 "구이가 현토, 낙랑, 고려이거나 기자가 요동 구이에 살았다는 것은 공자의 본의가 아닐 것이다"[87]라는 의견을 무시하고 다음과 같이 주장했다. "형씨刑氏, 호씨胡氏, 반고班固의 설도 근거가 있기 때문에 주자가 『혹문』에 적은 것이다. 공자가 거주하고 싶은 곳이 우리 조선이 아니라는 법이 어디 있는가? 이 설을 우리나라에서 홍보하지 않으면 안 된다." 그는 또 후재풍씨厚齋馮氏의 "군자가 거처한다면 무엇이 누추하겠는가(君子居之, 何陋之有)"에 관한 질문에 "기자가 조선 동이 땅에 봉해졌기 때문에 어떻게 누추할 수 있느냐고 말한 것이다. 형씨, 호씨의 설도 같다"고 답하였다.[88] 또 박세당朴世堂(1629~1703)은 『사변록思辨錄 · 논어』「자한」제18장에서 "기자가 동이東夷의 풍속을 변화시켰으니 공자가 살아도 무엇이 누추한가?"라고 설명하였다.[89] 이익은

『성호질서星湖疾書 · 논어질서論語疾書』「공야장公冶長」제6장에서 "공자는 구이에서 살고 싶다고 했는데 구이는 동방의 외국이요 기자가 교화를 행한 곳이다"라고 말했다.[90]

　명 · 청 교체 이후 조선의 문화적 지위를 높게 평가하려는 조선 유학자의 사서 해석이 있었지만 일부 조선 학자는 한 장 한 구절의 해석만으로 조선의 지위를 향상시키려는 시도에 만족하지 않았다. 이에 정약용은 『논어고금주論語古今註』에서 「팔일」제5장에 대한 정자의 해석은 오류라고 비판하였고,[91] 「자한」제13장의 '구이는 현토, 낙랑, 고려'라는 설에 대해서도 비판했다.[92] 정약용의 비판 대상은 일본을 중국으로 하는 일본주의와 조선은 한대漢代 이전에 이미 이夷에서 하夏로 탈바꿈했다는 조선주의라고 할 수 있다. 정약용의 비평에서 실학의 실사구시 정신뿐만 아니라 조선의 문화에 대한 심도 있는 견해도 발견할 수 있다.

3. 동아시아 학술에서 정약용의 의미

동아시아 유학에서 정약용 사서학의 의미

정약용丁若鏞(1762~1836)의 자는 귀농歸農, 미용美庸, 송보頌甫이고, 호는 다산茶山, 삼미三眉, 사암俟菴, 자하도인紫霞道人, 탁옹籜翁, 태수苔叟, 문암일인門巖逸人, 철마산초鐵馬山樵 등이 있으며 당호堂號는 여유與猶이다. 정약용이 살았던 18세기 말에서 19세기 초는 조선의 봉건사회가 몰락하는 시기였다. 조선은 임진왜란(1592)을 겪고 난 뒤 후금後金(1636년 청淸으로 개명)의 두 차례 침략(1627년 정묘호란과 1636년 병자호란)으로 농업 생산력이 급격히 줄어드는 경제 위기와 왕권이 쇠약해지는 정치 위기에 직면했다. 이러한 역사적 배경에서 일부 조선 지식인이 개혁을 주장하여 실학이 탄생한 것이다. 정약용은 이황, 이익의 학문을 계승하였고 "유시

시구惟是是求, 유시시종惟是是從, 유시시집惟是是執(오직 옳은 것만 추구하고, 옳은 것만 따르고, 옳은 것만 고집함)"93)의 정신으로 학문을 하여 조선 실학을 집대성한 인물로 평가받는다. 정약용의 저서는 『여유당전서與猶堂全書』 20권94)으로 편집되었는데 내용은 철학, 문학, 정치, 경제, 과학, 형정 등을 포함하며 크게 경학經學과 경세학經世學으로 나눌 수 있다.

정약용은 한국 역사상 보기 드문 방대한 저술을 남긴 학자다. 당시의 다른 동아시아 유학자에 비해 그의 논저에는 풍부한 정치, 학술 경험이 포함되어 있다. 정치면에서 정약용은 정조의 총애를 받아 중앙과 지방의 관직을 두루 역임하다가 1801년 '신유교옥辛酉敎獄'으로 18년 동안 유배 생활을 겪었다.95) 이러한 경험으로 정약용은 시대적 문제에 남다른 견해를 가질 수 있었다. 학술 면에서 정약용은 중국의 전통적 경학 외에 과학적인 업적도 남겼다. 성호좌파星湖左派, 서학, 서교의 영향을 받은 정약용은 31세에 수원성을 축조할 때 활차滑車를 설계하여 국가 경비를 절약했다. 이외에도 그는 황종희黃宗義(1610~1695), 고염무顧炎武(1613~1682), 모기령毛奇齡(1623~1713), 서건학徐乾學(1613~1694), 염약거閻若璩(1636~1704) 등 중국 경학자의 저작과 이토 진사이, 오규 소라이, 다자이 준太宰純(1680~1747) 등 일본 고학파古學派96)의 사서 해석을 섭렵한97) 동아시아와 서학의 시각을 모두 갖춘 학자라고 할 수 있다.

사서학의 관점에서 볼 때, 정약용이 동아시아 유학에서 차지한 중요성은 다음과 같은 네 가지 측면에서 설명할 수 있다.

① 주자학은 조선에서 '성리학'으로 발전하였는데, 그 이념은 중세기부터 철학의 범주를 벗어나 정치·경제·사회·문화의 발전을 통

제하게 되었다. 주자학 혹은 조선의 성리학은 그 후 권위주의 아래 교조적인 이념 체계를 형성하여 정상적인 정치 운영을 방해할 뿐만 아니라 학술 발전과 언론의 자유도 질식시켰다. 이러한 병폐를 바로잡기 위해 정약용은 그의 경서에 대한 주소注疏에서 성리학 및 주희의 이기론理氣論 체계를 반대했다.[98] 정약용이 주희의 이기관理氣觀과 성리학을 반대한 것은 근대적 추구와 민족적 주체의식으로 볼 수도 있지만[99] 동아시아 유학의 발전 측면에서 봤을 때 정약용의 사서학 혹은 경학의 해석 체계는 일본 고학파와 중국 경학의 발전에 자극받아 형성된 것이라고 할 수도 있다. 즉 정약용은 경학 해석을 통해 윤리 실천의 범주를 확대하고, 동시에 자신의 독창적인 세계관을 수립했다.[100] 이 세계관은 조선왕조에 국한되지 않고 동아시아 전체를 대상으로 한다.

② 정약용은 학문적으로 이황, 이익을 추종하는데 이들의 학풍은 서학을 흡수하고 비판하는 정신이 있다. 더구나 정약용은 이벽李蘗 등의 영향으로 천주교를 신봉하게 되고 이를 통해 과학기술과 관련된 지식을 받아들였다.[101] 이러한 경험으로 정약용은 유학 혹은 사서학의 존재 의미에 대해 더 깊이 반성했을 것이다.[102]

③ 화이관華夷觀의 측면에서 보면, 조선은 역대 스스로 이夷라고 자처했지만 청나라가 중원을 차지한 이후 (조선은) 이夷에서 하夏로 탈바꿈했다는 사상이 나타났다. 이런 사상이 단지 민족적 자존심에서 나온 선전 구호로 전락하지 않으려면 반드시 문화와 학술상의 새 발전이 이를 뒷받침해야 한다. 이런 각도에서 볼 때, 정약용의 경학과 사서학은 매우 중요한 의미가 있다고 할 수 있다.

④ 일본 학자 마루야마 마사오丸山眞男(1914~1996)는 도쿠가와 사상사와 '근대 의식'의 문제를 논할 때 대체로 다음과 같은 논점을 주장한다.

- 주자학과 송학末學의 사유 방식은 '도학道學적 이성주의理性主義'(그 안에 이성주의와 자연주의를 포함)이다. 그것은 '천인연속적天人連續的 사유'를 기초로 하고, 정적·관조적 특성을 지닌다. 사람, 사회, 자연은 '태극'과 '이理'로 인해 하나로 연결되고 '자연 질서'를 형성한다. '자연 질서'에는 유교 규범 중 천리天理가 보여준 인륜의 자연과 본연지성本然之性이 보여준 인성人性의 자연 등 두 가지 측면이 있다.

- 일본 유학자 가이바라 에키켄貝原益軒, 야마가 소코山鹿素行(1622~1685), 이토 진사이는 주자학의 '자연 질서'를 분해하는 일을 시작했고, 오규 소라이는 주자학의 '자연 질서'를 파괴하는 일을 완성했다.[103]

- 소라이학의 논리와 세계관에는 '정치와 도덕의 분리', '공과 사의 분리', '주체적 행동' 등이 있는데, 이것은 주자학 중 '정치적 혹은 사회적 자연 질서론'을 떼어버린 셈이다. 따라서 소라이학은 도쿠가와 유학 중에서 근대적 사유를 보여준 시발점이라고 할 수 있다.[104] 정약용의 사서 해석은 주희의 이기론을 반대하고 예악형정의 중요성을 강조하여 오규 소라이의 논설과 비슷한 점이 많다. 따라서 일부 학자는 정약용의 학문은 '근대적 취향'이 있다고 보지만[105] 또 다른 학자는 정약용의 실학이 추구하는 것은 근대사회가 아니므로 실학에 근대적 의미를 부여하는 것은 본래 모습에 대한 왜곡이라고 주장한다.[106] 정약용 사상에 포함된 '근대 의식'에 대해 찬반양론이 있지

만, 이것은 또한 정약용의 사서 경학이 중세의 '자연 질서'를 종결시키거나 수정했다는 것을 보여준다.

이 책의 구성

주희 사서학의 동아시아에서의 발전과 정약용이 동아시아 유학에서 차지하는 특수성을 감안했을 때, 본서에서 전개할 정약용 사서학에 관한 논의는 주로 다음 네 가지 논지에 집중할 것이다.

① 정약용과 주희는 어떤 학술적 연관성이 있는가?
② 정약용의 사서 해석은 『논어』·『맹자』·『대학』·『중용』에 대한 새로운 이론과 해석의 틀을 구성하였는가?
③ 정약용의 사서 해석 중에서 인성론은 서학 혹은 서교의 입장인가? 그가 이야기한 상제上帝는 종교적인 의미의 천주天主로 해석할 수 있는가?
④ 정약용의 사서 해석을 동아시아 유학이라는 맥락에서 볼 때 어떻게 평가해야 하는가? 그의 사상에는 주목할 만한 근대 의식이 내포되어 있는가?

이상의 네 가지 의제에 대해 정약용의 사서 주해 원전을 분석하여 그의 이념, 이론 및 사서로 신유학 체계를 구성하고자 하는 구상 등을 조명할 것이다. 정약용의 사서 주해의 시작은 20대에 쓴 『중용강의中庸講義』

와 『대학강의大學講義』로 거슬러 올라갈 수도 있으나, 그가 본격적으로 사서 주해를 한 것은 강진 유배 기간(1801~1818)의 둘째 해부터였다. 정약용은 1813년 52세 때 『논어고금주』를 썼고, 그 후 『맹자요의孟子要義』, 『중용자잠中庸自箴』, 『중용강의보中庸講義補』, 『대학공의大學公議』 등의 저술을 완성했다. 따라서 『논어고금주』, 『맹자요의』, 『중용자잠』, 『대학공의』는 정약용 사상의 성숙 단계 때의 작품으로 이를 통해 정약용의 사서에 대한 완정한 구상을 논할 수 있다.

방법론적인 면에서 정약용을 완숙한 사상가로 간주하면 그의 작품(텍스트) 간에는 상호텍스트성inter-textuality이 존재한다. 따라서 본서에서 정약용의 사서 주해 중 어느 책을 분석하든 그 논의는 그 책에만 국한되는 것이 아니다. 기본적으로 본서에서 논하는 정약용의 사서 가운데 어느 책에 대한 해석도 기타 각 책의 논점과 상호 연관성이 있다. 예를 들어 2장에서 논의하는 『논어고금주』에서 보여준 해석관은 사실 정약용의 사서 전체에 대한 해석관으로 보아도 무방하다. 필자가 정약용의 사서 해석관을 논의의 출발점으로 삼으려는 것은 다산학과 주자학의 문제의식을 형태적으로 구분하기 위함이다. 이를 통해 정약용과 주자학의 사상적 차이를 단일 또는 개별 주제로 설명하는 방식에서 벗어날 수 있을 것이다.

정약용의 사서 해석관을 이해한 후 3장에서 정약용의 인성론人性論을 분석할 것이다. 인성론은 공맹 유학의 중요한 논제이며 공자의 인학仁學은 물론이고 『맹자』・『중용』・『대학』의 이론과 실천도 모두 여기서 출발한다. 정약용의 인성론을 분석하는 목적은 정약용 사서학의 이론적 기초를 설명하는 것 외에도 그의 인성론이 서학 및 수사학洙泗學과 어떤 차이가 있는지를 규명하여 정약용 사서학의 가치관을 알고자 하는 데 있다.

4장은 정약용의 사서 주해 가운데 인仁, 심心, 성性, 천天 등 핵심 개념을 토론할 것이다. 이러한 개념은 정약용의 각 책에서 의미상의 일관성을 보여주는 것으로 정약용의 사서학 구축이나 사서 해석 작업에서의 핵심 개념이라고 볼 수 있다. 이러한 개념은 다시 심心, 성性, 인仁과 심心, 성性, 천天 두 조의 의제로 나눌 수 있다. 인에 관한 논의는 심성론 혹은 인성론의 연장으로 볼 수 있고, 천에 관한 논의는 정약용의 사서 해석의 종교적 의미를 알아보기 위한 것이다. 전자는 정약용의 논술 중에서 상호주관성inter-subjectivity, 예악형정, 공동체에 관한 문제를 도출할 수 있고, 후자는 정약용의 성性, 천天, 상제上帝의 개념이 서교西敎와 어떻게 다른지 확인할 수 있다.

　　5장은 정약용의 『논어』 문질론文質論에 대한 해석을 바탕으로 3장에서 논한 '인성론' 혹은 '심성론'과 4장에서 언급한 상호주관성 간에 어떠한 이론적 관련이 있고, '예악형정'과는 상호 보완 관계가 있는지, 이 두 문제를 설명하고자 한다. 정약용의 '문질론'의 조선 유학적 배경을 설명하기 위해 이 장에서는 조선 유학자의 문질文質에 대한 해석의 역사를 간략하게 소개할 것이다. 이러한 논의를 통해 정약용의 문제의식은 중국의 주자학과 다르다는 점을 설명하고, 또 그의 '예악형정' 관련 논의는 자신의 사서학을 구축하기 위한 것으로 일본 고학파를 답습한 것이 아니라는 사실을 설명할 것이다.

　　4장에서 논할 심心, 성性, 천天, 상제上帝 등 개념에 대한 규명을 바탕으로 6장에서는 정약용의 성性과 천天을 논하는 『중용』에 대한 해석을 다룬다. 이 장의 논의에서는 특히 정약용의 관점을 일본 고학파와 대조해볼 것이다. 그 이유는 정약용의 『중용』 해석의 특색을 부각시키는 동시에 일본 고학파가 정약용에게 미친 영향을 규명하기 위해서다. 정약용은 고학의 육경예악六經禮樂 사상을 추종하였는지, 아니면 고학파의 논점을 반성하고 새로운 이론 체계를 세웠는지 규명할 것이다.

7장은 주로 정약용의 『대학』에 대한 견해를 다룬다. 5장에서는 『중용』의 천명지위성天命之謂性, 솔성지위도率性之謂道, 수도지위교修道之謂教를 논의하는데, 7장에서는 그중 '수도지위교' 부분을 분석하고자 한다. 이 또한 정약용의 사서학과 주희의 사서학의 차이를 보여주는 대목이다. 『중용』의 수도修道부터 『대학』의 격물格物, 치지致知까지 이어지는 논의를 통해 정약용 사서학의 구성을 파악할 수 있을 뿐만 아니라 주희 사서학과의 관계를 규명할 수 있으며 더 나아가 주희와 정약용이 동아시아 유학 사상사에서 차지한 위치를 확인할 수 있다.

2장

주희와 정약용,
사서 해석의 차이

1. 주해의 내용과 해석의 방향

　주희가 그의 유학 해석을 통해 신유학의 집대성 작업을 완성함에 따라 그는 공자(BC 551~479)와 맹자(BC 372~289) 이후 중국의 가장 영향력 있는 사상가가 되었다.[1] 주희는 수백 년 동안 중국의 신유학 운동에 영향을 주었을 뿐만 아니라 일본, 조선 학자의 정치적·도덕적 사고방식에도 영향을 미쳤다. 하지만 시대의 변화와 동아시아 세계에서 주자학이 경직화됨에 따라 주자학을 비판하는 목소리도 점차 높아져 갔다. 주자학에 대한 비판은 양명학 이외에도 군주(왕자王者)의 예악형정을 유학의 중심으로 삼는 학파가 있었는데, 예를 들면 중국의 섭적, 고염무, 안원, 이공李塨(1659~1733), 일본 고학파의 이토 진사이, 오규 소라이, 그리고 조선의 학자 다산 정약용 등이다.

　군주의 예악형정을 유학의 중심으로 보는 학자들은 서로 영향을 주고

받았고[2] 동시에 경세치용을 주장하여 주희의 성性, 명命, 천리天理 이론을 반대했다. 하지만 그들 모두 주희를 반대하는 입장이지만 유교 경전의 해석에 대해서는 통일된 의견이 없고,[3] 주희의 견해를 무조건 반대하는 것도 아니다. 따라서 이 학자들의 유학 해석은 어느 학파 혹은 어느 사조로 귀속시키기 어렵다. 정약용의 경우를 보면, 그의 사서 주해는 사공事功을 가치판단의 기준으로 하지 않기 때문에 사공학파事功學派로 분류하기 어렵고,[4] 또 인성론人性論에서는 맹자의 성선설을 지지하기 때문에 예악형정을 위주로 하는 왕도정치론王道政治論에 집어넣기도 어렵다.[5]

비교 관점에서 볼 때, 만약 정약용의 사서 주해가 주자학과 다른 점이 단지 문헌학적인 문장 해석의 차이에 그치지 않는다면, 그의 해석 내용은 반드시 주자와는 다른 해석 경로(접근 방법)에 입각했을 것이다. 즉 반反주자학이든 탈주자학이든 새로운 '학'으로 성립되려면 그 관건은 단지 주자학의 관점을 반대하는 데에 있지 않고, 다른 문제의식 외에도 입각점이 다른 해석관과 관련 있어야 할 것이다.

주자학을 보면, 그 해석 경로는 이기理氣, 체용體用, 이일분수理一分殊의 구조로 전개된다. 『주자어류朱子語類』 제1, 2권이 바로 '이기理氣'가 동시에 존재한다는 설명을 통해서 '형이상학—우주론'의 구조를 전개한 것이다. 주희는 '이理'는 만물의 기초이자 근원이고, 이것은 '기氣'를 매개체로 하여 나타난다고 보았다. '기'가 존재하기 때문에 '이'가 보이게 되고, 또 '이'가 관통하기 때문에 '기'는 맹목과 난잡함을 면할 수 있는 것이다.[6] 주희는 사물에 '이'와 '기'가 모두 존재한다고 주장하며 동시에 "이가 우선이고 기는 다음이다(理先氣後)"라고 강조하여[7] "이일분수理一分殊(하나의 이가 여러 갈래로 나뉜다)"의 결론을 도출할 수 있었다.[8]

'이일분수'의 구조 아래[9] 주희는 '인의예지仁義禮智' 덕목에 대해 이렇게 말했다. "이라는 것은 조리가 있고 인의예지를 모두 갖추었다(理者有條理, 仁義禮智皆有之)",[10] "이 하나의 이를 네 토막 나누고, 또 여덟 토막 나누고, 또 세세하게 나눈다(只是這箇理, 分做四段, 又分做八段, 又細碎分將去)", 즉 '인의예지'는 모두 하나의 이(理一)로부터 파생해 나온 규범이고, 이 네 가지는 또 다른 상황이나 관계에 따라 더 많은 분해를 할 수 있다는 뜻이다. 마찬가지로 주희는 '체용體用' 혹은 '이기'의 해석 구조로 사서의 텍스트를 설명하려고 했다. 예를 들면 『중용혹문中庸或問』에서 '중中'과 '화和'를 설명할 때 '중'을 '도의 본체(道之體)'(즉, 이)로 보고 '화'를 '도의 응용(道之用)'(이가 기 속에 있는 상태)으로 보았다.[11]

주자학과 비교할 때, 정약용의 해석 경로는 어떻게 다르기에 소위 '다산학'으로 부를 수 있는가? 이 문제는 해석학 중 '진리와 의미'의 관계로 설명할 수 있다. 만약 주희가 전달하고자 하는 유학의 사상을 '진리'로 본다면, 그의 사서 주해는 진리를 나타내는 '의미'의 내용으로 볼 수 있다. 해석학에서 '진리와 의미'의 관계는 두 가지 방식으로 처리되는데, 첫 번째는 '진리'를 핵심으로 하여, 어떻게 진리를 이해하는가 혹은 어떤 내용을 '진리의 의미'로 이해할 수 있는가라는 문제를 탐구하는 것이다. 이러한 '진리와 의미'의 관계에서 그 초점은 '진리는 무엇인가'에 있고 '의미 내용'은 단지 해석하는 과정에서 따라 나온 부산물일 뿐이다. 바꾸어 말하면, '의미'는 독립적인 의제가 아니다.

두 번째 방식은 '의미'를 독립적인 표적으로 삼아 먼저 텍스트 혹은 경전의 의미 소재를 어떻게 분석할 것인가를 탐구하고, 그다음 '의미'에 '진리'의 개념을 연결하는 것이다. 즉 경전 텍스트 중 의미 논제(이슈)를 어떻게 이해할 것인가에서 출발하여 그것과 진리의 관계(예를 들면 그것과 사회, 역사, 심리 등의 영역 관계)를 도출하는 것이다.[12] 주희와 정약용의 사서 주해의 경로를 비교해보면 주자학이 보여준 해석 방식은 첫 번째 해석 방식이고 정약용은 두 번째 해석 방식이라고 할 수 있다.

2. 『논어』의 관중에 대한 평가

주희와 정약용의 서로 다른 해석 경로는 그들의 텍스트 해석에 어떤 영향을 주었을까? 이 문제를 설명하기 위해 『논어』 중 두 사람이 관중管仲에 대한 주해를 비교해보겠다.

『논어』 중 관중을 언급한 대목은 총 네 곳인데 하나는 「팔일八佾」편에 있고 나머지는 「헌문憲問」편에 있다. 그 원문은 다음과 같다.

공자께서 말씀하셨다. "관중의 그릇이 작다." 혹자가 물었다. "관중은 검소했습니까?" 공자께서 말씀하셨다. "관중은 삼귀대(三歸臺)를 지었고, 집안의 가신들에게 일을 겸임시키지 않았으니(官事不攝) 어찌 검소하다 하겠는가." 혹자가 또 물었다. "그렇다면 관중은 예를 알았습니까?" 공자께서 말씀하셨다. "나라의 임금이 문에 가리는 병풍을 세우는

데(樹塞門) 관씨도 병풍을 세웠고, 나라의 임금이 두 나라 임금 사이의 우
호를 위해 술잔 놓는 대를 두는데(反坫) 관씨도 그러한 대를 두었으니,
관씨가 예를 안다면 누군들 예를 모르겠는가."

(子曰, "管仲之器小哉!" 或曰, "管仲儉乎?" 曰, "管氏有三歸, 官事不攝, 焉得
儉?" "然則管仲知禮乎?" 曰, "邦君樹塞門, 管氏亦樹塞門; 邦君爲兩君之好, 有反
坫, 管氏亦有反坫. 管氏而知禮, 孰不知禮?")

어떤 사람이 자산에 대하여 공자에게 물었다. 공자께서 말씀하셨다.
"은혜로운 사람이다." 또 자서에 대하여 묻자, 말씀하셨다. "그 사람이
로구나! 그 사람이로구나!" 관중에 대하여 묻자, 말씀하셨다. "관중은 백
씨의 병읍 300가구를 빼앗았지만, 백씨는 거친 음식을 먹으면서도 평생
관중을 원망하지 않았다."

(或問子産. 子曰, "惠人也." 問子西. 曰, "彼哉! 彼哉!" 問管仲. 曰, "人也. 奪伯
氏騈邑三百, 飯疏食, 沒齒無怨言.")

자로가 물었다. "환공이 공자규를 죽이자 소홀은 그를 위해 죽었습니
다. 관중은 죽지 않았으니 어질지 않은 것 입니까?" 공자께서 말씀하셨
다. "환공이 아홉 번 제후를 규합하면서 군대를 사용하지 않은 것은 관
중의 힘이다. 그것이 인이다. 그의 어질함은 똑같다."

(子路曰, "桓公殺公子糾, 召忽死之, 管仲不死." 曰, "未仁乎?" 子曰, "桓公九
合諸侯, 不以兵車, 管仲之力也. 如其仁, 如其仁.")

자공이 말했다. "관중은 어진 사람이 아닌가요? 환공이 공자규를 죽

였는데 죽지도 않고 또 그를 도왔습니다."

공자께서 말씀하셨다. "관중은 환공을 도와 제후의 패자로 만들어 천하를 한번에 바로잡아 지금에 이르기까지 백성들이 그 은혜를 받고 있다. 관중이 없었다면 나는 아마 머리를 풀어헤치고 오랑캐 옷을 입게 되었을 것이다. 어찌 평범한 사람들이 작은 충성을 행하려 스스로 도랑에서 목을 매 사람들이 알지 못하는 것과 같을 수 있겠는가."

(子貢曰, "管仲非仁者與? 桓公殺公子糾, 不能死, 又相之." 子曰, "管仲相桓公, 霸諸侯, 一匡天下, 民到于今受其賜. 微管仲, 吾其被髮左衽矣. 豈若匹夫匹婦之爲諒也, 自經於溝瀆而莫之知也?")

주희는 관중을 '인인'은 아니지만 '인공'이 있다고 본다

관중에 대한 네 가지 평가에 대해 여러 가지 의견이 있으나 그 초점은 관중은 예를 모르고 주상을 위해서 죽지 않았는데 인자仁者라고 볼 수 있는가에 있다. 이 문제에 주희는 『사서장구집주』에서 다음과 같이 설명했다.

그릇(器)이 작다는 것은 그가 성현 대학의 도리를 모르기 때문에 규모가 얕고 작아 몸을 바르게 하고 덕을 닦아 왕도를 실현하지 못했다. ……내 생각에 공자가 관중의 그릇이 작다고 비웃는 것은 의미가 깊다. 혹자는 잘 모르고 관중이 검소하다고 말하니까 그의 사치를 지적하여 그가 검소하지 않다는 것을 밝혔다. 또 어떤 이는 그가 예를 알지 않느냐고 묻자 그의 참월僭越한 행위를 지적했다. 비록 다시 명확하게 그릇이 작기 때문에 그렇다고 이야기하지 않았지만 그가 작은 이유를 여기서 볼 수 있다. 정자가 말했다. "사치하며 예를 범하였기 때문에 그 그릇이 작다는 것을 알 수 있다. 왜냐면 그릇이 크면 스스로 예를 알고 이런 실수를 하지 않았을 것이다." 이 말도 깊이 음미해야 한다.[13]

'여기인如其仁'은 '누가 그의 인을 따라가는가(誰如其仁)'의 뜻이고, 두 번 이야기한 것은 매우 칭찬한다는 뜻이다. 관중은 인한 사람(仁人)이 되지 못하지만 사람에게 혜택을 주었기 때문에 인의 공적(仁功)은 있다.[14]

정자가 말했다. "환공은 형이고 자규는 동생이다. 관중이 자신이 섬기는 자(자규)를 도와 나라를 쟁탈하려고 한 것은 의義가 아니다. 환공이 죽인 것은 지나쳤지만 자규의 죽음은 응당한 것이다. 관중은 처음부터 공모하여 같이 죽는 것도 타당하다. 왕위 쟁탈을 도운 것이 불의라는 것을 알고 혼자 살아남아 향후의 공적을 도모하는 것도 타당하다. 따라서 공자는 그의 죽지 않음을 탓하지 않고 그의 공적을 칭찬했다. 만약 환공이 동생이고 자규가 형이었다면 관중이 돕는 자는 올바른 자고 환공이 그의 왕위(나라)를 강탈하고 죽였으니 관중과 환공은 같은 세상에 살 수 없는 원수가 된다. 만약 후일의 업적을 생각하여 환공 섬긴 것을 높이 평가한다면, 성인의 말은 의義를 심각하게 훼손하고 후세 만대의 불충不忠과 반란을 부추기는 꼴이 된다. 예를 들면 당나라의 왕규王珪, 위징魏徵은 건성建成(당태종의 형)의 죽음에 따라 죽지 않고 태종을 섬긴 것은 의를 해치는 일이다. 후일에 공적이 있더라도 어찌 보상이 되는가?" 내 생각에는, 관중은 공이 있고 죄가 없어 성인은 그의 공적을 칭송하고, 왕규

나 위징은 먼저 죄가 있어서 나중에 공을 세워도 서로 상쇄가 안 된다.[15]

주희의 주요 논점은 다음 세 가지로 귀납될 수 있다.

① 정자程子의 말을 인용하여 환공은 공자규보다 연장자이므로 합법적인 승계권이 있다고 본다. 따라서 관중이 공자규를 도와 왕위를 넘보는 것은 의롭지 못한 행위이지만 그 후 의義에 따라 환공을 섬겼기 때문에 공자는 관중이 따라 죽지 않은 것을 비난하지 않았다.

② 관중은 그릇이 작기 때문에(器小) 사치스럽고 예를 범하는 행위를 했다.

③ '인인仁人'과 '인공仁功'을 구분하여 관중은 인인은 아니지만 인공은 있다고 보았다.

논점 ①을 보면, 정자나 주희는 '환공과 공자규 중 누가 형인가'를 '관중이 죽어야 마땅한가'의 판단 기준으로 삼고 있음을 알 수 있다. 정자와 주자의 생각에는 환공이 형이라면 환공이 마땅히 왕이 되어야 하고, 관중과 공자규 사이에는 군신의 명분이 없기 때문에 관중은 공자규를 위해 죽을 필요가 없다. 반대로 만약 환공이 동생이었다면 공자규는 마땅히 왕이 되어야 하고 관중은 군신의 본분에 따라 죽어야 마땅하다. '환공이 형'이라는 조건하에서 관중은 단지 환공을 위해서만 죽을 수 있을 뿐 공자규를 위해서 죽을 이유가 없다는 것이다. 따라서 관중이 안 죽어도 군신의 의義에 위배되지 않고 또 후일 그의 공적 때문에 공자는 그를 칭찬했다는 것이다. 반대로 만약 관중의 행동이 군신의 의에 어긋나면 비록 공을 세워도 그 죄를 씻을 수 없다. 만약 그래도 칭찬받으면 후세의 반란, 하극상의 핑계가 될 수 있다는 것이다.

주희는 ①의 논술을 통해 관중은 '인인'은 아니지만 '의에 위배되지 않았다'는 기준에는 부합한다고 보고, 동시에 ②의 논술을 통해 관중은 의에 어긋나지 않았지만 그릇이 작아 예를 어기고 검소하지 못해 '인인'이 될 자격이 없다고 설명한다. 그다음 ③의 '인공'은 있지만 '인인'은 아니라는 결론을 도출한다. 주희의 견해는 나름 논리가 있지만 몇 가지 질의에 직면할 수 있다. 우선, 환공이 형이냐 아우냐는 역사적 사실의 문제이고 고증을 통해서 확인해보아야 할 일이다. 그다음 주희의 논리는 '인심'과 '인공' 사이의 연관성을 차단해버린다. 만약 주희의 논리가 성립된다면 '인공'은 '인심'이 없어도 가능한 것이고, 또 '인심'이 있다고 해서 반드시 '인공'을 성취하는 것도 아니다. 셋째, 만약 공자가 관중의 '삼귀三歸, 반점反坫, 수색문樹塞門' 등 예에 어긋난 행위가 그의 '인공' 성취에 지장이 없다고 묵인한다면, 이것은 마찬가지로 후세 신하의 예의를 위배하는 난을 조장할 수 있다.

정약용은 관중이 예의의 근본을 위배하지 않았음을 논증한다

위에 서술한 주희의 세 가지 문제점에 대해 정약용은 다른 의견을 제시했다. 우선, '환공과 공자규, 누가 형이냐'의 사실 문제에 정약용은 고염무의 『일지록日知錄』과 모기령의 『사서개착四書改錯』[16]을 보충하여 『춘추전春秋傳』, 『공양전公羊傳』, 『곡량전穀梁傳』, 『관자管子 · 대광大匡』, 『순자

荀子』,『장자莊子‧도척盜蹠』,『한비자韓非子』,『월절서越絕書』,『설원說苑‧존현尊賢』,『윤문자尹文子』,『좌씨지종左氏指縱』 등 11가지 문헌을 인용하여 정자‧주자의 잘못을 지적하고 "환공이 아우, 공자규가 형"인 사실을 확인했다.[17] 뿐만 아니라 정약용은 「춘추」의 예를 보아도 자고이래 "주상의 조난을 위해 죽는다"는 전통이 없고, 또 환공이 형이든 공자규가 형이든 상관없이 국왕이 되기 전에는 관중이 누구를 섬기든 인의仁義의 문제와 무관하다고 주장한다. 정약용의 말을 보자.

> 무왕武王이 주왕紂王을 죽였을 때 기자箕子는 죽지 않고 (오히려) 무왕에게 『홍범洪範』을 제언하고 왕도를 도왔다. 이는 인에 어긋나지 않는가? 무왕이 주왕을 죽였을 때 미자微子는 죽지 않고 (오히려) 봉封을 받아 (은나라 왕실의) 제사를 이어갔다. 이는 인에 어긋나지 않는가? 그때는 왕조가 바뀔 때인데도 그러한데, 하물며 관중의 경우 자규와 소백小白(환공)은 모두 내 주상의 자식이니 충성을 다해 섬기다가 자규가 죽으니 환공을 보좌하여 제齊나라의 패권과 주周의 존엄을 지켰는데, 어찌 의를 해친다고 말할 수 있는가? 경전이 귀한 이유는 의리의 타당 여부에 의문이 들 때 성인의 말을 확인할 수 있기 때문인데, 이미 성인의 말을 들었는데도 자기 의견을 고집하니 어찌하겠는가? 이점은 감히 따지지 않을 수 없다.[18]

국난이 있을 때마다 몸이 따라서 죽지 않았다고 이것이 모두 전임 군주에 대한 군신의 의義에 어긋난 것인가? 왕의 아들이나 동생이 법에 따라 마땅히 국가를 다스려야 하고 또 그 자리에 바르게 앉았다면 의에 따라 감히 원수로 볼 수 없다. 이것이 춘추의 의義다. 자규, 소백(환공)은 모두 희공僖公의 아들이니 (누구든) 자리를 바로잡으면 바로 나의 군주다. 자규가 안 죽었을 때 나는 자규를 주군으로 모셨기 때문에 환공을 적대시할 수 있다. 자규가 이미 죽었으니 (환공을) 계속 원수로 볼 필요가 있는가? 소홀召忽이 죽은 것은 물론 인仁이다. 하지만 관중의 경우도 인이 아니라고 볼 필요는 없다. 왕규, 위징도 자신의 소신으로 행동한 것이며, 반드시 순사殉死해야 인이라는 생각은 경전에 위배된다.[19]

정약용은 위 인용문에서 『논어 · 미자微子』 중 공자가 언급한 "은나라의 인인 세 명(殷有三仁)"의 기자, 미자를 예로 들어 공자는 "주군이 변을 당했을 때 따라 죽느냐" 여부를 '인'의 판단 기준으로 삼지 않았다고 주장한다. 더 나아가 국왕이 확정되기 전에 관중은 자규를 섬기고, 환공이 즉위하니 그를 도와 패업을 이루고 주周의 존엄을 지켰는데 이 두 행동은 모두 인과 의에 부합한다는 것이다. 즉 정자 · 주자의 견해를 경전으로 확인해보니 맞지 않다는 것이다.

그다음 관중의 예에 위배된 행위에 대해 정약용은 주희가 『설원』의 설명을 참고하여 '삼귀三歸'를 '삼귀대를 짓다(築三歸臺)'로 해석한 것은 잘못된 것이라고 본다. 정약용은 『전국책戰國策』, 모기령의 『논어계구편論語稽求篇』, 『한서』의 설명을 인용하여 주희를 반박했다.

〔인증引證〕『전국책』에서 말했다.[20] "주문군周文君이 공사적工師籍을 면직시키고 여창呂倉을 재상으로 하니 백성은 기쁘지 않았다." "송나라 임금(宋君)이 농번기에 대臺를 지어 백성의 비난을 받았는데 이를 덮어

주는 충신이 없었기 때문이다. 자한子罕이 재상을 그만두고 사공司空(건축 담당관)을 하니 백성은 자한을 비난하고 임금을 좋아했다. 제환공이 궁중에 기방妓房(女市女閭) 700군데를 세워 백성들이 비난하자 관중은 삼귀三歸의 가家를 만들어 백성의 비난을 자신에게 돌리고 환공을 덮어주었다." 모씨가 말했다.[21] "전국책에서는 관중, 자한이 모두 주군의 잘못을 덮어주려고 일을 저질렀다는 것을 설명하기 위해 두 사건을 연결해서 인용한 것이지, 송군이 대를 지었으니 관중도 대를 지었다는 이야기가 아니다." 송군의 잘못은 축대築臺에 있으니 자한은 건축으로 이를 덮어주었고, 환공의 잘못은 여시여려女市女閭에 있으니 관중은 여자 셋을 맞이하여(三娶) 덮어준 것이다. 즉 주군의 잘못을 덮어주는 취지는 같고, 축대築臺와 취녀娶女 두 가지 방법으로 나뉘었다. 이는 매우 명백하다.[22]

〔고이考異〕 유향劉向 의『설원』에서 말했다. "환공이 관중을 중부仲父 로 모셨다. 대부大夫가 말했다. '관중의 지혜로 같이 천하를 도모할 수 있고 그의 능력으로 같이 천하를 얻을 수 있다. 왕께서 그의 충성에 의지하는 가? 내정, 외사 모두 맡겼으니 백성이 그를 따르도록 하는 것 역시 할 수 있다.' 환공은 '좋은 이야기이다'라고 하고, 관중에게 말했다. '정치는 모두 자네에게 맡겼으니 정치가 미치지 못한 곳도 자네가 도와줘야겠다.' 따라서 관중은 삼귀三歸의 대臺를 지어 스스로 백성의 비난을 감수했다." …… 모씨가 말했다. "유향은 전국책에서 두 사건을 같이 인용한 것을 보았는데, 이 일은 모두 덮어주는 일이고 또 삼귀에 관해 여자를 얻는다는(娶) 말이 없어서 같은 종류의 일로 오해한 것이다. 그는 제齊와 송

宋, 관중과 자한, 취녀婺女와 축대築臺를 혼동하였고 또 공공연하게 '가家'자를 '대臺'자로 바꿔버렸다." …… 관중이 축대 했다는 것은 결국 근거 없는 이야기이다.[23]

위의 두 인용문에서 정약용은 '축삼귀대築三歸臺' 설의 잘못된 근원을 고증했다. 그는 모기령의 의견에 동의하고 『설원』의 해석은 『전국책』을 잘못 읽은 것이라고 보았다. 『전국책』에서 송군이 대를 건축한 사건(宋君築臺)과 제환공이 궁중에 기방 700개를 세운 사건(齊桓公宮中女市女閭七百)을 병렬하였고 전자에는 자한이, 후자에는 관중이 주군을 두둔하는 행동이 있었기 때문에 『설원』은 관중도 축대를 한 것으로 오해한 것이다.[24] 따라서 정약용은 '삼귀'란 관중이 주군의 잘못을 덮어주기 위해 세 여자를 맞이한 일을 가리키는 것이지 '삼귀대'를 지었다는 것이 아니라고 확신한 것이다.

정약용의 해석은 관중의 예에 위배된 행동을 '주군의 잘못을 숨겨주는 일'로 해석하려는 것이고, 이렇게 되면 관중의 '위례違禮'는 오히려 '예'로 볼 수 있는 것이다. 이러한 '주군의 잘못을 숨겨주는 행동'은 『논어』에 기록된 공자의 언행에도 어긋나지 않는다. 예를 들면 『논어·술이述而』 제30장에서 진사패陳司敗가 "소공昭公이 예를 아는가"라고 물었을 때 공자는 소공이 예를 모르는 것을 알고 있지만 "안다"라고 대답했다. 진사패는 무마기巫馬期(공자 제자)에게 소공의 예를 위배한 사실을 지적하였고, 무마기가 이를 전달하자 공자는 곧바로 자신의 잘못을 인정하며 "나는 참 복 받은 사람이다. 잘못이 있으면 곧바로 사람들이 알게 된다"고 말했다. 이 대목에 대한 주희 『집주』의 설명은 다음과 같다. "공자는 자신이 주군의 잘못을 은폐해주는 것이라고 말할 수 없고, 또 동성同姓 여자를 맞이한 자를 예를 안다고 말할 수 없으니 자신의 잘못으로 받아들이고 피하지 않았다." 따라서 주희도 이러한 행동이 부당하다고 보지 않는 것을 알 수 있다.[25]

정약용은 '삼귀'를 '세 여자를 맞이하다'로 해석하면서, 주희가 왜 '삼귀'를 '축삼귀대'로 해석했는지 분석했다. 정약용은 주희가 '관중기소管仲器小'의 구절을 앞뒤 두 부분으로 나누어 보았다고 본 것이다. 앞부분은 '삼귀三歸', '관사불섭官事不攝'으로 관중의 사치를 비평하고, 뒷부분은 '수색문樹塞門, 반점反坫'으로 관중의 예에 어긋난 행위를 비난한 것이다. 그런데 만약 '삼귀'를 '축대築臺'가 아닌 '취녀娶女'로 해석한다면, 이것은 '사치'가 아닌 '위례'에 해당되며 문맥에 맞지 않게 된다. 하지만 정약용이 보기에는 '삼귀'나 '관사불섭'이나 '수색문, 반점' 같은 행위는 "참월僭越로 보면 모두 참월이고, 사치로 볼 때 다 사치에 해당되며 예를 모른다고 한다면 마찬가지로 예를 모르는 것이다."[26] '삼귀'나 '수색문'은 사치이기도 하고 참례僭禮이기도 하니 전자는 사치이고 후자는 참월에 해당된다고 볼 수 없다. 이러한 이해를 바탕으로 '삼귀', '관사불섭', '수색문', '반점' 같은 행위는 모두 '주군의 잘못을 은폐해주기 위한 행동'으로 볼 수 있고, 예에 어긋나지만 예의 본질에는 위배되지 않는다.

정약용의 이런 해석에 대해 관중의 잘못을 감싸준다고 비난할 수도 있지만, 『사기ㆍ관언열전管晏列傳』에서 "관중의 재산은 왕실과 맞먹고 삼귀, 반점이 있는데 제나라 사람은 사치라고 생각하지 않았다"는 대목을 보면 관중의 예를 어긴 행위는 당시 백성의 반감을 사지 않았다는 것을 알 수 있다. 이것으로 보아 관중은 예의 본질에 위배되지 않았다는 정약용의 해석은 현실적 합리성이 있다.

'여기인'에 대한 주희와 정약용의 다른 해석

(1) 주희는 인仁을 인공仁功으로만 보고, 정약용은 인공도 인심仁心에
    해당된다고 본다.

위에서 언급한 주희의 세 번째 논점, 즉 관중은 '인인仁人'은 아니지만
'인공仁功'이 있다는 의견에 정약용은 다음과 같이 질의한다.

> 〔질의〕주자가 말했다. "관중은 인인仁人이 되지 못하지만 사람에게
> 혜택이 가게 했기 때문에 인공仁功은 있다."
> 〔설명〕인仁이란 본심의 완전한 도덕 상태(本心之全德)로만 이루어지
> 는 것이 아니고 사공事功의 성취도 있어야 한다. 이미 인공이 있는데 인
> 인이 되지 못한다는 것은 불합리하다. 하지만 공자는 두 제자의 질문에
> (관중의) 공을 칭찬하지만 직접 자신의 입으로 인이라는 말을 하지 않았
> 다. 공자도 이 문제를 상당히 어려워하며 조심하는 것이고, 주자의 말도
> 이 점에서 볼 때 옳다. 이탁오李卓吾가 말했다. 자로子路는 한 몸이 죽는
> 것을 인으로 보았고 공자는 만민을 살리는 것을 인으로 보았는데 어느
> 것이 더 큰가?[27]

> 공안국孔安國이 해석하기를 "누가 관중만큼 인한가?"라고 하였다.[28]

〔반박〕 잘못된 해석이다. '수誰'자를 넣으니 오히려 더 불명확하다. 대체로 이 물건의 개수가 저 물건(의 개수)과 같다고 할 때 "여기수如其數"라고 말한다. 자로는 소홀의 살신성인만 보고 관중은 인을 천하에 베푸는 공이 있다는 것을 몰랐다. 따라서 공자는 "관중은 비록 안 죽었어도 소홀이 죽은 것과 맞먹을 수 있다"는 취지로 그의 공을 칭찬한 것이다. 다시 저울질해보고 세심하게 검토해보아도 같지 않다고 볼 수 없으니 다시 한 번 '여기인如其仁'이라고 한 것이다.[29]

위 인용문에서 알 수 있듯이, 정약용은 주자의 "공자는 쉽게 인으로 사람을 칭찬하지 않는다"는 견해에 동의하지만 두 가지 점에서 주자를 반대한다. 첫째, "인공이 있는데 인인이 될 수 없다는 것은 불합리하다." 둘째, 주희가 공안국의 해석을 인용하여 '여기인'을 "누가 관중의 인에 비하랴"라고 해석하는 것은 잘못이라는 점이다.

정약용이 보기에는 만약 '여기인'을 주희의 방식대로 "누가 그(관중)의 인과 비하랴" 혹은 "그 외 또 누가 관중만큼 인하랴"로 해석한다면, 여기서 이미 관중을 높이 평가했는데 그 뒤에 또 관중이 인하지 못하다고 이야기하면 앞뒤가 맞지 않는 꼴이 된다. 따라서 정약용은 '여기인'을 관중을 대상으로 한 이야기가 아니라 '소홀의 죽음'을 대상으로 한 이야기로 본 것이다. 즉 "관중의 공은 소홀의 인심仁心과 다를 바 없다"로 해석해야 한다.

정약용과 주희의 해석을 보면 두 사람은 '여기인'의 '인仁'을 각각 '인심仁心'과 '인공仁功'으로 다르게 이해하고 있음을 알 수 있다. 정약용은 "소홀의 인(심)과 같다"고 해석하고 주희는 "누가 그(관중)의 인(공)과 비교하라"로 해석한 것이다. 우선 정약용의 설명을 보자. 정약용은 『논어고금주』의 부록인 『논어대책論語對策』에서 다음과 같이 말한다.

> (공자가) 관중에게 인을 허했다는 해석에 대해 신이 생각하기에는 '여기인如其仁'은 인을 허한다는 말이 아닙니다. 관중의 공이 소홀의 인과 맞먹기에 충분하다는 뜻입니다. '기其'는 '홀忽'을 가리키는 것이고 '여如'는 '당當(해당)'의 뜻입니다. 하지만 관중의 공은 백성에게 영향을 미쳤기 때문에 초령윤楚令尹, 진자문陳子文(2장 주42 참조)과 같이 취급할 수 없다.[30]

이처럼 정약용은 '여기인'을 관중의 '인공'을 칭찬한 것이 아니라 그 공로가 소홀의 '인심'과 맞먹는다고 본 것이다. 이에 비해 주희의 해석은 '인공'을 중심으로 한 것이다. 정약용은 만약 '여기인'을 "소홀의 인과 같다"라고 해석하면 관중의 '인공'을 너무 과소평가하게 된다고 보았다. 『주자어류』에서 다음과 같이 말했다.

> 강江이 물었다. "여기인을 '소홀의 인과 같다'라고 해석하는 자도 있는데?" 주자가 말했다. "당신이 말해보시오. 이 대목은 관중을 칭찬하는 것인가 아닌가? 위에서 그렇게 칭찬을 했는데 칭찬하는 것이 아니라고 할 수 있나? 앞에서 거창하게 이야기했는데 뒤에서 어찌 가볍게 넘어갈 수 있겠소? 당신이 직접 한번 작문해보시라. 앞에서 이런 뜻으로 이야기할 때 뒤에는 어떤 식으로 이어갈 것인가! 공자는 관중의 많은 공을 예시했기 때문에 누가 그의 인과 비교하겠느냐고 말한 것이다. 그렇다고 안

자顔子를 칭찬하는 뜻과 같다고 보면 안 된다. 관중은 '석 달 동안 인을 어기지 않기(三月不違仁)'는커녕 삼일도 하기 어렵다. 자공子貢, 염구冉求 등도 그보다 낫다.[31)]

주희의 생각에 따르면, 공자가 관중의 많은 공로를 제시하였기 때문에 '여기인'은 '누가 그의 인(공)에 비하랴'로 해석할 수밖에 없다. 또 여기서 관중에게 주어진 '인'은 『논어·옹야雍也』에서 공자가 안회顔回에게 주어진 '인'의 칭찬과 다르다. 『논어·옹야』에서 공자는 안회를 다음과 같이 칭찬했다. "안회는 그의 마음이 석 달 동안 인을 어기지 않는데, 나머지 사람들은 하루 또는 한 달에 한 번 인에 이를 뿐이다(回也, 其心三月不違仁, 其餘則日月至焉而已矣)". 왜냐면 관중의 경우는 '인공'에 대해서 이야기하는 것이고 안회의 경우는 3개월 동안 인을 위배하지 않는 마음, 즉 '인심'을 두고 말하는 것이다. 따라서 주희의 해석은 '여기인'은 "누가 그의 인(공)에 비하랴"이지 '소홀의 인(심)'이나 '안회의 인(심)'과 같다는 뜻은 결코 아니다.

(2) 주희는 '인심'을 본심의 완전한 도덕적 상태로 보고, 정약용은 '인심'을 본심의 발산과 응용으로 본다.

주자는 인은 "마음을 두는 곳(마음의 상태)을 따져야 한다(就處心處說)"고 보았다. 그와 제자가 나눈 문답을 보자.

자상子上이 물었다. "어찌하여 인이 상하로 통한다고 하는가?" 주자 왈, "인仁은 마음이 두는 곳을 보고 이야기해야 한다. 한 일에 이렇게 마음을 두면 역시 인이다. 은나라의 셋 인인仁人은 성인의 경지에 도달하지 못했을지 모르지만 이런 이유로 인이라고 본다. '박시제중博施濟衆'은 어찌 인에만 그치겠는가! 오직 성인만이 할 수 있는 일인데 요순조차도 한계가 있어 할 수 없다. 인을 찾을 때 이 점을 이해 못하고 너무 먼 곳에서 찾는 것이 문제다. '자신이 서고자 하면 남을 먼저 세우고 자신이 이루고자 하면 남을 이루게 해주는 것이다(己欲立而立人, 己欲達而達人).' 가까운 곳에서 하라고 가르쳐야 한다."[32]

혹자가 물었다. "'인은 천하의 정리正理'라는 말을 설명해주시오." 답하였다. "말은 잘했다. 다만 너무 넓다. 이렇게 이야기해야 한다. 인은 본심의 완전한 도덕 상태(本心之全德)이다. 하나의 천리가 존재한 것이다. 만약 천리가 없다면 인욕이 난무하여 어찌 질서와 화합을 얻을 수 있겠는가?"[33]

주희는 인을 '마음을 두는 곳(處心處)'으로 봐야 한다고 생각한다. 소위 '마음을 두는 곳(處心處)'이란 마음이 인욕人欲 혹은 천리天理를 가진 상태를 이야기하는 것이고, 만약 마음이 인욕이 없는 완전한 천리의 상태(本心之全德)에 처해 있다면 '인심'이라고 말할 수 있다. 이러한 설명은 "한 생각만 부당하면 불인불의한 곳에 빠진다(一念不當, 則爲不仁不義處)"라는 전제 아래 완벽을 요구하는 입장에서 인심仁心을 논한 것이다. 이에 비해 정약용의 '인심'은 '본심의 완전한 도덕 상태(本心之全德)'의 각도에서 논하지 않고 '인심'이 작용할 수 있다는 측면에서 논한 것이다.

주희는 '인심'을 '본심의 완전한 도덕 상태'로 보았기 때문에 그의 생각에는 마음이 추호의 공리심功利心만 있어도 '인심'이 아니다. 『주자어류』에서 이 문제에 관한 그와 제자의 대화를 보자.

아부亞夫가 물었다. "관중의 마음이 이미 인하지 못하는데 어찌하여 인자仁者의 공이 있을까?"

주자 왈, "예컨대 한고조, 당태종은 인인仁人이라고 할 수 없다. 하지만 주周 왕실이 쇠퇴하여 춘추전국을 거쳐 진秦에 이르니 그 해로움은 극에 달했다. 이때 한고조가 천하를 평정하고 문경文景 때에는 거의 형벌을 안 쓰는 세상이 되었다. 동한東漢 이후 육조오호六朝五胡를 거쳐 수隋에 이르러 통일되었지만 양제煬帝의 잔학은 심했다. 당태종이 이를 제거하고 정관貞觀의 성세를 이루었다. 이 두 임금의 업적은 어찌 인자仁者의 공이 아니겠는가! 만약 그의 마음으로 본다면 원래 이런 공을 이룰 수 없지만 그렇다고 인자의 공이 아니라고 할 수 있는가! 관중의 공도 같은 것이다."[34]

예를 들면 관중의 인仁도 인인데, 이것은 조잡한 인(粗處)이다. 정교한 인(精處)을 따진다면 안자顔子도 3개월 이후 간혹 어긴다. 예컨대 "남을 해치지 않으려는 마음을 확충하면 인仁은 다 못쓸 정도로 많아지고, 도둑질 안 하려는 마음을 확충하면 의義는 다 못쓸 정도로 많아진다"는 말을 보면, 남을 해치거나 도둑질하는 것은 물론 불인불의不仁不義하지만 이것은 조잡한 기초다. 사실 잘못된 일념만 있어도 불인불의로 빠진다.[35]

위 문답에서 알 수 있듯이, 주희가 보기에 관중은 "공리심이 마음을 혼잡하게 하여(功利駁雜其心)"[36) "이런 마음으로는 원래 이런 공적을 이룰 수 없었고", 그가 이룬 업적은 한고조, 당태종처럼 인仁의 공功(인의 조처 粗處)은 있지만 인인仁人(인의 정처精處)으로 부를 수는 없었다. 주희가 이야기하는 조잡한 인과 정교한 인은 마음이 '본심의 완전한 도덕 상태(本心 之全德)'에 있는지 여부를 논하는 것이다. 관중의 인이 조잡한 이유는 그의 마음은 단지 사람 안 해치고 도둑질 안 하는 등 불인불의의 행동을 안 하려고 노력할 뿐이다. 이에 비해 안회의 3개월 동안 인을 어기지 않음은 3개월 동안 부당한 생각(일념)조차 떠오르지 않는 것이어서 정밀한 인인 것이다.

주희는 인仁을 정교(精)와 조잡(粗)으로 나누었을 뿐만 아니라 크고 작음(大小), 높고 낮음(高低)으로 나누기도 했다. 『주자어류』를 보면,

제자가 물었다. "'인仁을 이理로 이야기한다면 상하上下를 관통하는 것이다'(주희『집주』 중에서), 이 말을 설명해주십시오."

주자 왈, "한 가지 일의 인仁도 인이고, 전체의 인도 인이다. 한 가문에 미치는 인도 인이고, 한 나라에 미치는 인도 인이요 천하에 미치는 인도 인이다. 다만 한 가문에 미치는 인은 작은 인이고, 천하에 미치는 인은 큰 인이다. 마치 공자가 관중의 인도 인이라고 부르지만 인의 공功일 뿐이다."

또 물었다. "위가 큰 것이고 아래가 작은 것입니까?"

주자 왈, "고저高低의 차이뿐이다." 또 말했다. "이것은 겸애兼愛를 말

하는 것이다. 마치 '박시제중博施濟衆'('논어』의 말) 혹은 뒤에 이야기한 '수족관통手足貫通'의 대목처럼 말이다(수족관통은 주희『집주』에 나옴)."

관통貫通에 대해 묻자 말했다. "사심私心에 의해 절단되면 인仁의 이理는 행할 수 없다."[37]

물었다. "인통상하仁通上下에 대해 설명해주십시오."

주자 왈, "성인의 인仁이 있고, 현인의 인이 있다. 인은 술이 마련된 것과 같고 성聖은 술이 무르익은 것과 같다."

물었다. "인은 전체적인 것인데 며칠 동안만 지킨다(日月至焉)라고 하면 치우친 것이 아닙니까?"

주자 왈, "지켜질 때는 갖춰진 것이다."

물었다. "맹무백孟武伯이 세 제자에 대해 물었는데 그들의 재능만 이야기한 이유는 무엇입니까?"

주자 왈, "아직 인에 미치지 못했기 때문이다."

물었다. "관중의 인공仁功은 어떻습니까?"

주자 왈, "천하를 안정시키는 것도 인자仁者가 하는 일이다. 예를 들면 조한왕趙韓王의 한마디로 천하가 지금까지 안정하다. 한왕이 인하다고 할 수 없지만 그가 한 일은 인자의 공이다."[38]

물었다. "인통상하仁通上下라고 하는데, 성聖은 그 극치에 이른 것입니까?"

주자 왈, "인仁은 한 가지 일일 수 있고, 한 곳일 수 있다. 인자仁者는 물과 같은데 한 잔의 물, 한 계곡의 물, 하나의 강 물 등이 있다. 성인聖人은 바다의 물이다."[39]

주희의 생각에 인에는 크고 작음, 높고 낮음이 있다. 한 가문에 미치는 인은 작고 낮은 인이고, 천하에 미치는 인은 크고 높은 것이다. 인의 크고 작음, 높고 낮음은 '박시제중博施濟衆'의 정도에 따라 결정된다. 관중의 공은 비록 천하에 미치지만 관중은 단지 소극적으로 불인불의의 마음을 억제했을 뿐 마음가짐(處心處)에서 명명덕明明德의 수양에 노력하지 않았기 때문에[40] 그의 공은 인심의 행동 결과가 아니다. 따라서 작은 인도 아니며 큰 인도 아닌 것이다. "관중의 그릇이 작다"고 하는 이유도 "그는 일생 동안 재능은 전혀 없이 사심과 잔꾀로만 일을 하고 공리公利로 자기 나라를 강하게 했을 뿐"[41]이기 때문이다. 따라서 주희의 어휘에서 '인仁' 혹은 '인인仁人'(즉, 인의 정처精處, 통상通上下의 인)은 먼저 인심을 갖춘 다음 인공을 이룬 경우를 지칭하는 것이고, 그가 이야기한 '인공仁功'(인의 조처粗處)은 인심은 없고 인공만 있는 경우를 가리킨다.

이에 비해 정약용은 관중이 "환공을 보좌하여 제후를 제패하고 천하를 안정시켜 백성은 지금까지도 그의 은혜를 입고 있으니" 관중의 행동은 반드시 "동정심, 차마 하지 못하는 마음(不忍人之心)"이 전제되어 있을 것이라고 보았다. 비록 관중은 결국 정교법도政教法度 혹은 공리功利가 섞여 있는 마음으로 그의 행동을 완성하였지만 이것은 그의 '인심'의 운용에 방해가 되지 않는다. 심지어 소홀의 죽음과 비교할 때도 정약용은 신하가 주군을 위해서 죽는 것과 천하를 안정시키는 것은 모두 '인심仁心'의 표현이라고 보았다. 만약 신하가 주군을 위해서 죽는 것(臣爲君死)을 실천한다면 후일의 천하를 바로잡는 일(一匡天下)은 없을 것이다. 따라서 행위의 주체는 그 경중을 저울질할 수 있고 꼭 후자가 전자보다 못하다고 볼 필요는 없다.

정약용은 '신위군사臣爲君死'와 '일광천하一匡天下' 양자를 모두 '인심'의 작용으로 보기 때문에 '여기인'을 "관중의 공은 소홀의 인과 맞먹는다"라고 해석한다. 양자가 대등하기 때문에 행위의 주체는 현실적인 상황을 고려할 때 저울질하여 더 높은 가치의 실천을 선택할 수 있다고 본 것이다. 이 말을 따르면 정약용의 인학설의 세 가지 특징을 반영할 수 있다.

① 인심이 움직여 행동을 취할 때 그 일에는 대소大小, 고저高低의 구별이 없다. 따라서 먼저 도덕이 완전하면 인을 할 필요가 없다.

② 인심이 있다고 반드시 인공이 있는 것이 아니다. 하지만 인공의 경우는 반드시 인심의 작용이 있어야 한다. 만약 단지 본심의 완전한 도덕 상태(本心之全德)를 따져 그 인공은 인심에서 나온 것이 아니라고 한다면 이는 관중을 초령윤, 진문자[42] 정도로 보는 것이고 이는 관중에 대한 올바른 평가를 내릴 수 없다.

③ 공은 인심 때문에 있는 것이다. 인심의 작용으로 봤을 때 크고 작은 구분은 없다. 그러므로 소홀의 인도 있고 관중의 인도 있다. 하지만 공에는 크고 작음이 있다. 관중의 공은 크고 소홀의 공은 작다. 결국 같은 인심이지만 다른 업적(인공)을 이루었는데, 이것은 행위 주체가 스스로 선택할 수 있는 문제다.

3. 의리 지향과 의의 지향의 해석 체계

　　정약용은 "인이란 본심의 완전한 도덕으로만 이루어지는 것이 아니고 사공事功의 성취도 있어야 한다(仁者非本心之全德, 亦事功之所成耳)"고 말했다. 그가 보기에 주희의 부족한 점은 오직 본심의 전개로만 인을 설명하려고 한 것이다. 따라서 정약용은 사공과 인심을 확연하게 분리해서 볼 수 없다고 주장한다. 하지만 이러한 시각은 사공을 위주로 보는 '실학'적 입장이 아니라 인심仁心은 '인심人心'으로 나타난다는 입장에서 본 것이다. 비록 성현이 되지 못해도 이런 '인심仁心'이 시시각각 작용한다는 것을 부정하면 안 된다는 것이다. 인은 (주자가 이야기한 것처럼) 모든 일에서 항상 어진 마음을 가질 수도 있지만(無一念不仁), 한 일에서 한 번의 어진 마음(一念之仁)으로 나타날 수도 있다. 후자도 백성에게 복지를 가져다준다면 전자와 마찬가지로 가치가 있는 것이다. 정약용이 말한 "저울질 해보고 세심하게 검토해보아도 같지 않다고 볼 수 없다(秤其輕重, 細心商量而 終不見其不相當)"는 얘기도 이런 맥락으로 이해해야 할 것이다.

정약용과 주희의 '인'에 대한 서로 다른 견해는 두 가지 다른 해석 취향을 반영한다. 이러한 해석 취향의 차이는 그들의 '논어 읽는 법'에서 찾아볼 수 있다.

주희의 해석은 의리 지향의 체계

주희는 『사서장구집주』의 「독논어맹자법讀論語孟子法」에서 정자의 말을 인용하여 다음과 같이 말했다.

> 정자 왈, "배우는 자는 『논어』·『맹자』를 근본으로 해야 한다. 논어·맹자를 완벽하게 떼면 육경은 공부 안 해도 알게 된다. 책 읽는 자는 성인이 경을 지은 의도를 파악하고 성인의 마음가짐, 성인이 왜 성인이고 내가 아직 미치지 못하거나 얻지 못한 것이 무엇인가 등을 생각해야 한다. 구절마다 궁구하고 낮에는 낭송하고 음미하며 밤에는 생각하여 마음을 가라앉히고 기분을 변화하며 의문점을 궁구하면 성인의 뜻을 알 수 있다."
>
> 정자 왈, "배우는 자는 『논어』 중 제자들이 하는 질문을 자기가 한 것처럼 생각하고, 공자가 답한 것을 지금 귀로 들은 것처럼 생각하면 자연히 얻은 것이 있노라. 공맹이 다시 살아나도 이렇게 가르칠 뿐이다. 논어·맹자에서 깊이 탐구하고 음미할 수 있다면 앞으로 좋은 기질을 배

양할 수 있으리라."

정자 왈, "배우는 자는 먼저 논어·맹자를 읽으면 (이 책들은) 마치 기준을 재는 척도와도 같다. 이것으로 사물을 재면 자연히 장단점과 무게가 보인다."[43]

이외에 『주자어류』에도 책을 읽을 때 "문의文義를 되돌려야 한다", "마음과 마음을 견줘야 한다"고 이야기한다.

독서할 때 문의에서 찾아야 하고 그다음 주해를 본다. 지금 사람은 오히려 문의 밖에서 찾고 있다.[44]
책을 풀이할 때 먼저 완전한 문장을 환원해야 하고 그다음 문의를 되돌려야 한다.[45]
공맹 책의 강의에 관해 공맹은 이미 없어 말할 수 없다. 따라서 이 마음을 공맹의 마음과 비교하고 공맹의 마음을 이 마음과 비교해야 한다. 내가 말할 때 공맹이 수긍해야만 된다. 공맹이 말을 못한다고 해서 자기 마음대로 이야기해서는 안 된다.[46]

위에서 이야기한 주희의 논어·맹자 독서법은 바로 그의 논어·맹자에 대한 해석 방식이다. 주희는 문의를 우선으로 본다. 문의(의의意義, 문장 의미)를 먼저 이해한 다음, 구절마다 성인이 뜻하는 바(의리義理, 진리)를 궁구하여 그 뜻을 이해한 후 이를 기준 삼아 사물을 판단하는 것이다. 주희가 보기에 문의는 성인의 뜻을 이해하는 근거가 되지만, 성인의 뜻이 문의에 완전히 나타나 있는 것이 아니므로 "낮에는 낭송 음미하고 밤에는 생각을" 해야 한다. 그리고 문의를 이해하는 것 외에도 "논어 중 제자들이 하는 질문을 자기가 한 것처럼 하고, 공자가 답한 것을 지금 귀로 들은 것처럼" 해야 한다. 즉 텍스트 중의 문답을 자신이 처한 정황에서 나온 문답으로 역지사지해야 한다는 것이다.

주희의 논어·맹자 읽는 법을 보면, 그의 논어 해석은 단지 문의의 이해(문장의 독해)에만 머무는 것이 아니고 문의를 통해 성인의 뜻을 이해하려는 의도가 담겨 있다. 주희가 이야기하는 '문의'는 해석학자 프리드리히 슐라이어마허Friedrich Schleiermacher(1768~1834)가 이야기한 '문법 해석(문장 속의 어휘를 이해하고 단락 속의 문장을 이해한다. 그리고 그 사이에 모종의 순환 관계가 있다고 보는 것)'과 '심리 해석(텍스트를 저자 생명 의식의 표현으로 보고 저자의 취지를 파악하여 저자의 생각과 의도를 찾아내는 것)' 두 측면에서 이해할 수 있다. 그리고 소위 '성인의 뜻'도 두 가지 측면으로 나눠볼 수 있는데 하나는 텍스트가 보여준 공자의 생명 경험이고, 또 하나는 공자의 생명 경험으로 나타내는 객관적 이치와 질서다. 주희는 공자의 생명 경험을 파악하는 것이 객관적 이치와 질서를 찾는 기초이고, 이러한 객관적 이치를 확인하게 되면 모든 유가의 경전을 관통할 뿐만 아니라 만물을 판단하는 척도가 될 수 있다고 생각했다.

주희는 '성인의 뜻'으로 대표되는 '천리天理'를 최종 해석 목표로 삼고 있었다. '문의(문장의 의미)'와 '성인의 뜻(진리)' 사이에는 다음과 같은 네 가지 관계가 형성된다.

① 성인의 뜻은 문의에 내포되어 있다. 텍스트에서 얻은 성인의 뜻은

텍스트 안에 있어야 하고, 또 텍스트 안에만 존재한다.

② 문의를 융회관통融會貫通하면 성인의 뜻을 알 수 있다. 공자의 사상은 내적 일관성이 있기 때문에 텍스트 중에 포함된 관념과 명제는 서로 긴밀하게 연결되어 하나의 내적으로 관통되는 의리義理 체계를 형성한다.

③ 문의를 융회관통하는 것은 성인의 뜻에 대한 정성과 공경(誠敬)에 달려 있다. 성인의 계발을 얻고자 하는 전제하에 텍스트를 임했을 때 정성과 공경의 태도를 가져야 한다.

④ 성인의 뜻은 문의를 확대하게 한다. 문의를 융회관통하고 성인의 뜻을 얻은 후 의리의 이해와 해석의 측면에서 텍스트에 대한 좀 더 충실한 해독을 할 수 있다. 심지어 이를 통해 육경의 문의를 이해할 수 있다.

여기서 특히 제4항이 중요한데 주희는 의리(진리, 성인의 뜻, 천리)와 문의(문장의 의미, 의의)의 관계에 대해 다음과 같이 설명했다.

> 의리를 알아내는 것이 어렵다. 마음을 넓게(寬) 잡기도 하고 좁게(緊) 잡기도 해야 한다. 마음이 넓지 않으면 그 규모의 웅대함을 볼 수 없고, 좁지 못하면 그 문리文理의 세밀함을 관찰하지 못한다. 문의에만 얽매어 있으면 또 그 규모가 큰 대목을 볼 수 없다. [47)]

주희는 너무 문의에 얽매이면 의리를 파악하는 데 지장이 있기 때문에 마음은 넓으면서도 좁게 해야 한다고 생각했다. 넓게 할 때는 의리의 규모가 보이고, 좁게 할 때는 의리 맥락의 세밀한 곳을 관찰할 수 있다. 주희는 또『논어·자한』을 강의할 때 이렇게 말했다.

> 오늘 여러분이 독서할 때 문의만 이해하려 할 뿐 (성인의) 뜻(意)을 이해하려고 하지 않는다. 성인의 말은 도리를 밝히는 것이다. 이 도리란 것은 우리 몸도 그 안에 있고 만물도 그 안에 있으며 천지도 그 안에 있다.[48]

위의 두 인용문을 보면 '의리(성인의 뜻, 진리)'야말로 독서의 가장 중요한 목적임을 알 수 있다. 의리를 이해하면 모든 가치와 시비는 이를 기준으로 판단할 수 있다.

이러한 진리와 의미의 관계를 볼 때, 주희의 논어·맹자 해석은 해석 체계적인 의미가 있음을 알 수 있다. 주희가 보기에 '문의(의의 문장의 의미)'는 한편으로는 '성인의 뜻 (의리, 진리)'의 기초가 되고, 다른 한편으로는 기존의 '성인의 뜻'에 의해 좌우된다. '문의'와 '성인의 뜻' 사이에는 체계적인 상호작용이 형성되어 있다.

'성인의 뜻(意)'은 결국 객관적 이치(天理)로 간주되기 때문에 이 해석 체계는 객관적 도리에 위배되지 않는 범위 내에서 해석해야 한다. 따라서 그 해석된 의미는 최종적으로 의리(진리)에 의해 결정되어야 한다. 그러므로 이 같은 해석 체계를 '의리義理 지향적' 해석 체계라고 부를 수 있다.

의리 지향적 해석 체계의 작동 방식은 앞에서 언급한 주희의『논어』중 '관중기소管仲器小'에 대한 해석을 예로 살펴볼 수 있다. '문의文義' 측면에서 볼 때,『논어』자체에는 더 많은 내용이 없기 때문에 주희는 관중의 예에 어긋난 행위를 "주군의 잘못을 두둔하다"는 방식으로 해석할 수 없었다. '성인의 뜻'이라는 측면에서 볼 때, 성인이 '인심仁心(내재적 도덕성)'과 '예禮(외재적 도덕규범)' 혹은 '인공仁功(외재적 도덕 성취)' 사이에는 인과관계의 연속성과 동일성이 존재한다고 보기 때문에 관중의 '사치와 위례違禮'는 '인심'이 없는 결과다. 관중은 '인심'도 없고 '그릇이 작기 때문에' 그의 외부적인 도덕 성취는 단지 우연히 이룬 것이다. 따라서 관중은 '인공'이 있어도 '인인仁人'으로 볼 수 없다. 마찬가지로 천리는 순수하고 잡물이 없어야 하기 때문에 '인'은 반드시 '본심本心의 전덕全德'이어야 한다. 관중은 '인심'이 없기 때문에 '여기인'은 "누가 그의 인공仁功에 따라가랴"로 해석해야지, "누가 그의 인심仁心과 비교하랴" 혹은 "소홀의 인과 같다"로 해석해서는 안 된다는 것이다.

정약용의 해석은 의의 지향의 체계

정약용은 『논어고금주』의 부록 『논어대책』에서 다음과 같은 견해를 피력했다.

신이 대답한다. 신이 듣기로는 사물 중에 사람이 가장 영민하고 사람 중에 성인이 가장 존귀하며 성인 중에는 공자가 으뜸이다. 따라서 공자의 말 한마디 한마디가 백성의 모범이요 치세의 강령이다. 하지만 『가어家語』는 위서緯書인데다 오류가 많고, 『공총孔叢』은 위서僞書여서 믿을 수 없고, 『예기』의 내용도 많은 부분이 제자들의 찌꺼기에 불과하다. 따라서 후학이 믿고 따를 수 있는 것은 오직 『논어』 하나뿐이다. 하지만 그 훈계는 대부분 그 당시의 일을 논한 것으로 지금은 고증하기 어렵고, 주석은 개인의 억측이 많아 원래의 뜻을 흐리게 하여 논쟁만 난무하고 그 깊고 오묘한 뜻과 올바른 취지를 얻지 못한다. 만약 글을 통해 도리를 깨닫게 하고 점차 깊이 있게 하려면 오직 실천뿐이다.[49]

여기서 정약용은 우선 논어를 읽을 때 가장 큰 어려움은 "훈계가 대부분 그 당시의 일에 대한 것이고 지금은 고증하기 어렵다"는 사실이라고 말한다. 따라서 정약용은 문의文義 외에도 문의의 시대적 요소, 즉 배경 정황도 고려했음을 알 수 있다. 공자의 훈계는 시대 배경이 있기 때문에 문장 해석의 중점은 상황에 따른 화용론pragmatics적 분석이지 문법 해석의 의미론semantics적 분석에 머물면 안 된다. 따라서 정약용이 이야기한 '백성의 모범, 치세의 강령'은 진리로서의 '천리'가 아니라 생활 세계를 기초로 하는 반성과 대응이다.

정약용이 생각하는 실제 생활의 정황(時)은 독립적이고 유일한 상황이 아니라 복잡하게 얽혀 있는 생활 구조다. 그 속에는 인간성이 역사와 사회 환경에서 보여준 충돌과 타협이 있고, 또 자신의 이념이 형성되고 실현되는 의미도 있다. 따라서 정약용이 『논어』를 해석하는 목적은 공자의 철학 사상을 알리는 데에만 머물지 않고, 더 나아가 공자가 여러 생활 상황에 직면하였을 때 어떠한 계시와 가르침을 주었는지 알아내려는 것이다.

주희와 다른 해석 목적에 따라 정약용이 이야기한 '인문오도因文悟道 (글을 통해 도리를 깨달음)'는 "정황 속에서 공자의 뜻을 깨닫는 것"이고, 그 가 이야기한 '실천'은 "각각 다른 생활 상황에서 정확한 반성과 대응을 하는 것"이다. 이렇게 '성인의 뜻'에 대한 이해를 텍스트의 의미를 궁구하는 데 사용될 때, 해석의 주요 임무는 "어떤 문의文義가 진리眞理 혹은 성인의 뜻과 연결 되느냐"를 알아내는 것이다. 문의와 관련된 의제, 상황에 대한 토론을 통해서 문의를 이해하고, 이로써 문의와 진리 혹은 '성인의 뜻'과의 연관성을 찾아내 이 관련성이 사회, 역사, 심리 등의 측면에서 어떤 역할을 하는지 알아보는 것이다.

정약용과 주희의 해석 취향의 차이를 『논어』 중 '교언영색巧言令色' 부분의 해석을 예로 들어 다시 한 번 비교해보자. "교언영색한 사람 중 어진 이는 드물다(巧言令色, 鮮矣仁)" 이 구절은 「학이學而」, 「양화陽貨」 등 두 편에서 두 번 나왔고, 또 「공야장公冶長」편에 있는 "교언영색하고 지나치게 공손한 것을 좌구명은 부끄럽게 생각했는데, 나 또한 부끄럽게 여긴다(巧言令色足恭, 左丘明恥之, 丘亦恥之)"의 대목도 '교언영색'을 이야기한 것이다. 주희는 「양화」편의 구절에 주를 달지 않고 '중복(重出)'이라고만 표시했다. 「학이」와 「공야장」에 대한 주석은 대체로 비슷한 취지다. 주희의 설명은 다음과 같다.

말을 좋게 하고 표정을 선하게 하는 등 겉으로 꾸며 남을 즐겁게 하려하면, 인욕人欲이 방자하게 되고 본심本心의 덕德은 상실된다. 성인은 말을 부드럽게 한다. 하지만 특별히 '선鮮'이라고 한 것은 '절대 없다'는 뜻이다. 학자는 자는 마땅히 경계해야 한다.[50]

사씨謝氏가 말했다. "이 두 가지 일이 수치스러운 것은 도둑질보다 더하다. 좌구명左丘明이 수치스럽게 여기니 그 소양을 알 수 있다. 공자가 자신도 수치스럽게 생각한다고 한 것은 노팽과 비교하겠다는 뜻이다. 또 이것을 배우는 자에게 경계하도록 하고, 이를 점검하여 바른 마음을 세우도록 하는 것이다."⁵¹⁾

'족공足恭'에 대해서 물었다. 주자 왈, "족足의 뜻은 맞춰 충족시킨다는 이야기이다. 원래 9푼이 마땅한데 억지로 10푼으로 맞춘다는 것, 즉 부족하다고 하여 첨가하는 것이다. 이런 생각이 있으면 안 좋은 것이다."⁵²⁾

주희는 '교언영색'을 "인욕이 방자하고 본심의 덕이 상실된 상황"으로 본다. 이것은 '천리'와 '인욕'이 충돌한다는 입장에서 '인욕'이 '천리', '본심지전덕本心之全德'에 방해가 된다고 보는 것이다. 따라서 주희는 '선鮮(적다)'의 의미를 더 강력하게 '절무絶無(절대 없다)'로 이해해야 한다고 주장한다. 여기서 주희의 해석은 애매모호한 언어를 탈피하고 이념의 명확성을 유지하려는 의도를 알 수 있다.

정약용의 해석은 다르다. 그는 '선鮮'자를 좀 더 느슨한 방향으로 해석하려고 한다. 『논어고금주』에서 다음과 같이 질의한다.

교언영색은 죄악이 아니다. 다만 공자가 교언영색한 사람을 만날 때 그 사람이 대체로 인하지 못하니 "적다(鮮)"라고 말한 것이다. 하지만「춘추전」에서 사광師曠이 간언(충고)을 잘해 숙향叔向이 시경詩經을 인용하여 "물 흐르듯이 말을 잘한다(巧言如流)"라고 칭찬했고, 『대아大雅』에서는 산보山甫의 덕을 칭송할 때 "좋은 몸가짐과 태도(令儀令色)"라고 했다.

즉 교언영색해도 때때로 좋은 사람이 있다. 그래서 '선의鮮矣(적다)'는 참으로 적절한 표현이다. 만약 '절무絕無'라고 한다면 사실과 다르게 된다. 공자는 다른 곳에서 "교언은 덕을 어지럽힌다(巧言亂德)"라고 했는데, 이는 말 잘하는 것을 나쁘게 본 것이다. 『표기表記』에는 "언사는 정교해야 한다(辭欲巧)"라고 했는데, 이는 말 잘하는 것을 좋게 본 것이다. 교언巧言도 좋은 것과 나쁜 것이 있으니 영색令色도 마찬가지다. 이것은 단지 사람 보는 방법이다. 다자이 준은 "강의목눌근인(剛毅木訥近仁)" 대목과 대조해서 봐야 한다고 했는데 옳은 말이다.[53]

실제 생활에 대한 관찰을 바탕으로 정약용은 겉으로 보이는 교언영색이 전부 악의에서 나온 것은 아니라고 판단하여 "교언영색은 죄악이 아니다(巧言令色不是罪惡)"라고 했다. 그는 『춘추전』, 『시경·대아』, 『예기·표기』를 인용하여 자신의 주장을 증명하는 동시에 그 바탕에 흐르는 사고방식은 각 경전의 다른 표현을 통해 현실 생활의 복잡함을 보여주고 획일적이며 단순한 이념으로 모든 것을 설명하려는 것을 반대하는 것이다.
이러한 현실을 기반으로 하였기 때문에 정약용은 '인仁'과 '불인不仁'을 판단할 때 "어떤 행동을 했느냐"보다 "왜 그런 행동이 나왔는가"를 더 중요시한다. 예를 들면 "교언영색족공巧言令色足恭"을 해석할 때 정약용은 주희의 설을 따라 '족足'은 거성去聲으로 읽어야 하고 "부족함을 채운다"는 뜻으로 해석해야 한다고 본다.[54] 성인이 이를 수치스럽게 여긴 이유는 '교언영색'의 겉모습이 아니라 남에게 잘 보이려고 과도하게 행동하는 속마음 때문이다. 따라서 정약용은 '교언영색'의 문의를 생활 세계의 맥락에서 고려했음을 알 수 있다. 문의가 정황에 따라 변화할 수 있으니 어떤 문의가 진리와 연결될 수 있느냐의 문제도 심리와 사회적 측면에서 고려해야 하며 이를 오직 철학 범주의 악행으로 봐서는 안 된다는 것이다.

위의 설명을 보면, 정약용은 『논어』 텍스트 중 의미(意)는 성인이 각각 다른 생활 정황에서 제시해 준 것이라고 본다. 그러므로 각 장의 의미는 독특성을 가지고 있으니 해석자는 순수 이념만을 근거로 하여 실제 정황의 차이를 무시하고 의미가 중복되는 해석을 해서는 안 된다. '성인의 뜻'은 정황의 바탕 위에 있는 것이고, 또 문의는 '성인의 뜻'에 따라 발생하는 것이기 때문에 '성인의 뜻', 그리고 문의와 정황 이 세 가지는 상호 영향을 주는 해석 체계를 이룬다.

'관중기소管仲器小'에 대한 해석을 예로 정약용의 '성인의 뜻, 문의, 정황' 세 가지로 구성된 해석 체계를 살펴보자. 현실 생활 정황으로 볼 때, 관중의 행동은 역사와 사회적 상황의 제약을 받기 때문에 그 행동의 위례 여부는 그의 순수한 도덕적 본심에 의해서 결정되는 것이 아니라 그 당시의 사회 관습 및 군신 관계 등을 살펴봐야 할 것이다. 이렇게 볼 때, 비록 공자가 그의 행동을 위례라고 하였지만 그 위례 행동이 바로 『논어·팔일』에서 언급한 계씨季氏의 "마당에서 팔일무를 하는 것(八佾舞於庭)"과 같은 "절대 참을 수 없는 행위"라고 볼 수 없다. 비록 관중은 그릇이 작아 더 큰 공을 성취하지 못하고 공자로부터 '기소器小'라는 말을 들어야 했지만 이 '기소'의 문의도 나름 역사, 사회, 심리의 맥락이 있기 때문에 이를 '어질지 못하다(不仁)', '예를 모른다(不知禮)'로 보아서는 안 된다.

또 '여기인如其仁'의 예를 보자. 의의 지향의 해석 체계를 따르면, 자로와 자공이 "관중이 인仁하지 못하다"라고 이야기하게 된 전제는 "공자규를 위해 죽지 않았다"였기 때문에 공자도 당연히 여기에 초점을 두고 "소홀의 인仁과 같다"고 대답한 것이다. 따라서 '여기인'의 문의는 대화하는 당시의 문제의식에 서 결정되어야 할 것이다. 이런 맥락으로, 공자가 관중의 공을 칭찬할 때 비록 문장에서 관중이 인심仁心을 갖추었다고 명확히 밝히지 않았지만 '여소홀지인如召忽之仁'의 대목에서 이미 관중의 인심을 찾아볼 수 있다. 따라서 이 장은 "관중은 인공만 있고 인심은 없다"라고 해석해서는 안 된다는 것이다.

4. 사서의 텍스트 구조 내에 포함된 두 가지 해석 체계

두 가지 다른 해석 취향의 시사점

이상의 논의를 종합해보면 주희의 논어 해석은 두 가지의 중점이 있는 것을 알 수 있다. 하나는 '문의文義' 중 '문법 해석'인데 이는 문의를 통해 '성인의 뜻(공자의 철학 사상)'을 얻는 것이고, 다른 하나는 공자의 철학 사상을 통해서 역으로 문의를 결정하는 것인데 이는 진리로 문의를 관통하려는 것이다. 이에 비해 정약용은 문의(문장)에 대한 '문법 해석'보다 '정황 해석'을 더 중요시한다. 정황이 문장에 전부 나타나지 않기 때문에 텍스트 이외에 별도로 맥락을 찾아야 한다. 따라서 정약용은 『논어』를 읽을 때 문의가 발생하는 '시時(그때의 상황)'에 대한 보충을 특별히 중시했다. 정약용의 해석 체계에서는 사람의 행동이 반드시 철학 이념에 부합해야 한다고 규정하지 않았고, 또 사람의 생활이 단순하고 획일적이라고 보지도 않았다. 따라서 그가 이야기하는 '성인의 뜻'도 문장 맥락과 생활 맥락에서 보여준 '인심人心'과 '인심仁心'의 활동 결과로 나타난다.

주희와 정약용의 다른 해석 취향으로 양자는 각기 다른 '성인의 뜻'을 전달하게 되고, 텍스트에 나오는 사람(등장인물)에 대한 이해도 서로 다르다. 『논어 · 양화』의 '재아문삼년지상宰我問三年之喪' 장에 대한 해석을 예로 보자. 논어의 원문은 다음과 같다.

재아가 물었다. "삼년상은 기간이 너무 깁니다. 군자가 3년 동안 예를 행하지 아니하면 예가 반드시 무너지고, 3년 동안 음악을 연주하지 아니하면 음악도 반드시 황폐하게 될 것입니다. 묵은 곡식이 동나고 햇곡식이 이미 익었으며, 불붙이는 나무를 한 차례 바꾸어 사용하였으니 1년에 상을 끝낼 만합니다."

공자 왈, "쌀밥을 먹으며 비단옷을 입는 것이 네 마음에 편하겠느냐?"

"편합니다."

"네가 편하다면 그렇게 해라! 대체로 군자가 상喪을 입을 때에 맛있는 음식을 먹어도 달지 않고, 음악을 들어도 즐겁지 않으며, 거처함에 편안하지 않기 때문에 하지 않는 것이다. 이제 네가 편하다면 그렇게 하여라!"

재아가 나가자 공자 왈, "재아는 인仁하지 않다! 자식은 태어난 지 3년 된 뒤에라야 부모의 품에서 벗어난다. 삼년상은 천하의 공통적인 상례喪禮다. 재아는 자기 부모에 대한 3년의 사랑도 없는가?"

(宰我問: "三年之喪, 期已久矣. 君子三年不爲禮, 禮必壞; 三年不爲樂, 樂必崩. 舊穀旣沒, 新穀旣升, 鑽燧改火, 期可已矣." 子曰: "食夫稻, 衣夫錦, 於女安乎?" 曰: "安." 子曰: "女安, 則爲之! 夫君子之居喪, 食旨不甘, 聞樂不樂, 居處不安, 故不爲也. 今女安, 則爲之!" 宰我出. 子曰: "予之不仁也! 子生三年, 然後免於父母之懷. 夫三年之喪, 天下之通喪也, 予也有三年之愛於其父母乎!")

이에 대한 주희의 평론은 다음과 같다.

> 처음에 말한 "네가 편안하면 하라"는 이야기는 그(재아)의 말을 끊으려는 말이다. 그다음 재아의 "불인지심不忍之心(차마 그러지 못하는 마음)"을 자극하고 그의 불찰을 경고하는 말이다. 그리고 "네가 편안하면 하라"는 말을 다시 한 번 하여 깊이 나무란 것이다. 재아가 나간 후 공자는 그가 정말로 편안하게 생각하고 그대로 실행할까봐 삼년상의 연원을 설명하며 재아는 어질지 못하기에 부모에 대한 사랑이 이렇게 얕다고 꾸짖은 것이다.[55]

정약용의 평론은 다음과 같다.

> 재아의 뜻은 3년의 예는 기록에 있지만 실행하는 자가 없고 근래에 와서 유명무실해졌다는 것이다. 혹은 선왕先王의 예는 원래 너무 길고 실행하기 어려워 이렇게 붕괴된 것이다. 차라리 지키기 쉽게 기期(1년)로 하는 것이 좋다고 생각하여 이렇게 질문한 것이다. 문답하는 과정에서 자기 의견을 고수하여 당돌하게 "편안하다"라고 답했는데 이것은 언어 예의상 실수이지 70명 제자 중 유독 재아만 불효해서 그런 것이 아니

다. 더구나 그 질문은 원래 ‘군자’를 두고 한 것이다. 군자란 천자天子, 제후諸侯, 대부大夫를 가리킨다.

　당시 군자는 원래 삼년상을 하지 않았다. 재아의 논의는 명분(名)과 현실(實)의 괴리를 따지는 것이지 일부러 상을 단축하려는 것은 아니다. 재아가 “편안하다”라고 답한 것은 당시의 군자를 대신하여 대답했을 뿐 자신의 경험을 통해 실제로 편안하다고 느껴서 답한 것은 아니다.[56]

　두 논평을 비교해보면, 주희는 공자가 재아를 올바른 방향으로 이끌고자 하는 측면에서 해석했다. 따라서 공자는 먼저 재아에 대해 ‘말을 끊고(絶之)’, 그다음 ‘불인지심을 일깨워 경고하고’, 또 ‘깊이 나무라고’, 마지막으로 ‘연원을 설명하며 꾸지람’한 것이다. 주희의 해석에는 재아의 성격이나 질문하는 원인 등은 보이지 않고, 단지 재아의 어질지 못함(不仁)과 공자의 반응만이 부각되었다.

　정약용의 논평은 재아가 질문한 이유에 대해 “삼년상은 규범만 있지 실행하는 자는 없다”는 것이었고, 재아가 “편안하다”라고 대답한 것도 “당시 군자를 대신하여” 대답한 것이라고 설명했다. 따라서 재아는 어질지 못하다기보다 말할 때 예의를 지키지 못한 것이다. 정약용은 재아가 나간 후 공자가 그를 “어질지 못하다”고 비난한 데 대해 설명하지 않았다. 하지만 앞뒤 문장으로 보아 공자가 재아를 “어질지 못하다”고 비평한 이유는 그가 현실의 풍속과 사고에 얽매어 친자 관계의 차원에서 상례의 진정한 본질을 반성하지 못하였기 때문으로 추론할 수 있다.

　정약용의 해석에서 우리는 공자의 견해를 볼 수 있을 뿐만 아니라 당시 시대 상황의 영향을 받은 재아의 모습도 발견할 수 있다. 재아와 공자의 문답에서 보여준 충돌과 대응은 마치 우리가 자신의 관점에 국한되어 발생한 텍스트에 대한 의혹 및 대응과도 같다. 따라서 해석의 다양성이라는 차원에서 의의 지향의 해석은 독자에게 자신의 정황을 생각할 수 있는 시사점을 더 많이 제공한다고 할 수 있다.

『논어』의 편장 구성에 포함된 두 종류의 다른 해석 체계

앞서 토론에서 알 수 있듯이 의리 지향의 해석은 공자의 철학과 교육 이념을 더 잘 나타내고, 의의 지향의 해석은 인간의 실제 생활 세계에서 발생하는 의혹과 이에 대한 공자의 대응과 비평을 더 부각시킨다. 어떤 취향이든 독자에게 경각심과 시사점을 줄 수 있기 때문에 양자 모두 좋은 해석이라 할 수 있고 굳이 우열을 가릴 필요는 없다. 하지만 『논어』 자체의 구성으로 볼 때 의의 지향의 해석 체계는 논어 각 장의 텍스트가 형성한 해석 형태도 설명할 수 있을 것이다.

『논어』 각 편장의 구성은 편집자가 의도적으로 그렇게 편집했는가에 대해서는 지금까지도 확실한 결론이 없지만, 역대 해석자 중 『논어』의 편장 구성에 의미를 부여하고자 한 사람은 꽤 있었다. 예를 들면 주희는 『논어』의 서두 「학이學而」편에서 "이는 이 책의 첫 편이니 대부분 근본을 다지는 내용이다. 이것은 도道에 들어가는 대문이고 덕德을 쌓는 기초이며 배우는 자가 먼저 다져야 할 일이다"[57]라고 설명했다. 이는 주희가 「학이」편의 각 장이 한곳에 모아진 데는 깊은 뜻이 있다고 생각한 점을 보여준다. 문헌의 부족으로 주희는 특정 편집자가 의도적으로 『논어』의 내용을 지금의 순서로 편집했다는 것을 증명할 수 없었지만 그는 「학이學而」, 「팔일八佾」[58], 「공야장公冶長」[59], 「옹아雍也」[60], 「술이述而」[61], 「향당鄕黨」[62], 「선진先進」[63], 「헌문憲問」[64], 「계씨季氏」[65], 「미자微子」[66], 「자장子張」[67] 등의 서두에 설명을 달았다. 비록 주희는 기타 각 편(「위정爲政」·「리인里仁」·「태백泰伯」·「자한子罕」·「안연顔淵」·「자로子路」·「위령공衛靈公」·「양화陽貨」·「요왈堯曰」)에 대해 설명하지는 않았지만 이미 그가 논어 각 편의 이름과 순서에서 논리를 찾고자 시도했다는 것을 알 수 있다.

『논어』의 편장 구조에 편집자의 논리가 숨어 있다고 생각하면 『논어』 해석의 가능성을 제고할 수 있는가? 이 문제는 해석 취향에 따라 서로 다른 견해를 보일 것이다. 의리 지향의 해석자는 '이념'으로 각 편장을 관통할 것이고 의의 지향의 해석자는 『논어』의 텍스트 형식을 '존재(실존)'의 구조로 보고 그것이 생활 세계의 복잡한 '존재' 형태를 나타낸다고 볼 것이다.

예를 들면 예악禮樂을 논하는 「팔일」편에서 계씨의 팔일무를 감행하는 위례違禮 행위를 볼 수 있고, 또 '관중이 없었다면 나는 아마 머리를 풀어 헤치고 오랑캐 옷을 입게 되었을 것이다(微管仲, 吾其被髮左袵矣)' 장에서 관중의 예에 어긋난 행위를 볼 수 있다. 의리 지향의 해석자는 두 경우 모두 '진리'에 어긋나는 행동이라고 볼 것이다. 의의 지향의 해석자는 계씨와 관중의 위례 행위를 생활 현실의 반영으로 보고 여기에 어떤 차이가 있으며 어떻게 평가해야 하는지를 생각하게 될 것이다.

마찬가지로 '교언영색巧言令色, 선의인鮮矣仁' 구절은 왜 「학이」와 「양화」편에 두 번 나올까라는 문제에 대해 의리 지향의 해석자는 '중복', '다른 편에도 나왔음'이라는 이유로 넘어갈 수 있다. 하지만 의의 지향의 해석자는 다른 편장의 맥락에서 또 다른 의미를 찾아볼 수 있다. 마치 실제 생활에서 같은 행위일지라도 다른 정황에서는 다른 생각을 하게 하는 것과 같다.

따라서 '교언영색巧言令色, 선의인鮮矣仁'이 「학이」와 「양화」편에 각각 수록된 것은 이 말이 다른 정황 맥락에서 다루어야 한다는 것을 의미하고, 또 그것이 각각 다른 현실 상황에서 참고할 수 있기 때문에 『논어』편집자가 이를 삭제하지 않았을 것이다. 의의 지향의 해석 체계도 『논어』의 텍스트 구조에 존재할 수 있으므로 독자는 이를 중시하고 관찰해야 할 것이다. 만약 의리와 의의 두 취향을 겸비할 수 있다면 또 다른 형태의 '해석 순환'을 탄생시켜 『논어』에 대한 더 깊고 넓은 이해를 제공할 수 있을 것이다.

사서 간의 구조 취향과 해석 취향

이 장에서는 『논어』의 두 가지 해석 체계만 논의했다. 같은 방법으로 『맹자』·『대학』·『중용』을 고찰한다면 각 책의 텍스트에서도 『논어』와 비슷한 상황을 발견할 수 있다. 또 위의 논의를 따르면 『사서』에도 순서가 없는 『논어』의 각 편장처럼 이해를 돕는 '해석 체계'나 '해석 순환'이 나타날 수 있다. 주희의 해석을 예로 보면 『대학』의 격물格物, 치지致知에 대한 그의 해석은 바로 의리 지향의 결과이고, 같은 해석 논리도 이일분수理一分殊처럼 『논어』·『맹자』·『중용』의 문의를 관통하는 양상을 보여준다.

의의 취향의 해석으로 볼 때 『대학』의 '격물치지'는 반드시 천리를 궁극적으로 연구하는 의미로 볼 필요가 없고, 또 '이일분수'나 '이/기'의 개념과 연결할 필요도 없다. 『대학』에서 논의한 내용은 사서와 별도의 독립적인 의미를 지닐 수도 있고, 또 사서의 다른 책과 하나로 관통되는 관계가 아닌 상호보완적인 관계를 형성할 수도 있다.

본장은 정약용의 의의 지향적인 해석관이 주희의 의리 취향과 다른 점을 논했다. 여기서 다음과 같은 의문이 든다. 만약 정약용이 주희와 다른 자신만의 '사서학'을 구축하려고 했다면, 그는 어떻게 사서 간의 관계 구조를 이해한 것일까? 이것이 바로 앞으로 계속 고찰할 문제이다.

3장

정약용의 인성론과 수사학, 주자학 및 서학[1]의 차이

1. 정약용의 입장에 대한 두 가지 견해

현재 정약용의 학술적 입장에 대해 대체로 반反주자학 혹은 반反성리학인 '실학'으로 그의 학문을 개괄하고 있으며, 이와 동시에 두 가지 견해가 맞서고 있다. 하나는 정약용을 수사학洙泗學(공자의 원초적 학문 사상)의 계승자로 그의 학설은 선진先秦 유학을 계승 발전시킨 것이라고 보는 견해이고, 다른 하나는 서학(천주교)의 영향을 받아 정주程朱의 성리학에서 반성리학적 실학으로 전향했다는 견해다.[2] 후자의 경우 정약용은 유학과 서학을 잇는 교량 역할을 담당하였으므로[3] 그의 학설을 개신유학改新儒學[4], 사천학事天學[5] 혹은 영육철학靈肉哲學[6]으로 부를 수도 있다고 본다.

두 파의 학자는 정약용의 학문적 원류에 이견이 있지만 정약용의 '인성론'은 다산학을 연구하는 데에 중요한 단서라는 점에서 대체로 동의한다.

유학의 발전에서 정약용의 공헌이나 그와 서학의 관계를 논할 때 반드시 그의 인성론을 검증해야만 판단내릴 수 있다. 정약용 인성론의 특색은 그의 '성기호설性嗜好說'[7)]에 있다. 이러한 견해의 독창성은 이미 대부분의 학자들이 긍정적으로 받아들이고 있으나[8)] '성기호설'이 실질적으로 유학의 전통에 속하는지 아니면 서학의 전통에 속하는지는 여전히 쟁점으로 남아 있다.

정약용이 서학의 영향을 받은 것과 관련하여 대부분의 학자는 마테오 리치의 『천주실의』를 언급하지만[9)] 일부 학자는 성호 이익의 『천주실의발문天主實義發問』[10)]과 기타 학자의 고증[11)]을 근거로 정약용이 중국에 온 다른 예수회 선교사의 저작, 예를 들면 알레니P. Julius Aleni(중국명 애유략艾儒略, 1582~1649)의 『직방외기職方外紀』, 『만물진원萬物眞原』, 『삼산논학三山論學』, 프란체스코 삼비아시P. Franciscus Sambiasi(중국명 필방제畢方濟, 1582~1649)의 『영언려작靈言蠡勺』, 판토하(중국명 방적아龐迪我)의 『칠극七克』, 아담 샬Johann Adam Schall von Bell(중국명 탕약망湯若望, 1591~1666)의 『주제군징主制群徵』과 『성세추요聖世蒭堯』, 샤바냑Emeric Langlois de Chavagnac(중국명 사수신沙守信, 1670~1717)의 『진도자증眞道自證』 등을 읽었을 가능성이 있다고 지적하고, 정약용의 인성론 중 '성기호설'은 프란체스코 삼비아시의 『영언려작』 중 「영혼론靈魂論」 및 알레니의 『성학추술性學觕述』과 관련이 있다고 본다.

정약용의 성기호설이 삼비아시와 알레니, 마테오 리치의 영향을 받았다는 주장의 논거는 대체로 다음의 세 가지를 들 수 있다.

① 영혼론靈魂論으로 송대 유학의 이기론理氣論을 와해시켜 원시 유학 중 상제上帝 사상을 부각하려 한 것은 마테오 리치 및 기타 예수회

선교사들의 공통된 사상이다. 정약용은 이러한 사상을 계승하였기 때문에 이와 비슷한 논술로 주희의 이기론을 반대했다.

② 마테오 리치와 삼비아시는 인성은 육체성(형성形性, 유형有形의 성性, 각혼覺魂)과 정신성(신성神性, 무형無形의 성性, 영성靈性, 영혼靈魂, 신혼神魂)이 공존하는 이원적 구조로 되어 있다고 주장했다. 그들은 인간의 정신성은 영원히 소멸하지 않는 것으로 상제의 무에서 유로 창조되는 것이며 '이기론' 중 '기氣'에 속하지 않는다고 보았다. 정약용은 마테오 리치와 삼비아시의 영혼불멸설 및 인성은 이원적 구조로 되어 있다는 설을 받아들여 특유의 성기호설을 제시했다.

③ 마테오 리치의 『천주실의』에는 '성지소기性之所嗜'설이 있고, 삼비아시의 『영언려작』에는 '기사嗜司'와 '성욕性欲·사욕司欲·영욕靈欲'설이 있으며 알레니의 『성학추술』에는 '지각적 기욕知覺的嗜欲·영명적 애욕靈明的愛欲'설이 있는데 이 모두 정약용 성기호설의 연원이 되었을 가능성이 있다.[12]

위에서 제시한 설은 비록 일리는 있지만 의문의 여지가 많다. '이기론'의 측면에서 말하자면, 선진先秦 공자, 맹자, 순자의 유학적 전통에는 분명 '이기'에 관한 논의가 없으므로 정약용이 이기론을 반대한 것이 서학으로부터 영향을 받은 결과가 아니라 선진의 공맹 철학으로 회귀한 결과일 수도 있다. 이 같은 이치에서 형성形性·신성神性의 이원적 구조는 전통 유학의 인심人心·도심道心에 대한 구분에서도 볼 수 있으며, '성기호'설 역시 『맹자』「고자告子」의 "이와 의가 우리 마음을 기쁘게 해주는 것은 가축이 우리 입을 즐겁게 해주는 것과 같다(理義之悅我心, 猶芻豢之悅我口)"

는 비유와도 매우 가깝다. 따라서 정약용의 인성론 중에 도대체 서학의 요소가 얼마만큼 있는가의 문제는 더 정밀한 고찰이 있어야만 판단할 수 있을 것이다.

2. 정약용 성기호설의 연원과 특색

성기호설은 『맹자』에서 왔다

정약용의 성기호설 연원에 관하여 서학의 입장에서는 『천주실의』 중 "성이 좋아하는 바는 적고 추구하기가 쉽다. 여러 가지 맛은 좋지만 (그 목적을) 이루기 어렵다(性之所嗜, 寡而易營; 多品之味, 佳而難遂)"는 문장과 관련 지어 이해하려고 한다. [13] 이 문장의 문맥을 살펴보면, "음식은 약을 복용하는 것과 같은 것으로 생명의 연장을 위한 것이다. 그러므로 음식에 대한 사람들의 진정한 수요는 결코 많지 않다. 비록 맛 좋고 양이 많은 음식을 추구하게 되어도 좋은 효과와 이익을 얻을 수 없다"는 것이다. 따라서 정약용의 성기호설은 『천주실의』의 "성지소기性之所嗜, 과이이영寡而易營"에서 시사점을 얻었을 가능성은 없을 것이다. 둘 사이는 단지 문자상으로 비슷할 뿐이다.

정약용은 스스로 '성기호설'은 『맹자』「진심盡心 상上」의 "땅을 넓히고 백성을 많게 하는 것은 군자가 하고자 하는 것이나 즐거워함은 여기에 있지 않다. 천하의 가운데에 서서 사해의 백성을 안정시키려는 것은 군자가 즐거워하는 것이나 본성은 여기에 있지 않다(廣土衆民, 君子欲之, 所樂不存焉. 中天下而立, 定四海之民, 君子樂之, 所性不存焉)"에서 왔다고 말한다. 그의 말을 보자.

> 내가 일찍이 성性을 심心의 기호라 하니 사람들이 모두 이를 의심하였는데, 이제 그 증거가 여기에 있다. 욕欲, 낙樂, 성性 세 글자는 세 층으로 나뉘어 가장 얕은 것은 '욕'이고, 그다음은 '낙'이며, 가장 깊어 마침내 본인의 특별한 애호가 되는 것이 '성'이다. 군자의 본성은 군자가 기호하는 것이라는 말과 같다. 다만 기호라고 하면 얕은 것이고 성性은 자연(본성)의 이름이다. 만약 '성'을 기호의 유가 아니라고 말한다면, '소성所性' 두 글자는 해석되지 않는다(말이 되지 않는다). 욕欲, 낙樂, 성性 세 글자를 같은 유로 보아야 한다면, 성性이라는 것은 기호다.[14]

위에서 인용한 정약용의 말에서 다음의 몇 가지 사항을 확인할 수 있다.

첫째, 성기호설은 정약용이 이해한 『맹자』를 근거로 하여 도출된 것으로, 논술은 『맹자』의 문장을 근거로 한다.

둘째, "성은 심(마음)이 기호하는 바이다(性爲心之所嗜好)"에서 알 수 있듯이 성기호설의 논술 형식은 역시 심心으로 성性을 논하는 형식이고, 심과 성 양자는 나누어 논할 수 없다. 그리고 심은 논술의 핵심 관건이어야 한다.

셋째, "기호라고 하면 얕은 것이고 성은 자연의 이름이다(嗜好猶淺, 而性則自然之名)"에서 알 수 있듯이 성性은 자연 본성의 표현이고 '기호'는 그것의 진정한 의미와 내용을 가리킬 수 없다.

이 세 가지 측면은 정약용 인성론 중의 수사학과 서학의 요소를 평가하고 단정하는 데 어떤 의미가 있는가? 아래에서는 우선 심心을 위주로 하는 정약용의 심성 구조를 토론하고자 한다. 정약용은 "맹자가 일생 동안 살핀 것은 도심의 존망이다(孟子一生所察, 卽道心之存亡也)"[15]라고 했듯이, 그는 맹자가 논한 '진심盡心'의 요지를 깊이 알고 있었다. 정약용은 '성性'이란 사람의 진실로서 논증을 거친 후에 알 수 있는 것이 아니며, 심心이 그 기호를 따를 수 있느냐에 문제의 핵심이 있다고 여겼다. 이러한 '이심견성以心見性(심으로 성을 본다)'의 방식이 우선 논리적으로 타파하려고 한 것은 형이상학적 입장에서 심과 성의 의미를 논의하는 데 있었다. 아래의 문장은 정약용의 이러한 입장을 분명하게 보여준다.

지금에 와서 맹자가 성性을 이야기한 것을 살펴보면, 모두 기호嗜好로 비유하였음을 알 수 있다. (그런데도) 지금 사람들은 '성'자를 높이 떠받들어 마치 하늘처럼 큰 물체처럼 모시고, 태극太極 음양陰陽설과 본연本然 기질氣質의 논의와 뒤섞여 그 논의는 아득하고 동떨어지고 황홀하고 허망하다. 그들은 스스로 세밀하게 분석하고 천天과 인人에 관한 밝히지 못했던 비밀이라도 궁리하는 것처럼 생각하지만 결국 일상생활의 법규에는 아무런 도움이 없으니 또한 무슨 유익함이 있겠는가?[16]

주자가 "만물 자연의 성性을 따르는 것이 도道이다. 여기서 '솔率'자는 힘쓴다는 뜻이 아니다"라고 말했다. 그가 또 말했다. "혹자는 솔성率性을 생명의 이理를 따르는 것이라고 하는데, (이렇게 되면) 오히려 도는 사람으로 인해서 생기는 꼴이 된다." 이 말대로라면 이른바 솔성이란 자연대로 맡기는 것에 불과한 것이어서, 아마 옛 성인의 극기복례의 학문과는 부합되지 않는 것 같다. …… 주자의 성性과 도道에 관한 설명은 항상 인人과 물物을 겸하여 이야기하였으니 의미가 막히고 통하기 어려운 것이 대부분 이런 대목이다.[17]

본연지성本然之性은 대소존비大小尊卑의 차등이 없고 단지 품수된 형질에 따라 청탁편정淸濁偏正의 차이가 있으니 이理가 기氣에 깃들어 부득이하게 같지 않을 수 있다. 『집주』에서 말했다. "사람은 그 사이에서 홀로 형기形氣의 바름을 얻어서 (동물과) 약간 다르다"고 하였으니 역시 이설이다. 만약 이렇다면, 사람이 금수와 다른 것이 형기에 있는 것이지 성령性靈에 있는 것이 아니며, 서민은 형기를 버리고 군자는 형기를 보존한다는 것이다. 이것이 어찌 맹자의 본뜻이겠는가! 형기라는 것은 체질이니 생명과 더불어 같이 살고 죽은 뒤에야 썩는데, 서민만 어떻게 버릴 수 있겠는가? 성리학자들이 말한다. "본연지성이 형기에 붙는 것은 물을 그릇에 담는 것과 같아서 그릇이 둥글면 물도 둥글게 되고 그릇이 모나면 물도 모난다"고 하니 이것은 명백히 인성과 수성獸性을 똑같은 것으로 간주한 것이다.[18]

후세의 학문에서는 천지만물 가운데 형체가 없는 것, 형체가 있는 것,

총명한 것, 우둔한 것 모두를 하나의 '이理'(이치)에 귀속시켜 더 이상 대소와 주객이 없게 되었다.[19]

만약 '사람이 명을 받은 처음부터 그 분수가 이미 정해졌다'고 말한다면, 군자와 소인도 어찌 분수가 정해지는 것이 아니겠는가?[20]

『집주』는 이 글을 고쳐 쓴 것이다. 성性 자는 원래 기호嗜好라는 뜻이므로 세상 사람들은 모두 기호를 '성'으로 본다. 유독 맹자만 다음처럼 말했다. 이와 같은 것이 '성'이라면 사람이 똑같이 얻어야 마땅한데 지금 얻은 것에도 '명'이 있으니 그것은 '성'이 아님을 알 수 있다.[21]

정약용이 이야기한 "인성과 수성을 똑같은 것으로 만드는 것(把人性獸性打成一物)"과 "천지만물 가운데 형체가 없는 것, 형체가 있는 것, 총명한 것, 우둔한 것 모두를 하나의 이理에 귀속시켰다(把天地萬物無形者, 有形者, 靈明者, 頑蠢者並歸之一理)"는 뜻은 만일 우주론적인 형기形氣와 이기理氣의 입장에서 사람과 만물을 구별한다면, 이러한 구별은 명命을 부여받은 처음에 이미 확정된다. 이 경우 인간과 만물의 차이(혹은 특성)는 명을 품부받은 처음에 얻은 본성에 의해 결정되지 결코 각각 개별 존재의 수양과 창조에 의해 결정되는 것이 아니다. 따라서 정약용이 보기에는 하늘이 부여해준 본성이 다른 것은 단지 사람과 만물이 같은 종류가 아님을 말해주는 것뿐이지, 결코 사람과 만물의 가치 고하를 평가하여 단정할 수 있는 것은 아니다.

정약용의 반형이상학적 노선은 주희, 대진과 다르다

앞서 서술한 것처럼 정약용은 형이상학을 반대하는 입장에서 심心, 성性의 의미를 논했다. 이런 견해를 통해 정약용이 송대 이래 유학으로부터 방향을 전환하였으며, 주자의 성리학 또는 이기론 중 이본론理本論은 물론 명·청 시대 이래 기본론氣本論의 견해에 대해서도 찬성하지 않는 입장임을 알 수 있다. 청대의 기본론자인 동원東原 대진戴震(1723~1777)[22]의 견해를 살펴봄으로써 정약용과의 차이점을 비교해볼 수 있다.[23] 대진은 다음과 같이 말했다.

> 맹자는 "이의理義가 우리 마음을 기쁘게 해주는 것은 가축이 우리 입을 즐겁게 해주는 것과 같다"고 하였는데 이는 단지 비유로 한 말이 아니다. 무릇 사람이 한 가지 일을 행할 때 이의에 부합하면 그 심기心氣는 반드시 스스로 얻은 것처럼 상쾌하고, 이의에 거스르면 심기는 반드시 스스로 잃은 것처럼 우울하다. 이런 것을 통해 심心과 이의의 관계를 보면 마치 혈기血氣와 기욕嗜欲의 관계와 같은데 모두 성性이 그러하기 때문이다.[24] 맹자가 말하기를 "지금 어린아이가 우물에 빠지려 하는 것을 본다면, 모두 출척측은怵惕惻隱의 마음을 갖게 된다"고 하였는데, 이른바 '측은'이나 인仁이라는 것은 심지心知 바깥에 별도로 있는 것이 아니고 마음에 숨어 있는 것이다. 이미 삶이 그립고 죽음이 두렵다는 것을 알기 때문에, 어린아이의 위험을 두려워하고 어린아이의 죽음을 측은해하는 것이다. 이러한 두려운 마음이 없다면 어찌 출척측은한 마음이 있겠는가? 이를 수오羞惡, 사양辭讓, 시비是非에 유추한다면 또한 그러하다.[25]

사람의 혈기와 심지가 음양오행에 근본하고 있는 것은 성性이다.[26]

옛날부터 지금에 이르기까지 사람과 만물의 성性을 통괄하여 말하자면, 기氣의 측면에서 각각 다르다고 할 것이다. 혈기에 관한 것만을 전적으로 말한다면, 기의 측면에서 각각 다를 뿐만 아니라 지각知覺 역시 다르다. 사람에게 예의禮義가 있어서 짐승과 다른 것은 사람의 지각이 동물과 크게 다르기 때문이다. 이것이 맹자가 말한 성선性善이다.[27]

인의예지의 아름다움은 사람들이 모두 같을 수는 없다. 태어날 때부터 한정된 것은 명命이고, 모두 넓히고 충만하게 할 수 있는 것은 사람의 성性이다.[28]

위의 글을 보면 대진과 정약용의 견해에서 유사점을 발견할 수 있다. 예를 들면 대진이 말한 "이런 것을 통해 심心과 이의理義의 관계를 보면 마치 혈기와 기욕의 관계와 같은데 모두 성性이 그러하기 때문이다(心之於理義, 一同於血氣之於嗜欲, 皆性然耳)"라는 것은 정약용의 '성기호설'과 가까우며, "인仁이라는 것은 심지心知 바깥에 별도로 있는 것이 아니고 마음에 숨어 있는 것이다(所謂仁者, 心知之外別如有物焉, 藏於心也)"라는 구절 역시 정약용이 주희의 "인의예지는 심心이 추구한 이理이다"라는 주장을 비평하는 구절에서 찾아볼 수 있다.[29]

정약용과 대진은 '성性'을 논할 때 문자상 비슷한 점이 많지만 정약용은 필연적으로 대진의 '성'을 "사람의 혈기와 심지가 음양오행에 근본하고 있는 것(人之血氣心知本乎陰陽五行者)"이라고 보는 견해에 동의하지 않을 것이다. 왜냐하면 정약용이 주희의 '이기론'을 반대하는 이유가 바로 주자학의 형이상학적 담론 때문이므로 음양오행의 기화氣化로 '성'을 설명하려는 대진의 주장에 찬동하지 않을 것이다.

대진은 '성'을 우주론에서의 음양이 기화氣化한 표현으로 보았고, 맹자의 '성선性善'도 사람과 금수의 "기의 종류(氣類)가 각각 다르기(各殊) 때문"이라고 보았다. 하지만 대진은 한편으로 '성선'을 사람과 동물이 기가 각각 다른(氣類各殊) 결과로 보고, 다른 한편으로는 타고난 명(生初之命)은 확충(擴而充之)할 수 있다고 주장한다. 이러한 주장에는 이론적인 모순이 있다. 예를 들면 만약 대진이 '확충' 여부는 사람의 서로 다른 '기'의 품부로 결정된다고 생각한다면, '확충' 여부는 전적으로 선천적인 '기'로 결정되는 것이므로 어떠한 도덕적 가치도 없게 된다. 반대로 만약 '확충'은 기氣를 초월한 결과라고 본다면 '확충'하느냐 안 하느냐는 '기류氣類' 혹은 음양오행에 근거한 '기혈심지氣血心知'로 결정되는 것이 아닌 꼴이 된다.

바꾸어 말하면, 대진은 사람의 '객관적인(實然, 실제로 그러함)' 형이상학적 근거로 사람의 '주관적인(應然, 마땅히 그래야 함)' 가치 선택을 설명하지 못하는 것이다. 만약 대진이 다른 가치 선택을 서로 다른 음양 혹은 오행의 기氣의 결과 때문이라고 귀결해버린다면, 사람의 노력으로 "그 명命을 확충시킬 수 있다(可擴充其命)"는 가능성을 배제하게 되어 이론적 모순에 빠지게 된다.

정약용은 분명히 대진의 주장을 읽었거나 형이상학적 입장에서 심성心性을 논할 때 직면할 수 있는 문제점을 생각해봤을 것이다. 따라서 그의 '성기호설'이 애써 벗어나고 싶은 것이 바로 '이기론' 중 이본理本 혹은 기본氣本의 주장이고, 더 나아가 '우주론'적인 이론 구조를 선진 유학의 '심성론'적인 이론 구조로 전향하려고 한 것이다.

정약용은 마음이 선호하는 것(心所嗜好)으로 '성性'을 설명하고 이론 체계를 세워 '성'을 명확한 내용과 의미 지칭이 있는 '이理'로 보는 견해에서 벗어날 수 있었다. 주자가 언급한 본체론적 의미상의 '천리天理'이든 혹은 대진이 언급한 혈기와 심지로 추리, 판단하여 이루어진 '분리分理'[30]이든 모두 정약용이 말하는 '성性'의 내용이 아니다.

기존의 '성' 관련 개념에 대한 규명

정약용이 언급한 '성'은 형이상학적 의미를 지닌 '천리'도 아니고 인지와 추리의 결과인 '분리'도 아닌 '마음에서 자연적으로 생기는 욕구'다. 따라서 그가 말하는 '기호嗜好의 성性' 혹은 '마음에서 자연적으로 생기는 욕구'는 생명 속의 사실을 지칭하는 것이지 추리나 논리로 얻은 결과가 아니므로 '이理'로 부를 수 없다. 또한 '성'은 자연적으로 생기는 욕구이므로 그 표현 방식은 한 가지만 있는 것이 아니다. 따라서 '성'은 단일한 의미를 지닌 명사일 수 없기 때문에 '기호嗜好'라고 이름 붙일 수 있을 뿐이다.

정약용은 사람이 만약 이 '기호'를 따르지 않으면 악으로 빠지게 된다고 본다. 이러한 '기호로서의 성'은 일종의 자연적인 천성일 뿐만 아니라 인류 도덕 행위의 근원이기도 하다. 그러나 '기호로서의 성'(마음의 욕구)은 비록 도덕적인 결단과 선택의 근거이기는 하지만 진정한 도덕 행위를 형성할 수는 없다. 진정한 도덕 행위는 '마음(心)'이 '기호'를 따랐는지 여부, 행위 주체가 사건에서 내린 선택 등으로 결정된다. 진정한 도덕 행위란 반드시 '심心'의 결정과 선택이 있은 후에 성립될 수 있다. 따라서 정약용은 인의예지仁義禮智의 행위는 '성'에 의해서 결정되는 것이 아니라 '마음의 선택'에 의해 결정된다고 본다. 반대로 마음이 원하는 것(心所欲樂)인 '성'도 인의예지와 같은 '완성된 행위'의 의미를 지닌 어휘로 설명할 수 없는 것이다.

이 때문에 정약용은 "인의예지란 이름은 행동한 후에 정해진다(仁義禮智之名成於行事之後)", "사람을 사랑한 이후에 인仁이라고 일컫는 것이니 사람을 사랑하기에 앞서서 인이라는 이름은 정해지지 않는다(愛人而後謂之仁, 愛人之先, 仁名未立也)"는 견해를 피력하고 있다. 이런 견해를 통해 정약용은 인성을 마음속에 간직된 '인의예지'의 '이理'로 보고 이러한 '이'가 마치 복숭아씨 살구씨 같은 씨앗처럼 사람의 마음속에 숨어 있다가 자연적으로 결실을 맺는다는 주장에 반대하는 것이다.[31]

정약용은 성(즉, 마음의 기호)이 자연적으로 인의예지의 행위를 형성할 수 있다고 여기지 않았고, 또 마음의 기호가 지식을 추리한 결과라고도 여기지 않았다. 그러므로 그의 논의의 중심은 '성'에 관한 문제에 있지 않고, 마음의 이러한 '기호'에 대한 선택(마음의 자주권)이라는 점에 중점을 두고 있다. 정약용은 '심心'과 '성性'의 개념을 구분하며 다음과 같이 말했다.

지금 사람들은 인심人心을 기질氣質의 성性으로 여기고 도심道心을 의리義理의 성性으로 여기는데, 이는 '심心'과 '성性'이 가리키는 바가 다르다는 사실을 알지 못하는 것이다. 성의 뜻은 오로지 호오好惡를 주로 말한 것인데 어찌 심을 성이라 할 수 있겠는가? 사슴의 성은 산림을 좋아하고 꿩의 성은 길들여 길러지는 것을 싫어하니 비록 불행히 길들여 길러지게 되었더라도 그 마음을 살펴보면 결국 산림을 좋아하고, 한번 산림을 보면 불현듯 선망하는 마음을 가지게 되니 이것이 바로 성性이다. 하늘이 생명을 부여해준 처음에 이 성을 주어 잘 따르고 행하도록 하여 그 도리를 이룰 수 있게 한 것이니 만일 이 성이 없다면 사람이 비록 매우 작은 선善조차도 죽을 때까지 행하지 못할 것이다. …… 그러므로 하늘은 사람에게 자주적인 권능을 주어 선을 하려고 하면 선을 하게 되고 악을 하려고 하면 악을 하게 하여 유동적이고 정해지지 않아 그 권능이 자신에게 있으니 짐승처럼 마음이 고정된 것과는 다르다. 그러므로 선을 하면 실제로 자신의 노력(功)이고, 악을 하면 실제로 자신의 잘못(罪)이니 이는 심의 판단(權)이지 성 때문에 그런 것은 아니다.[32]

정약용은 사람과 짐승의 차이를 논할 때 사람은 "짐승처럼 고정된 마음을 가진 것과 다르며(不似禽獸之有定心)" 선악에 대한 자주적 권능이 있다고 보았다. 따라서 그의 인성론에서 강조하는 것은 형이상학적 의미인 '본체本體로서의 성'이 아니라 자주권이 있는 '주체主體로서의 성'이라는 것을 알 수 있다. 정약용이 시도한 성리학에 대한 개혁은 원래의 우주론 혹은 본체론(존재론) 중심의 유학 해석을 심성론心性論 중심의 유학 해석으로 방향을 돌린 것이다.

3. 정약용의 심성론과 상제에 대한 이해

심성론의 존재론적 의미

양명陽明의 심학心學 외에도 주희의 이기설理氣說이든 청대 학자의 기본설氣本說이든 모두 우주론 형식의 논술이 섞여 있다. 우주론 식의 해석은 주로 모든 존재를 객관화, 물질화하여 만물 생성의 본체(본질) 및 그 변화를 탐구하려는 것이다. 이러한 논술 방식은 본질의 문제를 토론할 때 의미가 있지만 유학의 핵심인 도덕 혹은 가치의 문제를 다룰 때, 왜 동일한 기氣에서 변화하여 형성하였지만 사람마다 서로 다른 반응과 선택을 하는지에 대해서는 해석할 수가 없었다.

앞 절의 토론에서 볼 수 있듯이, 정약용의 논법은 우주론적인 논술을 제거하고 '주체성을 중심으로 하는 심성론'으로 귀결시키는 것임을 알 수 있다.[33] 심성론적인 유학 해석은 객관적인 우주 생성에서 출발하지 않고 연구 중점을 사람의 행위 선택에 두고 있다. 이러한 논법은 사람은 생명적 내실을 갖는 존재이고, 또 인간의 인식 능력이란 일종의 동태적인 과정으로서 지혜의 활동에 따라 제고될 수 있다고 가정한다. 따라서 심성론은 '본체(본질, 진리)는 무엇인가(is)'의 문제에 깊은 관심을 두지 않고, '사람은 마땅히 어떠한 존재가 되어야 하는가(ought to be)'라는 물음에 주력한다. 이러한 전제하에서 심성론적인 유학 해석의 중점은 '주체성'과 '어떻게 주체의 실천을 통해 도덕 인격을 완성하는가'에 있는 것이지, 천리天理의 실질은 무엇인가라는 문제에 있지 않다.

'주체성'의 철학은 우주론적인 측면을 비교적 적게 다루지만, 만일 '주체'의 가치에 대한 자각 혹은 그 실천 활동이 가능한 근거를 깊이 묻는다면, '주체성'의 개념은 '존재론ontology'에 관련된 형이상학적 개념이 될 수도 있다. 심성의 배후에 '경험을 초월한 실체'가 있는가? 이 문제에 대해 선진의 유학에도 많은 논의가 있었다. 예를 들면 『맹자』「진심 상」에서 "그 마음을 다하면 그 성을 알 수 있다. 그 성을 알면 하늘을 알 수 있다(盡其心者, 知其性也. 知其性, 則知天矣)"고 말하듯이, '심心', '성性'과 '천天' 사이에는 모종의 관련이 있다고 할 수 있다. 천에 관한 개념 이외에도 『논어』와 『맹자』에서 인용한 『시』와 『서』 가운데 '상제上帝'라는 단어를 볼 수 있다. 공맹의 문헌에 이미 '상제'라는 말이 나타나기 때문에 정약용의 논설에도 '상제'의 존재를 인정하는 대목이 있다.

사람이 태어나면 욕심이 없을 수 없으니 욕심을 따라 채우게 한다면 온갖 못된 행위(放辟邪侈)를 무소불위하게 된다. 그러나 백성이 감히 드러내어 (죄를) 범하지 못하는 것은 조심하기(戒愼) 때문이며 두려워하기(恐懼) 때문이다. 누구를 조심하는 것인가? 위에는 법관이 있어서 법을 집행하기 때문이다. 누구를 두려워하는 것인가? 위에 임금이 있어서 엄벌로 다스리기 때문이다. 만약 위에 군주가 없는 것을 안다면 누군들 못된 짓을 하지 않겠는가! …… 군자가 암실에 있으면서도 전전긍긍하며 감히 악한 짓을 하지 못하는 것은 위에서 상제上帝가 그를 굽어보고 있다는 것을 알기 때문이다.[34]

하늘의 주재자는 '상제上帝'이고, 그것을 '천天'이라고 부르는 것은 마치 '국군國君'을 '국國'이라고 부르는 것과 같으니 이것은 감히 직접 부르지 않는다는 뜻이다. 저 푸른 하늘은 우리에게 있어서 지붕처럼 덮고 있는 것에 불과하고, 그 등급도 토지수화土地水火와 똑같은 등급에 불과하니 어찌 우리의 성性과 도道의 근본이겠는가? 태극도太極圖의 한 동그라미에서 육경이 보이지 않으니 이는 과연 영적인 물건인가? 아니면 아무런 지각도 없는 물건인가? 텅 비어 있는 불가사의한 것인가? 무릇 천하에 형체가 없는 물건은 주재자가 될 수 없다. …… 옛 성인들이 하늘(天)을 말할 때 그와 같이 실질적이고 분명하였는데, 지금의 사람들이 하늘을 말할 때 이와 같이 아득하고 황홀하니 어찌 알 수 있겠는가? …… 만약 '일음일양지위도一陰一陽之謂道(음양이 합하여 도가 된다)'는 『역전易傳』에서 나온 것이라고 한다면, 이는 '천도天道'를 말한 것이지 '인도人道'는 아니며, '역도易道'를 말한 것이지 '천도天道'는 아니니 어찌 우리의 '솔성지도率性之道'를 음양에 귀속시킬 수 있겠는가?[35]

정약용은 두 인용문에서 원시 유학의 상제 사상을 부각시키려고 한 것인가? 이를 논하려면 우선 '상제' 개념이 선진 유학의 이론 중에 어떠한 지위를 차지하는지 살펴보아야 한다.

『논어』에서 언급되는 형이상학적 실체라는 의미를 지닌 '천天'은 대부분 고대의 종교의식을 근거로 한 실체가 없는 것이다. 예를 들면 『논어』「술이」의 "하늘이 덕을 나에게 주었는데 환퇴가 나를 어찌하겠는가?(天生德於予, 桓魋其如予何)"라는 구절의 의미는 단지 '나(공자)의 덕은 다른 사람에 의해 좌지우지될 수 있는 것이 아니다'라는 것일 뿐, 공자가 만물을 창조한 형이상학적 실체가 있다고 생각한다는 것으로 확대 해석할 수 없다. 공자가 말한 '천'은 대부분 허상이기 때문에 『논어』「공야장」에서 자공은 "공자께서 성性과 천도天道에 관하여 말씀하신 것은 들어볼 수 없었다(夫子之言性與天道, 不可得而聞也)"라고 말하게 되었다.

또 『맹자』의 예를 보면, 맹자는 비록 "그 마음을 다하면 그 성을 알 수 있다. 그 성을 알면 하늘을 알 수 있다(盡其心者, 知其性也. 知其性, 則知天矣)"라는 말을 하였지만 그 문맥을 보면 분명히 진심盡心(마음을 다해서)을 통해 지천知天(하늘을 안다)의 목적을 이루는 것이기 때문에 '천天'은 단지 '심성心性'으로부터 연역되어 나온 관념에 불과하다. '천'은 심성과 떨어져 독립할 수 없기 때문에 '천' 자체는 또한 실체성이 없는 것이다. 바꾸어 말하자면, 심성론의 체계에서 '천' 혹은 '상제'는 단지 '심'의 하위 단계의 관념일 수밖에 없다. 이러한 내용은 『천주실의』의 논설과 비교해볼 때 그 차이를 더 분명히 알아볼 수 있다.

『천주실의』의 첫 편 「천주가 천지 만물을 창조하고 주재하고 부양한다(論天主始制天地萬物, 而主宰安養之)」에서 '천주天主'를 최고의 실존자로 보고

'심성心性'을 그 아래 단계의 개념으로 보고 있다. 전제 조건으로 우선 "천주가 천지를 개벽하고 백성과 만물을 낳았다(天主開闢天地, 降生民物)"[36]는 사실이 설명되어야 한다. 이와 비교하면, 선진 유학에는 '천'이나 '상제'의 용어는 있지만 이에 관한 신화나 논설을 고찰해보면 실제로는 창세기 신화나 상제가 만물을 창조하여 이를 주재한다고 보는 견해는 없었다. 그러므로 유학에서 "하늘이 부여한 성(天賦之性)"이라고 말할 때 그 뜻은 "마음(心)이 원하고 좋아하는(欲樂) 것이 있다는 것은 의심할 수 없는 사실이고 그 근원은 사람의 지혜로 탐구해낼 수 없다"는 것이지, 결코 "만물의 창조자로서의 상제가 사람에게 천성을 부여하여 사람들이 만물을 사용하고 상제를 모실 수 있게 되었다"라고 해석할 수 없다.

수사학과 서학에서 상제 위상의 차이

정약용은 『천주실의』의 서학 입장인가? 아니면 수사학(선진 유가)의 심성론적 입장인가? 이에 대해 다음과 같이 추론해볼 수 있다. 우선 정약용은 우주론적 의미를 갖는 이기론理氣論은 "천지만물 가운데 형체가 없는 것, 형체가 있는 것, 총명한 것, 우둔한 것 모두를 하나의 이理에 귀속시킨다(天地萬物無形者, 有形者, 靈明者, 頑蠢者並歸之一理)"는 데 의문을 제기하고 이를 반대했다. 그렇다면 똑같은 사실적인 입장에서 정약용은 "천주가 만물을 주재하고 부양할 수 있다면 왜 사람이 악을 행할 수 있게 방임하였겠는가"라는 의문을 제기하였을 것이다. 우주론적인 '이기설'이든 형이상학적인 실체적 의미를 갖는 '천주 신앙'이든 모두 비슷한 이론적

결함이 있다. 이기설은 사람과 만물이 그 기품氣稟에 따라 활동하는데 어떻게 선과 악이라는 가치의 차이가 발생하게 되었는지 대답할 수 없다. 마찬가지로 천주설 또한 천주가 만물을 주재하는데 어찌 사람으로 하여금 악을 행하고 질서를 무너뜨리는 상태에 처하게 했는지 대답할 수 없다.

이기설과 천주설의 비슷한 점은 양자 모두 '천도관天道觀'을 최고의 관념으로 보는 이론 형태를 가졌다는 것이다. 만약 '인도人道' 및 '실천'을 주장하는 정약용이 '원죄론'이 생략된 『천주실의』에 대해 의혹을 제기하지 않을 수 있다면, 그는 또 어떤 입장에서 이기론은 '역도易道', '천도天道'의 사상이지 '인도人道'의 사상이 아니라고 비판할 수 있단 말인가?

다음, 서학 중에서 '상제'와 '귀신'은 확연히 구별되는 개념이다. 왜냐하면 상제는 모든 일체를 초월한 실체이기 때문이다. 그러나 선진 유학에서 '귀신'과 '상제'는 왕왕 같이 취급된다. 그 이유는 유학에서 논의되는 '상제'와 '귀신'은 최종의 초월적 실체를 지칭하려는 것이 아니고, 단지 사람의 '도심道心'을 가리키기 위한 것이기 때문이다. '도심'의 개념을 '상제'로 비유할 수 있는 것은, '도심'은 형체도 없고 소리도 없어서 구체적으로 드러날 수 없지만 감찰하고 관조하는 기능이 있으므로 '상제' 혹은 '귀신'의 다스리는 기능과 비슷하기 때문이다.

그렇다면 정약용의 논술 중에는 서학에서 일컫는 '상제'의 의미가 있는가? 정약용의 글을 살펴보면 그의 생각은 선진 유학의 개념에 더 가깝다는 것을 알 수 있다.

볼 수 없는 것이란 무엇인가? 하늘의 몸체다. 들을 수 없는 것은 무엇인가? 하늘의 소리다. 어찌하여 그런 줄을 아는가? 경經에서 말했다. "귀신의 덕德 됨됨이는 성盛하다. 보려 해도 보이지 않고, 들으려 해도 들리지 않으며, 만물의 체體가 되어 빠뜨림이 없으니 천하의 사람들로 하여금 몸과 마음을 깨끗이 하여 제사를 받들게 하니(齋明承祭), 넘실넘 실 그 위에 계신 듯하고 그 좌우에 계신 듯하다"고 하였으니 보이지 않고 들리지 않는다는 것은 천天이 아니라면 무엇이겠는가? …… 군자가 어 두운 방에 있으면서도 두려워하며 감히 나쁜 짓을 하지 못하는 것은 위 에서 상제上帝가 그를 굽어보고 있다는 것을 알기 때문이다.[37]

도심과 천명은 둘로 나누어볼 수 없다. 하늘이 나에게 경고함은 우레 나 바람으로 하는 것이 아니라 은근히 자신의 마음에서 간절하게 경계 의 말을 알려주는 것이다. 만일 일각이라도 갑자기 사람에게 손상을 끼 치고 만물을 해치려는 마음이 싹트게 되면 문득 한편에서 온화한 말로 저지하려는 자가 있어 "잘못은 모두 너 때문인데 어떻게 원망할 수 있겠 는가. 그와 네가 만일 말끔히 잊는다면 어찌 네 덕이 아니겠는가"라고 말할 것이다. 곰곰이 귀 기울여 듣는다면 희미하지 않고 뚜렷이 들을 수 있으니 모름지기 이 말이 빛나고 빛난 천명임을 알아서 이를 따라 순종 하면 선이 되고 상서로운 것이 되지만, 태만하여 어기게 되면 악이 되고 재앙이 된다. 군자가 근심하고 두려워하는 것은(戒愼恐懼) 오로지 여기 에 있는 것이다. …… 하늘의 영명靈明함은 사람의 마음에 직접 통하여 있으니 나타내지 않는 숨김이 없고 밝혀지지 않는 구석이 없어 거처하 는 그 집을 굽어보며 나날이 감시함이 있으니 사람이 진실로 이를 안다 면, 비록 대담한 사람이더라도 근심하고 두려워하지 않을 수 없는 것이

다.[38]

정약용이 일컫는 '천'에는 비록 '상제'의 의미가 포함되어 있으나 위의
두 인용문을 보면 정약용 역시 '도심'과 '상제' 및 '귀신'을 같은 역할을 하
는 주어로 보고 있음을 알 수 있다. 따라서 정약용의 견해는 『천주실의』
와 확연히 다르다. 『천주실의』에서는 천지 귀신 및 사람의 영혼은 같은 종
류로서 모두 천주에 의해 창조되었다고 본다. 바꾸어 말하자면, 『천주실
의』에서는 무시무종無始無終한 상제를 유시무종有始無終인 천, 지, 귀신,
영혼(즉 도심) 등과 비교할 리 없다.[39] 또한 선진 유학에서 언급한 '상제'는
형이상학적 실체를 가리키는 것이 아니기 때문에 사람과 하늘 혹은 상제
의 관계는 『천주실의』에서 말한 "부모에게 바라듯이 간절하게 구원을 바라
라다(籲哀望救, 如望父母)"[40]라는 관계일 수 없으며, '수덕修德'과 '신독愼獨'
에 대한 사람들의 생각 또한 『천주실의』에서 말한 "육신 사망 이후의 만
세의 안락을 바라다(圖身後萬世之安樂也)"[41]는 것과도 다르다. 이러한 문
구들을 통하여 알 수 있듯이, 정약용이 언급한 상제는 『천주실의』에서 이
야기한 생명 창조의 실체를 가리키는 것이 아니다.

정약용이 언급한 '상제'는 생명 창조의 '천주'의 의미가 아니므로 그의
이론 중에서 가장 높은 관념은 '상제'가 아니라 '심성'이 보여준 '주재성主
宰性' 혹은 '주체성'이다. 『중용 강의』에서 정약용의 '지천知天'에 대한 해석
을 보자.

중용의 도는 지천知天을 으뜸의 공부로 삼고 있다. 따라서 하늘의 의
의를 알기 위해 반드시 먼저 덕성을 높인 후 넓고 높은 극치에 이를 수 있

다. 그것을 실천하는 방법은 반드시 먼저 묻고 배우고 정밀하고 세미한 부분에까지 들어간 후에 중용의 도를 따를 수 있다.[42)]

정약용이 말한 내용("천의 의의를 알려면 반드시 먼저 덕성을 높여야 하며 실천하는 방법은 반드시 먼저 학문을 통해야 한다(知天之義, 必先尊德性, 踐跡之法, 必先以問學)")을 보면 알 수 있듯이, '지천'이란 덕성 수양에 따른 결과이며 결코 수양의 전제나 기초가 아니다. 이러한 논리는 정약용의 실학적 경향을 보여줄 뿐만 아니라 정면으로 '천도', '천리', '상제'의 실재성을 논하지 않고 단지 '심성'으로부터 이런 개념들을 연역해낸다는 사실을 알 수 있다. 따라서 그 이론 체계는 심성론적 체계에 가까우며, 주자의 우주론 체계나 『천주실의』의 형이상학 체계와는 구별된다.

4. 정약용 사서학 중 성삼품설의 이론적 위치

인성론의 차이 및 이론 체계에 대한 평가

정약용은 이른바 '성삼품性三品'설을 제시하였는데 그의 말을 인용하면, "초목의 성性은 생명(生)은 있으나 지각(覺)이 없으며, 짐승의 성性은 생명도 있고 지각도 있다. 우리 인간의 성性은 생명도 지각도 있으며 또한 영명(靈)하고도 선하다(草木之性, 有生而無覺. 禽獸之性, 旣生而又覺. 吾人之性, 旣生旣覺又靈又善)". [43] '성삼품설'의 이론적 지위는 어떠한가? 서학의 영향을 강조하는 학자는[44] 정약용의 이 설은 성호 이익 등 신서파信西派의 "삼심설三心說(초목은 심心은 있고 지각知覺은 없다. 짐승은 생장生長의 심과 지각의 심이 있다. 사람은 생장의 심ㆍ지각의 심ㆍ의리義理의 심이 있다)"[45]의 학통을 이어받은 것이며, 그것은 마테오 리치의 『천주실의』 중 "혼삼품魂三

品설(초목의 생혼生魂은 하품, 짐승의 각혼覺魂은 중품, 사람의 영혼靈魂은 상품)"[46)]에서 영향을 받은 결과라고 본다. 정약용이 서학의 영향을 받았다는 점은 그가 사용하는 용어를 통하여 엿볼 수 있다. 예를 들면 정약용은 심心, 신神, 영靈, 혼魂 등을 사람의 '허령지각虛靈知覺(텅 비고 신령스러운 지각)'을 표현할 수 있다고 보았다.[47)] 여기서 '혼魂'자를 같이 제시한 것은 서학을 수용한 결과로 보인다. 하지만 정약용의 이론이 과연 서학적인지 그 단어가 같다는 것만으로 섣불리 결론 내릴 수는 없다.

정약용의 글을 다시 살펴보면, '성삼품설'에는 이익의 '삼심설' 및 마테오 리치의 '혼삼품설'의 영향이 있는 듯하지만, 그의 논술에는 『순자』와 『맹자』의 요소 또한 찾아볼 수 있다. 예를 들면 『순자』「왕제王制」에서 "수화에는 기는 있으나 생이 없고, 초목에는 생은 있으나 지가 없으며, 짐승에는 지는 있으나 의가 없고, 사람에게는 기, 생, 지가 있고 또한 의도 있으니 그러므로 천하에서 가장 귀한 존재가 된다(水火有氣而無生, 草木有生而無知, 禽獸有知而無義, 人有氣有生有知, 亦且有義, 故最爲天下貴也)"고 하였는데, 정약용은 이 말을 근거로 아래와 같이 말했다.

대체로 기질氣質의 욕망은 비록 사람이 본래 가지고 있는 것이지만, 절대로 그것을 사람의 성性이라고 이름 붙일 수는 없다. 어째서인가? 사물의 품성에는 네 등급이 있는데, 『순자』에서는 "수화水火에는 기氣가 있으나 생生이 없고, 초목에는 생은 있으나 지知가 없으며, 짐승에는 지는 있으나 의義가 없고, 사람에게는 기, 생, 지가 있고 의도 있으니 이것이 존귀한 품류가 되는 까닭이다"라고 하였다. 초목을 논할 때, 분명히 형질이 있고 또한 살아 있기는 하지만 반드시 살아 있다는 것을 강조하는 것은 살아 있다는 것이 형질보다 귀하기 때문이다. 또한 금수를 논할 때, 분명히 살아 있으면서 운동과 지각도 있으나 반드시 운동과 지각을 강조하는 것은 운동과 지각이 (단순히) 살아 있는 것보다 귀하기 때문이다. 사람의 몸이 비록 운동과 지각을 가지고 있으나 운동과 지각하는 것 위에 또한 도의道義의 마음이 있어서 주재主宰를 하니 인성이라는 것은 도의를 주로 하는 것이지, 운동과 지각을 겸하여 말하는 것이 어찌 옳을 수 있겠는가? 초목을 논할 때, 단순히 살아 있는 성性만을 말하였다고 미비하다고는 할 수 없다. 사람에 관하여 논하자면, 단지 도의의 성性만을 말하였다고 어찌 미비하다고 할 수 있겠는가?[48]

정약용의 말과 『순자』의 '성사품설'을 고찰해보면, 『순자』의 논술에서 수화유기이무생水火有氣而無生을 제외한 삼품(有生而無知, 有知而無義, 有生有知且有義)은 정약용의 '성삼품설'의 삼품, 즉 생활生活(초목), 생활生活＋동각動覺(짐승), 생활生活＋동각動覺＋도의道義(사람)과 별반 차이가 없어 보인다.

정약용은 맹자의 입장과 다른 순자의 설도 받아들일 수 있었으니 그가 마테오 리치의 견해를 참고한 점은 이상할 것이 없다. 성분품설性分品說〔성을 등급(品)으로 나누는 것〕의 가장 기본적인 목적은 맹자가 말한 사람과 짐승의 분별에 있으며, 따라서 수화 및 초목은 결코 논의의 중점이 아니다. 도의道義 혹은 영선靈善을 사람의 특성으로 제시할 수 있다면, 어떠한 종류의 학설(분류 방법)이든 참고하지 않을 이유가 없다. 만일 여러 사상가의 성분품설에 대한 견해를 더 자세히 비교해보려면, '도의나 영선의 근원' 혹은 '어떻게 사람에게 도의의 마음이 있는 것을 논증할 것인가'

라는 두 가지 측면에 중점을 두어야 할 것이다.

맹자와 순자를 예로 들면, 맹자가 성性을 논할 때는 심心과 떨어져 논할 수 없었고, 정약용이 '성性'을 심心의 기호嗜好로 보는 것 또한 맹자의 심과 성을 합하여 논하는 입장과 동일하다. 반대로 순자가 '성악'을 주장하고 그의 '허정해폐지심虛靜解蔽之心(텅 비고 고요하며 은폐를 벗긴 마음)'은 '성악'의 '성'과 분리하여 논할 수 있다. 따라서 맹자 및 정약용은 도의의 근원을 '심이 좋아하는 성'으로 보는 것이고, 순자는 도의의 근원은 '성'과 무관하며[49] '허일이정虛壹而靜(비움과 집중을 통해 얻은 고요)'에서 유래한 '심'의 인지적 능력에 있다고 본다.[50] 심성心性의 분리냐 합일이냐에 따라 이론 유형의 차이와 도의의 근원에 대한 다른 설명을 볼 수 있다.

마테오 리치의 영혼설과의 차이

정약용은 부지불식간에 토마스 아퀴나스 혹은 마테오 리치의 영혼설을 흡수하고 발전시킨 것은 아니었을까? 이 문제는 반드시 양자의 이론이 서로 같은 방향으로 귀결하는가를 살펴보아야 한다. 사람의 영혼과 동물의 감각하는 힘(覺魂)과의 차이에 관한 마테오 리치 논설의 요점은 다음과 같다.

한 사물은 생生하면서 하나의 심心(마음)을 가진다. 사람의 경우에는 두 가지 마음을 겸하니 수심獸心과 인심人心이 이것이며, 또한 두 가지 성性을 가지니 하나는 형성形性이고 다른 하나는 신성神性이다. 그러므로 모든 정황(情)이 서로 등지게 되는 것 또한 발현한 성性이 서로 등지기 때문에 그러하다. …… 사람은 하나의 심으로는 한 일(事)만 할 수 있고, 한 시각(一時)에도 한 일(一事)만 할 수 있으니 서로 위배(모순)되는 두 가지 정황이 동시에 병립할 수 없다. 예를 들면 눈은 한 시각에 한 사물을 보면서 동시에 안 볼 수는 없다. …… 이 때문에 두 가지 서로 어긋나는 정황은 반드시 두 가지의 서로 등진(다른) 마음으로부터 연유하며, 두 가지의 서로 어긋나는 마음은 반드시 두 가지의 서로 등진 성性으로부터 연유한다.[51]

생물의 호오好惡하는 바는 항상 그 성性과 걸맞다. 그러므로 형체에 따른 성은 오직 형체에 따라 호오하고, 형체를 초월한 성은 형체가 없는 일에 호오하는 것이다.

그 세계의 혼魂에는 삼품三品이 있다. 하품은 생혼生魂이라 하니 초목의 혼이 이것이다. 이 혼은 초목에 의지하여 생장하니 초목이 마르고 시들면 혼 역시 소멸한다. 중품은 각혼覺魂이라 하니 금수禽獸의 혼이다. …… 죽으면 혼 역시 없어진다. 상품은 영혼靈魂이라 하니 사람의 혼이다. …… 사람의 몸이 비록 죽더라도 혼은 죽지 않으니 영존 불멸한다.[52]

천주는 또한 이 세상에 사람을 두어 그 마음을 시험하고 그 덕행을 정한다. 그러므로 현세라는 것은 내가 임시로 머무르는 곳이요 오래 거처하는 곳이 아니다. 나의 본 집은 지금의 세상에 있지 않으며 후세에 있고, 인간 세상에 있지 않으며 하늘에 있다.[53]

위의 네 인용문에서 첫 번째 단락을 보면, 마테오 리치의 '삼혼설'을 '심성설'로 전환할 경우, 마테오 리치의 '인성'에는 '유형'과 '무형' 등 양단이 있으며, '인심'에도 '인심'과 '수심'의 양단이 있다. 심心과 성性의 대조에 있어서 '인심'은 무형의 성性에 해당되고, '수심'은 유형의 성性에 해당된다. 바꾸어 말하면, 마테오 리치는 "만물의 호오하는 바는 항상 그 성性과 걸맞다(物類之所好惡, 恒與其性相稱焉)"라고 여기고, 인성에는 '수성獸性'과 '신성神性'이 병존하며, '수성'은 '수심'으로 표현되고 '신성'은 '인심'으로 표현된다. 이 견해를 분석해보면 그가 보는 '성性'과 '심心'의 관계는 마치 본체本體와 작용作用의 관계와 같다는 것을 알 수 있다. "하나의 본체에는 (해당되는) 하나의 작용이 있다"는 의미에서 마테오 리치는 사람은 두 종류의 성性, 두 종류의 심心을 동시에 갖추었다고 보는데 이는 기본적으로 정약용의 견해와 다르다.

정약용은 "하나의 작용에 하나의 본체가 있다"는 관점으로 "두 종류의 성性이 두 종류의 심心의 작용을 만든다"는 점을 설명하는 것이 아니라, "하나의 본체에 여러 종류의 작용이 있다"는 관점에 입각하여 '일심一心'을 설명한 것이다.[54] 정약용은 '일심'에 대해 인심仁心, 혜심惠心, 쟁심爭心, 기심機心 등 여러 형태로 표현될 수 있다고 보았다. 그는 특히 '인심'과 '도심'도 단지 '일심'의 한 표현일 뿐이고, "이것(인심, 도심) 때문에 심이 두 개 있다고 의심할 필요가 없다(不必以此疑心之有二也)"고 강조했다.[55]

물론 정약용도 '이지二志'라는 말을 사용하여 "사람에게는 항상 두 가지 의지(二志)가 상반되면서도 일시에 함께 일어나는 경우가 있으니 이것은 사람과 귀신의 갈림이고 선과 악의 기미이며, 인심과 도심의 교전이고 욕欲이 이기느냐 의義가 이기느냐의 판결이다"[56]라고 얘기하지만, 그가 얘기한 '지志'라는 것은 마음에서 나온 것(心之所發)이나 마음이 향하는 곳(心之所之)을 가리킬 뿐이지 '심心' 자체를 지칭하는 것이 아니므로[57] '이지'라는 말은 결코 '도심'과 '인심'을 두 가지 '심'으로 보는 것이 아니다. 정약용이 '일심'을 둘로 보지 않은 주요 이유는 마음이 욕망을 따르든 혹은 의리를 따르든 모두 '일심'의 결단과 선택에 달려 있음을 강조하려는 것이고, 이로부터 '심'에 '주체적 자유'가 갖추어져 있다는 점을 드러낼 수 있게 된다.

정약용은 비단 '심'에 두 가지 마음이 있다고 여기지 않았을 뿐만 아니라, 그가 말하는 '성性'에도 마테오 리치가 말하는 두 가지 '성'이 없다. 『맹자』『진심盡心 하下』의 "입이 맛을 원하는 것, 눈이 색깔을 원하는 것, 귀가 음악을 원하는 것, 코가 냄새를 원하는 것, 사지가 안일함을 원하는 것은 성性이다. 하지만 명命에 달려 있음으로 군자는 이것을 성이라 일컫지 않는다. 부자간의 인, 군신간의 의, 손님과 주인 간의 예, 현자의 지, 성인의 천도 등은 명이지만 성에 달려 있음으로 군자는 명이라 일컫지 않는다(口之於味也, 目之於色也, 耳之於聲也, 鼻之於臭也, 四肢之於安佚也, 性也, 有命焉, 君子不謂性也. 仁之於父子也, 義之於君臣也, 禮之於賓主也, 知之於賢者也, 聖人之於天道也, 命也, 有性焉, 君子不謂命也)"는 말을 근거로, 정약용은 좋은 맛과 아름다운 색깔과 음악과 향기와 안일함은 비록 인성이 욕구하는 바이지만, 이러한 욕락欲樂을 얻고자 할 때 내가 결정할 수 없는 객관적 조건(제한)이 있기 때문에 군자는 이러한 욕망을 이른바 '성性'이라고 여기지 않는다고 본다. 군자가 말하는 '성'은 "부자와 군신간의 윤리, 손님을 공경하고 현자를 존경하는 법도, 천도를 흠모하고 숭상하는 성의(父子君臣之倫, 敬賓尊賢之法, 欽崇天道之誠)" 같은 시간과 환경 등 객관적 요소로 바뀔 수 없는 천성이다.[58] 즉 사람에게는 운동과 지각(動覺)의 '성性'이 있으나, 운동과 지각의 '성'은 사람의 가치를 나타낼 수 없다. 그러므로 '인성人性'의 내용은 운동과 지각보다 상위에 있는 도의道義의 마음이어야만 한다.[59]

정약용은 초목의 성性을 논할 때에는 생존의 성(生活之性)으로 개괄적인 설명을 할 수 있듯이 사람의 성性을 논할 때에도 당연히 도의의 성(道義之性)으로 설명할 수 있다고 보았다. 이것은 성분품설에 입각한 것으로 그 목적은 '사람이 초목금수보다 빼어난 점'을 설명하기 위한 것이지 '사람과 초목금수 간의 차이점'을 설명하려는 것은 아니다.

정약용의 성性에 관한 논술은 마테오 리치가 언급한 '이성二性, 이심二心'의 의미가 없을 뿐만 아니라, 그가 논한 인성人性의 '도의의 마음'도 마테오 리치와 다르다. 마테오 리치는 '형성形性'과 '신성神性'을 구별할 뿐만 아니라 신성(영혼, 인혼人魂)의 영존 불멸永存不滅을 또한 강조했다. 이런 논술의 목적은 사람이 죽은 후에 상제의 심판을 받는다는 점을 설명하려는 것이었다.[60] 마테오 리치의 인성 혹은 심성설은 "상제가 사람을 이 세상에 살게 한 목적은 그 마음을 시험하고 그 덕행을 결정하는 것(試其心而定德行)"을 전제로 한다. 따라서 사람이 내세에 살 곳은 상제의 심판이 끝나야 알 수 있다. 정약용은 주자의 성리학을 "효제충신, 예악형정, 군사조세 등 실천·실용 학문(事親, 敬長, 忠君, 牧民, 禮樂, 刑政, 軍旅, 財賦, 實踐, 實用之學)"에 힘쓰지 않는 원인이고 "고원하고 실용적이지 못한(高遠無實)" 행동이라고 비판했다.[61] 이런 정약용에게 마테오 리치의 '내세(後世)'설은 더욱 '고원하고 비실용적'인 것이지 않겠는가?

정약용의 인성론은 서학과 다르다

앞에서 토론한 것처럼 성분품설(性分品說)과 비슷한 어휘만 가지고 정약용이 마테오 리치의 영향을 받았다고 논증할 수는 없다. 구체적인 비교는 이론 형태로 되돌아가 다시 검토해보아야 할 것이다. 정약용이 주장한 것은 주체의 의미를 강조하는 '심성론'이기 때문에 형이상학적인 문제는 주체의 활동을 통해 논증된다. 그러므로 이른바 '지천(知天)'도 정약용의 입장에서는 사람의 덕(德)을 통해야만 알 수 있는 것이고, 실천 활동을 통해서 증명되고 알 수 있는 것이지 지식 활동을 통한 유추나 신앙 활동을 통한 '믿음'으로 이루어지는 것이 아니다. 정약용은 다음과 같이 말했다.

> 신의 생각에는 이 장(盡其心者知其性)은 안 뒤에 실천하고(知然後行), 실천한 뒤에 안다(行然後知)는 뜻입니다. 처음의 절은 먼저 이와 같이 공부를 하면 그 효과가 반드시 이와 같다는 것을 말한 것이니 이는 '실천한 뒤에 아는' 것입니다. 그다음 절은 효용이 이와 같은 줄 알았으면 그 공부도 이와 같이 해야 한다는 것이니 이는 '안 뒤에 실천하는' 것입니다. 그러므로 성(性)을 알면 성을 기르고, 성을 기르면 성을 알게 되며, 천(天)을 알게 되면 천을 섬기게 되고, 천을 섬기게 되면 천을 알게 되는 것입니다.[62]

이 인용문을 보면, 정약용은 (맹자의) 문맥을 따라 먼저 '실천한 후의 앎(行然後知)'을 말하고, 그다음 '안 뒤의 실천(知然後行)'을 말했다. 따라서 정약용에게는 '지(知)'의 활동은 '행(行)(실천)'의 기초 위에 있는 것이며 또 '행(行)'

과 떨어질 수 없다는 점을 알 수 있다. 정약용의 이러한 논의를 따라 더 추론해보면 과연 사람의 후세(죽은 후)에는 '행'이나 '지'가 있을까? 그 대답은 분명히 '아니다'일 것이다. 사람은 무형의 영명靈明에 의향을 두고 실천적 활동을 통하여 영명을 파악해 나갈 수 있지만, 사람은 이러한 영명에 관한 진일보한 지식을 가질 수 없다. 왜냐하면 사람의 몸은 결국 죽게되고, '영존 불멸'이란 사람이 알 수 있는 것이 아니기 때문에 무형의 영명이 '영존 불멸'하느냐의 문제도 사람이 알 수 있는 바가 아니다.

정약용이 '영혼 불멸'의 생각을 갖고 있다고 주장하는 자는 "기氣는 생멸취산生滅聚散이 있는데 다산은 영명靈明한 마음을 기라고 부르지 않았으니 그는 영명한 마음은 생멸도 취산도 없다고 보는 것이다"라고 논증한다.[63] 이러한 논법의 잘못은 '다산학'을 정약용이 반대하는 '이기론'으로 돌려놓은 데에 있다. 정약용에게 형이상학적인 '기화우주론氣化宇宙論'의 사상이 있다는 것을 증명하지 못하면 이러한 추론도 성립할 수 없다.

이상에서 알 수 있듯이 다산학 중에는 간혹 서학의 영향은 있지만, 그 이론 형태 및 주요 관념은 서학과 부합되기 어렵다. 따라서 다산학과 서학 간에 계승적인 관계가 있다고 말하기도 어렵다.

5. 맹자의 심성론으로 회귀하는 정약용의 인성론

맹자의 논점에 대한 부분 수정

이상의 논의를 살펴보면, 대체로 정약용은 주자의 '이기론'을 전복시켰고 그가 견지한 입장은 선진 맹자의 '심성론'과 비슷하다는 것을 알 수 있다. 정약용과 맹자의 다른 점을 말한다면 맹자는 인의仁義로 성을 말하였고 정약용은 기호嗜好로 성을 말했다는 것이다. 비록 정약용과 맹자의 표현에는 작은 차이가 있으나 이것만으로 두 사람의 견해가 전혀 다르다고 할 수 없을 것이다. 정약용은 자신과 맹자의 성에 관한 논의의 차이점을 다음과 같이 설명한다.

사심四心은 인성에 본래 있는 것이며, 사덕四德은 사심을 확충한 것이다. 확충하는데 이르지 못하면 인의예지仁義禮智의 이름은 끝내 성립될 수 없다. 그러나 맹자가 이 장에서 곧바로 사심을 사덕으로 여긴 것은 측은지심惻隱之心이 발하면 가서 구하지 않을 리가 없고, 수오지심羞惡之心이 발하면 의롭지 않은 것을 버리지 않을 리가 없으며, 공경지심恭敬之心이 발하면 맞이하여 절하지 않을 리가 없으며, 시비지심是非之心이 발한 뒤에는 시비를 분변하여 밝히지 않을 리가 없기 때문이니 이것이 바로 인성이 본래 선하다는 명확한 징험이다. 그러므로 맹자는 사덕을 사심에 붙여 전편과 다르게 했다. 그렇다 하더라도 인의예지는 일을 행한 후에 이루어지는 것이다. 이것을 마음속에 있는 이理로 본다면 또한 본래의 취지와 어긋난다.[64]

『맹자』「고자告子 상」의 '공도자公都子' 장에서는 "측은지심은 인이고, 수오지심은 의이며, 공경지심은 예이고, 시비지심은 지이다"라고 했다. 정약용은 맹자가 '측은, 수오, 공경, 시비' 사심을 '인, 의, 예, 지' 사덕으로 보는 논법은 옳지 않다고 여겼다. 사심을 사덕으로 보는 것은 비단 사람들로 하여금 사덕을 사심에 내재한 '이理'로 잘못 생각하게 할 뿐만 아니라, 동시에 사람들로 하여금 사덕은 사심보다 먼저 존재하는 것으로 오해할 수 있기 때문이다. 비록 정약용은 맹자의 말에 어폐가 있다고 보지만 이 단락의 문장에 대해 긍정적으로 평가했다. 정약용이 보기에 맹자가 사심을 사덕으로 보는 논술의 진정한 의미는 "사심이 발하면 반드시 사덕이 있다(四心所發 必有四德)"는 것이지, "사심은 바로 사덕이다(四心卽爲四德)"라는 뜻이 아니다.

정약용이 강조하기를 맹자의 뜻을 정확하게 이해하기 위해서는 마땅히 그 전의 「공손추公孫丑편에서 언급한 "측은지심惻隱之心, 인지단야仁之端也. 수오지심羞惡之心, 의지단야義之端也. 사양지심辭讓之心, 예지단야禮之端也. 시비지심是非之心, 지지단야智之端也" 이 대목을 중심으로 해야 한다. 정약용은 사심을 '사덕의 단端'으로 보았는데, 소위 '단端'이란 '시작, 발단'의 뜻이며 '측은지심, 인지단'을 예로 든다면 그 뜻은 "측은지심이 안에서 발할 때 이를 이끌어 키우면 인정仁政을 행할 수 있다"[65]는 것이므로 안에서 발하는(發於內) 측은지심을 밖에서 완성하는(成於外) 인정의 시작(始, 端)으로 볼 수 있다는 것이다.

정약용이 이와 같이 설명한 의도는 '사덕'을 '사심'의 본체인 '이理'로 보는 것을 피하기 위함이다. 그가 생각하기에 만약 '사덕'을 '사심'의 본체인 '이理'로 잘못 해석할 경우 이 '본체인 이'는 생명을 부여받을 때부터 이미 결정 난 것이니 여기서 '극기복례克己復禮'의 공부를 도출하기가 매우 어려울 것이다. 정약용이 보기에 '심心'에 '인의예지' 등 명확한 '본체인 이'가 있다는 것을 명시하지 않으면, 오히려 '심'의 주체적인 작위를 강조할 수 있고, 또 이런 주체의 작위를 외적인 '인의예지'라는 덕을 성취하는 관건으로 볼 수 있다. 바꾸어 말하면, "마음에는 필연적으로 그래야만 한다는 것이 없다(心無必然之行)"의 논리를 따르면 오히려 "마음에는 주체적 자유가 있다"라고 할 수 있다. 또 이러한 '주체적 자유'를 근거로 "기호가 선호하는 것을 선택하고 욕망을 제거하며 예를 회복하는(擇耆好之樂, 去欲, 復禮)" 공부를 논할 수 있다. 따라서 '주체성'을 제일 요건으로 삼는 '심성론'의 입장을 견지하기 위해서 정약용은 '심', '성'의 내용에 대해 다시 정의하는 것을 피하고 단지 '기호'라고만 설명한다.

주자학에서 맹자학으로의 전향

맹자의 입장을 보면, 그의 '성선'의 '선'은 상대적 의미의 선을 가리키는 것이 아니라 '필연(반드시 그러함)의 선'을 가리키는 것인데, 이 '필연의 선'은 원래부터 정의하기 어려운 개념이다. 정약용은 이를 '기호'로 바꾸어 말하였으니 비단 상대적 의미의 선악관으로 '성선의 선'을 해석하는 어려움을 피할 수 있을 뿐만 아니라, 동시에 본체론적으로 '선'을 '본연의 이'로 보는 것도 피할 수 있었다. 그러므로 정약용의 성기호설은 비단 맹자의 견해와 저촉되지 않을 뿐만 아니라, 오히려 맹자 심성론을 한층 더 공고히 하는 효과가 있다.

정약용의 형이며 천주교도인 정약전丁若詮(1758~1816)은 맹자 성선설에 대한 정약용의 해석을 찬탄하며 다음과 같이 언급했다.

> 항상 맹자의 성선설에 관하여 의문을 갖지 않을 수 없었는데, 맹자가 선의 측면만 가지고 사람들을 권하였다고 이해했기 때문이다. 그러나 '성'자의 의미가 '기호'에 있다는 것을 듣고서는 마치 구름을 열어 하늘을 보듯이 『맹자』일곱 편 가운데 성을 논한 수많은 곳의 의문점이 모두 얼음이 풀리듯 사라졌다. 맹자는 진정한 나의 스승이고, 이보다 더 큰 기쁨이 있겠는가! 오호라! 성이 기호라는 것은 사람들이 일상적으로 알고 있다. 하지만 이 관건을 맹자에서 찾는 것은 미용(정약용)의 손을 거치지 않으면 안 되었다. 이는 자네의 안목이 높아서 그런 것이 아니라 하늘이 그대의 이름을 성취하고자 하여 감추어진 것을 드러낸 것이니 원컨대 자만하지 않기를 바라네.[66]

이러한 칭찬은 정약전이 정약용의 맹자에 대한 해석 중에서『맹자』와 천주교 교리 사이에 서로 부합하는 점을 발견했기 때문일까? 그렇지는 않을 것이다.

정약용이 맹자를 논할 때는『천주실의』와 같이 주희의 '이기론'을 비판하는 측면이 있었고, 동시에 '영선靈善'으로 '심心'을 설명하려는 경향도 있었기 때문에 정약용과『천주실의』가 비슷한 입장에 있는 것처럼 보였다. 더구나 정약용은 형이상학적 방식으로 맹자의 심성心性 문제를 논하는 것을 반대하지만, 주체가 '진심盡心, 지성知性'을 통해 형이상적인 본체를 의식할 수 있는 가능성을 반대하지 않았다. 아마도 이러한 사상적 특색 때문에 천주교도는 정약용의 이론에서 천주교 교리와 전통 유학을 연결하는 공통점을 찾아내고 이로써 전통 유학을 통해 천주교를 전파할 수 있다는 자신감을 얻었을 것이다. 정약전의 찬탄도 이런 각도에서 이해해야지 정약용의『맹자』해석을 천주교 교리와 부합하거나 정약용이 천주교 교리를 받아들였다는 식으로 이해해서는 안 될 것이다.

궁극적으로 천주교 교리와 맹자학 혹은 정약용의 인성론 간에는 여전히 상통하지 않는 점이 많다. 앞선 논의에서 이미 정약용의『맹자』해석과『천주실의』는 그 이론 형태가 다르다고 지적했다. 따라서 정약용의 심성론 중 종교적인 의식이 내포되어 있다고 굳이 말하더라도 이런 종교 의식을 상제(하느님)에 대한 신앙으로 해석하기에는 무리가 있다. 필자는 정약용이 서학, 특히 천주교의 영향을 받았다는 주장에 반대하지 않는다. 하지만 서학의 영향을 받았다고 해서 꼭 서학의 논의를 전면 수용해야 할 필요는 없다. 정약용이 동서의 학문과 주자학 사이에서 나름의 철학적 취사선택을 할 수 있었기 때문에 그의 독립적인 사색과 지혜가 더 빛나는 것이 아니겠는가?

　다음 장에서는 정약용의 사서 해석에 대한 분석을 통해 그의 사서학에는 양대 이론적 지주, 즉 맹자의 심성론心性論과 공자의 문질관文質觀이 있음을 보여줄 것이다. 간략하게 설명하자면 문질관은『대학』이라는 경전의 중요성과 연관이 있고, 심성론은『중용』과 밀접한 관련이 있다. 이 문제는 추후에 토론할 것이고, 정약용의 인성론이 그의 사서 해석에 어떤 역할을 했는지 설명하기 위해 우선 그가 사용한 인, 심, 성, 천 등의 개념을 규명하고 그 상호 관계를 살펴볼 것이다.

4장

정약용의 사서 해석 중
'인, 심, 성, 천'의 이론적 의미

1. 공자의 인학설에 들어 있는 중요한 개념들

　　정약용의 육경사서에 관한 연구는 고전적인 가르침과 취지를 추구하며 주자학을 뛰어넘어 그 이전의 수사학洙泗學으로 돌아가려는 학문적 태도를 보였다. 그의 문집에는 "진정한 수사학을 이어간다(接洙泗之眞源)", "거친 세파를 무릅쓰고 수사로 돌아간다(排狂瀾而返洙泗)" 같은 구절이 보이고, 그의 「술지述志」 시에는 "더 이상 유행에 따르지 않고 수사로 돌아가도록 온힘을 다하겠다(戮力返洙泗, 不復問時宜)"의 문구가 있으며 또 "중도 변심하여 영원히 사람의 비웃음거리가 될까봐 늘 조심한다(常恐中途改, 永爲衆所嗤)"는 마음가짐으로 스스로 격려하기도 했다.[1]

　　수사학으로 돌아가기 위해서 정약용이 우선 직면한 것은 『논어』의 인학설이다. 공자의 인학설에 대한 정약용의 해석 취향은 2장에서 이미 논의한 바 있고, 본 장에서는 한발 더 나아가 다산이 어떻게 이론적으로 그의 '인仁'에 대한 논설을 수립하는지 살펴볼 것이다. 그리고 공자의 인 이론과 맹자의 '성선설'을 결합하여 정약용이 사서를 해석할 때 사용한 심心, 성性, 천天 등의 개념을 분석하고자 한다. 이 개념들은 『중용』에서 논한 '천명지위성天命之謂性'과 직접 연관되는 것이므로 정약용의 '심', '성', '천' 등의 개념에 대한 이해를 살펴보는 것으로 그가 어떻게 『중용』의 '성', '천'의 개념을 『논어』의 사상 체계에 포함시켰는지 알 수 있다. 또 상제上帝 개념의 사용에 대한 정약용의 태도를 고찰하여 공자의 인학설에 대한 그의 전체적인 이해를 알아볼 수 있다.

2. 정약용의 인학설 중 '상호 주체'의 동태적 · 정태적 측면

　정약용의 '인(仁)'에 대한 해석이 주희와 다르다는 것은 이미 알려진 사실이다. 하지만 그가 보는 '인'의 의미는 여전히 더 많은 토론이 필요하다. 일부 학자는 정약용의 실학적 경향에 초점을 맞춰 정약용이 보는 '인'의 정의를 '구체적이고 특수한 사회적 맥락' 혹은 '사실(事)'의 바탕 위에 두어야 한다고 주장한다.[2] 이러한 견해도 일리가 있지만 이것으로 정약용의 사서 해석과 관련된 이론 문제를 설명하기에는 부족한 면이 있다. 따라서 정약용의 인학설에 대한 더 깊이 있는 연구가 필요한 것이다.

　정약용의『논어고금주』를 종합해보면, 인에 대한 정약용의 해석은 다음 네 가지 측면에서 설명할 수 있다.

인은 명목상의 이름이 아니다. 인은 '이인상여'의 의미가 있다

『논어고금주』에서 정약용은 여러 차례 '인', '효' 등 개념의 성립에 대해 언급했다. 그의 설명에 의하면 "인은 총체적 이름(仁是總名)"이고 "효제는 개별적 사항을 지칭하는 것(孝弟是專稱)"이다.

> 인仁이란 모든 사람이 자신의 도리를 다하는 것이다. 자식이 부모를 섬긴 후 효孝의 이름이 있고, 젊은이는 어른을 섬긴 후 제弟의 이름을 얻는다. 신하는 군주를 섬긴 후 충忠의 이름을 얻고, 관리는 백성을 보살펴야 자慈의 이름을 얻는다. 인을 빼면 어떻게 이 이름이 이루어지는가.[3)]

> 효제 역시 인이고, 인 역시 효제다. 하지만 인은 총체적 이름(總名)이고 군주를 모시는 것(事君), 백성을 다스리는 것(牧民), 고아나 홀아비를 보살피는 것(恤孤哀鰥) 등이 모두 포함된다. 효제는 특정 사항을 지칭하는 것이고, 오직 부형을 공경하는 것이 그 실체다. 따라서 유자有子가 "여러 인 중에 효제가 근본이다"라고 한 것이다. 정자程子의 "인을 행하는 것은 효제에서 시작한다"는 말도 그런대로 통한다. 하지만 정자가 "효제를 인을 행하는 근본이라고 말하는 것은 괜찮지만, 인의 근본이라고 하면 안 된다"고 했는데 이것은 유자의 말과 맞지 않다. '인'과 '인을 행함(爲仁)'에 대해 확연하게 구별할 필요는 없다.[4)]

> 인이란 인륜人倫의 성덕成德이다. 서恕란 인을 이루는 방법이다. …… 자기가 원하지 않는 일은 남에게도 하지 말라.[5)]

위의 인용문에서 정약용이 말한 총명總名과 전칭專稱을 어떻게 이해해야 하는가? 그리고 '인륜人倫의 성덕成德'은 과연 인륜의 완성 상태를 지칭하는가?

정약용은 "인은 인륜지성덕人倫之成德"이라고 하였는데, 이는 얼핏 보면 '성사成事(일이 이루어 진) 이후', 즉 사친事親(부모를 모시다), 사장事長(어른을 섬기다), 목양민牧養民(백성을 보살피다) 등을 완성한 이후에야 '효, 제, 자'의 이름이 있고 그 이후 '인'을 이룰 수 있다고 얘기하는 것처럼 보인다. 이런 논리를 따르면 '인'은 특정 선행의 완성 상태이고 사공事功의 의미로 볼 수 있다. 하지만 이런 관점은 인의 의미를 '어떤 일을 완성하였는가'로 귀결시킨다. 즉 특정한 일을 완성하였는지 여부를 점검하는 것이 인을 이해하는 방법이 된다. 이러한 이해 방법 아래 인仁의 주요 함의는 '요구된 사실'로 바뀌게 된다. 예를 들면 '사람을 사랑하는 것'으로 인을 정의한다면, '애인愛人'의 사실이 있으면 '인'이 되는 것이다. 따라서 '애인'은 '총명'이고 '효'는 '부모를 사랑하는 것', '제'는 '형제를 사랑하는 것'에 대한 '전칭'이 된다. 이러한 이해 방식도 일리가 있어 보이지만 정약용의 본의는 아닐 것이다.

정약용의 논술을 살펴보면 그가 말한 '인륜의 성덕'은 인륜 덕목의 완성 상태가 아니라 인륜 활동을 하기에 충분한 상태로 봐야 한다. 아래의 문장을 보자.

인이란 사람의 사랑을 상대하는 것이다. 인륜과 본분을 잘 지키는 것이 인이다. 인을 하는 것은 자신으로부터 말미암는다. 그러므로 "멀지 않다"라고 말한다.[6]

인이란 두 사람이 서로 베푸는 것이다. 부모에게 효도(孝)하는 것이 인인데 부자는 두 사람이다. 형한테 공경(弟)하는 것이 인인데 형제는 두 사람이다. 군주한테 충성(忠)하는 것이 인인데 군신은 두 사람이다. 백성을 다스릴 때 인자(慈)하는 것이 인인데 관리(牧)와 백성(民)은 두 사람이다. 부부, 붕우朋友도 마찬가지다. 두 사람 사이에 그 도리를 다하면 모두 인이다. 다만 효제가 근본이다.[7]

인仁이란 인人이다. 두 사람이 인仁이 되는데 부자가 그 본분을 다하면 인이다. 군신이 그 본분을 다하면 인이다. 부부가 그 본분을 다하면 인이다. 인은 반드시 두 사람 사이에 일어난다. 가까운 오교五教에서 멀리 천하 만인에 이르기까지 모두 자기의 본분을 지키면 바로 인이라 할 수 있다. 따라서 유자는 "효제란 인을 하는 근본이다"라고 말한다. '인仁'자에 대한 훈고訓詁는 원래 이래야 한다. 따라서 안연顏淵이 인을 물었을 때 공자는 '두 사람'이라는 정의로 대답하지 않고 자기 마음의 수련으로 인을 하도록 했다. 공자의 이 대답은 매우 특이하고 동문서답 같지만 안연에게 깨우침을 주려고 얘기하지 않은 것이다. 그다음 단락에서 공자는 그 이유를 설명하면서 자기가 스스로 수양을 하면 사람들이 따를 것이라고 하였다. 부자, 형제, 부부, 군신 내지 천하 만인이 인인仁人에 의해 감화될 것이고 이로써 인이 완성된다는 것이다.[8]

소위 인륜 활동의 충분 상태란 인륜 활동의 기본 조건을 만족한 상태다. 이것은 정약용의 '인자향인지애仁者嚮人之愛(인이란 사람의 사랑을 상대하는 것)'라는 말을 통해서 이해할 수 있다. '향인지애嚮人之愛'의 의미는 사람과 사람의 관계에서 공동으로 기대한다는 것이다. 이 개념의 연장선에서 정약용은 "두 사람이 인이다(二人爲仁)", "두 사람이 서로 베푸는 것(二人相與)"에 대해 설명을 제시했고 또 두 사람이 서로 베풀 때 "자기 본분을 다할 수 있는지(盡其分)" 등으로 인을 논했다.

'이인상여二人相與'와 '애인愛人' 두 해석을 비교해보면, '애인'은 행위 주체가 마땅히 해야 하는 도덕 본분을 강조하는 데 비해 '상여'는 주체와 객체의 상호작용이 있은 후 발생하는 도덕 본분을 더 강조한다. 따라서 정약용이 말하는 총명 vs 전칭의 구분은 '만인을 사랑하는 것(仁) vs 부모 사랑(孝), 형제 사랑(弟)……' 이런 방식의 구분이 아니라 '이인상여의 본분을 다하는 것 vs 부자의 본분을 다하는 것, 군신의 본분을 다하는 것, 부부의 본분을 다하는 것……' 이런 방식의 구분일 것이다.

앞에서 언급한 '총명/전칭' 구분 방식을 보면, 전자의 '애인'설은 인, 효, 제 등을 명목상 정의nominal definition로 보는 결과이고 후자의 '상여'설은 실질적 정의real definition의 측면이 더 강하다. 명목상 정의에서 인, 효, 제는 단지 공허하고 내용이 없는 기호이고 그 의미는 '애인'에 의해서 부여된다. 정약용이 말한 "인은 총명이다(仁是總名)"는 이런 명목상 정의가 아니라 실질적 정의를 갖춘 의미일 것이다. '인'의 정의는 명목상 정의 같은 통속적이고 규범적 의미만 있으면 안 되고, 반드시 인의 본질은 무엇인가? 왜 인(仁)이란 글자를 쓰는가? 인이란 개념이 더 적절한가? 등의 질문에 대답할 수 있어야 한다.

'인의 본질이 무엇인가?'라는 문제에 직면했을 때 정약용은 우선 기존 의견에 대한 반박으로 시작한다.[9] 그가 반대한 것은 주희의 인을 "격치格致를 통해서 알 수 있는 사랑(愛)의 이치(理)"로 보는 견해다.[10] 주희는 사람에게 효제가 있는 것은 '성性' 혹은 '천리天理'를 파악하고 실천한 결과라고 보기 때문에, 정약용이 주희의 "인은 효도되고 제도되는 이(理)"라는 주장을 반대하기 위해서[11] 반드시 "사람은 무엇을 따라 효제의 행동을 하는가"를 설명해야 할 것이다. 이러한 시각으로 접근하면 정약용이 왜 '이인상여二人相與(두 사람이 서로 베풀다)', '이인위인二人爲仁(두 사람이 인이다)', '생어양인지간生於兩人之間(두 사람 사이에서 발생한다)' 등으로 인을 설명했는지 이해할 수 있다. 이런 방식으로 설명함으로써 한편으로는 인仁의 이理는 사람과 사람 간의 상호작용과 교감에서 비롯되었음을 제시할 수 있고, 다른 한편으로는 글자 모양과 결부시켜 '이인상여'의 덕인 '인'이 인륜의 '총명'이라고 제시할 수 있다.

'서위충본'에서 보여준 상호 주체의 측면

정약용은 인륜의 도리란 관계되는 쌍방이 상호작용하고 교감하는 데에서 발생한다고 보기 때문에 반드시 상호작용과 교감이 발생하는 지점을 구체적으로 설명해야 한다. 정약용은 특히 '서恕'의 중요성을 강조하여 "서란 인을 이루는 방법(恕者, 所以成仁之方法)"이라고 말했다. 그가 생각하기에 '서'의 중요한 원칙은 "자기가 원하지 않는 일을 남에게도 하지 않는 것(施諸己而不願, 亦勿施於人)"이다.[12] 정약용은 '서'를 '인'을 실천하는 데 가장 중요한 덕목으로 보고 심지어 공자의 도를 일관하는 것은 오직 '서'뿐이고, 증자가 '충서忠恕'라고 얘기할 때도 서가 충의 근본이라고 주장한다. 이것은 전통적인 충서에 대한 해석과 매우 다른 것이다. 주희와 정자의 설명을 대조해보면 정약용의 이론적 지향점을 더 잘 알아볼 수 있다.

전통적 해석은 '충'을 '진중심盡中心(마음을 다하는 것)'으로, '서'를 '촌기도물忖己度物(자신을 감안하여 사물을 저울질한다)'로 본다.[13] 이런 해석의 전제조건은 자신의 참된 마음은 이미 가치의 기준이 되어 기타 사물을 저울질할 수 있다는 것이다. 주희는 이런 논리를 이어서 '충서'는 일관된 도道이고 만 가지 갈래는 하나의 근본, 하나의 근본은 만 가지 갈래(萬殊之所以一本, 一本之所以萬殊)인 진리라고 강조한다. 따라서 주희는 "자기의 마음이 천리를 얻는 것"을 '충' 혹은 '진기盡己(자기 최선을 다함)'의 표현으로 보고, "이 천리를 밀고 나가는 것"을 '서' 혹은 '추기推己(자신을 밀고 나감)'의 표현으로 본다. 이에 따라 주희의 생각에는 '이일理一(하나의 진리, 유일한 진리)'이 '충서'의 관건이다. 충서의 도리를 얻는 관건은 이일을 얻을 수 있느냐에 달려 있고, 이일만 얻으면 추기는 자연히 행할 수 있게 된다. 주희의 이런 해석에 따르면 일본지리一本之理(하나의 근본 진리)를 얻으면 더 이상 밀고 나갈 필요도 없다(無待於推), 그러므로 진기의 중요성은 추기보다 높은 것이다. 그의 말을 보면 다음과 같다.

충忠이란 진기盡己(자기 최선을 다함)이고 서恕란 추기推己(자신을 밀고 나감)이다. 이의已矣란 끝까지 다해 더 이상 남는 것이 없다는 뜻이다. (논어 원문을 설명한 것임) 공자의 일리一理는 혼연일체하며 광범하게 적용된다. 마치 천지의 지성은 끊임없고(至誠無息) 만물은 각자 자기 자리를 찾는 것과 같다. 이외에는 더 이상 법도가 없으니 더 이상 밀고 나갈 필요도 없다. 증자는 이를 알지만 설명하기 어려워서 알기 쉽게 '진기' '추기'

의 덕목을 빌려 밝히는 것이다. 사실 끊임없는 지성(至誠無息)은 도의 본체(體)이니 만 가지 갈래가 이에 따라 하나의 근본으로 귀결된다. 만물이 각자 자기 자리를 찾는 것은 도의 응용(用)이니 이로써 하나의 근본이 만 가지 갈래로 나뉘는 것이다. 이렇게 보면 '일이관지一以貫之'의 실제 뜻을 알 수 있다.[14)]

정약용은 주희의 '천리天理'설에 찬동하지 않았고, "먼저 진기盡己(忠)하고 그다음 추기推己(恕)한다"는 설도 받아들일 수 없었다. 정약용은 다음과 같이 말했다.

도란 사람의 도리(人道)다. 나의 도(吾道)라고 할 수 있는 것은 몸이 맡아서 했기 때문이다. 일一이란 서恕를 얘기하는 것이고, 관貫은 꿰뚫다(穿)는 뜻이다. 서는 충忠을 통해서 행하기 때문에 공자는 서만 이야기하고 증자는 충서忠恕를 연결해 이야기한 것이다. 『주례周禮』에서 말했다. "중심위충中心爲忠, 여심위서如心爲恕(참된 마음이 충이고 같은 마음이 서다)", 즉 참된 마음으로 사람을 섬기는 것이 충이고, 남의 마음도 나와 같다고 생각하는 것이 서다.[15)] (「吾道一以貫之」장에서)

진기盡己(자기 최선을 다함)가 '충'이고 추기推己(자신을 밀고 나감)가 '서'다. 하지만 '충서'는 대비되는 개념이 아니다. 서가 근본이고 이를 행하는 수단이 충이다. 사람이 사람을 섬긴 후 충이란 이름이 생긴다. 나 홀로 있으면 충은 존재할 수 없다. 먼저 진기하고 싶어도 손쓸 곳(착수할 곳)이 없다. 지금 사람은 모두 오도吾道(공자의 도)는 선충후서先忠後恕라고

생각하는데 한참 잘못된 것이다. '충'이 나올 때 '서'는 이미 존재한 지 오래다.[16]

공자는 원래 '일이관지一以貫之'라고 했는데 증자가 '충', '서' 두 글자를 이야기하여 학자들이 하나가 아닌 둘이라고 착각한 것이다. 하지만 『중용』에서 '충서위도불원忠恕違道不遠'이라고 하는데 그 해석을 보면 역시 서만 이야기한다. 그렇다면 '충서'는 결국 서이고 원래 둘로 나눌 필요가 없는 것이다. 하나로 관통된 것은 서이다. 그리고 서를 행하는 수단이 충이다.[17]

위 인용문에서 정약용은 우선 (공자의) 일관된 도가 '천도天道', '일리혼연一理渾然'이라는 주희의 주장을 반박한다. 정약용이 보기에 '도'는 '천리, 천도'가 아니고 몸으로 맡아 하는(身任) 인도(人道)다. 그는 일관된 도를 인을 행하는 도리로 보기 때문에 '충서'의 뜻도 주희가 말한 것처럼 "설명하기 어려운" 것이 전혀 없고 매우 명료하다고 본다. 공자는 '서'만 얘기하고 증자는 '충서'를 연결해 얘기한 것은 단지 언어 표현이 다를 뿐이지 둘 다 '충으로서 서를 행한다'는 뜻이다. 실천의 순서를 볼 때, 정약용은 (주희의 주장대로) 먼저 '진기'를 해야 한다면 착수할 곳이 없는 꼴이 된다고 본다(獨我無忠, 雖欲先自盡己, 無以著手). 타인과 맞대지 않고 혼자 있으면 진기하여 사인事人(사람을 섬김)할 수 없다. 반드시 사람과 접촉한 후에야 "자신이 당하기 싫은 일은 남한테도 안 한다"는 배려가 생길 수 있고, "남의 마음도 나와 같다"는 '서'의 작용이 있은 후에야 '진기사인盡己事人' 하는 '충'의 행위가 있을 수 있다.

정약용은 '충서'의 의미는 '인'을 행하는 방법과 순서를 설명하는 것이지 천리나 덕성 같은 형이상학적인 것이 아니라고 생각하기 때문에, 그의 '충서'에 대한 해석도 '인을 행하는 방법'의 이론과 실천적인 측면을 연관시켜 설명한다. 이론적 순서로 봤을 때 '서'가 먼저이고 '충'은 그다음에 온다. 가치상의 인과관계로 봤을 때 충忠은 서恕를 근본으로 하는 것이다. 서는 본本이고 충은 말末이다. 따라서 정약용은 "충 얘기가 나올 때 서는 이미 존재한 지 오래다(方其忠時, 恕己久矣)"라고 말한 것이다. 또 실천 행동의 측면으로 볼 때 충과 서는 명확히 구분할 수 없기 때문에 정약용은 "충서는 즉 서이니 원래 둘로 나눌 필요가 없다"고 얘기한다.

정약용의 설명은 두 가지 의미가 있다.

첫째, 다산학은 주자학의 해석 방향을 반전시켜 도덕의 원칙을 형이상학적인 '성性'이나 '이理'에서 얻는 것이 아니라 사람과 사람 간의 상호작용과 교감(感通)에서 나온 것이라고 강조한다. 이에 따르면 '서恕'는 '여심如心(같은 마음)'의 뜻이고, 소위 '마음이 같다'는 것은 자신을 감안하여 사물을 판단하는 것이다. 타자와 나의 상호작용 속에서 남을 대하는 도리를 깨닫고 그것을 행동으로 옮기는 것이다. 이러한 주장은 도덕 원칙의 발생에 관한 논의를 '형이상학적' 구조에서 '관계적' 구조로 변환할 수 있다. 이런 변환에 따라 도덕의 주체는 '선험적인 주체'에서 사회 안에서 공존하고 교류하는 '실천적 주체' 및 '상호적 주체'로 바뀌게 된다.

둘째, 다산학은 실학적인 입장에 입각하여 도덕의 실천이 만약 개인의 독백 상태로 전락되면 행동을 못하게 된다고 주장한다. 억지로 행동을 하더라도 허망하고 비현실적일 뿐만 아니라 사람과 사람 간의 평등을 무시하여 타인에 대한 자기중심적인 지배가 될 우려가 있다. 따라서 진정한 실천 주체는 이런 독백 상태에서 벗어나 서로 주체가 되는 행동에서 '타인–자아'의 상여相與를 통해야만 정확한 실천 방법을 얻을 수 있다.

'이인상여'의 정태적 · 동태적 측면

정약용의 '서'에 대한 해석을 알아본 후에야 그의 인仁에 대한 논의를 살펴볼 수 있다. 인의 정의를 토론하기 전에 먼저 정약용의 "인仁과 위인 爲仁을 확연하게 구별할 필요가 없다"는 말을 주목할 필요가 있다. '인'과 '위인'(즉 인을 행함)을 확연하게 구별할 필요가 없다는 얘기는 인을 완성된 상태로 이해하면 안 되고 마땅히 행동으로 이해해야 하며, 이런 행동은 남을 위해 배려하는 서를 원칙으로 해야 한다는 것이다. 따라서 정약용 의 '인'에 대한 전체 해석을 보면, 정약용이 '인'을 동태적 · 정태적 두 가 지 차원에서 파악하고 있음을 알 수 있다. 정태적 측면은 개인이 '사람과 상여相與하는 과정에서 얻은 도덕 원칙'에 어떤 태도를 보이느냐, 그리고 실천할 때 개인이 올바른 행위 의향을 견지할 수 있느냐를 가리킨다. 동 태적 측면은 실천 주체가 타인과의 상호작용에서 타인에 대해 사심 없는 관심과 동정심을 보이고 개인의 이해를 초월하여 이타적 행동으로 나타 날 수 있느냐를 가리킨다. '인'의 정태적 의미에서 출발하여 정약용은 "인 은 두 사람 사이에서 나오지만 인을 행하는 것은 나에게 달려 있지 남에 의한 것은 아니다"라고 말할 수 있고, 동태적 의미에서는 인을 '인륜의 성 덕'이라고 할 수 있다.

인에 대한 동태적 · 정태적 이해는 정약용의 「극기복례위인克己復禮爲

仁에 대한 해석에서도 찾아볼 수 있다. 정약용의 말을 보면 다음과 같다.

유현劉炫 왈, '극克'은 이긴다는 뜻이고, '기己'는 몸을 가리킨다. 몸에 욕구가 있으면 예의로 다스려야 한다. 욕구와 예의가 싸우는데, 예의가 욕구를 이기면 몸은 다시 예禮로 돌아갈 수 있고 이러면 인이 되는 것이다. (보충) '기己'는 나我다. 나는 본체가 두 개이고 마음도 두 개다. 도심道心이 인심人心을 극복하면 대체大體가 소체小體를 극복하는 것이다. …… (보충) '유기由己'란 '유아由我'의 뜻이다. 인은 두 사람 사이에서 나오지만 인을 행하는 것은 나에게 달려 있지 남에 의한 것은 아니다.[18]

'극기' 하면 자기로부터 나오는 모든 악을 다 극복한다는 것이니 그 성취功는 완전하다. '극벌원욕克伐怨欲'이라고 하는 것은 '원욕怨欲'만 극복한 것이니 그 공功은 완전하지 못하다. 더구나 '불행不行'이라 하면 억제하고 막는다는 얘기이고 마음속의 씨앗은 근절하지 않았으니 어찌 극기와 공이 같다고 할 수 있는가! 악을 제거하는 것만으로는 인이라고 하기에 부족하다. 제자들이 하는 얘기는 주로 악을 제거하는 일을 자랑하는 것인데 공자의 대답은 늘 선을 행하는 것만을 완전한 공이라고 보는 것이다. 품행의 고하 등급은 여기서 나타난다.[19] ('극벌원욕'과 '불행'은 『논어』「헌문憲問」편의 "이기려고 하고, 자랑하고, 원망하고, 욕심내는 것을 행하지 아니하면 어질다고 할 수 있겠습니까(克伐怨欲不行焉, 可以爲仁矣)" 대목을 언급한 것임)

공(안국) 왈, "욕망이 없기에 고요하다(無欲故靜)." (반박) "인자仁者는 서恕를 열심히 실행한다. 따라서 아들로부터 원하는 것으로 아버지를 섬기고, 아우로부터 원하는 것으로 형을 섬기며, 신하한테서 원하는 것으로 주상을 섬기고, 친구로부터 원하는 바를 먼저 베푼다. 이것이 (외부) 사물에 요구하지 않고 스스로 먼저 베푼다는 것이다. 그 기상은 후한 덕으로 만물에 혜택을 주는 것이므로 정靜이라고 한다."[20]

인仁이란 인人이다. 부모를 사랑하고, 어른을 공경하고, 주군에게 충성하고, 대중에게 자상한 것이 이른바 인이다. 인을 추구하는 자는 반드시 강서强恕(서에 힘쓰다)하고, 서恕에 힘쓰는 자는 반드시 극기한다. 주희가 사욕을 근절하는 것을 인이라고 하였는데 맞는 말이다. 다만, 극기는 인을 구하는 방법이지 인 자체는 아니다. 배우는 자는 잘 살펴봐야 한다.[21]

여기서 정약용은 '극기'는 극벌원욕克伐怨欲 같은 악덕을 극복하는 것이 아니고 도심극인심道心克人心, 대체극소체大體克小體이어야 한다고 주장한다. 도심과 대체가 이길 수 있는 것은 도덕 의지가 자기에게 서恕를 요구하는 것이며 이것이 '스스로 먼저 베푸는' 인의 정태적 측면이다. 하지만 '극기'는 단지 '인을 구하는 방법'이지 '인' 자체가 아니다. 극기 이후 반드시 '복례復禮'해야 인을 이룰 수 있다. 복례란 "예의禮義가 욕망을 이기는 것"이고 예의는 반드시 두 사람 혹은 여러 사람의 상호작용 속에서 구체적으로 실현될 수 있다. 따라서 '예의로 극기'를 하든 '먼저 극기한 후 예로 복귀'하든, 이런 도덕적 행동은 사람과 사람 간의 '상호 주체성'을 통해 구체적으로 감지할 수 있는 행동으로 나타난다. 이것은 '이인상여'로 표현되는 인의 동태적 측면이라고 볼 수 있다.

이상의 분석을 정리해보면, 정약용이 해석하는 인仁은 '이인상여'의 도덕 원칙에 대한 자기 스스로의 견지와 '타인—자아' 사이에서 (도덕 원칙을) 완성하는 두 가지 의미가 있음을 알 수 있다. 따라서 인을 이해할 때 자아에 대한 강서强恕의 측면을 무시하고 구체적이고 특수한 사회관계만 강조해서는 안 되고, 또 결과론적 의미가 강한 사공事功만 강조해서도 안된다.

이러한 분석을 바탕으로 2장에서 논한 정약용과 주희의 관중管仲에 대한 평가를 다시 비교해보면 정약용이 왜 주희의 "(관중은) 인공仁功은 있지만 인인仁人이 아니다"는 말을 반대하는지 그 이유를 알 수 있다.[22] 주희는 '인'을 '성性'과 '천리天理'와 관련이 있다고 보는데, 관중은 이 '성'과 '이'를 갖추지 못했기 때문에 그의 행동은 '이'에 의해서 행한 '인'이 아니고 단지 결과적으로 인에 부합할 뿐이다. 따라서 관중은 '인공'은 있지만 '인인'이 아니다. 이에 비해 정약용은 '인仁'과 '위인爲仁/행인行仁'은 확연하게 구분할 수 없다고 본다. 덕을 이룬 '인공'은 반드시 자신의 '강서强恕'에 기초하여 도덕 의지를 행동에 관철하였기 때문에 가능했던 것이다. 따라서 '인'과 '인공'은 확연하게 구분할 수 없다.[23] 인공이 있다는 것은 스스로 관철하는 의지가 있다는 것을 보여주는 것이므로, '인공仁功'이 있는 관중도 '인인仁人'이라고 볼 수 있다.

지금까지의 설명에서 알 수 있듯이 정약용이 이야기한 '인륜성덕'은 어떤 일의 완성 상태나 천리의 실현을 지칭하는 것이 아니라 교류하는 쌍방이 구체적으로 감지할 수 있는 행동을 지칭하는 것이다. 예를 들면 '효'에서 나온 '인'은 봉양 행위의 완성을 얘기하는 것이 아니라 자녀와 부모가 상호작용하면서 보여준 배려, 사랑, 공경, 효도 같은 행동을 지칭한다. 정약용의 "자식이 부모를 섬긴 후 '효'의 이름이 있고, 젊은이는 어른을 섬긴 후 '제'의 이름을 얻는다. 신하는 군주를 섬긴 후 충의 이름을 얻고, 관리는 백성을 보살펴야 '자'의 이름을 얻는다"는 얘기에서 언급한 효, 제, 자 등의 이름은 모두 상호작용하는 쌍방이 감지할 수 있는 도덕 행동이다.

'인'을 '이인상여'에서 발생한 도덕 행동으로 보고 '인'을 '효, 제, 자' 등의 '전칭의 총명'이라고 부르는 것은 '인'에 모든 도덕 행동의 공통된 모습이 있기 때문이다. 이러한 공통점을 바탕으로 "부자가 그 본분을 다하면 인이다. 군신이 그 본분을 다하면 인이다. 부부가 그 본분을 다하면 인이다"라고 말할 수 있다. 또 인은 효, 제, 자의 공통된 모습이기에 효, 제, 자와 더 구분할 수 없다. 따라서 정약용은 '인'과 '효, 제, 자' 등을 더 이상 '본말'을 구분할 수 없는 '본말일체本末一體'[24]로 보았다. 효는 '인'이기도 하고 '위인爲仁(인을 행함, 인륜의 성덕)'이기도 하다.

'이인위미'의 동태적·정태적 측면

정약용은 사실의 완성으로 인을 해석하지 않았다. 이로써 그가 『논어』의 「이인위미里仁爲美」를 해석할 때 왜 주희의 "마을에 인후仁厚한 풍속이 있는 것이 아름답다"[25]는 해석을 채택하지 않고 맹자의 "인仁은 하늘의 높은 벼슬이요 사람의 편안한 저택(天之尊爵也, 人之安宅也)"[26]이라는 해석을 채택했는지 알 수 있다. 정약용은 다음과 같이 말했다.[27]

정현 왈, "이里란 인仁이 있을 곳이다. 인자仁者의 동네에 사는 것이 아름다운 일이다. 거처를 구할 때 인자의 마을을 찾지 않는다면 지혜롭다고 할 수 없다."〔반박〕틀렸다.〔보충 설명〕공자는 구이九夷에서 살고자 했으며 말했다. "군자가 사는데 무엇이 누추한가?" 또 말했다. "언행이 충실하고 공경하면 오랑캐 땅에서도 행할 수 있다!" 군자의 도는 자신을 수양하는 것이니 적응 안 되는 곳이 없다. 만약 반드시 인자의 동네여야 한다면 이것은 자신한테 요구하기 전에 남한테 요구하는 것이 되니 가르침이 아니다. 이 대목의 뜻은 맹자와 순자를 따라야 할 것이다.

〔인증〕맹자 왈, 화살 만드는 사람이 어찌 갑옷 만드는 사람보다 어질지 않겠는가? 전자는 오로지 사람을 다치게 하지 못할까 두려워하고, 후자는 오로지 사람이 다칠까 걱정한다. 무당과 관 만드는 장인도 그렇다. 고로 직업을 고를 때 신중하지 않을 수 없는 것이다. 공자께서 말씀하셨다. "마을이 인한 것이 아름다우니, 인한 곳을 택해 살지 않는다면 어찌 지혜롭다 하겠는가(里仁爲美, 擇不處仁, 焉得智)." 무릇 인이란, 하늘의 존귀한 벼슬이고 사람의 편안한 저택이다. 인을 막는 것이 없는데 인하지 않는다면 지혜롭지 못한 것이다.[28]

정약용의 생각에는 반드시 인자仁者의 동네에 살아야 한다면 그것은 자신한테 요구하는 것이 아니고 밖에서 찾는 꼴이 된다. 이것은 군자가 할 짓이 아닐뿐더러 공자의 가르침도 아니다. 도덕의 활동은 의義를 따라야 한다. 군자는 먼저 자신의 행동이 의에 부합하도록 요구해야지, 외부의 객관 조건이 자신에게 유리한지를 따져서는 안 되는 것이다. 정약용은 이 해석에서 '거인居仁'을 "사는 동네를 선택하는 얘기"가 아니라 "처신 방법(術)을 선택하는 도리"로 본 것이다. '처신 방법의 선택' 측면에서 보면, '인仁'에 거주하느냐 안 하느냐의 문제는 바로 서恕를 강구하는 의지가 있느냐 없느냐의 문제이고 '기가 몸에 충만한 상태(體充)'냐 '기가 푹 빠진 상태(氣餒)'냐의 문제이기도 하다. '인'에 '거居하느냐 안 하느냐' 혹은 '체충體充, 기뇌氣餒'의 문제로 이해하는 것은 『맹자』의 설을 따른 해석이다.

『맹자』의 설명 외에 정약용은 순자의 이야기도 참고했다.

> 〔인증〕 순자 왈, 인仁에는 이里가 있고 의義에는 문門이 있다. 인이 자기 동네가 아닌데도 머물면 예가 아니다. 의가 자기 문이 아닌데도 따르면 의가 아니다.
>
> 〔보충 설명〕 인仁은 머물 수 있다. 그러므로 유리有里라고 한다. 의義는 따를 수 있다. 그러므로 유문有門이라고 한다. 인이 자기 동네가 아니면 인이 아니다. 의는 자기 문이 아니면 의가 아니다. 순자가 『논어』를 읽을 때도 '이里'에서 끊고 '인위미仁爲美'에서 끊은 것이다.[29]

정약용이 인용한 순자의 말은 『순자·대략』에서 나온 말이며 원문은 다음과 같다.

> 부모를 친애하고, 친구를 친구로 여기고, 공로를 공로로 여기고, 수고를 수고한다고 함은 인의 차등을 두는 것이다. 귀한 이를 귀하게 여기고, 높은 이를 존경하고, 어진 이를 어질게 여기고, 노인을 노인 대접하고, 어른을 어른으로 여기는 것은 의의 기강이다. 행동에 그 절도를 얻는 것

이 예의 차례이다. 인은 사랑이라 친한 것이요, 의는 이치라 행동하는 것이고, 예는 절도라 이루도록 한다. 인은 머무르는 곳이 있고 의는 출입하는 문이 있다. 인은 머무를 곳이 아닌데 거처하면 인이 아니고, 의는 그 출입할 문이 아닌데 들어가면 의가 아니다. 은혜를 미루었으나 도리가 아니면 인을 이룰 수 없으며, 이치를 따랐으나 과감하지 않으면 의를 이룰 수 없다. 절도를 살폈으나 조화롭지 못하면 예를 이룰 수 없으며, 조화로우나 마음이 다하지 못하면 음악을 이룰 수 없다. 그러므로 인의예악仁義禮樂은 이루어지는 바가 하나다. 군자가 인을 하는 데 의로써 해야 인을 완성할 수 있고, 의를 행하되 예로써 해야 의를 이룰 수 있으며, 예를 행하는 데 근본에 더하여 끝까지 다한 연후에야 예를 이룰 수 있다. 인 · 의 · 예 삼자가 통한 연후에야 도가 이루어진다.

(親親, 故故, 庸庸, 勞勞, 仁之殺也; 貴貴, 尊尊, 賢賢, 老老, 長長, 義之倫也. 行之得其節, 禮之序也. 仁, 愛也, 故親; 義, 理也, 故行; 禮, 節也, 故成. 仁有里, 義有門; 仁, 非其里而處之, 非仁也; 義, 非其門而由之, 非義也. 推恩而不理, 不成仁; 遂理而不敢, 不成義; 審節而不和, 不成禮; 和而不發, 不成樂. 故曰: 仁義禮樂, 其致一也. 君子處仁以義, 然後仁也; 行義以禮, 然後義也; 制禮反本成末, 然後禮也. 三者皆通, 然後道也).30)

이 문장 중에서 인유리仁有里, 의유문義有門을 풀어 얘기하면 "인仁은 머무르는 곳이 있고, 의義는 출입하는 문이 있다"는 뜻인데, '머무르는 곳'이나 '출입하는 문'은 모두 '예禮'를 지칭한다. 이 말은 부모에 대한 사랑이나 현자를 존경하는 의義는 모두 예를 따라야 그 의미를 완성할 수 있다는 뜻이다. 만약 예를 따르지 않으면(즉, 머물 곳이 아닌 곳에 머물거나 출입문이 아닌데 들어가거나) '인'은 '인'이 아니고 '의'도 '의'가 아니다. 이러한 설명에서 알 수 있듯이 순자도 인, 의는 '타인−자아' 간의 일이지 자기 혼자만의 일이 아니며 사회적 의미를 지닌다고 보는 것이다.

정약용은 순자의 생각을 더 자세히 설명하지 않았지만 맹자와 순자의 설명을 귀납하면 맹자의 '천지존작天之尊爵'설은 개인의 양지良知의 선택과 견지를 지향하는 것으로 정약용 인학설의 정태적 의미에 해당되고, 순자의 '인유리仁有里, 의유문義有門'설은 사회적인 도덕 실천을 지향하는 것으로 이는 정약용의 동태적 의미의 인설에 속한다. 양자를 종합하면 정약용 인학설은 동태적·정태적 의미의 관철과 실천임을 알 수 있다.

3. 주체성에서 상호 주체성으로,
기호의 '성'과 인을 할 수 있는 '이'

앞 절에서 서술한 것처럼, 정약용의 사상에서 '인'은 동태적·정태적인 모습이 있다. 정태적이란 실천 주체가 인간관계에서 얻은 도덕 원칙을 견지하는 것이고, 동태적이란 실천 주체가 타인과의 상호관계에서 타인에 대한 사심 없는 도덕적 행동을 하는 것을 가리킨다. 이러한 인仁의 동태적·정태적 측면을 3장에서 논한 인성론과 결합해보면, 인의 정태적 측면에 이미 인성론적 입장이 내포해 있음을 알 수 있다. 사람이 활동할 때 반드시 자신의 행동 취향에 대해 좋아함(선호) 혹은 싫어함(혐오)의 느낌이 있고, 좋아하는 바를 따라 '도덕적 원칙'이 수립되고 '도덕적 의지'가 형성된다. 여기서 더 확장해보면, 정약용의 인학설에는 '기호의 성' 외에도 상호성을 강조하는 '이인상여의 성'이 내포되어 있는데 이것은 도덕 원칙이 객관적으로 실천될 수 있는 기초다. '기호의 성'을 '주체성'과 관련된 개념으로 보면 '이인상여의 성'은 '상호 주체성'에 대한 설명이라고 할 수 있다. 정약용의 인학설에는 이론의 기초로서 '주체성'과 '상호 주체성'이 내포되어 있다.

본심에 기호의 '성'이 있어 인을 할 수 있는 '이'를 이룬다

인仁과 심성心性의 관계에 대해 정약용은 『논어』「당인불양어사當仁不讓於師」와 「성상근, 습상원性相近, 習相遠」 두 장을 주해할 때 언급하였고, 여기서 "인을 할 수 있는 이는 본심에 있다(可仁之理在於本心)"는 설을 제시했다. 정약용의 말은 다음과 같다.

> 인이 밝히지 않은 지 오래다. 인仁을 할 수 있는 이理는 본심本心에 있다. 『시경』에서 말했다. "백성의 타고난 마음은 아름다운 덕을 좋아한다 (民之秉彝, 好是懿德)." 옳은 말이다. 인을 행하는 뿌리는 본심에 있다. 맹자가 말했다. "남을 불쌍하게 여기는 마음은 인의 발단이다(惻隱之心, 仁之端也)." 인의 이름은 반드시 일을 행한 후 이룰 수 있다. 순임금은 고수瞽瞍(순의 아버지)를 즐겁게 한 후 효를 이루었고, 비간比干(은주왕의 대신)은 은나라와 주나라를 애타게 간언한 후 충을 이루었으며 문왕文王은 궁한 자를 구휼해주고서야 자慈를 이룬 것이다. 사람과 사람 사이에는 그 본분을 다해야 인이라고 이름 붙일 수 있다. 허황되고 종잡을 수 없는 마음(中)이나 '이理'를 가리켜 인이라고 하는 것은 옛 경전의 가르침이 아니다. 인을 '이理'라고 해석하면 사서와 『시』·『서』·『역』·『예』의 '인仁'자는

모두 독해할 수 없다. '당인불양當仁不讓'만 해석하기 어려운 것이 아니다. 더구나 밖에 있는 선한 명성(善名在外)은 내가 주거나 빼앗을 수 있는 것이 아니다. 〔이것은 주희『논어집주』에 나온 정자의 이야기인 "만약 선한 명성이 밖에 있으면 불손하면 안 된다(若善名在外, 則不可不遜)"를 언급한 것임〕 왜 그런가? 인심(仁心)이 있고 인정仁政을 행하여 인을 얻었을 때 인의 소문이 퍼진다. 이것이 선명재외善名在外라는 것이다. 그런데 어떤 사람이 나를 칭송했을 때 내가 그에게 내 스승을 칭송하라고 권한다는 것은 이치에 맞지 않다. …… 공안국孔安國이 말했다. "(당인當仁이란) 인仁한 일을 해야 할 때다. 인한 일을 해야 할 때 혹은 맡았을 때 스승한테도 양보 안 한다. 그것이 급하기 때문이다."[31]

심성의 이야기는 가장 정교하고 섬세(精微)하다. 따라서 가장 틀리기 쉽다. 오직 문자의 뜻을 명확하게 해야만 구분할 수 있다. 옛 경전에서 허령虛靈한 본체로 얘기할 때 대체大體라고 부른다. 대체에서 발생한 것을 얘기할 때 도심道心이라고 한다. 대체의 호오好惡를 얘기할 때 성性이라고 한다. 천명天命을 성性이라고 부르는 것은 사람이 처음 태어날 때 하늘이 허령한 본체 속에 덕을 좋아하고 악을 싫어하는 특성(性)을 부여했다는 이야기지, 성性이 곧 본체라는 것이 아니다. 성이란 선호하는 것 혹은 혐오하는 것으로 이름 붙여진다. …… 공자가 '성상근性相近'이라고 말한 것은 덕을 좋아하고 악을 수치스러워하는 성은 성인이든 범인이든 모두 같다는 뜻이다. 그러므로 두 사람의 선악은 원래 비슷하다. 선한 사람에 습관이 되면 훈도되어 덕이 점차 늘고 선한 쪽으로 옮겨간다. 악한 사람에 습관이 되면 오염되어 악이 점차 늘고 악한 쪽으로 옮

겨간다.[32]

두 인용문은 인仁, 성性, 심心 간의 이론적 관계를 설명하고 있다. 정약용은 "인을 행하는 뿌리는 본심에 있다"고 보며 『시경』의 민지병이, 호시의덕(民之秉彝, 好是懿德)과 맹자의 측은지심, 인지단야(惻隱之心, 仁之端也)를 인용해 '본심'을 설명한다. 그가 이야기하는 '본심'은 즉 '도심', '대체'이고, 좋아하고 혐오하는 기능과 역할을 가진다. 따라서 '본심'의 뜻은 맹자가 이야기한 '마음의 선단(선의 발단)'과 같다고 볼 수 있다.

당인불양當仁不讓의 대목에서 정약용은 '당인當仁'을 "인한 일을 (하는 것을) 담당한다"고 본다. 인한 일을 담당하는 이유는 본심에 있다. 본심은 바로 맹자가 이야기한 마음의 선단이고, 또 덕을 좋아하고 악을 싫어하는 '기호의 성'이다. 본심이 덕을 좋아하고 악을 싫어하는 작용을 하기 때문에 '인'을 행하는 동력이 되고, 따라서 "인을 행하는 뿌리는 본심에 있다", "인을 할 수 있는 이는 본심에 있다"고 할 수 있다. 바꾸어 말하면, '본심'의 기호가 없다면 도덕 행동의 추진력도 없고 '인의 이름'도 이룰 수 없다. 그러므로 이론적 측면에서 '인仁', '행인行仁(인의 실천)'과 '본심(기호를 할 수 있는 마음)'은 구분해서 보면 안 된다.

'신/대체'와 '형/소체'는 오묘하게 일체가 되고, 극기는 주체의 작위요 본연의 성과 무관하다

정약용은 '본심'을 선의 발단인 심心으로 정의한 다음 '본심'과 '대체',

'소체'의 관계를 설명한다.

주자 왈, "여기서 말한 성性은 기질氣質을 겸하여 얘기하는 것이다."
〔설명〕본연 기질本然氣質의 설은 심체心體의 은미한 부분을 지적하고 밝혀주어 우리로 하여금 자신을 인식하게 하여 그 공로가 매우 크다. 하지만 그것을 '본연本然'이라고 부르는 것은 실제와 차이가 있어 감히 따지지 않을 수 없다. …… '본연'은 '본래의 자연'이라는 뜻이다. 하지만 부모로부터 받은 신체는 '무시無始'라고 할 수 없다. '무시'라고 할 수 없으면 '본연'이라고 할 수도 없다. 이것이 의심하지 않을 수 없는 부분이다. '허령 본체虛靈本體'를 맹자는 '대체大體'라고 부른다. 이것이 올바른 이름이 아닌가! '대체'는 어떤 것인가? 무릇 천하에 생과 사가 있는 생물은 세 종류다. 초목은 생명(生)은 있지만 지각(知)은 없다. 짐승은 지(知)는 있지만 영혼(靈)은 없다. 사람의 '대체'는 생명도 있고 지각도 있으며 또 영혼의 신묘한 작용도 있다. 따라서 만물을 빠짐없이 포함하고 모든 이치를 추리하여 깨닫는다. 덕을 좋아하고 악을 싫어하며 양지良知에서 나오는 이것이 짐승과 확연히 다른 것이다. 하지만 산천의 기운과 부모의 정혈精血을 받아 생긴 기질은 청탁 후박淸濁厚薄의 차이가 있다. '대체'는 여기에 구애받아 혜둔 통색慧鈍通塞의 차이가 발생한다. 기가 짧은 사람은 말이 적고, 열혈한 사람은 쉽게 화나며, 부끄러우면 땀나고, 슬프면 눈물 흘리는 것은 '대체'와 '소체'가 연관되고 묘하게 합쳐져(妙合) 떨어질 수 없다는 증거다. 그 '체'를 논할 때 단지 '일체'뿐이다. 다만 이 '대체' 속에 초목과 같은 생명이 있고 짐승과 같은 지각이 있으며 또 주역이나 역수曆數를 궁리할 수 있는 총명과 신통이 있지만 '일체' 속에 세 가지 성性이

공존한다고 보면 안 된다. '일체' 속에 삼성三性이 공존한다면 영혼은 끝났지만 촉각은 살아 있거나, 촉각은 끝났지만 생명은 남아 있는 그런 사람이 있어야 한다. …… (일체가) 묘합되어 분리할 수 없는데, 본연 기질의 성으로 부르면 분명 체가 두 개 있다는 이야기니 잘못될 가능성이 크다. 더구나 성性이란 '대체'의 전체 이름이 아니라 '대체' 속에서 호오의 이理를 갖고 별도로 이름을 지은 것이다.[33]

이 단락의 요점은 네 가지다.

① 주희의 '본연 기질'과 '허령 본체'의 이분법을 반대한다. 정약용이 보기에는 맹자의 '대체'로 성性을 설명하는 것이 주자의 '허령 본체'로 성性을 설명하는 것보다 적절하다.

② '대체'는 생生, 지知, 영명 신묘靈明神妙 등 세 가지 성을 포함하고 서로 분리할 수 없는 정신적 측면을 지칭한다. 그중 '영명의 성'은 만물을 빠짐없이 포함하고 모든 이치를 추리하여 깨달을 수 있어 사람과 짐승을 다르게 하는 요인이다. 또한 이는 정약용이 얘기하는 본심, 선단善端의 심, 도심道心이다. 대체는 생, 지각, 영명 신묘 등 세 가지를 합친 의미가 있어서 '대체'는 '본심'과 동일시할 수 없다. 그리고 '소체'는 산천 풍기山川風氣, 부모 정혈父母精血을 받은 형질을 지칭한다.

③ '대체'와 '소체'는 개념상 구분할 수 있지만 실제로 양자는 연관되고 묘합되어 분리할 수 없는 일체 안에 동시 존재한다. 대체는 형체가 있는 소체에 의지해야만 활동을 전개할 수 있고, 소체도 대체에 의

지해야 가치의 세계를 전개할 수 있다. 그리고 양자 사이에는 서로 영향을 주는데, 예컨대 대체는 소체의 제한을 받아 인류의 문화와 도덕 활동을 전개하지 못할 수도 있다. 만약 대체가 소체의 주인이 되면 군자가 되고, 만약 대체가 소체에 의해 구속받는다면 소인이 된다.

④ 성性이란 '대체'의 전체 이름이 아니라 대체 속에서 호오의 이理를 갖고 별도로 이름을 지은 것이다. 따라서 '기호의 성'은 단지 대체의 일단一端이지, 그것을 '본체'로 간주하여 무상의 가치를 부여해서는 안 된다.

여기서 정약용이 '대체'와 '소체'의 지위를 같은 수준으로 보려고 한다는 것을 알 수 있다. 그는 대체를 형이상학적인 '본체'의 의미가 있는 개념(예를 들면 주희의 '허령 본체')으로 보는 것을 반대했다. 그 이유는 소체도 실제 행동의 기초가 되고 이를 무시할 수 없기 때문이다. 정약용의 이론에서 소위 도덕 행위라는 것은 자신의 대체가 소체를 이긴 결과다. '대체가 소체를 이기는 것'은 '자기가 자기를 극복하는 것'이기 때문에 중요한 것은 '주체의 작위'이며 형이상학적인 '본연의 성'과는 무관하다.

'대체'는 선악을 선택하는 주체이고 '소체'는 선악과 무관하다

정약용은 주희의 '도심, 인심'설에 찬동한다.[34] 하지만 두 사람의 견해를 고찰해보면 여전히 차이가 있다. 그중 가장 큰 차이는 주희는 '인심' 혹은 '소체'는 인에 해를 안 끼칠 수 없기 때문에 그 뿌리를 뽑고 근원을 막아야 한다고 본다. 그리고 그 방법은 극복, 극복, 또 극복(克之克之而又克之)이다. 주희의 논술에서 '대체'와 '소체', 혹은 '천리'와 '인욕' 사이에는 항상 긴장 관계가 유지되었다. 인仁을 추구하는 요지는 인에 해로운 것을 제거하는 것이고, 이것이 바로 주희가 말한 '존천리存天理, 멸인욕滅人欲'이다. [35)]

정약용의 생각이 주희와 다른 점은 그는 '소체'나 '인욕'을 완전히 "인에 해롭다"고 보지 않는다는 것이다. 그의 논술에서 '소체'와 '기질의 체'는 선악과 무관하다. 그는 다음과 같이 말했다.

맹자가 성선이라 한 것은 어찌 잘못될 수 있나. 다만, (인간이) 선하지 않을 수 없다면 (선한) 사람은 공이 없게 된다. 만약 선할 수도 있고 악할 수도 있는 권리를 주고 스스로 결정하도록 한다면 여기서 공과 죄가 시작된다. 하늘이 덕을 좋아하고 악을 부끄러워하는(好德恥惡) 성품을 주면서 선을 하든 악을 하든 마음대로 할 수 있게 한다면 이것이 신의 오묘한 취지이고 또 두려운 것이다. 왜냐? 호덕치악好德恥惡의 기준은 이미 분명하니 그 이후부터 선으로 간다면 당신의 공이 되고 악으로 향하면 당신의 죄가 된다.

두렵지 않은가? 짐승의 성질은 원래 호덕치악을 못하니 선을 해도 공이 안 되고 악을 해도 죄가 안 된다. 만약 인성은 선하지 않을 수 없다면, 이것은 마치 원숭이가 효하지 않을 수 없고, 벌이 충하지 않을 수 없고, 원앙이 열烈하지 않을 수 없다고 보는 것과 같다. 그럼 천하에 선한 자가 어디 있겠는가? 따라서 선할 수도 있고 악할 수도 있는 도구를 주어 사람으로 하여금 오르듯이 선을 따르고, 무너지듯이 악을 따르게 하는 것이다. 이 몸을 보면 정신(神)과 형체(形)는 묘하게 결합하여 분리할 수 없다. 따라서 이 몸의 모든 욕망도 이 성품(性)에서 나온다. 이것이 옛 사람이 이야기한 '인심'이고, 기질의 설도 여기서 나온 것이다. 하지만 이 기질의 성은 요순만 유독 청명한 부분을 받고 걸주(桀紂)만 유독 혼탁한 부분을 받은 적이 없다. 이것은 본성의 선악과 아무런 관계가 없다. ……기질이 선악과 무관하니 기질의 설을 폐지해도 괜찮을 것이다.[36]

이 인용문에는 두 가지 중점이 있다.

① 정약용은 '마음의 주체'가 선 혹은 악을 선택할 수 있다고 본다. 이 주체는 도덕 활동에서 자주성을 가지며 이 선택의 능력과 책임에 따라 선악 공과의 판단이 내려진다. 사람과 짐승의 차이는 바로 이 선악을 선택할 수 있는 주체라는 데 있다. 만약 이런 선택을 할 수 있는 자유로운 주체가 없다면 짐승과 마찬가지가 된다. 그리고 모든 행위는 선악과 공과를 판단할 수 없게 되고 도덕 혹은 가치상의 의미가 없어지게 된다.

② 정약용은 '소체'와 '대체'는 하늘이 준 것이고 "정신(神)과 형체(形)가 묘하게 결합되어 분리할 수 없는 일체" 속에 있다고 본다. 이 결합체는 '도심'을 나타내는 수단이며 혼탁과 탐욕의 근원이기도 하다. 성인과 범인이 모두 이런 결합체를 갖고 있기 때문에 성인과 범부의 차이는 '대체' 혹은 '소체'의 차이에 있지 않고 '주체의 작위'의 차이에 있다. 따라서 주체의 마음이 선 혹은 악을 선택한 것을 '소체'의

요인이라고 탓할 이유가 없다.

이 절에서 논한 내용을 앞선 두 장과 연결해보면 다음과 같은 결론을 얻을 수 있다.

① 본 절의 서술은 2장에서 논한 정약용의 해석 취향을 다시 한 번 설명해준다. 도덕 문제에 대한 정약용의 입장은 사서 텍스트에 대한 의리義理 취향의 해석보다 사람의 활동에 대한 자각적인 반성을 통해 경전이 제시한 의미가 어떻게 진리가 될 수 있는가를 사색하는 것이다.

② 3장에서 논한 인성론으로 봤을 때, 정약용의 논술은 '주체의 작위'를 더욱 강조하고, 사람이 타락한 이유를 '소체'나 '기질의 성', '자연의 체' 등의 탓으로 돌리는 것을 거부한다.

③ 이 장의 맥락에서 볼 때 정약용은 인성론의 '마음의 기호'를 통해 도덕의 근거(인仁의 근본, 인을 행하는 근본)를 논하고, 또 이것으로 '기호의 성'은 '성덕成德'도 아니고 '인의 이름'도 아니라는 것을 설명한다. 반드시 기호의 주체가 사람과의 관계에서 도덕 원칙을 수립한 다음 이것을 사회행동으로 관철해야만 '인'(즉 인륜의 성덕)이라 할 수 있다. 따라서 정약용의 이론에서 '도덕 주체성'은 '상호 주체성'과 연속적인 연장 관계가 있는 것이다.

4. '성, 도, 교' 해석 구조하의 '천인' 관계와 정약용 사상 중 '천'의 이론적 지위

정약용은 주희의 이기 개념을 기초로 하는 성리학을 반대했다. 따라서 그는 '심', '성'을 정의할 때 형이상학적인 '이'의 측면으로 '성'을 논하지도 않고, 형이하학적인 '기질'로 '심'을 논하지도 않았다. 유교 사상의 기본 구조로 볼 때, 『중용』에서 명확하게 '천명지위성'이라고 밝혔기 때문에 정약용의 '심, 성' 개념을 논할 때 반드시 그가 이해하는 『중용』 구조 및 그가 '천'을 '상제'로 해석하는 연유를 알아야 할 것이다.

'성, 도, 교' 해석 구조하의 '천'과 '인'

공자는 '성性과 천도天道'를 언급하는 일이 극히 드물었다. 따라서 『논어 · 공야장』에서 제자 자공은 "선생님의 문장은 얻어들을 수 있지만 선생님의 성性과 천도天道에 대한 말씀은 얻어들을 수 없다"고 말했다. 정약용은 이 장의 주석에서 "성과 천도는 『중용』에서 얘기한 것이다. (중용을) 안 이후 성性, 천天을 논할 수 있으니 얻어들은 이가 적다"고 설명했다.[37] 정약용의 생각에는 공자의 '성과 천도'에 대한 견해는 『중용』에서 찾아야 한다는 것이다.

정약용의 『중용』 주해 중 성숙기의 작품은 52세 이후에 쓴 『중용자잠』이다. 『중용자잠』의 천명지위성天命之謂性, 솔성지위도率性之謂道, 수도지위교修道之謂敎에 대한 해석은 정약용 사서학의 주요 내용이라 할 수 있다. 다음은 토론을 위해 그 일부 내용을 발췌한 것이다.[38]

천명의 성은 기호로 볼 수 있다. 사람의 배태胚胎가 형성되면 하늘은 영명하고 무형인 '체'를 부여한다. 이 물체는 선을 좋아하고 악을 싫어하며 덕을 좋아하고 더러움을 싫어한다. 이것이 이른바 '성선'이다. (天命之性, 亦可以嗜好言. 蓋人之胚胎旣成, 天則賦之以靈明無形之體, 而其爲物也, 樂善而惡惡, 好德而恥汚, 斯之謂性善也.)

공자는 『시경』의 "백성의 타고난 마음은 아름다운 덕을 좋아한다(秉彝好德)"를 인용하여 인성을 증명했다. 기호를 버리고 성을 논하는 것은 수사洙泗의 옛 가르침이 아니다. (孔子引秉彝好德之詩, 以證人性. 舍嗜好而言性者, 非洙泗之舊也.)

성이 이러하니 억지로 거스를 필요도 없고 교정할 필요도 없다. 단지 그 성질을 따라 하고 싶은 대로 방임하여 탄생부터 사망까지 이를 따르면 바로 '도'다. (性既如是, 故毋用拂逆, 毋用矯揉, 只須率以循之, 聽其所爲, 自生至死, 遵此以往, 斯之謂道也.)

길이라는 것은 관리하지 않으면 잡초가 무성하여 방향을 잃는다. 반드시 초소 관리인이 있어 길을 관리하고 닦고 인도해야 길손은 길을 잃지 않고 목적지에 도착할 수 있다. 성인이 대중을 인도하는 것도 이와 비슷하다. 이것이 '가르침(敎)'이라는 것이다. 교육자는 길을 잘 닦고 관리하는 자다. (但道路爲物, 舍之不治, 則蓁莽阻塞, 莫適所向. 必有亭堠之官, 爲之治之繕之開之導之, 使行旅弗迷其方, 然後方可以達其所往. 聖人之牖導衆人, 其事相類, 斯之謂敎也. 敎者繕治道路者也.)

가르침의 내용은 오교五敎(즉 오륜)이다. 아래 글에 "도道로 수신修身하고 인仁으로 수도修道한다"고 했다. 인仁이란 인륜의 완성이다. 하늘이 사람의 선악을 살필 때 항상 인륜을 본다. 따라서 사람이 수양하고 하늘을 섬길 때 역시 인륜에 전력해야 한다. 아래 글에서 이야기한 '오달도五達道'가 바로 수도의 가르침이다. 사람이 부자, 군신, 부부, 형제, 친구의 관계에서 마음의 조화를 다하면 바로 수도자다. 〔敎者五敎也. 下文曰: 修身以道, 修道以仁. (中庸, 哀公章) 仁者, 人倫之成德也. 天之所以察人善惡, 恒在人倫. 故人之所以修身事天, 亦以人倫致力. 下文所謂五達道, 卽修道之敎也. 人能於父子君臣夫婦昆弟朋友之際, 盡其心之中和, 則修道者也.〕

위 인용문에서 정약용은 천天, 성性, 도道, 교敎의 개념을 구분했다. 여기서 '성'은 '천'이 부여한 "선을 좋아하고 악을 싫어하는" 기호嗜好다. 따라서 '성의 기호'는 절대선이라는 도덕적 의미가 내포되어 있고 여기서 사람의 행동을 인도하는 올바른 '길'이 도출된다. 하지만 심心이 성性에 대해 "듣거나 혹은 안 듣거나" "작위 혹은 부작위"의 자유가 있기 때문에 솔성率性 혹은 불솔성不率性의 경우가 생긴다. 만약 심心이 성性을 따르지 못한다면 가르침(敎)으로 교정해야 하는데 이것이 이른바 '수도修道'다.

이런 해석 구조는 유학의 역사에서 특별한 것은 아니다. 이것을 '인심人心, 도심道心'의 개념으로 볼 때 심心이 성性을 따르는 것은 '도심'이고 따르지 못하면 '인심'이 된다. 이에 대해 주희도 상세하게 설명한 바 있다. 비록 정약용이 주자학에 대해 불만은 많지만 그 역시 주희의 유학 부흥에 대한 공헌을 칭찬하지 않을 수가 없다. 그는 이렇게 말했다.

맹자가 안 계신 후 도의 맥은 끊겼다. …… 맹자는 본심을 나무로 비유하고 사욕을 도끼로 비유했다. 나무에게 도끼는 큰 적이며 원수이다. 자기가 자기를 극복하는 것(以己克己)은 수많은 성왕이 홀로 전승한 심오한 말씀이다. 이것을 알면 성현이 되고, 이것에 어두우면 짐승이 된다. 주자가 유학 중흥의 시조인 이유도 다른 것 때문이 아니다. 그가 『중용』의 「서序」에서 이 이치를 밝혀냈기 때문이다. 근래의 학자는 송원宋元 학자가 '이기理氣'를 논할 때 겉으로는 유가지만 실제는 불교 이야기인 병폐를 시정하기 위해 경을 독해할 때 한진漢晉의 설을 따르고, 송유宋儒로부터 나온 의리義理는 시비를 막론하고 일단 반대를 일삼는다. 이것이 한두 사람의 심술로 잘못된 것이라면 신경을 쓰지 않아도 된다. 하지만 온 천하의 사람으로 하여금 자신이 유일하게 얻은 것을 잃게 하고, 밝힌 것은 어둡게 하여 짐승과 목석이 되게 하면 큰일이다.[39)]

이 대목에서 정약용은 주희를 "우리의 도를 중흥시킨 시조(吾道中興之祖)"라고 칭송하며 그에 대한 근세 학자의 비평이 옳지 못하다고 지적한다. 정약용이 주희를 이렇게 평가한 것은 두 사람의 '수도'와 '실천'에 대한 견해가 실로 유사하기 때문이다. 두 사람 모두 "자기의 도심으로 자기의 인심을 극복하는 것"이 도의 맥을 이어온 묘지妙旨로 본다. 그리고 두 사람의 '성'에 대한 이해는 다르지만 양자 모두 '이理' 혹은 '무형의 본체'는 '하늘'로부터 얻은 것이라고 주장한다.

정약용의 '상제'로 '하늘'을 설명하는 두 가지 해석 방향

정약용은 도덕의 근거를 '하늘'이 부여한 것으로 본다. 그렇다면 그의 '하늘'에 대한 이해는 어떠한가? 정약용의 '하늘'에 대한 설명은 주로 『중용』에 대한 주해에 나타나지만 '천天'을 '상제上帝'로 설명한 경우도 있다.[40)] 정약용이 심心 · 성性을 상제가 부여한 것이라는 해석에 대해 많은 학자가 그 근원을 정약용이 23세 때 천주교 교리의 영향을 받아 쓴 『중용강의』에서 찾는다. 그의 성숙기 저술과 비교해보면 『중용강의』에서 사용한 '상제'의 개념은 그가 유배된 후에도 크게 변하지 않았다. 다음에서 그의 '상제'에 관한 서술을 살펴보자.

잠箴으로 말한다. 볼 수 없는 것이 무엇인가? 하늘의 몸체다. 들을 수 없는 바는 무엇인가? 하늘의 소리다. …… 사람이 태어나면 욕심이 없을 수 없으니 욕심을 따라 채우게 한다면 온갖 못된 행위(放辟邪侈)를 무소불위하게 된다. 그러나 백성이 감히 드러내어 (죄를) 범하지 못하는 것은 조심하기(戒愼) 때문이며 두려워하기(恐懼) 때문이다. 누구를 조심하는 것인가? 위에는 법관이 있어서 법을 집행하기 때문이다. 누구를 두려워하는 것인가? 위에 임금이 있어서 엄벌로 다스리기 때문이다. 만약 위에 군주가 없는 것을 안다면 누군들 못된 짓을 하지 않겠는가! …… 군자가 어두운 방에 있으면서도 두려워하며 감히 나쁜 짓을 하지 못하는 것은 위에서 상제가 그를 굽어보고 있다는 것을 알기 때문이다. …… 도심과 천명은 둘로 나누어볼 수 없다. 하늘이 나에게 경고함은 우레나 바람으로 하는 것이 아니라 은근히 자신의 마음에서 간절하게 경계의 말을 알려주는 것이다. …… 천명은 태어날 때부터 이 성性을 부여하였고 원래 무형의 본체와 묘용의 정신이 이와 비슷하여 서로 감통한다. 따라서 하늘의 경고는 역시 유형의 귀나 눈을 통해 하지 않고 매번 무형의 묘한 도심道心을 통해 이끌고 가르친다. 이것이 이른바 하늘이 마음을 이끄는 것이다. 이 인도를 따르면 천명을 따른 것이고, 이 유도를 경멸하고 어기면 천명을 역행한 것이다. 어찌 조심하고 두려워하지 않겠는가.[41]

들에서 제사하는 대상은 상제다. 상제의 몸체는 형질이 없어 귀신과 같은 특성이다. 따라서 귀신이라고 말한다. 그것의 교감하고 비추는 특성으로 얘기하는 것이어서 귀신이라고 부른다.[42]

위의 문장에서 알 수 있듯이, 정약용은『중용』에 나오는 '천', '귀신' 개념을 '상제'와 동일시하고 '기호의 성'과 '도심'은 '상천上天'이 부여한 것이라고 본다.

정약용이 '상제'로 '천'을 설명한 점은 유학의 전통 경전에서 벗어난 것은 아니다. 예를 들면『십삼경』에서 '상제'라는 표현이 여러 곳에서 나타나고,[43] 『사서』의『대학』,『중용』외에『맹자』의「양혜왕梁惠王」,「이루離婁」 편에서도 '상제'라는 어휘를 볼 수 있다. 이런 유교 경전 중 '상제'의 뜻에 대해 주희와 제자 사이에도 토론이 있었다.『주자어류』에 수록된 일부 내용을 보자.

예를 들면 강충어하민降衷於下民에서 긴요한 것은 '강降'자에 있다. 하늘의 입장에서 볼 때 '강충降衷(참마음을 내림)'이라고 한다. 이 '충衷(참마음)'을 받은 사람으로 볼 때 '성性'이라고 부른다. 가령 "하늘이 부여한 것은 명이고, 만물이 받은 것이 성이다"라고 할 때, 그 '명'이 바로 '강'이다. 만물이 받은 것은 '성'이라 하고 '충'이라고 안 한다. 그 차이는 온 곳과 받는 곳을 두고 이야기하기 때문이다. 유황상제강충어하민惟皇上帝降衷於下民, 이것은 하늘이 만물에 주는 것을 두고 하는 얘기다. 약유상성若有常性, 이것은 백성이 받는 것을 두고 하는 얘기다. 극수궐유克綏厥猷 중 '유猷'는 바로 '도'이다. 도는 성이 발휘한 곳이고, (백성을) 그 도에 안정시킬 수 있는 것은 오직 군주다. 천명지위성天命之謂性, 솔성지위도率性之謂道, 수도지위교修道之謂敎 세 구절도 같다.[44]

소위 천명지위성天命之謂性은 도를 말한다. 천지창창天之蒼蒼은 형체

形體를 말하는 것이다. 유황상제강충어하민惟皇上帝降衷於下民은 제帝를 말한다. 이런 이치와 결부하면 주재主宰의 뜻이 있다.[45]

〔질문〕'상제가 백성에게 마음을 내린다', '하늘이 큰 임무를 사람에게 내린다', '하늘이 백성을 보우하여 임금을 주었다', '하늘이 만물을 낳고 그 재질에 따라 보살핀다', '선을 하면 백가지 상서로움을 내리고 불선을 하면 백가지 재앙을 내린다', '하늘이 비상한 화를 이 세상에 내릴 때 반드시 미리 비상한 사람을 내려 모의한다', 이런 유의 말은 저 푸른 하늘 위에 진짜로 주재자가 있다는 이야기인가? 아니면 하늘은 무심한데 단지 이치상 이럴 것이라고 추측하는 것뿐인가?

〔대답〕이 세 단락은 오직 한 뜻이다. 이것도 단지 이理가 이런 것이다. 기의 운행은 늘 성하다가 쇠하고, 쇠하다가 또 성하는 것이다. 순환하도록 내버려두면 쇠만 있고 성이 없는 것이 없다. 따라서 비상의 화를 세상에 내리려면 반드시 비상의 인물을 탄생시킬 것이다.[46]

귀鬼는 음陰적인 것이고, 신神은 양陽적인 것이다. 기氣가 굴한 것을 귀라 하고, 기가 거침없이 오는 것을 신이라 한다.[47]

사람의 마음이 올바르고 표리가 통달하며 추호의 사심도 없어 상제와 맞댈 수 있다면 귀신이 어찌 승복하지 않을 수 있는가? 따라서 '사려가 일어나기 전에는 귀신도 모른'고 말한다. 또 이렇게 말한다. '마음이 안정되면 귀신도 승복한다.'[48]

앞서 본 인용문과 정약용의 견해를 비교해보면, 『중용』의 성性, 도道, 교敎에 대한 두 사람의 이해는 형식상 거의 차이가 없고, 또 두 사람 모두 '천'은 주재자인 측면이 있다고 본다. 두 사람의 차이를 군이 따진다면, '천'의 내용과 귀신의 위치 설정에서 찾아볼 수 있다. 주희는 천天의 주재성(혹은 주재 능력)은 이理에 있다고 본다. 이에 비해 정약용의 천은 형이상적 실체인 측면이 있다. 또 주희는 『사서』 중 귀신은 단지 음양 두 기운의 굴신(屈伸)뿐이고 '상제' 혹은 '주재하는 이理'로 보지 않는다. 이에 비해 정약용은 귀신을 상제와 유사한 것으로 본다.

정약용은 '천'을 '상제'로 설명함으로써 주희처럼 '천'이 허공에 매달려 활동하지 않는 이理로 변하거나 실연實然(실제로 그러함)의 이理를 응연應然(당연히 그래야 함)의 이理와 혼동될 수 있는 문제를 피할 수 있었다. 하지만 정약용의 설명은 불가피하게 종교적인 연상을 하게 한다. 따라서 한국 학계는 종종 이를 천주교의 영향을 받았다고 본다.

하지만 '천' 혹은 '상제'를 '성'의 근원으로 보는 것이 바로 '천' 혹은 '상제'를 '만물의 주재자'로 보는 것일까? 선진의 문헌을 보면 알 수 있겠지만 의미상 그렇지 않다. 예를 들어 『맹자』 중 '천' 혹은 '상제'는 만물의 주재자라는 의미가 명확하지 않다. 비록 맹자는 "하늘이 장차 큰 임무를 사람에게 맡기려 하다(天將降大任於斯人也)"(「고자告子 하下」), "마음을 다한 사람은 그 본성을 알고, 그 본성을 알면 하늘을 안다(盡其心者, 知其性也. 知其性, 則知天矣)"(「진심 상」) 등의 이야기를 했지만 '천장강대임天將降大任'이란 말에는 '주재자인 하늘'이 '사람'에게 큰 임무를 부여했다는 의미는 그리 강하다고 볼 수 없다. 이 말에는 오히려 자기에 대한 책임, 자아에 대한 훈련의 의미가 더 많이 내포되어 있다. 마찬가지로 '지천知天'도 '진심

盡心', '지성知性'의 전제 조건이 아니다. 예를 들면「이루離婁 하下」의 "미인이 오물을 뒤집어쓰면 사람은 다 코를 가리며 지나가고 악인이 재계목욕하면 상제한테 제사할 수 있다(西子蒙不潔, 人皆掩鼻而過之, 雖有惡人, 齋戒沐浴, 則可以祀上帝)"에서 강조한 점 역시 '사람의 작위(행동)'이지 인간에게 죄를 내릴 수 있는 그런 상제는 아니다. 따라서 정약용의 학설은 과연 천주교에 더 가까운지『맹자』나 수사洙泗의 전통에 더 가까운지 좀 더 규명할 필요가 있다.

<u>정약용의 상제설 속에 이성 윤리의 의미가 신율 윤리보다 크다</u>

정약용은 사람의 본심은 하늘에서 얻었고 인성의 근원은 상제에 있다고 본다. 그리고 도덕의 의미는 심성의 기호를 따라 심성의 본질과 잠재력을 실현해내는 것이다. 이 견해에 대해 두 가지 방식으로 접근해볼 수 있다.

첫 번째 해석 방식은 심성은 상제로부터 얻은 것이라고 강조하는 것이다. 이런 입장의 극단은 도덕 문제의 근원을 '상제의 의지'로 귀결시키는 것이고, 따라서 '신율神律 윤리(theonomous ethics/divine command theory)'의 측면이 있다. 소위 '신율 윤리'는 "행위가 도덕적으로 합당한지 여부는 상제(신)의 명령 혹은 의지에 부합하는지 여부에 따라서 결정된다"는 주장이다.

두 번째는 상제가 모든 것보다 우선한다고 강조하지 않고 '인'을 '이인상여'로 해석하는 것을 강조하는 것이다. 도덕적 행동을 상제의 명령으로 보지 않고 타인-자아의 관계를 고려하여 공정하게 사람이 특정 상황에서 어떤 선택을 할 것이고 또 해야 하는가를 사색하는 것이다. 이러한 입장은 도덕의 내용을 상제의 의지에 두지 않으며 '신율 윤리'보다는 '이성 윤리'에 더 가깝다.

이러한 두 가지 접근 방향을 종합하면, 정약용의 학설을 '유신론적 맥락하의 이성 윤리'라고 부를 수 있다. '유신론적 맥락하의 이성 윤리'의 주장은 다음과 같이 설명할 수 있다. 도덕의 기초는 만물(인간 포함)이 만들어질 때 부여받은 본성, 즉 자연법natural law에 있다. 또 모든 사물은 상제가 자신의 지혜에 따라 창조한 것이기 때문에 자연법의 기초는 상제의 이성 혹은 지혜the order of divine reason or wisdom로 형성된 '영원법eternal law'에 있다. 도덕은 인간이 이성을 통한 변별력으로 자연법을 파악한 결과로써 간접적으로 상제의 '영원법'에도 참여하게 된다. 따라서 도덕의 궁극적 기초는 상제의 의지가 아니라 상제의 이성과 지혜다.[49]

만약 정약용의 학설이 '유신론적 맥락하의 이성 윤리'에 가깝다면, 두 가지 문제를 더 논의할 필요가 있다. 첫 번째는 '이성 윤리'는 왜 유신론의 맥락 아래 두어야 하는가? 두 번째는 신의 개념이 그의 이론에서 차지하는 지위다. 첫 번째 문제는 『논어』와 대조하며 제기될 수 있는 문제다. 『논어』를 보면 공자는 의도적으로 천天, 성性 등의 문제를 논하지 않는 것을 알 수 있다.

그렇다면 정약용은 왜 『중용』을 근거로 상제의 의미를 강조했는가? 두 번째 문제는 『맹자』와 대조해보며 제기할 수 있는 문제다. 맹자가 "마음을 다하면 본성을 알고, 본성을 알면 하늘을 알 수 있다(盡其心者, 知其性也. 知其性, 則知天矣)"라고 할 때, 논리상 '지천知天'은 '진심盡心', '지성知性'

의 활동을 실천한 이후 얻을 수 있는 것이다. 즉 천天은 심心, 성性 다음에 나오는 개념이다.『맹자』·『논어』와 비교할 때 '천' 혹은 '상제'는 정약용의 이론에서 어떠한 위치를 차지하는가?

이 문제에 대해 다음 두 가지 면에서 살펴보고자 한다.

(1) 정약용은 '복덕일치'의 개념이 없다

왜 신이 필요한가? 이것은 아마도 궁극적으로 '복福'(복받음. 보상), '덕德'(도덕 행위)이 원만해야 한다는 생각과 관련 있을 것이다. 종교 윤리와 이성 윤리의 가장 큰 차이는 종교는 도덕 행위 배후에 반드시 이기적인 보상이 자리 잡고 있다는 점이다. 이것이 복덕일치福德 一致의 개념이다. 바꾸어 말하면, 유신론적인 이성 윤리는 도덕적 자율성 외에도 인과응보, 도덕에 대한 보상 등을 강조할 것이고, 양자는 동시에 존재할 수 있다고 볼 것이다. 자율론자는 보상의 가능성을 완전히 배제하지 않지만 보상 관념 때문에 타율적인 윤리가 될 우려가 있어 보상의 필연성을 강조하지 않는다.

『논어』에서는 복·덕의 문제가 존재하지 않는다. 공자가 보기에 군자는 단지 '의로운 일을 하는 것' 뿐이다. 도가 행해지는지 혹은 사람이 알아주는지 등은 고려할 필요가 없다. 이것이 이른바 "옛 학자는 자신을 위해 공부하고, 오늘의 학자는 남을 위해 공부한다(古之學者爲己, 今之學者爲人)"는 뜻이다. 따라서 군자의 학문은 세속의 인정이나 내세 혹은 저승의 보상을 위한 것이 아니다.『맹자』에는 비록 '지천知天'이란 개념이 있지만 복·덕에 대해 역시 관심이 없으므로 맹자는 "장수냐 단명이냐에 신경쓰지 않고 수신하여 기다리는 것이 천명을 따르는 것이다(夭壽不貳, 修身

以俟之, 所以立命也)"라고 얘기했다.

『논어』·『맹자』는 복덕일치 혹은 보상 문제를 언급하지 않는 데 비해 『중용』은 복덕일치를 논술했는데 예를 들면 『중용』 제17장에서 말했다. "큰 덕을 이룬 자는 반드시 지위, 녹봉, 명성, 장수를 얻는다(大德者必得其位, 必得其祿, 必得其名, 必得其壽)", "덕이 큰 자는 반드시 천명을 받는다(大德者必受命)"고 했다. 『중용』의 이런 입장에 대한 정약용의 해석을 보면 그의 '상제'나 '신율'에 대한 궁극적인 태도를 알 수 있다. 이에 대한 정약용의 주해는 다음과 같다.

(중용에서) 말했다. "큰 덕을 이룬 자는 지위, 녹봉, 명성, 장수를 얻는다." 또 말했다. "덕이 큰 자는 천명을 받는다." 이것은 공자를 슬피 여기는 것이다. 공자는 큰 덕이 있으면서도 지위나 녹봉을 얻지 못했고 천명도 받지 못했다. 천도가 그때 한번 바뀐 것이다. 상고 이래 성인이 아니면 천명을 받지 못했지만 한고조漢高祖는 덕이 없으면서도 천명을 받았다. 천도가 이때 역시 바뀌었다. 옛 유학자는 '필득필수必得必壽'의 대목을 읽을 때 의심이 지나쳐 혹은 운수로 설명하고, 혹은 『노자』를 인용하여 설명하는 등 그 막힘이 심했다. 사실 흥망의 도리는 일정하지 않다. 때로는 육성하였다가도 전복시키고, 때로는 멸망한 것을 다시 부흥시킨다. 빈부나 귀천, 장수나 요절, 유명 혹은 무명 등은 늘 다르지만 군자가 볼 때는 모두 똑같다. 따라서 『역경』에서 말했다. "천하는 길이 다르지만 종점은 같고, 근심은 수백 가지지만 모두 같다. 무슨 생각을 하고 무슨 걱정을 하느냐?" 신의 판단과 응용은 사람이 알 수 없는 것이다. 이 경에서 이야기하는 것은 공자를 안타까워하는 것이지, 군자의 도는 이런 것

을 기대한다는 이야기는 아니다.[50]

정약용의 주해를 보면, 그는『중용』이 독자에게 장려와 보상의 관념을 심어준다고 보지 않는다. 정약용은 오히려 이 대목을 공자의 지위도 없고 녹봉도 없는 처지를 비탄하는 것이라고 해석한다. "공자를 슬피 여기는 것이다(傷仲尼)", "천도가 바뀐 것이다(天道有變)", "신의 권도는 사람이 알 수 없는 것이다(神權妙用, 衆人固不得而知之矣)" 등 문장을 보면, 정약용은 유학을 '상제로부터 복덕일치를 부여받는 것을 희망하는' 학문으로 유도하고 싶지 않다는 것을 알 수 있다. 정약용의 학설을 '유신론적 맥락 하의 이성 윤리'로 보더라도 그 '유신론' 부분은 생각만큼 강하지 않다.

(2) 정약용이 말한 '상제'는 심성 활동의 맥락에 두어야 한다

앞에서 논한 것처럼 정약용은 '주체의 작위'를 중요시한다. 그리고 그는 장려와 보상의 관념에 대해 소극적인 태도를 보인다. 이 두 가지를 종합하면, 정약용의 이론 체계 중에서 '상제'는 심성의 자율에서 발전해 나온 개념으로 퇴화된다. 이렇게 볼 경우, 그의 '상제' 개념은 맹자의 '지천知天'과 비슷하다고 할 수 있다.『맹자』에서 "마음을 다하면 본성을 알고, 본성을 알면 하늘을 알 수 있다(盡其心者, 知其性也. 知其性, 則知天矣)"고 하였는데, 문맥을 보면 진심盡心을 함으로써 지천知天의 목적을 달성하는 것이다. '천'은 단지 '심성'으로부터 추리/연역한 개념이다. 따라서 '천'은 '심성'을 떠나 독립할 수 없고, '천' 자체는 실체성이 없다. 다만 도덕의 실천 활동을 통해 우주 현상에 대한 묵회黙會와 경외敬畏를 이끌어낸 것뿐이다.

정약용의 상제 개념은 심성론의 산물이기 때문에 상제는 단지 심성 활동에서 나온 묵회, 경신敬愼의 마음을 구체화, 대상화한 결과다. 이렇게 볼 때 정약용이 상제를 통해 전달하고 싶은 것은 '만물의 주재자'의 의미가 아니라 심성의 활동에는 초월적 세계 혹은 영원성을 지향하는 측면이 있다는 사실이다. 영원과 초월에 대한 추구는 인성의 공동 현상이고 '영명무형지체靈明無形之體'가 짐승과 다른 점이다.

따라서 정약용이 상제의 명칭을 사용한 것은 상제를 모든 가치를 뛰어넘는 근본으로 보는 것이 아니라 도덕 실천할 때 나타나는 초월적 세계에 대한 이해, 상상과 경외심을 표현한 것이다. 그러므로 정약용의 상제설은 유신론적 입장에서 도덕의 근거를 찾으려는 것이 아니라 도덕의 실천 과정 중에서 인간의 초월성과 영원성을 추구하고 만족하는 데 있다.

5. 인학설과 사천설의 주체성, 상호 주체성 그리고
   초월성에 대한 탐구

정약용이 23세에『중용강의』를 저술할 때『천주실의』및 서학의 영향을 받아 '상제'로 주자성리학 중의 '천리'를 대신했다. 40세(1801) 때 조정에서「오가작통법五家作統法」을 반포하여 천주교도를 탄압할 때, 체포되어 경상도 장기로 유배되었다가 다시 전라도 강진으로 유배되었다. 그 이전에 정약용이 천주교 신앙을 포기했다는 증거가 있지만 여전히 교인의 죄명으로 유배되었다. 유배 기간에 정약용은 계속 '상제'로 유교 경전 중의 '천天'을 해석하는 것을 견지하였고, 이런 입장은 그가 50세 이후 사서오경의 주해를 완성할 때까지도 바뀌지 않았다.

정약용의 이런 견지에 대해 두 가지 방식의 해석이 가능하다. 하나는 달레C. C. Dallet의『한국천주교회사』에서 주장한 대로 정약용의 신앙심이 굳건했기 때문으로 보는 것이다. 다른 하나는 정약용의 말대로 '수사구의洙泗舊義(공맹의 전통)'를 회복하려던 것으로 이해하는 것이다. 어느 것이 더 맞는지 아직은 입증할 만한 확실한 자료가 없지만, 필자는 '수사구의 회복설'에 더 찬동하는 편이다. 그 이유는 다음과 같다.

첫째, 정약용의 주해에서는 종교 신앙에서 분명해야 하는 장려 및 보상의 개념이 보이지 않는다.

둘째, 실학의 각도에서 볼 때 정약용은 주희의 우주론 형식의 추상적이고 종잡을 수 없는 '천리'를 반대하였는데, 이와같은 정약용이 마찬가지로 확인할 수 없는 '상제'를 신봉하였다는 것은 이해하기 힘들다. 따라서 그가 말한 "마음에서 마치 상제가 간절하게 충고하는 것처럼"의 표현은 여전히 심성心性이 기호할 수 있고 관찰할 수 있는 입장에서 이야기한 것이다.

셋째, 정약용이 천주교인이라는 이유로 유배되었는데 여전히 '상제'의 표현을 견지하는 것은 아마도 '상제'란 개념은 천주 교리가 아닌 '수사洙泗의 전통'으로 간주되었기 때문이라고 봐야 할 것이다. 만약 '상제'라는 표현이 천주교의 상징이었다면 정약용은 자신을 생명의 위험에 처하게 할 수 있는 이 말을 굳이 쓸 필요가 없는 것이다.

정약용과 주희는 모두 '성性은 하늘이 부여한 것'이라고 보고, '도심道心'을 '성덕成德'의 기초로 본다. 하지만 이기론의 이론 구조에서 주희는 먼저 형이상적인 '이理'의 존재를 전제로 설정해야 하고, 그다음 '심心'을 '천리'를 '격치格致'할 수 있는 '형이하적인 기氣'로 보는 것인데, 이런 설명은 주희의 도덕철학을 형이상학적인 측면으로 치우치게 한다. 이에 비해 정약용도 '영명무형지체靈明無形之體' 등 형이상적인 근원이 있다고 보지만 그의 논술은 '천도天道'보다 '인도人道'를 더 강조한다. 따라서 정약용의 전반적 논의는 '주체의 작위' 측면을 더 강조하게 되고, 주체성과 상호 주체성의 논의를 전개하는 의미가 있다. 정약용의 이론에서 도덕적 실천은 반드시 형이하학적인 사회 활동으로 전개되어야 하고 형이상적인 '이理'의 탐구에 빠져서는 안 된다. 이처럼 현실사회에서 심心, 성性의 상호작용을 통해 인류의 보편적 의리義理를 탐구하는 이론 양식은 실학의 입장에서 볼 때 일종의 '하학상달下學上達'의 방식이라고 할 수 있다.

정약용은 한편으로 성性의 개념을 '영명무형지체' 아래에 두고, 다른 한편으로 '상제'의 장려, 보상 등의 개념을 강조하지 않는다. 천天과 심心·성性 간에 이론상의 상호 관계는 있지만 실천적 측면에서 볼 때 천의 지위는 기호와 선택할 수 있는(能耆好抉擇) '도덕 주체'와 서로 주고받는(二人相與) '상호 주체'보다 높을 수 없다. 따라서 천 혹은 상제는 정약용의 사서 해석의 궁극적인 관심 대상이 아니다.

그렇다면 정약용은 왜 '심心', '성性'의 근원을 찾아 '상제'를 논하였을까? 필자는 그 가능성을 다음과 같이 요약해본다.

① 오경, 특히 예경禮經에 대한 연구 이후 정약용은 동아시아는 제사를 통해 영원성을 추구한다는 점을 인식하였을 것이다. 따라서 '상제'로 유교 경전을 해석하는 것은 천주교 교리에 입각한 것이 아니라 제사의 전통을 감안하여 이 개념의 존재 필요성을 인식했기 때문일 것이다.[51]

② 제사는 일종의 시간성의 교육이고, 이를 통해 인간 활동의 시간상의 영원성을 보여준다. 이것은 두 가지 측면에서 나타나는데 하나는 생명의 승계 과정에서 나타난 조상 제사이고, 다른 하나는 천명

天命의 승계에서 발전된 제천祭天, 경천敬天, 사천事天(덕으로 하늘을 섬김) 같은 행동과 관념이다.

③『사서』에서 영원성과 초월성에 대한 만족을 제공하는 방식으로 종적으로는『중용』의 '상제' 개념을 주축으로 할 수 있고, 횡적으로는『논어』의 '인仁'과『대학』의 '평천하平天下' 개념을 주축으로 할 수 있다. 이렇게 하면 조상 제사, 하늘 제사, 그리고 도덕의 외부 확장, 사천 등 행위를 통해 유신론 종교와 다른 초월성을 얻을 수 있다.

인성론에서 출발하여 주체의 자유행동을 도출하고, 인성의 보편성에서 상호 주체성의 문화적 발전으로 이어지며, 도덕성의 확장과 하늘에 대한 경외, 섬김, 교감을 통해 자신의 초월성에 대한 추구를 만족하게 한다. 이것이 정약용의 사상으로부터 전개할 수 있는 논술이고 또 정약용 사서학의 기본 구조일 것이다. 이 문제는 이후 각 장에서 계속 설명할 것이다.

5장

주체성과 상호 주체성의 전개,
정약용의 문질론

1. '예악형정'을 중심으로 하는 유학 해석과 정약용의 논술 경향

정약용과 주자학의 차이는 앞서 두 장에서 언급한 이기론理氣論, 인설仁說 외에 예악형정禮樂刑政에 대한 강조 또한 당시 주자학파 학자와 확연히 다른 점이다. 정약용은 자신의 학문 취향을 설명하는 「오학론五學論 1」에서 당시 성리학의 전개 방향을 비판하며 예악형정을 자신의 학문 체계에 포함하는 선언을 했다.

하지만 옛날 학문을 하는 자는 성性과 이理는 하늘에서 나오고 인륜은 도를 이루기 위한 것이라는 점을 안다. 따라서 효제충신孝悌忠信을 하늘을 섬기는 근본으로 하고, 예악형정을 사람을 다스리는 도구로 보았으며 성의정심誠意正心(뜻을 참되게 하고 마음을 바르게 함)을 하늘과 사람을 잇는 축으로 하였다. 그 이름은 인仁이고 그것을 실천하는 것이 서

恕이며 그것을 베푸는 것이 경敬이고 그것을 스스로 갖추면 중화지용中和之庸이다. 단지 이것뿐이고 더 많이 말할 필요가 없다. 많이 말해도 중복이고 다른 이야기는 없다.

오늘 성리학을 하는 자는 이理니 기氣니 성性이니 정情이니 체體니 용用이니 본연 기질本然氣質이니 이발기발理發氣發이니 이발미발已發未發이니 단지겸이單指兼指니 이동기이理同氣異니 기동이이氣同理異니 심선무악心善無惡이니 심선유악心善有惡이니 하여 수만 가지로 나뉘어 세세하게 쪼개면서 서로 꾸짖고 야단하며 기를 쓰고 목에 핏대를 올려가며 천하의 오묘한 것은 자기가 다 안다고 하고 있다. 그러나 동쪽 서쪽으로 부딪쳐도 꼬리를 잡으면 머리가 빠지고, 대문마다 한 기치를 세우고 집집마다 한 보루를 쌓아도 평생 그 논쟁을 결론짓지 못하고 대를 넘겨도 그 원수를 풀지 못한다. 자기가 들어간 학파는 주인으로 섬기고, 나가는 자는 노비로 여기며, 자기와 같은 자는 받들고 다른 자는 공격한다. 오직 자기의 주장만이 가장 정당하다고 하니 어찌 안 멀어질 수가 있나? 예禮라는 것은 효제충신의 행동을 절차 있게 하는 것임을 알지 못하고 "명물도수名物度數(예의 규범)는 도의 끄트머리다", "변두邊豆(제사)의 일은 담당자가 있다"고만 한다. 악樂이라는 것은 효제충신의 행동을 더욱 즐겁게 하는 것임을 알지 못하고 "노래하고 춤추는 것은 외도다", "음악은 다만 종고鐘鼓를 말하는 것뿐인가"라고만 한다. 형정刑政이라는 것은 효제충신을 도와주는 것임을 알지 못하고 "형명刑名은 공리의 학문이요 성문聖門에서는 취급하지 않는다"고만 한다. 위의威儀라는 것은 효제충신의 행동을 유지하게 하는 것이다. 그러므로 제사를 행할 때, 손님을 맞을 때, 조정에서 혹은 군대에서, 평상시 혹은 부모상을 당하였을 때 각각 형식이 다른 것이다. 이것을 알지 못하고 다만 '꿇어앉을 궤跪' 한 글자로 모든 예를 포괄하려고 하는데 그 많은 예를 어떻게 궤 한 글자로 포괄할 수 있는가?[1]

이상의 인용문에서 정약용은 '옛 학자'와 '오늘의 성리학'을 구별하여 옛날 학자는 효제충신, 예악형정, 성의정심을 학문의 기초로 삼는데 오늘(당시)의 성리학자는 예악형정과 효제충신, 성의정심과의 관계를 모르고 이理, 기氣, 성性, 정情, 체體, 용用 등 철학 문제에만 빠져 스스로 오묘하다고 생각하지만 당파를 만들어 다른 이를 공격할 뿐 세상사에 전혀 도움이 안 된다고 본다. 정약용이 보기에는 당시 학자의 노력 부족으로 '예악에 무식하고', '명물도수를 말단으로 보고', '제사일은 담당자가 알아서 하고', '형명공리의 학문을 멸시하고', '형정이 덕의 보조 역할을 한다는 것을 모르고', '제사, 접객, 조정, 군대, 은퇴, 상제 모두 각자의 예의가 있어 혼동할 수 없다는 것을 모르는' 상황에 이르렀다. 따라서 예악형정에 대해 정약용은 당시 주자학파의 학자보다 훨씬 중시하였고, 또 예악형정으로 유학을 해석하려는 경향을 보였다.

중국의 경우, 왕자王者의 예악형정을 위주로 한 유학 해석은 송대에 섭적이 대표적이며, 명·청 과도기의 고염무, 청대의 습재 안원顔元(1634~1740), 서곡 이공李恭(1659~1733)도 이에 속한다.[2] 일반적으로 그들은 주자학의 도통道統, 이기理氣, 인심人心, 도심道心 등의 관념을 반대하고 인성론에서는 맹자의 성선설을 반대한다. 예를 들어 섭적은『학습기어언서목學習記言序目』에서 "나는 탕湯의 약유항성若有恒性(마치 항상 불변의 본성이 있는 듯하다), 이윤伊尹의 습여성성習與性成(학습과 본성은 서로 이른다), 공자의 성근습원性近習遠(성상근 습상원) 이야기는 성을 바르게 잡는 것을 말한 것이라고 생각한다. 선善자 하나로 다 통하는 것이 아니다"라 고 하였는데 이것은 맹자에 대한 명백한 비판이다.[3]

일본에서 예악형정을 중심으로 한 유학 해석에는 고학파를 예로 들을 수 있다.[4] 이토 진사이가 이야기한 '인의仁義의 공맹지도孔孟之道' 혹은 오 규 소라이가 제창한 '예악형정은 선왕지도先王之道'[5]는 섭적의 학설과 많 은 부분이 일치하다. 인성론의 측면에서도 일본 고학파는 맹자의 성선설 에서 벗어났다. 예를 들면 이토 진사이는 성性을 논할 때 "맹자는 천하의 성이 모두 선하고 악한 것은 없다고 말한 적이 없다(孟子未云天下之性皆善 而無惡)", 성선설은 "자포자기를 위한 말이다(爲自暴自棄而發)"라고 주장하 고[6] 공자의 '성상근습상원性相近習相遠'의 입장으로 돌아갔다.[7]

오규 소라이는 인성론에서 구양수의 "성은 성인이 우선으로 가르치려 는 것이 아니다(聖人之敎人, 性非所先)"는 설을 찬동하고 "사람은 그 성의 다름에 따라 각자 능한 바가 있다(人隨其性所殊, 而各有所能)"고 주장한다.[8] 이것을 볼 때 구양수가 말하는 성性은 이미 '보편적 도덕성'이 아닌 것을 알 수 있다.

정약용도 예악형정을 중요시하지만 인성론의 입장은 중국이나 일본 학자와 달리 맹자의 성선설을 반대하지 않았다. 그의 사상은 독창적인 측면이 있으며 일본이나 중국 학자로부터 전적으로 영향을 받았다고 볼 수 없다. 사서학 혹은 사서 해석의 관점에서 볼 때, 예악형정을 위주로 한 유학 해석은 과연 필연적으로 맹자의 성선설과 배반되어야 하는가? 이 것이 이 장에서 다루고자 하는 첫 번째 질문이다.

사서에서 인성人性과 예악에 관한 의제는 『논어』 중 「문질론文質論」을 중심으로 토론해볼 수 있다. '문질文質'의 문제를 확장하면 개인의 도덕과 국가의 예제禮制의 실천 문제와 결부될 수 있다.[9) 개인의 도덕으로 봤을 때 '문질'의 문제는 '충신忠信의 질質'은 가감할 수 있느냐는 토론으로 연결되고, 국가의 예제로 봤을 때 '문'이 '예악제도' 혹은 '예악형정'을 가리킨다면[10)] 통치의 중점을 '문'에 둘 것인지 '질'에 둘 것인지가 중요한 토론의 주제가 된다.

공자와 정약용의 문질론에 관한 연구로 차이마오쑹蔡茂松의 「공자의 문질론文質論」과 「정다산의 사서 연구」 두 글은 이미 훌륭한 성과를 제시했다.[11)] 두 글은 공자 문질론의 요지 및 중국 학자의 문질론 문제에 대한 후속 논의를 서술하고 정약용의 관점과 특색을 비교 설명했다. 본 장에서는 차이마오쑹의 연구를 바탕으로 조선 유학자의 '문·질' 문제에 대한 해석을 학술사적으로 접근하여 정약용의 예악형정 사상의 근원을 설명하고 그의 관점 중 승계적 측면과 창조 발전적 측면을 지적하고자 한다. 또 앞 장에서 논의한 '도덕적 주체성' 및 '이인상여의 상호 주체성'과 '예악형정'의 연관성도 설명할 것이다.

2. '문질' 문제에 대한 조선 학자의 세 가지 해석 경향

『논어』「옹야」16장의 문질 문제

『논어』「옹야雍也」 제16장은 다음과 같다. "공자 왈, 바탕이 무늬를 누르면 거칠게 되고, 무늬가 바탕을 누르면 고지식하게 된다. 양자가 잘 조화되어야 군자라 할 수 있다(質勝文則野, 文勝質則史, 文質彬彬, 然後君子)." 여기서 공자는 문文과 질質의 관계를 질승문, 문승질質勝文, 文勝質 두 가지 경우가 있다고 제시했지만 어느 것이 더 좋은지 우열을 가리지는 않았다. 하지만 주희는 『사서장구집주』에서 북송 유학자 양시楊時(1053~1135)의 말을 인용하여 '문승질'은 매우 나쁘다는 평가를 내렸다.

학자가 남는 것을 깎고 부족한 것을 보충하면 덕은 자연스럽게 이루어진다. 양씨가 말했다. "문질은 서로 누르면 안 된다. 하지만 바탕이 이 길 경우 그래도 색채를 더할 수 있는데, 무늬가 이겨 심지어 바탕을 덮어버리면 근본이 망가진 것이니 무늬가 있어도 소용없다. 따라서 사史보다 차라리 야野가 낫다."[12]

주희는 이 장을 「선진先進」의 "선대 사람은 예악에 있어서 야인이고, 후대 사람은 예악에 있어서 군자다. 만약 고르라면 나는 선진을 택하리라(先進於禮樂, 野人也; 後進於禮樂, 君子也. 如用之, 則吾從先進)" 부분과 같은 취지로 본 것이다. 즉 질質은 본本이고 문文은 말末이니 '질승문'이 '문승질'보다 낫다.

조선 학자의 세 가지 해석 경향

조선에서 주자학의 영향력이 확대됨에 따라 중국 학자의 '질승문'이 '문승질'보다 낫다는 해석도 조선 유학자에 영향을 주었다. 하지만 조선의 사서 해석의 역사를 보면 '문질'에 대한 시각은 수용에서 전환으로 바뀌는 경향을 보였다.

정약용 이전에 조선 학자 중 「옹야」 제16장 및 관련 문제에 대한 주석이 많은 사서학 저서는 임영林泳(1649~1696)의 『창계집滄溪集 · 독서차록讀書箚錄 · 논어論語』, 이재李縡(1680~1746)의 『천상강설泉上講說 · 논어論語』, 김원행金元行(1702~1772)의 『미상경의문답초본渼上經義問答草本 · 미상경의渼上經義 · 논어論語』, 위백규魏伯珪(1727~1798)의 『존재집存齋集 ·

독서차의讀書箚義 · 논어論語』, 김귀주金龜柱(1740~1786)의『경서차록經書
箚錄 · 논어論語』등이 있다. 이들의 해석은 대체로 세 가지 방향으로 나눌
수 있다. 첫째, 질본문말, 질불가손質本文末, 質不可損, 둘째, 문질개유손
익文質皆有損益, 셋째는 앞선 두 가지 해설을 절충한 것이다. 이 세 가지 학
설의 논리와 연원을 나누어 살펴보기로 한다.

(1) 질본문말, 질불가손

조선에서 '문유손익 질무손익文有損益, 質無損益(문은 가감할 수 있지만 질
은 그럴 수 없다)'을 주장하는 학자는 주로 '신안 진씨(新安陳氏)'의 설을 인용
한다. '신안 진씨'란 진력陳櫟(1252~1334)을 지칭하는데, 그는『사서발명四
書發明』에서 이렇게 말했다.

먼저 질質이 있고 나중에 문文이 있다. 문이란 그 질을 장식하는 것이
다. 문이 적절해야 질과 어울린다. 문이 부족하면 야野가 되고 지나치면
사史가 된다. 따라서 문은 증감할 수 있지만 질은 증감시킬 수 없다. 학
자는 사의 남음을 깎아 야의 부족을 보충하면 문질이 잘 조화를 이루는
기상이 있을 것이다.[13]

진력의 주장에 따르면 "문文이 부족하면 야野이고 지나치면 사史이
다", 즉 '야'와 '사'는 모두 '문' 때문에 나타난 병폐이니 조절해야 하는 것은
문文이지 질質이 아니다.

조선 유학자 중 진력과 비슷한 의견을 제시한 사람은 우선 정제두를
꼽을 수 있다. 그의『하곡집霞谷集 · 논어설論語說』에는 비록「옹야」제16

장에 대한 주해를 하지 않았지만 「선진」 제1장에 대해 다음과 같이 논평했다.

> 선진先進은 예의범절에 부족하지만 마음은 충실하다. 후진後進은 예의범절을 갖추었지만 근본은 상실된다. 예악 측면에서 군자라고 할 수 있지만 도의 근본을 얻지 못한다. 따라서 공자는 이를 따르지 않는다. 군자의 도는 본심의 천리天理를 따르고 예악의 범절을 따르지 않는다.[14]

정제두는 '질質'을 '본本', 즉 본심本心의 천리天理로 보기 때문에 '예악禮樂'을 경시하고 '본심'을 중시하는 경향을 보여준다. 이것을 문질文質 관계에 원용하면 '질본문말, 질불가손익質本文末, 質不可損益'의 입장으로 볼 수 있다.

정제두 이후 위백규의 『존재집·독서차의·논어』에서도 비슷한 논지를 보여준다.

> 어찌 차라리 야野뿐인가. 사람이 사史에 병들면 비록 성인이 직접 가르쳐줘도 깨닫지 못한다. 마음이 다 상실되니 하늘이 미워하고 사람도 떠나버려 결국 패망한다. 야는 그래도 깨달을 수 있는 기질이 있고 여전히 가르칠 수 있다. 껍질이 없으면 털도 붙을 곳이 없다는 것을 감안하면, 문文이 앞서게 해서는 절대 안 된다.[15]

위에서 보듯이 위백규는 '문승질文勝質'이 되돌릴 수 없는 병이고, 사史에 병들면 "마음이 상실되고 하늘이 미워하며 사람도 떠나버려 결국 패망하는(人心全亡, 福地都喪, 天厭衆離)" 상황에 이른다고 주장한다. 그 역시 '질質'을 근본 심성으로 보고 질에는 손익을 가할 수 없다고 본 것이다.

조선 유학자 중 '문유손익, 질무손익文有損益, 質無損益'을 주장하는 사람은 그리 많지 않다. 위의 두 사람의 경우 정제두는 양명학자이고, 위백규는 "주자를 불러 조선의 길을 만든다(要朱子造朝之路者)"는 것을 반대하며[16] 일생 대부분을 고향에서 경독耕讀으로 지냈다. 두 사람의 설은 조선 학계에서 주류의 논의는 아니었다.

(2) 문질 모두 손익 가능

'문질 모두 손익 가능'을 주장하는 이로 임영을 들 수 있는데, 그는 『창계집 · 독서차록 · 논어』에서 진력의 설을 비판했다.

제16장에 대해 『집주』는 "남은 것을 깎고 부족한 것을 보충한다(損有餘, 補不足)"고 했는데 이것은 문질文質 을 겸해서 하는 이야기이다. 신안(진력)이 말했다. 문은 조절할 수 있지만 질은 그럴 수 없다. 그렇다면 학자의 공부는 오직 문의 손익에만 전념할 뿐인가? 손익은 문질을 겸해야 한다. 그리고 "사史 의 남음을 깎아 야野의 부족을 보충하라"고만 하는데, 그렇다면 문은 깎기만 하고 보충할 수 없다는 얘기인데 이것은 편파적이다.[17]

임영은 "문질 모두 증감 할 수 있어야 한다"는 이유를 설명하지 않았지만 중국 원대元代의 유학자 사백선史伯璿(1299~1354)은 일찍이 이 문제를 설명한 바 있다. [18] '질본문말, 질무손익'설에 대한 사백선의 비평은 두 가지 요지로 정리할 수 있다.

①『집주』에서 '손유여, 보부족損有餘, 補不足'이라고 주석한 것은 문文, 질質 양자를 두고 한 이야기이다. 남은 질을 깎는 동시에 부족한 문을 보충해야 하고, 마찬가지로 남은 문을 깎을 때 반드시 부족한 질을 보완해야 한다. 진력이 "질에는 손익이 없다"로 해석한 이유는 '손유여損有餘'는 '문승질文勝質'에만 해당하고 '보부족補不足'은 '질승문質勝文'에만 해당하는 것으로 보았기 때문이다. 즉 '손유여, 보부족'의 주어를 '문文'으로만 본 것이다. 이것은 문장의 뜻을 제대로 해석한 것이 아니다.

②『집주』는 문승질과 질승문 두 종류의 사람을 두고 한 이야기이고, 두 종류의 사람 모두 가감을 통해 중도로 가야 한다는 것이다. 진력은 오해하여 단지 한 부류의 사람의 수양으로 해석하여 "문은 가감할 수 있지만 질은 가감할 수 없다"고 해석한 것이다.

조선 학자는 사백선의 논의를 인용하지 않았지만, 임영의 해석은 사백선과 비슷한 문법 해석에서 나왔을 것이다. 이러한 문법 해석 외에 김창협金昌協(1651~1709)은 충忠, 질質, 문文으로 손익을 논했다. 그는『농암집農巖集』에서 다음과 같이 말했다.

충忠, 질質, 문文은 손익이 있다. 문과 질의 차이는 쉽게 알 수 있다. 질과 충은 가깝지만 사실 분명 다르다. 오늘 두텁고 성실하며 거짓이 없는 자가 있다면 충이라 할 수 있다. 또 침착하고 검소하며 장식을 하지 않는

자가 있다면 질이라 할 수 있다. 충이라 하면 규각圭角도 없고 문채도 없는 상태다. 질은 비록 문채는 없지만 이미 규각이 나타나 있다. 이것이 양자의 차이다. 충의 폐해는 너그럽고 느긋하지만 절제가 없다는 것이다. 질의 폐해는 너무 꼿꼿해서 완곡이 없다는 것이다. 너그러운데 절제가 없으면 질로 교정해야 한다. 그렇지 않으면 해이해지고 무너진다. 꼿꼿하여 완곡이 없으면 문으로 교정해야 한다. 그렇지 않으면 너무 무례하고 거칠게 된다.[19]

김창협의 충, 질, 문 손익설은 「옹야」 제16장을 설명한 것은 아니다. 김창협 이후 이재가 『천상강설 · 논어』에서 충, 질, 문 손익설로 「옹야」 제16장을 해석했다. 이재는 『사서장구집주』 「위정爲政」 제23장 마융馬融의 주해[20]를 참조하여 「질승문즉야質勝文則野」장을 해석했다. 그는 문답자를 설정하여 다음과 같이 설명했다.

〔질문〕 『집주』에서 '손유여, 보부족損有餘, 補不足'이라 하고, 진陳씨는 손사損史하여 보야補野하라고 주장하는데 틀린 얘기 아닌가?

〔대답〕 질승문質勝文이란 질이 남고 문이 부족한 것이다. 문승질文勝質이란 문이 남고 질이 부족한 것이다. 손유여, 보부족은 당연히 문 · 질 양자를 지칭하는 것이다.

〔질문〕 문은 증감할 수 있는데 질도 증감할 수 있는가?

〔대답〕 삼대가 빼거나 보충한 것은 충, 질, 문 세 가지다. 질에 손익이 없다는 것은 무슨 말인가?

〔질문〕『집주』에서 또 말했다. "덕은 기대하지 않아도 이루어진다", 이 것은 '빈빈연후군자彬彬然後君子'를 해석한 것이다. 하지만 진씨는 "덕을 이룬 경지일 때 자연스럽고 익숙하다"고 하고 보씨輔氏는 "덕이 이루어 질 때 문질은 조화롭고 기대하지 않아도 이루어진다. 그 이후 군자라고 할 수 있다"고 하는데, 이 모두 주자의 본래 뜻과 다르다.

〔대답〕 진씨, 보씨의 설을 따르면 먼저 군자가 된 후 문질빈빈文質彬彬 이 되는 꼴이지, 먼저 문질빈빈이 된 후 군자가 되는 것이 아니다. 주자 의 뜻은 문·질은 서로 이겨서는 안 되니(한쪽이 더 많으면 안 되니) 학자는 넘치는 것을 줄이고 부족한 것을 보완해야 한다는 것이다. 줄이고 보완 할 수 있으면 문질이 조화롭게 되고, 성덕成德하지 않으려 해도 자동으 로 성덕이 된다. 이로써 학자는 '손유여, 보부족損有餘, 補不足'에 전념해 야 한다는 사실을 밝혀주는 것이다.[21]

이재의 주요 논점은 두 가지다.

① 삼대(夏商周)가 서로 가감한 것은 충, 질, 문 세 가지다.
② 공자 말씀의 중점은 군자의 특성이 아니라, 왜 문질에 손익을 가한 이후 덕을 이루고 군자가 될 수 있는지를 설명하는 것이다. 따라서 문질빈빈은 수양의 공부이고 먼저 문질빈빈을 추구한 다음 군자가 될 수 있는 것이지 "먼저 군자가 된 다음 문질빈빈하게 된다"는 것이 아니다.

김창협과 이재의 논설은 정이程頤(1033~1107)의 설을 계승한 것으로 보인다. 충, 질, 문이 처음 제기된 것은 전한前漢 시대 유학자 동중서董仲舒였지만[22] 정이는 이것을 수정하여 '구폐救弊(폐해를 구제함)'설로 발전시켰다. 정이가 보기에 '충질문忠質文'의 관계는 동중서가 이야기한 순환 관계가 아니라 질이 충의 폐해를 구제하고, 문이 질의 폐해를 구제하는 결과였다.[23] 정이의 설은 후세 일부 유학자에 의해 수용되었다. 예를 들면 송대의 진순유陳舜俞(?~1075)는 '충질문'을 도의 변천이 아닌 인성의 폐단으로 보았는데[24] 이는 정이의 설과 유사하다.

하지만 정이의 설은 그 당시에도 많은 반론에 부딪쳤다. 예를 들면 송대의 진상도陳祥道(1053~1093)는 '충질문 삼분설'을 완전 부인하고 "충질은 하나지 둘이 아니다"라고 주장한다.[25] 주희의 경우, '충질문'을 언급하였지만 그의 생각은 상술 학자와 또 다르다. 『주자어류』 24권에 적혀 있는 그의 의견을 보면, 주희는 충질문은 역사가 '아무것도 없는 혼돈 상태(渾然無質)'에서 '점차 형질 제도가 있는 상태(漸有形質制度)', '제도마다 문채 장식을 가하는 단계(制度上事事加文采)'로 발전하는 자연 과정이라고 보았다. 충질문은 도의 순환도 아니고 구폐救弊를 위해 있는 것도 아니며 손익을 가늠하여 중도를 찾는 도덕 공부는 더더욱 아니다.[26]

주희는 충질문을 자연 진화 과정으로 보았기 때문에 그는 「위정」의 '소손익所損益'에 대한 해석에서 삼강오상, 예지대체三綱五常, 禮之大體는 변할 수 없는 것이고, 변할 수 있는 것은 문장제도文章制度상 약간의 과過와 불급不及이라고 강조한다.[27] 주희가 보기에 가감할 수 있는 것은 충질문 삼자가 아니고 문장제도다. 하지만 주희의 이런 해석은 조선 유학자의 주목을 받지 못하였고 충질문으로 「옹야」 제16장을 해석하는 것이 조선 유학에서 이 주제에 대한 토론의 중심이 되었다.

(3) 절충론자

'질본문말, 질무손익質本文末, 質無損益'과 '문질 모두 손익 가능' 두 설을 절충한 해석은 김귀주의『논어차록』을 예로 들 수 있다.

> '손유여, 보부족損有餘, 補不足'에 대해 신안 진씨는 "문에는 손익이 있고 질에는 손익이 없다"고 주장하고, 경원 보씨는 "문질 모두 손익이 있다"고 주장한다. 두 설 모두 통한다. 대개 문질은 서로 앞서거니 뒤서거니 한다. 문文이 남아서 깎을 때가 바로 질質이 부족하여 보충해야 할 때다. 문이 부족하여 보충할 때가 바로 질이 너무 많아 깎아야 할 때다. 마치 양이 늘어나면 음이 줄어들고 양이 줄어들면 음이 늘어나는 것과 같다. 본말本末의 구분으로 볼 때 문은 가감할 수 있지만 질은 가감할 수 없다. 대등한 실체로 볼 때 문질 모두 손익이 있다. 사실 한뜻이다. 다만 보씨의 설이 경전의 근본 취지(體)를 더 많이 터득한 것 같다.[28]

김귀주는 문질의 '본말' 관계로 볼 때 '질'은 '본'이며 조절할 수 없고 '문'은 '말'이며 증감이 가능하다고 보았다. 하지만 대등한 실체(對待之體)로 볼 때 문질의 관계는 마치 음양의 관계와 같으며 한쪽이 늘어나면 다른 한쪽은 줄어들고 양자 모두 손익이 가능하다. 김귀주의 본말, 대등설은 주희의 제자 보광의 말을 참고한 것이다. 보광의 이야기는『사서찬소四書纂疏』에 수록되어 있다.

> 보씨 왈, 문질은 서로 누르면 안 된다는 것은 확고한 진리다. 문질빈빈은 제일 좋은 상태고, '사史보다 차라리 야野가 낫다'는 한쪽이 다른 한

쪽을 누른 상태다. 만물은 반드시 먼저 질質이 있은 후 문文이 있다. 따라서 질은 문의 근본이다. 문이 너무 드세 질을 소멸시키면 근본도 망한다. 수놓는 것을 예로 들면, 흰 바탕이 없다면 오채五彩를 어디다 둘 것인가? '사보다 차라리 야가 낫다'고 하는 것은 야가 근본에 가깝고 사는 말단이기 때문이다.[29)]

보씨 왈, 질이 있어야 문이 있고 문이 있으려면 질이 있어야 한다. 마치 음양 주야(밤낮)가 서로 필요하듯이 (문질) 양자는 서로 없으면 안 되는 존재다. 질은 껍질과 같고 문은 털과 같다. 털과 껍질이 있어야 표범인지 개인지 양인지 구별할 수 있다. 문질이 모두 있어야 군자인지 소인인지 밝힐 수 있다. 만약 털을 다 없애고 껍질만 남기는 것처럼 문文을 다 없애고 질質만 남기면 표범, 개, 양의 귀천 혹은 군자, 소인의 현명 여부는 변별할 수 없게 된다.[30)]

위 인용문을 보면 보광도 '질본문말, 질승어문質本文末, 質勝於文'에 동의하지만, 동시에 그는 문질은 서로 빛내는 것이니 질만 강조하면 귀천, 현부賢否는 구별할 수 없게 된다고 생각한다. 따라서 그는 '질불가손익質不可損益'설을 반대한다. 보광의 "문질은 본말로서 마치 음양 주야처럼 서로를 필요로 한다"는 비유는 김귀주에게 영향을 준 것으로 판단된다.

김귀주는 보광의 영향을 받았지만 보광과 의견이 완전히 일치하는 것은 아니다. 보광이 음양 주야로 문질을 설명하는 것은 부분과 전체의 관계로 비유하는 것이고 형이상학적 의미가 있는 것은 아니다. 하지만 김귀주의 "양이 늘어나면 음이 줄어들고 양이 줄어들면 음이 늘어난다(陽長

則陰消, 陽消則陰長)"에는 형이상학적 의미가 내포되어 있다. 그리고 김귀주의 "양이 늘어나면 음이 줄어들고 양이 줄어들면 음이 늘어난다"는 설은 '자연적 변화'의 의미가 있기 때문에, 그의 해석은 인도人道로서 마땅히 있어야 할 행동을 소홀히 하게 된다. 따라서 김귀주가 '양장즉음소, 양소즉음장陽長則陰消, 陽消則陰長'으로 '문질'을 해석하는 것은 새로운 시도이긴 하지만 실천적 의미에서는 현실성이 없다.

　　문헌의 수량으로 봤을 때 상술한 세 종류의 문질손익 관점 중에서 '문질 모두 손익 가능'설이 주류였고, 이것은 또 정자의 설과 『집주』「위정」에서 인용한 마융의 해석 영향을 받아 '문질' 이외에 별도로 '충질문' 삼통손익설三統損益說로 발전되었다.

3. 성호 이익의 '충, 질, 문'에 대한 고찰과 그 영향

권상하의 '충, 질, 문'에 대한 질의

위에서 서술한 것처럼 조선의 유학자들 사이에서 문질의 문제를 다룰 때 '문질손익'을 '충질문' 삼통설과 통합하여 논하는 것이 주류였다. 이런 경향에 대해 권상하權尙夏(1641~1721)는 「답민정삼答閔靜三」에서 다음과 같이 답변했다.

> 삼대三代는 충, 질, 문을 가감하였다고 하는데, 이것은 『표기』의 설과 다르다. 어떻게 보시는지요? 『표기』의 문장도 왕씨는 공자의 말이 아니라고 의심하는데, 그 논술과 의리가 『논어』의 가르침과 차이가 많기 때문이다. 주자도 이 설을 채택하지 않았다. 주자의 말은 『어류』와 『논어 ·

위정』의 주에서 볼 수 있다.[31)

    권상하는 '충, 질, 문' 삼통설이 『예기 · 표기』의 이야기와 다르다는 질
의에 주자도 이 설을 찬동하지 않았다고 답변한다. 하지만 권상하는 답
변만 하였고 이에 대한 고증은 하지 않았다. '충, 질, 문'의 문제에 대해 본
격적으로 반박한 것은 성호 이익이다.

성호 이익의 '충, 질, 문'설에 대한 고증

    성호 이익은 『성호질서 · 논어』「위정」 제23장 주해에서 옛날에는 '충,
질, 문'의 설이 없었고 '충, 질, 문'은 단지 '문질'의 변종이라고 의심했다.
이익의 논설의 요지는 네 가지로 정리할 수 있다.

    ① 『예기 · 대전大傳』에 따르면 천하를 다스리는 데에 변혁할 수 있는
       것과 바꿀 수 없는 것이 있다. 변혁할 수 있는 것은 도량度量, 문장文
       章(제도), 정삭正朔, 복색服色(옷 색깔), 휘호徽號, 기계, 의복(옷 양식) 등
       이고 바꿀 수 없는 것은 어른에 대한 존경심, 남녀 구별 등이다.[32)
    ② 한대漢代의 문헌에는 '하상충夏尚忠, 은상경殷尚敬, 주상문周尚文'이
       라는 '삼교三敎'설은 있지만 '하상충, 은상질殷尚質, 주상문'이라는
       '삼통三統'설은 없었다. '삼교'설은 『한서漢書』에서 인용한 동중서의
       말에서 찾아볼 수 있고, 『사기史記 · 고조본기高祖本紀 · 찬贊』, 『춘
       추 · 원명포元命苞』, 『백호통白虎通』, 『예기 · 표기』에도 '삼교'설과 비

슷한 표현이 있지만 '은상질殷尙質'이라는 말은 없었다.[33] 이외에도 소철蘇轍(1039~1057)의 『고사古史』권6은 "당唐(요임금), 우虞(순임금), 하상夏商 때는 주周의 문文을 구하고 싶어도 아직 대세에 이르지 못하였던 것이다. 소위 질質과 충忠이 따로 있는 것이 아니다"라고 말했고, 정이의 『춘추전서春秋傳序』에서는 "충질문忠質文의 교체 숭상은 고증된 바가 없다"고 했다.[34] 양자 모두 옛날에는 '충, 질, 문'의 설이 있었는지 의심하는 이야기이다.

③ 『백호통』과 『단궁소壇弓疏』에서 『정삼기正三記』를 인용하여 설명하기를 '충, 질, 문'은 정삭 문제와 관련이 있고, 『논어』의 '문, 질'과는 의미상 관련이 없다.[35] 따라서 충, 질, 문 삼통으로 『논어』의 '문질'을 해석하는 것보다 '충忠, 경敬, 문文' 삼교로 해석하는 것이 더 타당하다.

④ 『예기·표기』의 공영달孔穎達(574~648) 소疏에서 말했다. "원래는 우虞가 질質하고 하夏가 문文하며, 은殷이 질하고 주周가 문하였다. (공자가) 우하虞夏의 질, 은주殷周의 문이라고 말한 것은 하夏는 비록 문하지만 은殷의 문에 비해 오히려 더 질하고, 은殷은 질하지만 하夏의 질에 비해 문하기 때문이다. 따라서 하夏도 문의 요소는 있지만 우虞와 같이 질이라 하고, 은殷은 질의 면이 있지만 주周와 같이 문이라 한 것이다."[36]

이익은 공영달의 소疏를 근거로[37] 말했다. "삼대가 숭상하는 바의 변천을 얘기한다면 충, 경, 문이다. 비교의 관점으로만 보면 문, 질뿐이다. 주周의 입장에서 볼 때 하夏, 은殷 모두 질이다. 하夏의 입장에서 봤을 때은殷, 주周 모두 문이다."[38] 이익은 '충, 질, 문' 삼통설에 회의적인 태도를 보였고 또 '충, 경, 문' 삼교설도 '문질'의 범위를 벗어나지 못했다고 생각한다.

김원행의 '제도로서의 문'에 대한 강조

이익의 '충질문' 삼통에 대한 고증 이후 이와 비슷한 견해를 피력한 사람은 김원행金元行(1702~1772)이다. 그는 『미상경의渼上經義 · 논어』에서 다음과 같이 말했다.

혹자는 '충질문'설을 논한다. 요약하면 주자가 말하는 '순수하고 솔직하게 하는 것'이란 제도, 문물을 두고 한 이야기지, 군자의 자기 수양 마음공부를 이야기하는 것이 아니다. 마음공부를 이야기한다면 순수하고 솔직하지 않음을 걱정해야 한다. 이것이 언제 문제가 되었는가? 제도 문물을 보면 우禹의 시대 때 풍속이 순박하여 제도를 만들 때 예의 절차가 적고 소박하고 솔직함을 숭상했다. 이것은 그 당시에 맞고 부족함은 없었다. 하지만 세상이 변하면서 사건도 많이 생긴다. 소박하고 솔직함이 어찌 항상 맞을 수 있겠는가? 따라서 탕湯이 예절을 좀 더 추가하여 본래 모습을 유지하려 했다. 이것이 바로 질質이다. 이것도 그 당시의 상황에 맞는 것이다. 갈수록 이상해지는 것이 아니다. 그리고 주周 나라 사람은 앞선 이대의 충질忠質의 제도를 손익 가감하고 시대에 맞게 하였으므로 공자가 이를 보고 '문이 찬란하구나'라고 감탄했다. 질은 충을 두고 가감한 것이고 문은 충질을 두고 가감한 것이다. 따라서 문은 충질을 벗어난 것이 아니다. 시대와 풍속이 변해서 문이 너무 흥하여 '질'을 멸망시킨다는 문제가 있다고 하지만 이것은 '문'에 잘못이 있는 것이 아니다. 이를 알지 못하면 교리의 발전에 어긋나지 않는가?〔지금 이 논의는 한천寒泉의 제자 윤창정尹昌鼎 참봉의 설이다. 중간 곳곳에 문제점이 있지만 대체로 옳은 얘기다.〕[39]

김원행 혹은 윤창정 이야기의 요지는 다음과 같다.

① 제도로서 '문文'의 중요성을 지적하고 "문이 안 좋다는 것이 아니다 (文非有不善)"를 주장한다. '충, 질, 문'의 손익은 군자의 도덕 수양, 공부를 얘기하는 것이 아니고 제도적인 문을 고려한 것이었다.

② 문은 사회를 위해서 제작한 것이고, 문과 충질忠質은 불가분한 관계다. 즉 문은 충, 질에 대해 가감한 것이고 문은 충, 질과 분리된 것이 아니다. '문'은 또 '시대의 변화(時世轉異)'와 불가분의 관계가 있다. 따라서 '문'에는 '시의時宜에 맞는지 안 맞는지'의 차이가 있다. 제도(문)의 효용은 이러한 조건과 맞아야 하기 때문에 제도가 부당하더라도 그것을 제도 자체의 문제로 귀책해서는 안 된다.

김원행의 견해는 표면상 주희의 '충질문'을 역사 발전의 3단계로 보는 것과 비슷하다. 하지만 실제로 김원행의 생각에는 삼대의 '의문소예절儀文少禮節(하)', '가예절이존의加禮節以存儀(은)', '욱욱문재郁郁文哉(주)'는 '충, 질, 문'의 자연 발전이 아니라 시의의 변화다. 따라서 그는 '충, 질, 문' 역사발전론을 견지하지 않고 '문은 충질을 위해서 있는 것'이라는 교화敎化설을 주장한다. 바꾸어 말하면, 김원행이 보기에 문은 사람의 충질을 교화하기 위해 존재하는 것이다. 이에 따라 문질의 변환도 정도가 다른 문의 표현이다. 이런 견해는 이익의 "비교 관점으로만 보면 문, 질뿐", "주周의 입장에서 볼 때 하夏, 은殷 모두 질質이고, 하夏의 입장에서 봤을 때 은殷, 주周 모두 문文이다"라는 견해와 그 의미가 비슷하다. 다만 상대적으로 김원행은 이익보다 문의 교화적 의미와 제도와 시대 변화의 관계를 더 강조했다.

정약용의 '삼통설'에 대한 고증 및 '문'을 중시하는 태도

정약용의 사상에는 이익과 김원행의 영향을 받은 흔적이 보인다. 예를 들면 이익이 먼저 문질 문제와 『예기 · 표기』의 관계를 주목했고, 정약용은 이를 실마리로 더 많은 추론을 했다. 김원행의 제도로서의 문, 교화설 및 "문이 안 좋다는 것은 아니다"의 의견과 같은 맥락에서 정약용도 "문이 이기면 폐해가 있다(文勝有弊)"는 설을 반대했다. 「옹야」 제16장과 「위정」 제23장에 대해 정약용은 다음과 같이 주해했다.

하은주夏殷周의 충질문忠質文은 본래 한나라 유학자의 참위讖緯 잡설이다. 공자와 맹자 모두 언급한 적이 없는데 2000년 동안 유학자는 이 큰 장막에 가려 빠져나올 수 없으니 어떻게 문질을 논할 수 있는가?[40]

〔반박〕 아니다. 하상충夏尚忠, 하상질殷尚質, 주상문周尚文은 동중서의 『춘추번로春秋繁露』에 나온 얘기다. 〔한서두흠전漢書杜欽傳에는 이렇게 말했다. 은殷은 하夏를 이어서 질質을 숭상하고, 주周는 은殷을 이어서 문文을 숭상한다. 또 이르기를 한漢은 주周의 폐망을 이었기 때문에 문을 억제하고 질을 숭상해야 한다고 했다.〕 문질文質이 변천한다는 설은 이미 복생伏生의 『서대전書大傳』에서 제기된 적 있다. 〔백호통白虎通: 왕자王者가 질하기도 하고 문하기도 하는 이유는 무엇인가? 천지를 받들고 음양을 따르기 때문이다. 양이 극에 달하면 음을 받고 음이 극에 달하면 양을 받는다. 음 혹은 양 하나만으로는 이어갈 수 없다.〕 한대 유학자가 삼대의 정치를 논할 때 이를 화제로 하였지만 그들의 설은 스스로 모순이고 논의할 수 없다. …… 한대 학자가 주周는 문이 성하여 질로 교정해야 한다며 예악을 황폐시키고 진秦의 전철을 밟아 요순 삼왕의 다스림을 그 시대에서 사라지게 했다. 모두 문질의 설이 그들을 오도했기 때문이다. 공자가 말했다. "주周는 이대를 참고하여 문이 찬란하구나! 나는 주周를 따르겠다."(팔일편八佾篇) 공자도 문을 병폐로 보지 않았고 "주周를 따르겠다"고 확실하게 얘기했는데 왜 유독 한대 학자만 이것을 병으로 보는가? ……『단궁檀弓』에서 말했다. "은殷은 묘를 봉한(旣封) 후 제사지내고 주周는 집으로 돌아온(反哭) 후 제사지낸다. 공자 왈, 은殷은 너무 소박하다. 나는 주周를 따르겠다." 『중용』에서 말했다. "하夏의 예禮를 말할 때 기杞나라가 이를 증명할 수 없고, 은殷의 예를 배우는데 송나라에는 조금 남아 있다. 주周의 예를 배우면 지금 써 먹을 수 있으니 나는 주周를 따르겠다." 공자가 여러 번 주周를 따르겠다는 것은 주례周禮가 백세 동안 시행했는데 폐해가 없었기 때문이다. 왜 이유 없이 바꾸려고

하는가? 이것이 2000년 동안 지속된 유학자의 큰 장벽이다.[41]

　〔인증〕『표기』: 공자 왈, "우하虞夏의 질質과 은주殷周의 문文은 지극하다. 우하의 문은 그의 질을 누르지 않고, 은주의 질은 그 문을 누르지 않았다."

　〔설명〕한대 학자의 문질설은 수많은 가지와 갈래가 있지만 모두 이 『표기』를 근거로 한다. 하지만 문불승질文不勝質이면 문질빈빈한 것이고, 질불승문質不勝文도 문질빈빈한 것이다. 문불승질은 질이 문을 압도했다는 뜻이 아니다.〔승勝이란 하나가 이기고 하나가 진 것이다. 불승不勝이란 서로 대등하게 맞서는 것이다.〕질불승문은 문이 질을 압도했다는 것이 아니다. 공자가 "요가 임금 할 때 그 문장文章(예악제도)이 참 빛났다"고 말했는데, 이것은 우虞의 문이 성한 시절을 말하는 것이다. 공자는 또 "은殷은 너무 소박하다"고 말했는데, 이것은 은殷의 질이 두터운 시기를 얘기하는 것이다. '문'이 빛나도 '질'을 누르지 않으면 문질빈빈이라고 할 수 있다. 순순하고 소박해도 '문'을 가리지 않으면 문질빈빈이라고 할 수 있다. 공자는 '사대四代'를 다 파악하였고 다 문질빈빈하다고 본다. 다만 각각 특색이 있기 때문에 우하虞夏는 '질'을 부각시키고 은주殷周는 '문'을 부각시켰다. 더구나 공자는 은주殷周를 '문'이라고 칭했다. 따라서 소위 은상질殷尚質, 주상문周尚文은 한유가 지어낸 이야기이다. 요컨대 질이든 문이든 후대 사람이 그 결과를 보고 내린 평가다. 나라를 세울 때 먼저 스스로 '문'이나 '질'을 숭상하겠다고 선언하는 경우가 어디 있겠는가![42]

위 인용문의 요지를 정리해보면 아래와 같다.

① 하은주夏殷周 삼대가 각각 충질문忠質文하다는 얘기는 참위 잡설에서 나온 것이지 공자, 맹자의 가르침이 아니다. 후대 학자는 이 설의 영향을 받아 "주周는 문文 때문에 망했고 질質로 교정해야 한다"고 생각하여 그 결과 예악이 파괴되고 요순의 다스림이 더 이상 존재하지 않게 되었다.

② 『표기』에는 우하지질虞夏之質이라는 말이 있지만 그 말은 "질이 있고 문이 없다"는 뜻이 아니라 "우하의 문이 질을 누르지 않았다(虞夏之文不勝其質)"는 뜻이다. 여기서 '승勝'은 '이기다, 압도하다'의 뜻이지만 '불승不勝'은 '지다'는 뜻보다 '필적', '대칭'의 뜻으로 봐야 한다. 따라서 "우하의 문이 질을 누르지 않았다"는 말은 "우하의 질이 문을 이겼다"는 뜻이 아니라 "우하의 문이 질과 대등하다"로 해석해야 한다. 마찬가지로 은주지질불승기문殷周之質不勝其文도 "은주의 질이 문과 맞먹는다"로 이해해야 한다. 따라서 우하은주虞夏殷周 어느 시대든 모두 '제도로서의 문文'이 있고 하상충夏尙忠, 은상질殷尙質, 주상문周尙文의 변천이란 존재하지 않는다.

③ 『표기』에서 공자가 우하지질, 은주지문虞夏之質, 殷周之文을 칭찬하는 것을 보면 "우하의 문이 질을 누르지 않았다"와 "은주의 질은 문을 누르지 않았다" 양자 모두 문질빈빈에 해당되고, 서로 다른 두 종류의 문질빈빈으로 봐야 한다.

④ 공자는 문질빈빈을 이야기했지 '문'이 병폐라고 이야기한 적이 없다. 따라서 "주周는 문이 강성해 질로 교정해야 한다"는 생각도 없었

다. "주나라 말기 문이 강성했다(周末文勝)"는 것은 '문질손익'설에서 빚어진 오해다.

⑤ 만약 '문불승질文不勝質'과 '질불승문質不勝文'을 문질빈빈의 두 가지 형태로 보면, '문승질즉사文勝質則史'와 '질승문즉야質勝文則野'는 문질빈빈에 미달하는 두 형태로 볼 수 있다. 그리고 '질승문즉야'도 '문이 전혀 없는' 상태로 봐서는 안 된다. 이런 논리에 따라 정약용은 『논어·선진』제1장에 나온 공자의 "선대 사람은 예악에 있어서 야인이고 후대 사람은 예악에 있어서 군자다. 만약 고르라면 나는 선진을 따를 것이다(先進於禮樂, 野人也. 後進於禮樂, 君子也. 如用之, 則吾從先進)"의 말을 달리 해석했다. 그가 보기에 소위 '야인野人'은 '예악을 안 배운 자' 혹은 '질은 있고 문이 없는 자'가 아니다. 그의 주석을 보면 다음과 같다.

> 야인野人은 농부다. (맹자 왈, 야인이 아니면 군자를 먹일 수 없다.) 군자는 사대부다.
>
> 〔보충〕종從은 자自 와 같은 뜻이다. 이 대목은 공자가 벼슬하는 제자를 꾸짖는 이야기이다. "너희들은 (지금의) 예악에 익숙하여 선진을 야인이라고 무시하고 스스로 군자라고 자부하지만 (스스로 문질빈빈이라고 생각함) 내가 사람을 쓴다면 선진부터 쓰겠다." 즉 먼저 선진을 쓰겠다는 이야기이다. (그 소박함이 귀하기 때문이다.)[43]

정약용의 생각에는 공자의 제자는 모두 예악을 배웠으니 '군자'와 '야인'의 구별 기준은 '예악을 아느냐 모르느냐'가 아니고 '벼슬을 하느냐 안

하느냐'다. 벼슬하는 제자들이 재야의 제자를 무시하기 때문에 공자는 그들의 거만함을 꾸지람하기 위해 선진의 순박함을 칭찬하고 "사람을 쓴다면 선진부터 쓰겠다(如用之, 吾從先進)"는 말을 한 것이다. 따라서 '야인野人' 혹은 '질승문즉야質勝文則野'의 '야野'는 "질은 있고 문이 없다(質而無文)"로 해석해서는 안 된다. 공자가 '오종선진吾從先進'이라고 말한 취지는 후진後進을 나무라는 것이지 '질본문말'을 강조하려는 것이 아니다. 여기서 볼 수 있듯이, 정약용은 '문질'을 선후본말로 나누어 가감할 수 없다고 보았다. 그래서 그는 "질이든 문이든 모두 후대 사람이 그 결과를 보고 내린 평가다. 나라를 세울 때 먼저 스스로 문이나 질을 숭상하겠다고 선언하는 경우가 어디 있겠는가"라고 말했다. 질이 더 좋은 것이라고 보지도 않고, 문이 많은 것을 폐해로 보지도 않으며 단지 제도의 시행 성과로 평가해야 한다는 것이다.

이 같은 설명을 보면 정약용은 이익의 한대 유학자의 삼통설三統說에 대한 고증, "공자는 문을 병폐로 보지 않았다"는 견해를 이어받았고, 또 김원행의 "문이 안 좋다는 것이 아니다"의 의견과도 부합된다. 따라서 문질론의 측면에서 정약용은 이익의 학문 태도를 계승하는 한편 다른 의견을 흡수하여 이익의 관점을 수정하고 자신의 독특한 관점을 형성했다.

4. 정약용의 문질론

'문'과 '질'의 정의

정약용이 문질을 논할 때 먼저 '충, 질, 문' 삼통설 때문에 발생한 개념의 혼란을 규명하고 조선과 중국 학자의 관점을 비판했다. 예를 들면 앞에서 언급한 보광, 김귀주의 '문질본말文質本末'설에 대해 정약용은 「옹야」 제16장의 주석에서 모술재毛述齋의 말을 인용하여 '본말'의 관점으로 '문질'을 논하는 데 반대했다.[44]

정약용의 비평을 보면, 그가 '문질' 문제를 형이상학적인 진리의 문제로 다루고 싶지 않았음을 알 수 있다.[45] 본말 혹은 도의 순환이나 음양의 성쇠로 문질 문제를 논하는 것을 반대한 나머지 정약용은 이익이 『예기 · 대전』을 인용하여 제시한 "성인이 천하를 다스릴 때 변혁할 수 있는 것과 바꿀 수 없는 것이 있다"는 견해를 비평했다. 정약용의 생각에는 『예기·대전』은 제도의 '손익'이 무엇을 근거로 변혁하는지를 설명하지 못하여 공자가 이야기한 "주는 하의 예를 따라서 그 손익은 알 수 있다(周因於夏禮, 其損益可知也)"를 해석하지 못한다.[46] 제도가 어떻게 손익이 되는지 그 문제를 정약용은 우선 「옹야」 제16장의 주석에서 '문질'에 대해 다음과 같이 정의 내렸다.

> 질이란 덕행으로 근본을 다지는 것이다. (충신한 자는 예를 배울 수 있다.)
> 문이란 예악으로 꾸미는 것이다. (선왕의 도를 배운다.)[47]

이 정의는 『예기』 「예기제십禮器第十」의 다음 내용을 참고한 것으로 보인다. "선왕이 예를 세울 때 본本이 있고 문文이 있다. 충신이 예의 본이고, 의리는 예의 문이다. 본이 없으면 바르지 못하고 문이 없으면 행할 수 없다(先王之立禮也, 有本有文. 忠信, 禮之本也; 義理, 禮之文也. 無本不正, 無文不行)." 이 내용을 구체적으로 문질文質 문제와 연결한 것은 『논어고금주』에서 인용한 일본 학자 다자이 슌다이의 다음 문구다. "충신이란 군자의 질이고 예악이란 군자의 문이다(夫忠信者, 君子之質也. 禮樂者, 君子之文也)."[48]

정약용의 설은 『예기禮記·예기禮器』와 다자이의 이야기와 비슷해 보이지만 실제로는 다르다. 글자로 볼 때, 다자이는 "질質은 충신忠信이다"라고 설명하고, 정약용은 질質을 "충신忠信한 사람은 예禮를 배울 수 있다"라고 설명한다. 앞 장에서 논의한 정약용의 인설仁說을 되새겨보면 정약용과 다자이의 차이를 알 수 있다. 소위 '충신한 사람'은 '내재한 기호嗜好의 성性'을 갖추어 이 기호의 성에 충실하고 이 기호의 성에 배신하지 않는 사람을 지칭한다. [49] "충신한 사람은 예를 배울 수 있다"는 의미는 '사람이 자신의 기호의 성에 따르면 노력하여 예를 배우는 원동력이 발생한다'는 것이다. 같은 이치에서 정약용이 이야기하는 "덕행으로 근본을 다진다(本之以德行)" 중 '덕德'은 '기호의 성을 따르는 것'이고 '행行'은 외부로 표현된 도덕 행동이다. 다시 말하면 "덕행으로 근본을 다진다"와 "충신한 사람은 예를 배울 수 있다(忠信之人可學禮)" 두 말이 전달하고자 하는 의미는 외부로 표시되는 '행行'은 반드시 내재한 '기호의 성'을 근거로 해야 하고, 이를 따라야 사람으로 하여금 스스로 예약, 제도에 귀속되게 할 수 있다.

정약용의 "덕행으로 근본을 다진다"와 "충신한 사람은 예를 배울 수 있다"의 의미에 대해 『논어·술이』 제24장 '자이사교, 문행충신子以四教, 文行忠信'에 대한 그의 해석을 참고해볼 수 있다.

> 형병 왈, 문文이란 선왕이 남긴 글이다. 행行은 덕행德行이다. 마음에 있는 것은 덕이고 밖으로 베푼 것은 행이다. 참마음을 숨기지 않은 것을 충忠이라고 말하고 거짓이 없는 것을 신信이라 한다.
> 〔보충〕 문, 행은 외적인 것이고 충, 신은 내적인 것이다. 안에서 효孝하고 나가서 제悌하는 것이 행이다. 정성으로 사람을 이끄는 것이 충이고 사람을 배신하지 않는 것이 신이다.

> 오규 소라이 왈, 사교四教는 네 과목이다. 문文은 문학, 행行은 덕행, 충忠은 정사政事에 관한 것이고 신信은 언어에 관한 것이다.
> 〔반박〕 틀렸다. 교묘하게 갖다 붙인 것이다. 정사와 언어를 충신이라

고 하다니 말이 되는가?[50]

위 인용문을 보면 정약용의 "덕행으로 근본을 다진다"와 "충신한 사람은 예를 배울 수 있다"의 의미는 송나라 형병邢昺(932~1010)의 '덕'과 '행'의 구분을 참고했다. 충신은 내부적으로 기호의 성을 따르고 기만하거나 위배하지 않는 심리 활동이고 또한 덕의 표현이다. 그리고 '행'과 '문'은 외부로 표출된 행동 결과다. 정약용의 생각에는 덕, 행 혹은 내·외의 구분은 명확해야 한다. 그렇지 않으면 오규 소라이처럼 '내적 심리 활동'인 충신을 정사나 언어 같은 외적 행위로 오해하는 경우가 발생하게 된다.

'질'과 '문'의 상호 관계

이처럼 '문질'의 정의를 보면 정약용은 문질 문제를 예악을 둘러싼 문제로 인식하고 있음을 알 수 있다. 질은 "충신한 사람은 예를 배울 수 있다(忠信之人可學禮)"의 뜻이기 때문에 '질'과 '문' 혹은 '예악' 간에는 연속성의 관계가 존재한다. 이런 연속 관계는 체용본말體用本末의 관계가 아니다. 따라서 문과 질을 예악의 체體와 예악의 용用의 차이로 보면 안 되고 충신한 자가 예악을 배우는 것과 충신한 자를 예악으로 꾸미는 것의 차이로 봐야 한다. 전자는 형이상학적인 체용體用 관계를 강조하기 때문에 '질'은 손익을 가할 수 없다는 오해로 이어진다. 만약 '충신한 자가 예를 배우면' 반드시 '예악으로 꾸민다'로 해석하면 '충신하지 않은 자'가 '예악으로 꾸미지 않는' 경우도 존재할 것이라는 추론이 도출된다. 따라서 문질의 문제에서 '질'이 멸망하여 '문'도 멸망하거나 '문'이 멸망하여 '질'도 멸망하는 경우를 생각해볼 수 있다. 정약용의 말을 보자.

㉠ 성인이 후학을 가르칠 때 문질을 구별하여 논하는 데 질이 없으면 문은 행할 곳이 없다. 고로 질이 먼저다. 하지만 질만 있으면 사람이 되는 것은 아니다. 사람으로 볼 때 질만 있고 문이 없으면 야인野人이 될 수밖에 없다. 나라를 볼 때도 질만 있고 문이 없으면 착한 오랑캐가 된다. 문은 질이 있어야 이룰 수 있다. 원래 질이 없으면 문도 없다. 문이라고 부를 때 그 근본에 질이 이미 있다는 것을 알 수 있다. 그림으로 비유하자면 물감이 없어도 견본은 있다. 견본도 없다면 물감은 어디에 있는가? 물감만 가지고는 '문'이 될 수 없다. 왜 그러한가? 칠할 곳이 없기 때문이다. 이렇게 볼 때 주周가 문이 있다는 것은 질도 있다는 얘기다. 은殷도 마찬가지다. 다만 그의 문채가 완벽하지 않아 공자는 늘 주周의 문을 언급하는 것이지 은殷이 스스로 문을 숭상하지 않는다고 선언한 것은 아니다. (「옹야」 제16장)[51]

㉡ 문이 성하면 문무성강文武成康(주나라의 성군)이 되고, 문이 쇠하면 유려평난幽厲平赧(주나라의 혼군)이 된다. 오늘의 누유陋儒는 늘 주周의 말기에 문이 성했다고 하는데 황당하지 않은가? 만약 정말로 문이 성했다면 주周가 다시 번창해야지! 문이란 것은 서주西周 때 성했고 동주東周 때 쇠했으며 진秦 때 멸망했고, 한漢 때 종식되고 당唐 때 냉각되었다. (「옹야」 제16장)[52]

ⓒ 한대 유학자가 주周는 문이 성하여 질로 교정해야 한다며 예악을 황폐시키고 진秦의 전철을 밟아 요순 삼왕의 다스림을 그 시대에서 사라지게 했다. 모두 '문질'의 설이 그들을 오도했기 때문이다. 공자가 말했다. "주周는 이대를 참고하여 문이 찬란하구나! 나는 주周를 따르겠다."(팔일편八佾篇) 공자도 문을 병폐로 보지 않았고 "주周를 따르겠다"고 확실하게 얘기했는데 왜 유독 한유만 이것을 병으로 보는가? 주周의 예禮는 이대를 짐작하여 수정, 보충하고 백세를 전승해도 폐가 없었다. 고로 공자는 왕도를 논할 때 "주周를 따르겠다"고 했다. 후세를 논할 때는 주를 계승한 자는 백세가 지나도 알 수 있다고 했다. (「위정」제23장)[53]

ⓓ 옛날 문을 이루고자 하는 자는 먼저 질을 다져야 한다. 오늘날은 다르다. 질로 돌아가고 싶은 자는 먼저 문을 닦아야 한다. 왜냐? 선왕의 도에 밝지 못하면 결국 질로 돌아갈 수단이 없다. 시대가 이렇게 변화한 것이다. 그런데 유학자는 입만 열면 문을 억제해야 한다고 하니 소위 세상 돌아가는 것을 아는 자들인가? (「옹야」제16장)[54]

ⓔ 대저 주周나라 말기 문이 성했다는 말은 참 원통할 누명이다. 공자 때 예악이 붕괴되고 시경, 서경 모두 사라졌다. 맹자 때 이르니 제후는 전적典籍을 파멸시켰다. 고로 계문자季文子는 이웃 나라를 방문할 때 사라진 『예禮』를 구하려고 애를 썼다. (문상 방문의 예禮) …… 서주西周의 성황에 비하면 이때는 어지럽고 혼란스럽고 어두운 시기였다. 어떻게 주말周末의 문이 성하다고 할 수 있는가? 만약 정말

로 주周의 말기에 문이 성했다면 난현赧顯(혼군)의 통치가 문무文武(성군)보다 뛰어나야 한다. 문은 비록 질이 있어야 장章(제도)이 되지만 질도 문이 있어야 본本(근본)을 보존할 수 있다. 왜 그러한가? 질이란 효제충신이다. 문이 멸망하면 삼강구법三綱九法이 파괴되는데 질이 어떻게 혼자 안존할 수 있는가? 오늘의 급선무는 문을 닦는 것이다. 문이 다스려져야 질도 회복된다. (『선진』제1장)[55]

위 인용문을 보면 정약용의 의견은 다음 다섯 가지 논점으로 설명할 수 있다.

① 인용문 ㉠을 보면 정약용은 '질'이 '문'보다 먼저라는 것을 동의하지만 '문질'은 동시에 병존해야 하고[56] "충신한 자가 예를 배우면" 반드시 "예악禮樂의 문文으로 꾸며야 한다"고 생각한다. 한 사람이 단지 '예를 배우는 마음'만 있고 '예악의 문'이 없다면 '충신의 실천'을 알아볼 수 없다. 한 나라에 문이 없으면 그 백성이 어떤 문화적 장점이 있는지 알 수 없다. 따라서 하상夏商 때도 문文도 있고 질質도 있다. 다만 그 '문'이 주周나라만큼 완벽하지 못하다는 것뿐이다.
② 이러한 '문질' 병존의 관점에서 '유질무문有質無文/유문무질有文無質'의 문질 대립 관점은 마땅히 폐기해야 하고 문질을 서로 대조하며 드러내는 관계로 보아야 할 것이다. 이런 관계에서 볼 때 '문질'이 보여주는 역사 현상은 질에서 문으로 가는 발전 과정이 아니라 '충신忠信의 덕행德行'이 흥하다 쇠하다 하는 역사다. 이런 관점에 입각하여 정약용은 시간이 지날수록 문이 성해진다는 주장에 반대한다.

③ 인용문 ⓛ에서는 "문이 성하면 문무성강文武成康이 되고, 문이 쇠하면 유려평난幽厲平板이 된다"고 지적하고 "주周는 문이 성했기 때문에 망했다"는 설을 일축했다. 정약용이 보기에 한 나라의 국력은 그 나라의 예악 문화의 성취와 정비례하고, 한 나라의 예악 문화 수준은 백성의 덕행 실천 정도를 반영한다. 따라서 만약 주나라 말기에 정말로 문이 성했다면 망하지 않았을 것이다. 이 부분은 문자대로 보면 '예악제도인 문'이 망하면 '충신의 질'도 망한다는 뜻으로 볼 수 있지만, 실제로 그 배후의 논리는 다음과 같다. '예악제도'의 성쇠는 "충신하고 예를 배울 마음"이 있는지 여부를 반영하는 것이다.

④ 인용문 ⓒ을 보면 정약용도 예악제도는 주周에서 완비되고 진선진미盡善盡美하여 백세가 지나도 바뀌지 않을 것이라고 보았다.[57] 따라서 주周나라 말기 때는 '문의 멸망' 때문에 쇠락한 것이지 '문의 창성'으로 쇠락한 것이 아니다. '문의 멸망' 때문에 쇠락했다면 문을 부흥시켜야지 '질'로써 '문'을 구제해서는 안 된다.

⑤ 인용문 ②ⓜ에서 정약용은 문질에 있어 옛날과 지금의 차이를 비교했다. 그가 생각하기에 고대에는 민풍이 순박하여 사회제도의 성립은 충신의 질에서 출발하는데 근래에는 민풍이 순박하지 않아 자연스럽게 예악제도가 형성되는 것은 불가능하다. 따라서 "질質로 돌아가려면 먼저 문文을 닦아야 한다", 즉 정치를 할 때는 먼저 예악제도를 세워 백성이 따를 수 있게 해야 하고, 그다음 점차 충신의 덕행을 회복해 나가야 한다. 백성에게 따를 수 있는 예악제도가 없다면 충신의 행동을 할 수 없을 뿐만 아니라 반성하여 충신의 성性 혹은 충신의 덕德으로 돌아갈 수도 없는 것이다.

이상의 논술을 보면, 정약용의 사상에는 이미 완정한 문질론이 형성되었음을 알 수 있다. 그리고 이 문질론은 조선의 유학과 문화적 문제에 대한 반성에서 나온 것이므로 조선의 특색을 지닌 문질론이라 할 수 있다.

5. 정약용 문질론의 가치

정약용 논설의 철학적 통찰

『주자어류』권32 「논어(14) · 옹야편(3) · 질승문즉야장質勝文則野章」에는 황간黃榦과 주희가 『사서혹문』 및 『논맹정의論孟精義』에서 인용한 일곱 가지 설에 대한 토론이 있다. 비교에 앞서 먼저 송의 양시, 윤돈尹焞(1061~1132)의 이야기를 보자.

> 양 왈, "문은 질과 같고 질은 문과 같다. 양자는 서로 누르면 안 된다. 따라서 문질빈빈 이후 군자가 된다고 말한다. 하지만 바탕(질)이 이길 경우 그래도 색채를 더할 수 있는데, 무늬(문)가 이겨 심지어 바탕을 덮어버리면 근본이 망가진 것이니 무늬가 있어도 소용이 없다. 따라서 사史

보다 차라리 야野가 낫다.

　윤돈 왈, 사史는 문文이 뛰어나고 이理가 부족한 상태다. 군자만 문질이 적절한 상황을 이룬다.[58]

　(황간) 물었다. "이천伊川이 말했다. '군자의 도는 문질이 적절함을 이룬다.' 범씨范氏는 '무릇 사史의 일'을 운운한다. 제17장과 관련하여 총 일곱 가지 설이 있는데 지금은 이천, 범씨의 설을 따른다. 이천의 제2설, 여씨呂氏의 '사史'자에 관한 논의 모두 통한다. 사씨謝氏는 의용儀容(몸가짐, 태도)만 가지고 이야기하는데 타당하지 않은 것 같다. 대강은 문질을 논하니 야野와 사史의 구별이 있는 것이다. 만약 의용만 생각한다면 '사史'자는 통하지 않는다. '샤'는 의용과 무관하다. 양씨의 이야기는 '질지승문質之勝文' 이하부터 모두 추리한 설이고 본문과 다르다. 윤씨는 '사史, 문승이리부족文勝而理不足'이라고 하는데 '이理'자가 불안하다. 만약 그렇다면 야野는 이理가 이긴 것이라고 할 수 있는가? 이겼다고 한다면 이理가 반드시 부족하다. 야와 사 모두 이가 부족하다고 할 수 있는가?"

　(주자) 답했다. "사史는 관가에서 일하기 때문에 몸가짐에 신경 쓴다. 사씨 설의 잘못은 여기에 있지 않고, 문제는 그의 이야기가 전부 사람의 행위를 관찰하는 이야기만 하고 교정에 대한 언급이 없어 성인의 본래 취지가 아니다. 양씨의 설은 잘 추리했다. '문승즉이부족文勝則理不足', 틀린 것이 없다. 야野는 원래 '이승문부족理勝文不足'인 상태다. 옳은 이야기다.[59]

　황간은 일곱 가지 설 중에 양시와 윤돈의 설은 타당하지 않다고 보았다. 그는 양시의 질지승문質之勝文 이하는 추론뿐 공자의 말과 다르다고 비평하고, 윤돈의 문승이리부족文勝而理不足이란 말은 이理의 개념과 맞지 않는다고 지적했다. 특히 윤돈의 견해에 황간은 지적하기를 만약 '문승文勝'을 '이부족理不足'의 결과로 본다면, 역으로 '야野'는 '이승理勝'의 결과로 보아야 한다. 그런데 이理는 주자학의 이론 체계에서 부정적인 의미를 지닐 수 없는데, 이승理勝은 이부족理不足이 되니 이론상 모순이 발생한다.

이에 주자는 양시의 추론은 문제가 없고, 윤돈의 문승즉리부족文勝則理不足도 틀리지 않았다고 대답한다. 소위 '야野'는 바로 "이가 이기고 문이 부족함(理勝而文不足)"의 뜻이다. 주희는 양시가 이야기한 "문이 승하면 질이 멸한다"는 주장에 동의하고, 윤돈의 '이승理勝은 안 좋은 상태'라는 의견도 동의한다.

주희의 대답은 황간의 의문을 풀지 못했다. 황간의 질문 요지는 ① 만약 '문유질, 질유문文猶質, 質猶文'(양시의 말)이라면 '문승文勝'해도 '질質'이 있을 텐데 어찌 "문이 승하면 질이 멸한다"는 결과가 나올 수 있을까? ② 만약 '성性'을 '이理'로 본다면, 어찌 '이승理勝'의 폐단이 생기며 "이승理勝은 야野"라는 말이 나올 수 있는가?

만약 황간의 질문 ②가 주희의 격물궁리格物窮理 학설에 맞는다고 본다면 질質 혹은 이理는 항상 완벽하고(不可損) 질승質勝 혹은 이승理勝 모두 폐해가 없다는 추론을 할 수 있다. 따라서 '문文'은 가감할 수 있지만 '질質'은 가감할 수 없다는 결론이 도출된다. 또 황간의 질문 ①에 따라 '질은 왜 멸망하는가'의 문제를 생각해볼 수 있다. 문이 승해서 질이 멸한 것인가? 아니면 문이 멸해서 질이 멸한 것인가? 주희는 황간의 질문에 자세히 답변하지 않았고 다만 자신의 태도와 방향을 제시했다. 주희가 이론적으로 이 두 문제에 대해 설명하지 못하여 그의 생각은 늘 모호하게 '문질 모두 손익 가능'으로 해석됐다.

정약용의 문질에 관한 논설을 보면, 그는 처음부터 황간의 이 두 질문을 염두에 두고 출발한 것 같다. '질멸質滅'의 문제에 정약용은 "문이 승하면 질이 멸한다"는 설을 반대하고 "문이 멸하면 질도 멸한다"를 주장한다. 또 '질은 손익이 가능한가'의 문제에 그는 질은 문에 따라 실현되기 때문에 "문이 승하면 질도 승하고 문이 멸하면 질도 멸한다"고 주장한다. 질에 손익이 있다 하더라도 그것은 문에서 착수해야지 질 자체로 조절하는 것이 아니다. 이렇게 보면, 정약용은 송유宋儒가 제기한 철학적 문제를 꿰뚫어보았고 또 적절한 논의와 답변을 제시했다고 할 수 있다.

문질론은 예악형정 및 『대학』에 대한 새로운 해석의 이론적 기초

(1) 주체적 행동으로 연결되는 정치론과 인성론

앞서 이야기한 황간과 주희의 철학적 문답을 이어갔다는 의미 외에, 정약용의 문질론은 이익의 실학 정신을 이어받아 조선 성리학을 비판하는 각도로도 관찰할 수 있다. 그는 "문승文勝은 나쁘다"는 시각을 반대하고 "질質로 돌아가려면 먼저 문文을 닦아야 한다"고 주장했다. 이런 관점은 예악형정으로 유학을 해석하는 경향으로 보이지만 그것은 결국 섭적 혹은 일본 고학파의 주장과는 다르다. 차이의 관건은 인성론과 정치론의 관계가 연속 혹은 단절에 있다. 기본적으로 정약용은 인성론을 정치론으로 연결시키면 사회를 더 안정적으로 유도할 수 있다고 본다. 그의 생각에 예악형정은 인성의 선하지 못한 면을 규제하는 것이 아니라 사람의 보편적인 '기호의 성'을 보조해주는 것이고, 또 그래야만 사회의 발전을 사람의 공동 기대에 부합시킬 수 있다.

본 장에서 논한 '문질론'으로 볼 때, 만약 예악형정(즉 '문')만 주장하고 인성의 선(즉 '질')을 주장하지 않는다면 예악형정의 시행은 단지 정치 계급이나 지식 계층 위주의 일방적 조치에 불과하고 인간의 주체성이나 사람과 사람 간의 상호 주체성과 무관하게 된다. 만약 사람의 '질'에는 '기호의 성'이 있다고 주장하면 '질'과 '문'(예악형정) 간에는 양방향으로 영향을 주고받는 관계가 형성된다. 그리고 예악형정의 시행은 독립적인 주체 간 교류 활동의 결과가 된다. 정약용은 「오학론 1」에서 "악樂이란 것은 효제충신의 행동을 더욱 즐겁게 하는 것(樂者所以悅樂乎孝弟忠信之行者也)", "형정이라는 것은 효제충신을 도와주는 것(刑政者所以輔成乎孝弟忠信之行者也)", "위의라는 것은 효제충신의 행동을 유지하도록 하는 것(威儀者所以維持乎孝弟忠信之行者也)"이라고 말했는데 이런 관점에 내포된 논리는 "문은 질의 근본이고 질은 문 때문에 실현된다(文爲質本, 質以文顯)"는 것이다. 예악형정(문)을 시행하는 목적은 기호의 성('질')을 발전시키기 위한 것이고, 기호의 성('질')도 예악형정(문)의 창제에 영향을 줄 수 있다. 문과 질의 상호 영향 관계는 한편으로 자아 주체의 표현 의지를 만족시키고, 다른 한편으로는 사회 활동에서 집단적 자아의식과 초월의식을 만족시킬 수 있다.

(2) 문질론과 사서의 이론 관계

정약용은 스스로 "효제충신을 하늘을 섬기는 근본으로 하고, 예악형정을 사람을 다스리는 도구로 하며, 선의정심을 하늘과 사람을 잇는 축으로 한다(以孝弟忠信爲事天之本, 以禮樂刑政爲治人之具, 以誠意正心, 爲天人之樞紐)"고 말했다. 여기서 '성의정심誠意正心'은 '효제충신'과 '예악형정'을 달성하는 수단(혹은 조건)이다. 성의정심은 천명天命 혹은 천부天賦의 의미가 있기 때문에 한편으로는 천도天道를 알 수 있는 근본이 되고 다른 한편으로는 효제충신 및 예악형정을 전개하는 기초가 된다. 따라서 성의정심은 천인天人의 축軸뿐만 아니라 동시에 치인治人, 사천事天의 출발점이다.

'성의정심'은 두 가지 방면에서 전개할 수 있다. 하나는 도덕적 주체성인데 이것은 효제충신의 덕과 행으로 형성된 천인天人 체계로서 인간의 초월의식을 논한다. 다른 하나는 상호 주체성인데 이것은 인륜성덕人倫成德과 예악형정을 통해 전개된 이상적이고 보편적인 사회 체계로서 사람의 사회의식을 논한다. 천인 체계와 사회 체계 모두 천天 혹은 천명天命의 성性을 그 보편성이나 초월성의 기초로 삼으며, 동시에 '성의정심'을 통해 형성된 주체적 작위를 그 출발점으로 하기 때문에 정약용은 "성性은 하늘에 근본을 두고, 이理는 하늘에서 나오고, 인륜은 도를 이루기 위한 것임을 안다(知性之本乎天, 知理之出乎天, 知人倫之爲達道)"고 말한 것이다.

사회의식 면에서 '효제충신'과 '예악형정'의 차이는 사람이 직면한 관계 설정의 차이에서 나온다. 인간이라는 존재는 동시에 두 가지 신분을 가질 수 있는데 하나는 보편적 의미의 인간이고, 다른 하나는 정치지위가 있고 권력을 조작할 수 있는 사람, 예를 들면 목민牧民 혹은 양민養民하는 사람이다. 보편적 의미의 인간으로 볼 때, 모든 사람은 다 도를 알고 노력하여 덕행을 성취하는(효제충신) 측면이 있다. 하지만 사람을 정치 차원의 관계에서 볼 때, 오직 개인의 덕행에만 의지할 수 없고 교제의 규범인 '예악형정'이 필요하다. 정약용이 생각한 '옛날의 도를 배우는 사람(古之學道之人)'은 이 두 번째 신분의 사람이다. 도를 배우는 사람 혹은 사士는 인人 혹은 민民과 달라 그의 사회의식은 사군事君, 택민澤民, 위爲 천하 국가의 세 방면을 모두 고려해야 한다.[60] 이 세 방면의 요구를 달성하기 위해 각각 다른 주체들 간에 순조롭게 합의를 이룰 수 있도록 소통의 절차와 규범을 세워야 한다. 이것이 바로 '예악형정'의 도구적 의미다.

사士 혹은 목민자牧民者는 사군, 택민, 위 천하 국가에 대한 관심 때문에 그들은 '문文'이 파멸되도록 방치할 수 없는 것이다. 문이 망할 경우 공공 업무를 추진할 수 없고 문화에 불리한 요소가 발생한다. 이것이 바로 정약용이 "질質로 돌아가려면 먼저 문文을 닦으라"고 강조한 이유다. '수문修文'의 의미는 예악제도의 수립 이외에도 교화의 역할이 있다. 정약용은 『목민심서牧民心書』의 자서自序에서 다음과 같이 말했다.

백성을 보살피는 것을 목牧이라고 부른 것은 성현이 남긴 가르침이다. 성현의 가르침은 원래 두 갈래다. 사도司徒가 만민을 가르쳐 그들로 하여금 각자 수신修身하게 하고 대학大學은 국자國子를 가르쳐 그들로 하여금 수신하여 백성을 다스리게 한다. 백성을 다스리는 것이 목민牧民이다. 그러므로 군자의 학문은 반은 수신이고 반은 목민을 위한 것이다.[61]

정약용은 교화도 '수문'의 중요한 업무 중 하나로 본다. 교화의 목적은 계층이 다른 사람으로 하여금 타 계층에 관심을 갖게 하고 자아 집단 혹은 문호의 울타리에서 벗어나 기타 계층과 함께 공공 의식을 형성하게 하는 것이다. 따라서 교화의 일은 각 계층에서 진행되어야 하고, 사도가 만민을 가르치는 것 외에도 대학을 설립하여 국자國子를 가르쳐야 한다. 정약용의 '성현의 가르침'은 "사도가 만민을 가르친다(司徒敎萬民)"와 "대학이 국자를 가르친다(大學敎國子)" 두 갈래가 있다는 관점은 그의 "질로 돌아가려면 문을 닦아야 한다"는 문질관으로 설명할 수 있다. 그리고 사서학의 시각에서 보면, 주자의 사서학에는 특별히 정치 계층을 위한 교육은 없다. 따라서 정약용이 『대학』을 정치 지도자를 위한 교육으로 해석하는 것은 탈주자학의 의미가 있을 뿐만 아니라 동시에 자신의 문질관과 예악형정에 대한 견해를 사서학에 포함시키려는 의도도 있는 것이다.

6장
정약용『중용』해석의 특색, 일본 고학파[1]와의 비교

1. 『중용』에 대한 질의와 위치 설정

주희가 『사서』에 『중용』을 포함한 이후 『중용』은 줄곧 그 특유한 형이상학 사상으로 중국 철학사에서 중요한 지위를 차지하게 되었다. 주희의 말에 따르면 『중용』의 가치는 두 가지 측면으로 볼 수 있다. 첫째, 『중용』은 "자사가 도학의 소실을 우려하여 지은 것(子思子憂道學之失傳而作)"이므로 이 책은 유가의 도통을 이은 것이다. 둘째, "다행히 이 책이 소실되지 않아(尚幸此書之不泯)" "이를 근거 삼아 불교와 노장의 사이비를 퇴척할 수 있다(得有所據, 以斥夫佛老二家似是之非)."[2] 즉 『중용』의 사상을 성리학이 불교와 노장사상에 대응할 수 있는 중요한 근거로 본 것이다. 주희는 이 두 논점을 근거로 『중용』의 지위를 확정지었지만 『중용』도 바로 그 형이상학적 사상 때문에 의심을 받게 된다. 『중용』에 대한 질의는 초기에 문헌학적 입장에서 "자사가 『중용』을 지었다"는 설의 신빙성을 의심하고, 더 나아가『중용』이 자사의 저작이 아니라면 선진 유학의 정통으로 볼 수 있느냐는 질문으로 이어진 것이다.

『중용』이 자사의 작품이라고 주장하는 최초의 기록은『사기·공자세가』였다. 『사기』에 따르면 "백어(공자의 아들)가 급伋을 낳았고 자字는 자사子思였다. 향년 62세. 한때 송에서 곤경에 처했으며 후일 중용을 지었다."[3] 하지만 송대의 구양수가 가장 먼저 이 설에 회의를 표했다. 구양수는『중용』의 사상이『논어』, 『상서』와 달라 과연 자사의 저작인지 의심스럽다고 주장한다.[4] 이후 송대 왕십붕王十朋(1112~1171),[5] 임광조林光朝(1114~1178),[6] 섭적陳善[7]도 비슷한 질의를 한 바 있다. 그 후 진선陳善,[8] 왕백王柏(1197~1274)[9]은『중용』의 문장 중에 한유漢儒의 설이 섞여 있다는 이유로 이 책은 자사의 독자적 저술이 아니라고 본다.

아무튼『중용』의 저자와 완성 시대에 대한 정론은 아직 없다. 하지만 문체와 어휘 문제에 대한 논의[10]를 제외한다면,『중용』이 자사의 저술이 아니라는 일부 추론은 사실 설득력이 부족하다. 예를 들면『중용』의 사상이『논어』와 다르기 때문에 자사의 작품이 아니라고 할 때, 그 전제는 '자사의 사상은 전적으로 공자의 전수를 이어받았다'는 것이다. 하지만 소위 공자의 사상이라는 점도 여전히 해석상 문제가 남아 있고, 공자가 사망한 이후 시점에서 확정하기 어렵다. 따라서『한비자·현학顯學』및『순자·비십이자非十二子』등 고전에서 이미 공자 사후 유가儒家 사상의 분화를 확인할 수 있다. 『한비자』는 유가가 여덟 갈래로 나뉘었다고 하고,[11] 『순자』에서 언급한 "자사가 주장하고 맹자가 따랐다(子思唱之, 孟軻和之)"는 '오행五行'설은 지금도 그 실체가 무엇인지 모른다.[12] 자사가 공자의 전수를 받았다고 해서 그 사상이 공자의 사상과 같아야 한다는 주장은 설득력이 부족하다. 이러한 이유로 자사의 학설이 공자의 사상과 맞지 않기 때문에『중용』이 자사의 저작이 아니라고 의심하는 것은 위와 같은 문제점이 있고, 마찬가지로 자사의 사상이 공자와 다르기 때문에 공자가 자사에게 특별 지도를 했다고 추론하는 것도 성립되기 어렵다. 다만『중용』이 자사의 작품이라는 데 동의하든 반대하든, 대부분의 학자들은 대체로『중용』의 사상은『논어』와 차이가 있다는 점을 인정한다. 따라서『중용』의 저자와 완성 연도에 대한 문헌학적 논쟁은『사서』가 집성된 이후『중용』을 과연 유학의 정통 사상으로 볼 수 있는가에 관한 논쟁으로 바뀌었다.

정자와 주희는『중용』을 자사가 지은 것이라고 생각하고 그 "도통의 전승은 다 근원이 있다(道統之傳, 有自來矣)"고 주장한다.[13] 문헌상 증거가 부족하지만 유학 이론의 발전 과정을 보면 성립이 불가능한 것은 아니다. 중국 철학사를 연구하는 탕쥔이唐君毅,[14] 쉬푸관徐復觀,[15] 첸무錢穆,[16] 머우종산牟宗三[17] 등 현대 학자들도 비슷한 견해를 가지고 있다.

하지만 주희는 자사의『중용』이 공자의 가르침을 전승했다는 것을 확실하게 증명할 수 없었고, 다만 "말씀에 따라 마음(속뜻)을 얻은(因其語而得其心)" 일종의 '심전心傳'이라고만 할 뿐이다. 따라서 주희가『중용』을 이용하여 불교, 노장을 퇴치하겠다고 하지만 주자학을 반대하는 사람은 이런 '심전'이 오히려 '유가 속의 불노佛老'라고 비판하며『중용』을 정통 유학으로 보지도 않고 자사가 도통을 전승했다고 보지도 않는다. 이런 주장을 하는 사람들은 덕성德性의 자각적 발전을 통한 성덕成德을 유학의 정통으로 보지 않는 것이다. 그들은 대부분 주공周公을 공자와 병렬하고, 또 공자를 요堯, 순舜, 우禹, 탕湯, 문文, 무武, 주공周公을 이은 계열의 끄트

머리로 보며, 경經을 전수하는 자만 유儒라고 보고 왕자王者의 예악형정이 유학의 중심이라고 주장한다.

왕자의 예악형정을 중심으로 유학을 해석하는 학자는 대부분 성명性命, 천도天道를 논하는 데 반대하는 경향을 보이는데 그중 섭적의 사상이 가장 철저하다. 섭적은 주돈이周敦頤, 장재張載(1020~1077), 정자, 주희가 심성心性, 천도를 논하는 것은 '우매하고 정신을 헷갈리게 하는 일'이라고 보고, 또 자사, 맹자가 지은 책은 '신설기론新說奇論'이라 하며 『중용』, 『맹자』, 『역전』을 폄하했다.[18] 이와 비교하여 일본 고학파도 마찬가지로 정자, 주희가 성리학으로 고대 유가 경전을 해석하는 것을 반대하고 공자의 인의지도仁義之道 혹은 육경六經의 선왕지도先王之道로 돌아가야 한다고 주장하지만 『중용』에 대해서는 비교적 관대한 입장을 취했다. 예를 들면 이토 진사이는 『대학』을 공문孔門의 책이 아니라고 반대하지만 『중용』은 "공자의 말을 연역했다", "논어와 부합한다"고 본다.[19] 오규 소라이는 『대학』의 경전 지위를 부정하지만 『중용』, 『대학』의 가치를 완전히 부인하지는 않았다.[20]

이토 진사이와 오규 소라이는 『중용』의 가치에 대해서는 반대하지 않았다. 하지만 그들의 『중용』에 대한 해석은 주희와 어떻게 다른가? 또 그들의 관점을 참고로 하여 정약용의 『중용』 해석의 특색을 조명할 수 있을까? 이러한 문제를 설명하기 위해 우선 진사이와 소라이의 『중용』에 대한 견해를 살펴보자.

2. 일본 고학파의『중용』에 대한 해석

이토 진사이의『중용발휘』의 해석 취향

　　이토 진사이의『중용발휘中庸發揮』「서유敍由」에서 처음부터『논어』·『맹자』의 가치를 절대화하고『중용』은 공자의 뜻을 연역한 것으로『논어』에 부합한다고 보면서『대학』의 경서 지위를 부정했다. 진사이는『논어』·『맹자』의 지위를 육경보다 높다고 본 것이다. 또 그가 얘기하는『논어』·『맹자』의 가르침이란 인륜과 일상의 '인의예지, 효제충신'이므로, 진사이가 이해하는 공맹의 정통은 송명 이학이 얘기하는 덕성 심성道德心性의 학문이 아니라 도덕 교화道德敎化의 덕목에 편중되었음을 알 수 있다.

(1) 『중용』의 내용에 대한 관점

이토 진사이 학문의 중점은 도덕 주체의 자각과 그로부터 전개하는 천도관天道觀이 아니기 때문에, 그는 『중용』의 가치를 단지 부분적으로만 인정하고 해석상에서도 주희의 『중용장구』 해석에서 벗어나려고 했다. 진사이는 지금의 『중용』 일부는 자사가 저술한 것이 아니라고 보고 희로애락지미발喜怒哀樂之未發부터 만물육언萬物育焉까지의 47자(喜怒哀樂之未發, 謂之中, 發而皆中節, 謂之和. 中也者, 天下之大本也, 和也者, 天下之達道也. 致中和, 天地位焉, 萬物育焉.)를 『악경樂經』의 일탈 부분, 『대전大傳』 『악기樂記』의 부류로 보고 『중용』에서 배제했다.[21] 이외에도 진사이는 중국 문헌학의 의견을 인용하여 제16장 귀신鬼神을 논한 부분이나 제24장 진상禎祥, 요얼妖孽을 논한 부분은 한대 학자에 의한 오류로 보고, 또 제20장을 「애공문哀公問」편, 제21장 이후를 「성명서誠明書」로 구분해야 한다는 주장을 했다.

이토 진사이가 희로애락지미발부터 만물육언까지의 47자를 『중용』의 본문이 아니라고 보는 이유에 문헌학적 근거가 있는 것은 아니다. 이런 견해가 나온 이유는 한편으로는 『논어』·『맹자』의 혈맥(계통)에 대한 이해였고, 다른 한편으로는 이 47자에 대한 주희의 해석을 반대하기 위해서였다. 그가 보기에 『중용』은 단지 "과過와 불급不及이 없는 평범하고 실행가능한 도리(無過不及, 而平常可行之道)"를 얘기한 것뿐이지 주희가 얘기하는 심오하고 미묘한 이치를 얘기한 것이 아니다. 그리고 송명宋明의 유학자가 이 47자를 해석할 때 대부분 "선禪을 유儒에다 갖다 붙여 그것이 공맹의 취지에 맞는지 확인하지도 않았다(多以禪附儒, 而不察其合于孔孟之旨與否)." 그는 10개 항목을 근거로 제시하여 이런 판단을 설명했다.[22]

① 육경에는 '미발未發', '이발已發' 같은 얘기는 없다.

② 맹자는 자사의 제자라고 하지만 자사의 가르침을 언급한 적이 없다.

③ '중中'자에 대해 요순이나 삼대의 책에서 모두 '이발已發'이라고 하는데 『중용』에서만 '미발未發'이라고 얘기한다.

④ 「전모典謨」에서 '중中'자는 모두 '발이중절지지發而中節之地'를 얘기하는 것인데 『중용』에서는 오히려 '화和'자로 해석한다.

⑤ 만약 '미발지중未發之中'을 갖고 논한다면 육경, 논어, 맹자 모두 유용무체有用無體의 책이다.

⑥ 『중용』은 '중용'이라고 부르니 마땅히 '중용'의 의미를 논해야 하는데 처음부터 '중화中和'의 도리를 논하니 모순이다.

⑦ '중中'은 제1장 이후 여러 차례 나왔는데 모두 '이발已發'을 얘기하지 '미발未發'을 얘기하지 않는다.

⑧ '화和'자는 『중용』 제1장 이후 더 이상 설명이 없다.

⑨ 『중용』 제1장에서는 희로애락, 발개중절喜怒哀樂, 發皆中節을 '천하지달도天下之達道'로 하지만 그 후에는 군신君臣, 부자父子, 부부夫婦, 곤제昆弟, 붕우지교朋友之交를 '천하지달도'로 하여 사상의 통일성이 없다.

⑩ 『중용』 제1장에서는 '대본大本', '달도達道'를 동시에 얘기하는데 그 이후에는 '천하지대본, 편이불비天下之大本, 偏而不備'라고만 한다.

이상의 10개 항목을 보면 진사이가 가장 신경 쓰는 것은 희로애락의 '이발已發/미발未發'설, '대본大本/달도達道'의 내용 문제 및 '중中/화和'의 의미 문제다. 그가 보기에 주희가 '미발지중未發之中'을 도학道學의 근본 준칙으로 한 것은 "지금까지도 학문에 깊은 피해를 주고 있다(到今爲千古學問之深害)."[23] 진사이가 이런 의견을 편 이유는 아마도 그가 주희의 희로애락의 미발을 '성性'으로 보는 주장[24]을 반대하는 것과 관련 있을 것이다.

(2) 십육자심법을 반대한다

주희는 『중용장구·서序』에서 『중용』에는 "인심유위人心惟危, 도심유미道心惟微, 유정유일惟精惟一, 윤집궐중允執厥中(인심은 위태롭고 도심은 희미해지니 오직 전념하고 집중하여 진실로 그 중심을 잡아야 한다)" 소위 십육자심법十六字心法이 전승되고 이것은 "요가 순에게 전수하고 순이 우에게 전수한 것"이라고 설명한다.[25] 진사이는 이를 전면 부정했다. 그가 말했다.

> 『중용』이란 『논어』의 뜻을 부연 설명한 것이다. 그 말은 『논어』에서 나왔고 자사가 이를 이어받아 『중용』을 지었는데, 이것은 과불급過不及이 없고 평이하고 실천 가능한 덕을 칭찬하는 뜻으로 책 이름을 정한 것이다. 옛 유학자들이 요순이 전한 심법이거나 공문孔門의 심오한 책 등으로 어렵고 은밀한 설로 이를 왜곡하였는데, 사실 공맹의 가르침은 인의仁義 두 글자에서 벗어난 것이 없다. 인의 이외에 따로 중용이란 것은 없다. 학자들이 만약 책 이름의 뜻을 이해한다면 이미 반 이상을 안 것이다.[26]

여기서 보듯이 진사이는 공맹의 '인의지도仁義之道'를 기준으로 주희가 말한 '십육자심법'은 "어렵고 은미하여(高遠隱微)", "일상에서 실행 가능한 덕"이 아니라고 본다. 이 '십육자심법'은 원래 자사가 『중용』을 지은 취지가 아니며 요, 순, 우를 통해 전승한 것은 더더욱 아니라는 것이다.

(3) '성'에 대한 이해

1) 맹자의 성선설을 빌려 주희의 '인심人心, 도심道心'설을 반대한다

진사이가 '성性'을 논할 때 역시 맹자의 관념을 택한다.

> 성이란 생의 본질이고 사람이 태어날 때 간직하여 가감이 없는 것이다. 사람의 형체를 갖추면 측은惻隱, 수오羞惡, 사양辭讓, 시비是非의 마음은 태어날 때부터 있는 것이니 외부에서 구할 필요 없이 하늘이 나에게 부여한 것이다. 따라서 '천명지위성'이라고 하는 것이다.[27]

진사이도 맹자의 성선설을 근거로 성性을 논하는 데 이것은 정자나 주희와 다를 바 없지만 그는 주희가 말하는 '인심, 도심'의 구분을 반대한다. 진사이가 보기에 "도심이 바로 인의仁義의 양심(道心即仁義之良心)"이고 "도심은 원래 확연하고 쉽게 알아볼 수 있는 것이지 은미하게 숨겨진 것은 아니다(道心本顯然易見者而非微)", "인심은 물론 욕망에 빠지기 쉽지만 사람은 반드시 의리義理의 마음이 있으니 오직 위태롭다고만 할 수 없다(人心雖固易流於欲, 然人必有義理之心, 不可專謂之危)." 따라서 "위미危微 두 글자는 공맹의 취지에 맞지 않다(危微二字, 不合孔孟之旨)."[28] 다시 말하면 진사이는 사람의 마음에 도심과 인심의 대결 상황은 존재하지 않는다고 본다. '인심'은 비록 욕망에 빠질 수 있지만 반드시 그렇게 되는 것이 아니므로 '위危'하다고 볼 수 없다. 인심도 인의양심仁義良心(즉 도심)으로 나타날 수 있어 '미微'라고 할 수 없다.

맹자의 이론으로 보았을 때, 맹자는 인심이 항상 선善으로 나타나는 것이 아니라는 사실을 알기 때문에 '대체/소체', '양기養氣', '진심盡心' 등의 학설로 도덕 수양의 공부를 하라는 것이다. 송대 유학자는 이를 따라 '인심유위, 도심유미人心惟危, 道心惟微(인심은 위태롭고 도심은 희미해지다)'의 설을 제기하여 올바른 '도심'을 견지하여 이것으로 하여금 '인심'의 주인이 되도록 해야 한다고 주장한다.[29] 진사이도 맹자의 '측은, 수오, 사양, 시비'지심을 성性으로 보지만 인심/도심의 구별에는 동의하지 않았다. 이것은 그가 논하는 '성'이 단지 글자에서만 맹자와 같고 실질 내용은 다르다는 것을 의미한다.

2) 성상근性相近, 습상원習相遠을 성性을 논하는 근본 준칙으로 삼다

진사이가 성性을 논할 때 맹자의 '성선'의 어휘 개념을 빌린 것 외에도 공자의 '성상근性相近, 습상원習相遠'을 '성'을 논하는 근본 준칙으로 삼았다. 그의 말을 보면 다음과 같다.

> 공자가 "성상근야性相近也, 습상원야習相遠也"라고 말했다. 이것은 만대의 성을 논하는 근본 준칙이다. 맹자는 공자를 추종하고 배웠으니 두 사람의 취지는 어찌 다를 수 있겠는가. …… 천하의 성은 일반적으로 강한 면과 부드러운 면이 뒤섞여 있어서 성이 서로 가깝다(性相近)고 한다. 맹자는 사람의 주어진 기는 강유剛柔가 다르지만 선을 향하는 경향은 같다고 본다. 마치 물은 맑고 탁하고 달고 쓰고 차이는 있지만 아래를 향하는 특성은 다 똑같다. 즉 서로 가까운 특성 중에서 선을 예로 보여주는 것이지 기질을 벗어나서 얘기하는 것이 아니다. 그래서 "인성이 선을

향하는 것은 마치 물이 아래로 흐르는 것과 같다(人性之善也, 猶水之就下 也)"고 말했다. 원래 맹자의 가르침에는 미발未發, 이발已發의 구분이 없 었다. 지금 송대 학자의 설을 따라 미발, 이발로 나누어 논한다면, 성性 은 미발에 속함으로 선악이 없다. 마치 물이 땅속에 있을 때 상하가 없는 것과 같다. 하지만 (맹자의 말을) 지금 다시 보니 '아래로 향해 흐른다'고 한다. 따라서 기질을 두고 얘기하는 것이 분명하다.[30]

위 인용문을 보면 맹자의 '성선'설 중의 '선'에 대한 진사이의 이해는 맹 자와 다르다. 맹자가 '성'을 논한 것은 도덕의 근원 문제를 설명하기 위한 것이다. 따라서 "사람은 자율적으로 선을 행할 수 있다"는 점을 주요 취 지로 하였다. 하지만 진사이가 얘기하는 '성선'은 "사람은 선을 향하는 본 성이 있다"는 것이다. 따라서 '성'은 기질이 이미 발현한(已發) 것이지 미 발未發의 문제란 존재하지 않는다. 이 때문에 진사이의 '성'에 대한 해석 은 '깨우침(覺)'에서 벗어나 '배우고 닦음(習)'에 치우치고, 도덕의 근원을 '구求'하는 것(맹자가 이야기한 '구기방심求其放心')에서 벗어나 성인의 가르침 을 배우는 데 치우치게 된다.

진사이의 '성'에 대한 견해는 사람에게는 이끌어 유도할 수 있는 선을 향하는 본성이 있다는 점에 치중되었다. 이를 보면 그의 목적은 학습의 기본 원리를 구축하기 위한 것임을 알 수 있다. 따라서 그가 '솔성지위도 率性之謂道' 혹은 '순성지위도循性之謂道'라고 말할 때[31] 그것은 덕성이 하 늘과 부합한다는 개념이 아니라 육경지도六經之道, 성인지도聖人之道[32]의 '인도人道'[33]를 가리키는 것이다. 이런 입장에서 볼 때, 진사이는 '성'을 개 인의 '덕성'의 준거로 보지 않고 집단행위로서의 예의 근거로 본다. 그 때

문에 진사이가 이야기한 공맹의 도道는 일상의 인륜과 정술政術에 치우친다.[34]

(4) '솔성지위도, 수도지위교'에 대한 이해

진사이의 '성'에 대한 이해는 도덕의 근원으로 보지 않고 '선을 지향'하는 '배움'의 측면을 중요시했기 때문에, 비록 '솔성지위도率性之謂道'를 '순성지위도循性之謂道'로 해석하였지만 그의 뜻은 "성을 따르는 것이 바로 도의 표현이다"가 아니라 "성을 따르면 도를 얻을 수 있다. 즉 모든 사람이 따르는 선을 지향하는 성性을 따르면 공맹의 인의지도仁義之道를 얻을 수 있고 또 공맹의 도를 받기 원하게 된다"는 것이다. 진사이의 뜻은 다음의 문장에서도 확인할 수 있다.[35]

> 솔率이란 순循(좇다, 따름)이다. 마치 길을 따르거나 바퀴자국을 따르듯이 이것을 따르고 어긋나지 않다는 이야기이다. 사람은 모두 부자, 군신, 부부, 형제, 친구의 관계가 있고 친親, 의義, 별別, 서敍, 신信의 인륜이 있다. 이것은 성性을 따른 것이고 억지로 조작한 것이 아니다. 따라서 "성을 따르는 것이 도이다循性之謂道"라고 한다.

> 수修는 치治(다스림)이다. 성인께서 몸소 인간의 법도(人極)를 세우고 예의禮義 효제로 가르쳤다. 따라서 "도를 닦는 것이 가르침이다修道之謂敎"라고 한다.

> 대개 제자백가는 각각 자신의 '도'가 옳다고 주장하는데 사실 '도'란 천

하에서 흘러 다니는 것이고 모든 사람이 같이 따르는 것이다. 따라서 사람의 '성'에 부합하는 것이 바로 '도'이고 그렇지 않은 것은 '도'가 아니다. 그러므로 '성'이 먼저 따라야 하는 것이고 이것이 '천명'이다. '성'이란 사람이 사람 구실을 할 수 있는 근본이고 내가 얻어서 사사로이 할 수 있는 것이 아니라는 사실을 깨닫는 것이 순성循性이다.

'도'라는 것은 완벽한 상태이고 더할 수 없는 것이다. 하지만 이로써 사람으로 하여금 성현이 되고 자신의 재덕을 이루게 할 수 없다. 성현이 되고 재덕을 이루게 하는 것은 가르침(敎)의 결과다. 따라서 '도'가 위에 있고 '교敎'는 그 아래 있다. 만약 사람의 '성'이 개나 닭처럼 무지하면 좋은 '도'가 있고 좋은 '교'가 있어도 받아들일 수 없다. 사람이 '도'를 이루고 '교'를 받을 수 있는 것은 '성'이 선하기 때문이다. 이것이 맹자가 이야기한 '성선'이다.

옛 해석은 이렇게 본다. 사람과 사물은 각각 그 자연의 '성性'을 따르고 모든 일상과 응용에 각각 가야 할 길이 있으니 그것이 '도道'이다. 내 생각에는 천하에 '도'보다 존귀한 것이 없고 '도'보다 큰 것이 없다. '도로 고금을 정리하고 인륜을 통솔하며, 그보다 높은 것이 없고 그에 필적한 것도 없다. 만약 순성循性 이후에야 '도'가 발생하기 시작한다고 한다면, 이것은 '성'이 '도'보다 우위에 있고 '성'이 '도'보다 중요하다는 이야기가 되는데 이는 선후와 경중이 뒤바뀐 것이니 어찌 천하의 달도達道라고 할 수 있겠는가? '성'이란 자신이 소유한 것이고 '도'는 천하에 통하는 것이다. 각자 맞는 자리가 있다. '도'가 '성'에서 나왔다고 하면 잘못된 것이다.

유안劉安도 "순성이행위지도循性而行謂之道"라고 말한다. 이것은 한유漢儒부터 내려온 오류이다.

위 인용문을 보면 진사이의 '솔성지위도率性之謂道'에 대한 해석은 다음과 같은 특징이 있다.

① 천명지위성天命之謂性은 이 선성善性을 모든 사람이 공유한다는 점을 제시하는 것이고, 솔성지위도率性之謂道는 모든 사람이 공유하는 성性을 따르면 도를 얻을 수 있다는 점을 설명하는 것이며, 수도지위교修道之謂教는 성인이 인극人極(인도의 극치), 예의禮義, 효제를 창제하여 백성에게 도의 경지에 도달하는 방법을 교육하는 것을 지칭한다. 따라서 진사이는 '천명지위성, 솔성지위노, 수도시위교' 이 세 문구의 의미는 도의 유래 및 교의 중요성을 나타내는 데 있다고 본다.
② 진사이는 '도'는 완벽한 상태이고 더 할 수 없는 것(至矣, 盡矣, 蔑以加焉)이라고 하여 도를 지고무상의 진리로 본다. 따라서 그는 주희가 '도'를 '도로, 길'의 뜻으로 해석하는 것을 반대한다.
③ '도'는 스스로 이룰 수 없고, '성'은 단지 사람이 도를 인식하고 받아들일 수 있는 기초이기 때문에 도와 성이 있어도 부족하고 여전히 성인의 인도가 필요하다. 성인의 가르침(教)이 없으면 도를 이룰 가능성은 없다.

이상의 설명에서 알 수 있듯이 진사이의 이론은 실천적인 면에서 '교

(가르침)'를 특히 중요시하는 경향이 있다. 그의 논설은 비록 맹자의 성선설을 기초로 하지만 도덕 주체의 생각하고 인지할 수 있는 능력을 별로 강조하지 않고, 오히려 성인의 가르침의 공로와 도덕 교화의 중요성만을 강조한다.

오규 소라이의 『중용해』의 특색

(1) 『중용』은 노자학파와의 논쟁 때문에 후세 유학자를 오도한다

오규 소라이는 이토 진사이와 마찬가지로 주희의 『중용』에 대한 해석을 반대한다. 주희의 생각은 불교, 노장과 똑같아 이로써 불, 노를 비판할 수 없다.[36] 따라서 소라이의 『중용해』에서는 중용을 "효제충신과 같은 높지 않고 실행하기 쉬운 덕행(謂德性不高而易行者, 酒孝悌忠信之類也)"이라고 설명한다.[37] 그의 해석은 진사이의 논어, 맹자의 취지는 인의예지, 효제충신이고 중용의 의미는 "아버지는 아버지답고 아들은 아들다운 것(父父, 子子)"에 있으며[38] 이것은 "과불급이 없는 평범하고 실행 가능한 도(無過不及, 平常可行之道)"[39]라는 주장과 비슷하다.

소라이는 진사이와 마찬가지로 『중용』의 일부 가치만 인정한다. 그는 공자의 위치는 육경의 아래에 있다고 보고, 『논어』에 나온 공자의 사상이 선왕先王의 도에 부합한다고 본다. 그리고 자사의 『중용』은 『논어』와 『맹자』의 중간에 있는 것이다. 『중용』은 노자학을 대항하는 데 공로가 있지만[40] 『중용』의 '천과 성을 논하는 것(語天語性)'은 후세 유학자의 공자의 도에 대한 이해를 오도하여 그들을 선왕의 도에서 더욱 멀어지게 했다.[41]

소라이가 이야기하는 '공자의 도'의 주요 내용은 성덕을 논하고 예악을 밝히는 것(言成德, 明禮樂)이다. 그가 보기에 자사는 노자의 무리와 논쟁하기 위해 불가피하게 입놀림을 하여 공자와 선왕의 도에서 벗어났다.[42] 맹자는 자사의 의도를 이해하지 못하고 『중용』의 '성性'과 '내외지변內外之辯' 같은 형이상학적인 사유에 현혹되어 선왕의 도에서 이탈하게 되었다. 순자를 비롯한 이후 백가는 반드시 자기의 얘기로 성인의 도를 성명하려다 보니 오히려 선왕의 도는 '안천하安天下'를 위해 만들어졌다는 사실을 망각하고[43] 『중용』이 전하는 공자의 도를 잃어버렸다.[44]

소라이의 『중용』에 대한 비평 대부분은 '어천어성語天語性'인 형이상학적 사상에 집중되어 있다. 따라서 주희의 십육자심법과 인심, 도심설에 대해서도 동의할 수 없다는 입장이다.

(2) '성'은 '습상원'의 특성이 있다. '미발'은 '성'의 원초 상태이고 '이발'은 학습 이후의 상태다

소라이는 자사의 『중용』이 『맹자』보다 공자의 가르침에 부합된다고 보기 때문에 그의 해석은 진사이와 다르게 맹자의 성선설을 채택하지 않았다. 그는 솔성지위도率性之謂道를 '성을 따른 도(循性之道)'로 해석하지 않았고, 『중용』의 희로애락지미발, 위지중喜怒哀樂之未發, 謂之中의 대목을 회피하지 않았다. 따라서 소라이가 '성'에 대해 논한 것은 천명지위성에 대한 주해에 있지 않고 희로애락지미발, 위지중에 대한 주석에서 찾아볼 수 있다. 그는 다음과 같이 말했다.

'희로애락지미발'이란 인성의 원초 상태를 이야기하는 것이다. 갓난아이 때 그 성질이 달라도 알아볼 수 없다. 모든 사람은 '성性'이 있고 '습習'이 있는데 성과 습은 서로 연유되어 변별하기 어렵다. 따라서 성을 논한다면 반드시 사람이 갓 태어나 습하지 않았을 때를 봐야 한다. 이것이 『예기』에서 말하는 '인생이정, 천지성야人生而靜, 天之性也(사람은 태어날 때 고요하니 이것이 천성이다)'의 뜻이다. '발이개중절發而皆中節'이란 성장한 후 성질의 차이가 발산되어 오만 가지 다름으로 나타나지만 배울 수만 있다면 예의범절에 부합할 수 있다는 이야기이다.[45]

소라이는 '미발未發'을 '사람이 태어나 아직 학습하지 않은 상태'로 해석하고 '발이중절發而中節'을 '성장한 후 성질의 차이가 발산되어 나타나지만 배울 수만 있다면 예의범절에 부합할 수 있다'로 해석한다. 이렇게 볼 때 소라이도 진사이와 마찬가지로 '성상근, 습상원性相近, 習相遠'을 성을 논하는 기준으로 삼는 것이지만 두 사람 사이에는 다음과 같은 차이가 있다.

첫째, 진사이는 이발已發/미발未發설을 『중용』의 내용으로 인정하지 않기 때문에 '이발/미발'을 구별하지 않았다. 이에 비해 소라이는 "미발의 성性은 정靜이고 이발의 성性은 습習이다", "미발과 이발 양자는 서로 연유되어 구별할 수 없다(相因不分)" 등의 방식으로 『중용』의 미발, 이발을 해석한다. 둘째, 진사이의 '성'에는 "선(인의仁義)을 지향한다"는 맹자 성선설의 잔여가 있지만 소라이는 그런 것이 없다.

(3) '솔성지위도'란 '성'을 따라 '도'를 만든 것이다

소라이도 진사이처럼 『중용』의 '이발/미발'에 대한 형이상학적 설명을 반대하기 때문에 그가 『중용』 첫 장의 천명지위성天命之謂性에 대해 단지 "성에 근본을 두고 천으로 확장한 것은 노자에 대항하여 세상을 권고하기 위한 것이다(本諸性而推之天, 所以抗老氏而勸世)"라고 해석했다. 솔성지위도率性之謂道는 "성인이 본성을 따라 도를 만들었다(聖人率性而造道)"고 해석한다. 그는 다음과 같이 말했다.

> 성인은 성性을 따라 도를 만들었다. 자사가 솔率만 얘기하고 조造를 이야기하지 않아 맹자까지 흘러가니 성선으로 발전했고, 순자는 조造를 보았기 때문에 성악을 주장한다. 이 모두 한쪽으로 치우친 것이다. 자사의 요지는 성위誠僞(참이냐 거짓이냐)의 구분이지 내외內外를 구별하려는 것이 아니다. 자사의 뜻은, 도道는 비록 성인이 만들었지만 성性을 따라서(率性) 만든 것이다. 그것을 배우고 익히면 본성과 나를 바 없이 진실하게(誠) 된다. 자사는 공자를 직접 만나 보았고 70명 제자한테 배웠으니 진정한 내용을 배웠을 것이다. 비록 조造라고 말하지 않았지만 말한 것과 같다. 그가 말할 때 꺼림이 있어서 그런 것으로 이는 맹자가 따라가지 못한 것이다.[46]

인용문에서 소라이는 자사가 이야기한 솔성지위도率性之謂道의 의미를 '솔성率性'과 '조도造道' 두 가지 측면에서 이해하고 있다. 그가 보기에 맹자와 순자는 『중용』 사상의 한 측면만 이어받았다. 맹자는 '솔성率性(성을 따름)'의 측면을 받아들여 성선설로 발전시켰고, 순자는 '조도造道(성을 억제함)'의 측면에 치우쳐 성악설을 주장했다. 이런 결과를 초래한 원인에 대해 소라이는 자사가 노자의 학설에 대항하기 위해 멋진 문구로 사람을 유혹하여 그의 말은 "말은 근사하지만 논리가 부족한"[47] 상황이 되어 버렸기 때문이라고 설명한다.

'성'에 관하여 소라이는 맹자, 순자의 설을 채택하지 않고 진사이와 마찬가지로 공자의 '성상근, 습상원'을 성을 논하는 기준으로 삼았다. 그리고 소라이는 『중용』 첫 장의 중심이 '솔성이조도率性而造道'에 있다고 보기 때문에 그는 '천명지위성'을 "사람의 성질은 하늘이 준 것이다(人之性質, 上天所與)"로 해석하고 '솔성지위도'를 "성인이 인성을 따라 도를 만들어 천하 후세로 하여금 이를 따라 실행하게 하며 육경에 기록된 예악형정이 바로 그것이다(聖人順人性之所宜以建道, 使天下後世由是以行焉, 六經所載禮樂刑政類皆是也)"[48]로 해석했다. 여기서 소라이는 육경의 예악형정을 선왕의 도, 성인의 도로 본다는 것을 알 수 있다.

(4) 천하의 지성은 천지를 감동시킬 수 있다

소라이는 희로애락지미발喜怒哀樂之未發, 위지중謂之中을 해석할 때 '화和'를 "다르지만 서로 거스르지 않다(殊異者之不悖)"로 설명하고, '치중화致中和'를 "예악의 가르침이 천하에 행해지고 백성도 변화하여 화목해져 이로써 천지중화의 기를 느끼게 한다(禮樂之敎大行於天下, 民俗於變時雍, 以召感天地中和之氣)"라고 설명한다.[49] 그중 '천지중화의 기를 느끼게 한다(以召感天地中和之氣)'의 대목은 문장으로 볼 때 우주론이나 신비주의적인 색채가 강하다고 볼 수 있다. 이런 문장은 다른 주석에서도 볼 수 있는데, 예를 들면 "서로 친하고 사랑하고 돕고 키워주는 성은 사람마다 같고 이는 중화中和의 기氣 때문이다(相親, 相愛, 相助, 相養之性, 人人相若, 是中和氣所使)", 천지위天地位를 "비바람과 춥고 더운 것이 시절에 맞고, 해와 달은

밝음을 잃지 않고, 산은 무너지지 않고, 강은 넘치지 않으며 바다는 파도 치지 않는다(風雨時, 寒暑節, 日月不失明, 山不崩, 河不溢, 海不揚波)", 만물육萬物育을 "백성의 곡물은 풍요롭고, 나무는 재목이 되고, 재화와 보물은 흥성하고 상서로움이 나타난다(民物蕃庶, 草木成材, 財利殖焉, 寶藏興焉, 祥瑞臻焉)"로 설명하고, 지성지도至誠之道, 가이전지可以前知는 "백성이 선을 배워 성性을 이루면 상서로움을 느끼게 되고 선을 불러온다(民習善以成性, 故必感禎祥, 善召之也)", "백성이 악을 배워 성性을 이루면 요사스러움을 느끼게 되고 불선不善을 불러온다(民習惡以成性, 故必感妖孽, 不善召之也)"[50]고 보는데[51] 모두 우주론과 신비주의적인 색채가 내포되어 있다.

소라이의 이러한 신비주의와 우주론의 색채가 짙은 해석은 어떻게 이해해야 하는가? 우선 소라이의『중용해』는 여전히 육경예악을 중점으로 해석했지 형이상학적인 설정을 해석의 근거로 삼지 않았다. 이는 ⏌의 '귀신鬼神'에 대한 설명에서 확인할 수 있다. 소라이가 말했다. "귀는 사람의 귀이고 신은 천신이다. 선왕이 조상을 제사하면서 하늘에 견주었기 때문에 귀신이라 한다. 천인을 합친 것이다(鬼, 人鬼也. 神, 天神也. 先王祭祖考而配諸天, 故曰鬼神, 合天人之名也)." 따라서 소라이가 논하는 '귀신'은 여전히 "살아 있는 것처럼 제사한다(祭如在)"와 조상의 연장선에 있는 초월적 의미에서 논하는 것이지[52] 우주론의 '음양이기陰陽二氣'의 영감靈感에 입각하여 논하는 것이 아니다.[53]

다음으로 소라이가 이야기한 '소감천지중화지기召感天地中和之氣'는 그가 이해한『중용』의 '성誠'의 개념과 선왕의 도를 실행하면 "알지 못해도 암묵적으로 서로 통한다(不知而默契)"는 생각과 관련 있다. 소라이가『중용』의 "오직 천하의 지성만 천하의 대경을 다스리고 천하의 대본을 세우며 천지의 화육을 알 수 있다(唯天下至誠, 爲能經綸天下之大經, 立天下之大本, 知天地之化育)"를 해석할 때 다음과 같이 말했다.

　　이것은 요순을 이야기하는 것이다. 공자가 이를 배워 성인의 덕을 이루었으니 천하의 지성至聖으로 불린다. 요순이 이것에 성性을 부여했기 때문에 천하의 지성이라고 부른다. …… '대경大經'이란 '예禮'의 큰 것을 이야기한다. 선왕이 천하를 다스리는 준거는 '예'뿐이다. 혹자는 '오륜五倫'이라 하고 혹자는 '구경九經'이라 하는데 모두 '예'이다. '예'를 제외하고 '도'를 논하는 것은 후세 이학자理學者 무리가 하는 이야기니 따르면 안 된다. '예'란 인륜에 부합된 것을 정리하여 그 제도 범절이 매우 세밀하다. 따라서 실(絲)을 정돈하는 것으로 비유한다. '천하지대본天下之大本'이란 중용의 덕이다. '입立'이라고 한 것은 세워서 가르친다는 뜻이다. '지천지지화육知天地之化育'은 앞에 나온 '치중화, 천지위, 만물육언致中和, 天地位, 萬物育焉(중화를 이루면 천지가 자리를 바로 잡고 만물이 생긴다)'과 '찬천지지화육贊天地之化育(천지의 화육을 찬탄한다)'과 같은 뜻이다. 성인은 이를 통틀어 하나로 만들 수 있어 '지知'라고 한 것이다. 이것이 어찌 "보고 듣고 알았다"는 차원인가? 『중용』에서는 '성誠'을 주장한다. 따라서 부부지우가여지언夫婦之愚 可與知焉(우둔한 서민도 알 수 있다), 생지生知(태어나서 안다), 학지學知(배워서 안다), 곤지困知(애쓴 다음 안다) 및 지성지도至誠之道, 가이전지可以前知(지성의 도는 앞일을 미리 알 수 있다), 선필선지지善必先知之(선한 것은 반드시 먼저 알게 된다), 불선필선지지不善必先知之(선하지 않는 것은 먼저 알게 된다) 등 문구에서는 모두 "알지 못해도 암묵적으로 서로 통하는 것(不知而黙契者)"을 지知로 보는 것이다. 독자가 이

뜻을 깨달으면 여기 '지知'는 '찬贊'이라는 것을 알 수 있으며 설명할 필요 없이 매우 명백하다.[54]

위 인용문에서 소라이 『중용해』의 몇 가지 특색을 알 수 있다.

① 성인은 예악禮樂으로 도를 논하지 송유宋儒처럼 예악을 벗어나 도를 논하지 않는다.
② 요순은 성性에서 출발하여 예악을 만들었고 공자는 이를 배워 성인이 되었다. 따라서 요순의 지위는 공자보다 높다.
③ 성인은 가르침을 위하여 중용의 덕을 세운 것이지 중용을 '도'로 삼는 것이 아니다.[55]
④ 사람이 선왕의 도를 실천하여 성심誠心을 갖는 것은 천성 때문이다. 성심으로 실천하고 학습하여 성性이 되게 한다면 비록 알지 못하고 사려나 억지가 없어도 암암리 선왕의 도에 부합된다.[56] 이러한 묵계黙契의 '지知'는 보고 듣고 지각하는 '지知'와 다르다.

위의 ④에서도 알 수 있듯이 소라이가 얘기하는 '이소감천지중화지기 以召感天地中和之氣'는 "알지 못해도 암묵적으로 서로 통하여" 만물을 통틀어 하나로 만든 것으로 이해해야지 우주론이나 신비주의의 입장에서 말했다고 볼 수 없을 것이다.

3. 이토 진사이와 오규 소라이의『중용』해석의 사상사적 의미

진사이와 소라이의『중용』해석의 공통점과 차이점

이상의 설명으로 진사이의『중용발휘』와 소라이의『중용해』의 해석상의 같은 점과 차이를 비교해볼 수 있다. 우선 비슷한 부분을 본다면 두 사람 모두 '배움學'에 관한 이론을 구축하는 데 노력을 기울였지만, 마찬가지로 '깨달음覺'에 관한 논술은 부족하다. 학學에 관한 부분을 보면, 진사이의 '왕도王道'[57]와 소라이의 '선왕지도先王之道'[58]는 내용상 인의仁義와 예악禮樂의 차이는 있지만 실제 수양의 공부는 역시 '예의로 재단(以禮義裁之)'[59]해야 하는 것이다. 따라서 진사이의 '왕도'나 소라이의 '선왕지도'는 모두 성인이 세운 도덕적 권위주의의 경향이 있다.

두 사람의 차이는 네 가지로 나눠 설명할 수 있다.

① 천명지위성天命之謂性, 솔성지위도率性之謂道, 수도지위교修道之謂教

에서 나온 '성性, 도道, 교教' 세 단계의 개념에 대해[60) 진사이는 인의

仁義로 '도'를 설명하고 소라이는 예악禮樂으로 '도'를 설명하며 두 사

람 모두 송유의 천리天理로 '도'를 설명하는 것을 반대했다. 하지만

진사이는 인의를 도로 보기 때문에 도(인의)와 성性(인의를 지향하는

성)을 확연하게 이분할 수 없다.[61) 그는 "성性은 자기의 소유(性者己

之所有), 도는 천하에 통하는 것(道者天下之所通)"이라고 말하는데 여

기서 '성', '도'의 차이는 개인이 배우는 인의냐 집단이 따르는 인의

(인륜, 일상의 덕)냐 뿐이다. 따라서 '성, 도, 교' 세 단계의 개념은 진사

이의 "성과 도는 상통한다"는 해석으로 '도, 교' 두 단계만 남는다.[62)

소라이의 경우, 맹자의 성선설을 회피하여 "사람은 성性과 습習이 있

는데 양자는 서로 다르기 때문에 변별할 수 없다"고 보는 '성교귀일性

教歸一'설을 주장한다.[63) 따라서 '성, 도, 교' 세 단계의 문제에서 소라

이도 진사이와 마찬가지로 '도, 교' 두 단계만 남는다. 두 사람의 차이

는 '성'을 '도'에 귀속시키느냐 '교'에 귀속시키느냐의 문제이다.

② 중용의 달성에 대해 진사이의 학설에 따르면 자기 혼자의 성(一己之

性)에서 천하 공통의 도(天下所通之道)에 이르는 방법은 성지덕性之德

(즉 성誠, 진실하고 허위가 없는 행동)과 교지공教之功(즉 명明, 진실하고 허

위 없음을 추구하는 것)을 통하는 것이다.[64) 그에게 중용의 '중'은 "일

상적이고 실행 가능(平常可行)한" 것이고, 또 '중'이 무과불급無過不及

할 수 있는 것은 행위 주체가 권權(저울질, 취사 선택)을 한 결과다.[65)

소라이는 '성교귀일'을 주장하기 때문에 그가 중용은 "높지 않고 실

행하기 쉬운 덕(德之不甚高而易行者)"이라고 설명하는 것은 예악형정

의 '교지덕敎之德'을 강조하는 것이지 진사이처럼 성性이 덕敎에 대해 '저울질/판단'한다고 보는 것은 아니다.

③ 성誠의 의미에 대해 진사이는 성誠을 성性(인의를 지향하는 성질)과 도道(인의仁義)의 진실하고 거짓 없는 상태로 보았다. 소라이는 성誠을 '예악선왕지도禮樂先王之道'와 '습이성성지덕習而成性之德'에서 떠날 수 없는 것으로 본다. 따라서 소라이의 성은 천지와 서로 교감할 수 있고 선왕과 묵묵히 통할 수 있다. 이러한 성은 반드시 '사람이 배워서 덕을 이룬 후' 가질 수 있고[66] 진사이의 성誠처럼 성性(인의, 양심)의 발용發用으로 나타날 수 있는 것은 아니다.

④ 성인聖人과 육경六經의 관계에 대해 진사이는 성인을 이야기할 때 대부분 공자를 지칭하고 육경은 공자의 아래에 있다. 소라이는 요순 선왕을 더 높이 평가하며 육경의 가르침이 공자보다 우위에 있고 공자는 육경을 배워서 성인이 된 것이라고 본다.

예악형정의 측면에서 볼 때
소라이는 진사이의 『중용』 해석을 완성시켰다

(1) 진사이와 소라이의 표면적 대립

표면적으로 보면 오규 소라이의 『중용해』는 의도적으로 이토 진사이의 『중용발휘』를 반대하기 위한 작품으로 보인다. 진사이가 중국 문헌학의 견해를 인용하여 논술한 주장, 예를 들면 『중용』이 자사의 저서인지 의심하고, 첫 장 '희로애락喜怒哀樂' 이하의 47자를 『악경』의 유실 부분이라고 보고, 제16장 '귀신鬼神'을 논하는 부분이나 제24장 '진상禎祥 · 요얼妖孽'을 논하는 부분은 한유漢儒의 오도라고 보고, 제20장은 「애공문」편이고 21장 이후는 「성명서誠明書」라고 해야 한다는 견해에 소라이는 모두 반대하는 입장이다. 또 진사이는 공맹의 요지를 근거로 『중용』을 평가하는 데 비해 소라이는 명확하게 맹자를 비판하고 자사의 사상이 맹자보다 훨씬 우월하다고 주장한다.[67] 대체로 진사이와 소라이의 같은 점은 단지 ① 고학古學을 제창하는 것 ② '활동주의'를 주장하고 송유宋儒의 '적정寂靜주의'를 반대하는 것 ③ '기질氣質의 성性'을 주장하고 '본연本然의 성性'을 반대하는 것뿐이다.[68]

그렇다면 소라이가 진사이를 반대하는 까닭은 무엇인가? 만약 소라이의 목적을 단지 진사이의 고의학古義學을 반박하여 자신의 학문을 내세우고 이름을 알리기 위한 것으로 본다면[69] 이는 진사이의 『중용발휘』와 소라이의 『중용해』가 해석 사상사에서 갖는 의미를 간과한 것이다.

(2) 진사이학과 맹자 인성론의 배반

진사이와 소라이의 『중용』해석의 사상적 의미는 맹자학에 대한 그들의 판단과 해석에서 토론을 시작해볼 수 있다.

진사이는 맹자의 학설을 높이 평가한다. 그는 학문의 방법은 우선 혈맥(계통, 전승)을 분별하고 터득해야 한다고 주장하는데, 그가 보기에 맹자의 '인의仁義'설이 바로 '성현도통聖賢道統'의 혈맥이다.[70] 그는 또 육경을 『시』, 『서』, 『역』, 『춘추』 등 사경과 『예』, 『악』 두 부분으로 나눈다.[71] 그의 도는 '사경'과 『논어』 · 『맹자』의 혈맥상 관계를 밝히는 것으로 이를 『예, 악』을 해석하고 평가하는 원리로 삼을 수 있다는 것이다.[72] 이러한 인의 도덕(內聖)을 예악형정의 재량 기준으로 보는 견해는 내성외왕內聖外王을 겸비한 학설로 보이지만, 진사이의 이론은 진정한 내성內聖의 학문으로 볼 수 없다. 그 관건은 진사이는 성선설을 주장하지만 그의 성선설은 정면으로 인간의 본성이 선하다고 인정하는 것이 아니라 인성의 선은 왕도와 인의仁義의 가르침에 부합할 수 있다고 주장하는 소극적 자세를 보이기 때문이다.[73]

진사이가 맹자의 성선설을 철저하게 따르지 못한 점은 이론적인 면에서 어떠한 결과를 가져올까? '내성, 외왕'이라는 토론 틀에서 볼 때 그의 '인의지도仁義之道'는 내성 측면이 결핍되었기 때문에 내성의 학문이라고 할 수 없고, 따라서 내성을 통해 외왕의 사공事功을 전개할 수 없다. 또 외왕의 측면에서 볼 때 진사이는 '성선'을 주장하기 때문에 '자연성自然性'과의 연관을 끊을 수 없고, 따라서 그의 외왕 학문은 직접 외부의 변동적인 환경과 연결할 수 없어서 예악형정의 가르침을 전개할 수 없다.

(3) 소라이는 정면으로 주자학에 대항할 수 있다

진사이와 소라이가 『중용』을 주해할 때 사실 공통된 관심 대상이 있었다. 그들이 이야기한 "일상적이고 실행 가능한 도(平常可行之道)"(공자의 인의) 혹은 "높지 않고 실행하기 쉬운 덕(德之不甚高而易行者)"(육경의 예악형정) 등은 모두 명확하고 실행 가능한 '가르침(敎)'이다. 더 중요한 것은 '인의지교仁義之敎' 혹은 '예악형정지교禮樂刑政之敎'는 모두 "배워서 성이 되게(習以成性)" 할 수 있는 것이다. 이러한 공동의 기초에서 볼 때 맹자학은 학문을 다시 성性과 천도天道를 논하는 쪽으로 되돌려놓을 우려가 있다. 따라서 소라이가 맹자의 성선설에 바탕을 둔 진사이의 학설에 반대하는 이유도 여기에 있을 것이다. 소라이는 진사이의 학설과 맹자의 성선설 사이의 이반을 보았고, 그가 『맹자』나 성선설을 폄하하는 것도 '예악형정'과 '자연성'의 연관을 절단시키고 자신의 이론을 더 공고히 하려는 의도가 있는 것이다.

주희의 사서학 해석에 대해 진사이는 중국 송대의 회의론자처럼 주희의 『중용장구』를 회피하였지만 소라이는 그렇지 않았다. 소라이의 『중용해』는 주희의 해석에 정면 대응하면서 자신의 견해를 제시하여 『중용』 해석을 철저히 재건하고 주자학을 반박하려는 확고한 의도를 보였다. 소라이는 『중용』의 학설을 '선왕지도'에 부합하게 하려고 했고, 동시에 맹자부터 송명 유학자까지의 『중용』에 대한 오해를 지적하고자 하는 등 그 야심이 크다고 하지 않을 수 없다.

지금까지의 논의를 종합해보면 소라이가 『중용해』를 통해 『맹자』 및 성선설에 대해 제기한 반론은 진사이 계열 사상의 완성으로 볼 수 있다. 그는 진사이 학설이 직면할 수 있는 이론적인 문제를 해결하고, 또 자신의 독특한 해석을 통해 유학 사상사 중 '성性과 천도天道' 문제의 근원 및 그로부터 나온 폐단을 규명하려고 했다. 소라이는 『중용해』를 통해 맹자 심성론心性論과 애매하게 얽혀 있는 진사이의 학설을 정리하고, 정주의 주해에 정면 대항하는 것으로 정주 이학程朱理學을 반대하는 고학파의 이론 체계를 완성한 것이다.

4. 비교의 관점에서 본 정약용의 『중용』 해석

『중용』의 가치를 인정하되 성리학의 해석을 반대한다

정약용도 예악형정을 주장하지만 『중용』이 자사의 저작임을 의심하지 않았다. 그는 오히려 고대이래의 근거를 제시하며 『중용』이 자사의 저작이라는 점을 강조하고[74] 『논어 · 향당』과 서로 표리가 되는 관계라고 주장한다.[75] 또 『중용』이 논하는 희로애락喜怒哀樂은 고대 사람이 논하는 희로애락지절喜怒哀樂之節과 유사하고 그 정서는 『진어晉語』에서 구범舅犯이 이야기한 "나라를 다스리는 자는 희로애락의 절도를 알아야 하고 이로써 백성을 인도해야 한다(夫長國者, 唯知哀樂喜怒之節, 是以導民)"와 같다고 본다.[76] 정약용은 후세 성리학자의 해석은 이미 고대의 정서와 달라졌다고 보고 "『중용』은 고문이니 마땅히 당시의 정서(氣味)로 뜻을 찾아야 한다

(中庸既是古文, 當以當時氣味求之)"고 주장한다.[77] 따라서 다산의 논술도 주자의 해석을 뛰어넘어 고학古學에 바탕을 두고 논의를 전개하려는 의도가 있다.

정약용의『중용』해석

(1) '희로애락지미발'로 신독 양성의 공부를 논함

일본 고학파의 이토 진사이는 희로애락지미발喜怒哀樂之未發부터 만물육언萬物育焉까지의 47자는『중용』의 원문이 아니라고 보고 이 부분은 주석하지 않았다. 오규 소라이는 '미발未發'을 '인성지초人性之初'로 보고 갓난아이 때 그 성질의 차이를 알 수 없는 상황과 같다고 설명한다. 이에 비해 정약용은『중용』내용의 진실성을 의심하지 않고 고의古義에 따라서 해석하려고 했다. 희로애락지미발에 대해서 그는 주희의 해석을 정면으로 반박한다. 주희의 설명처럼 '천하 사람의 미발의 성性'을 통틀어서 논한 것이 아니라 "홀로 삼가 근심하는 군자가 도덕 수양을 하는 궁극적인 공부(愼獨君子存心養性之極功)"를 논한 것이라는 주장이다.[78]

1) 주희『중용장구』에 대한 비평

정약용은 어떻게 희로애락지미발喜怒哀樂之未發로부터 신독군자존심양성지극공愼獨君子存心養性之極功을 논하는가? 우선, '희로애락지미발喜怒哀樂之未發, 위지중謂之中, 발이개중절發而皆中節, 위지화謂之和' 중 '미발지중未發之中'에 대해 주희의『중용장구』의 해석에는 존양存養(도덕 수양)

공부의 의미가 포함되어 있지 않다. 주희는 '중中'을 '성性'과 '이理'로 해석하고 '이발已發'을 '정情'과 '기氣'로 해석했다. 성과 이는 천하의 이치를 포함하고 치우침이 없는 '천지지성天地之性'이기 때문에 미발지중에는 존양의 공부가 포함되지 않는다.[79] 하지만 정약용이 보기에는 주희의 이理/기氣, 성性/정情의 이론 틀로 미발/이발을 이해한다면 "소인은 존양 공부를 하지 않아도 자리를 잡고 성장하는 공덕을 이룰 수 있다"는 결론을 도출하게 되어 이치상 맞지 않다.[80]

다시 말해서 주희의 설명대로라면 일반인이 정신적으로 아무런 행동(사색, 고민 등)을 하지 않아도 미발지중의 상태라고 볼 수 있어 『중용』에서 이야기한 중/화로 볼 때 '화'의 상태에는 미달하지만 '중'의 상태는 자연적으로 도달할 수 있다. 그러므로 정약용은 『중용』에서 말한 '희로애락지미발, 위지중'에는 분명 존양의 공부가 내포되어 있어야 한다고 본다. 미발인 상태에는 "근심하고 두려워하는 신독"과 "마음을 바로잡고 외부 사물이 오는 것을 기다리는" 수양을 해야 하는 것이다.[81]

2) 주희 『사서혹문』의 신독설을 높이 평가함

비록 정약용은 주희의 설이 "일반 대중이 화和를 이루지 못해도 중中은 이룰 수 있다"는 오해를 불러일으킬 수 있다고 비평하였지만, 그는 또한 주희의 『사서혹문』에서 '중'과 '화'는 공부의 의미가 있다는 것도 잘 알고 있었다.[82] 주희의 『장구』와 『혹문』에서 나타난 이런 차이에 대해 정약용은 "정자 문하의 여러 설은 원래 명확하지 않았고(程門諸說原自不明)",[83] 또 주희가 『장구』에서 "천하 사람의 성정性情을 통틀어 이야기했기 때문"[84]이라고 본다. 정약용이 언급한 '정문제설程門諸說'은 정이와 장재의 '천지지성天地之性 (혹은 본연지성本然之性)'과 '기질지성氣質之性'의 논의를 지칭한다. 간단히 설명하면, 장재와 정이가 이야기한 '천지의 성'은 초월적인 도덕 생명의 성이고, '기질의 성'은 사람의 자연 생명(기질)으로 구성된 성이다. 양자는 상호 독립적이고 그 관계는 이理와 기氣의 관계와 같다. 장재와 정이의 천지의 성(理)과 기질의 성(氣)으로『중용』의 '중'과 '화'를 해석한다면, 정약용이 지적한 "대중은 비록 화和를 이루지 못해도 중中은 도달할 수 있다(衆人雖不能皆和, 未嘗不皆中)"는 상황에 이르기 쉽다.

정약용이 보기에는 주희가 정이의 천지지성과 기질지성의 구분을 따랐지만 주희는 기질지성의 의미를 바꿔버렸다. 주희의 이기론으로 볼 때, 천지지성과 기질지성은 서로 독립된 개념이 아니고, 사람의 기질지성은 천지지성이 기질에 빠져 있는 상태다. 천지의 기氣는 순수한 이(純理)인데 비해 기질의 성은 기질의 표현일 뿐만 아니라 '이기'가 뒤섞여 있는 상태다. 따라서 주희의 천지지성(理)과 기질지성(이기가 뒤섞인 상태)을 '성性'과 '정情'의 관계 틀에서 볼 때 '미발의 성'은 '순리純理'이고 '이발의 정'은 이가 기에 빠져 있어 '이기'가 혼재한 상태다. 일반 사람은 이기가 뒤섞인 정에 빠져 "성을 발견하고 이를 보존(見性存理)"할 수 없고, 정은 기와 섞여 있어 "발발하여 이에 적중(發而中理)"할 수 없다. 따라서 성리性理의 '중中'이나 "정이 발발하여 이에 적중(情發中理)"하는 '화和' 모두 존양의 공부를 통해야만 얻을 수 있다.[85] 이것이 정약용이 말한 주희가『사서혹문』에서 보여준 정문제설과 다른 입장이고, 『중용장구』에 나타난 불명확한 부분이다.

3) 중화의 덕은 신독에서 나온 것이다

정약용은 주희의 생각이 정자와 다르다는 것을 이해하고 있지만『중용장구』의 해석에 대해서는 여전히 불만이었다. 그는 고대의 취향을 따라『예기ㆍ악기』의 '인생이정人生而靜, 천지성야天之性也'를 반대하였고,[86] 또 정자 문하의 학자가 말한 미발무선악未發無善惡은 불교식의 허무공적虛無空寂으로 빠질 우려가 있다고 지적했다.[87] 그리고 주희가 미발未發을 '명경지수明鏡止水'로 설명하는 것도 오해를 불러일으킬 소지가 있어[88] 결코 "성인이 가르친 마음을 다스리는 방법(聖門治心之法)"이 아니라고 본다.

그러면 정약용이 생각하는 '성인이 가르친 마음을 다스리는 방법'은 어떤 것인가? 그의 설명을 보면,

성인이 가르치신 마음을 다스리는 방법은 '삼가 생각'하는 것은 있되 '적막함에 빠지는' 것은 없다. '근심하고 두려워'하는 것은 있지만 '침묵하고 가만있는' 것은 없다. 따라서 공자는 생각만 하고 배우지 않거나 배우기만 하고 생각하지 않은 것을 모두 경계한다. 문왕文王이 조심스럽게 상제를 섬겼다는 것을 알지만 고요하고 움직임이 없는(寂然不動) 것을 마음의 본체라고 하는 이야기는 들어본 적이 없다. 맹자는 "마음의 기능은 생각하는 것이고, 생각하면 얻을 수 있다"고 했지 "마음의 기능은 고요함이고 고요하면 감통할 수 있다"고 한 적이 없다. 경에서는 '희로애락의 미발'이라고만 했지 언제 '일체 사유(생각)의 미발'이라고 한 적이 있는가? '희로애락의 미발'일 때 왜 유독 조심하고 두려운 마음이 없어야 하는가? 중화中和의 덕은 원래 신독愼獨에서 나온 것이고 주자의『혹문』에

서 자세히 논한 바 있다.[89]

정약용은 『논어』 · 『맹자』부터 주희의 『사서혹문』까지 분석하여 내린 결론은 '성인이 가르친 마음을 다스리는 방법'은 신독愼獨의 공부에 있다는 것이다. 그의 생각에는 희로애락지미발은 일체 생각 혹은 사려의 미발이 아니기 때문에 내 마음의 본체는 반드시 신사愼思, 계공戒恐해야 공맹의 가르침(도)에 부합되는 것이다. 따라서 주희의 『중용장구』에 대한 정약용의 불만은 주희가 형이상학적인 이기理氣 혹은 성정性情의 개념으로 『중용』을 해석하였다는 점이다. 정약용이 보기에 이런 식의 해석은 '중화中和'의 정확한 의미를 설명하지 못할 뿐만 아니라 마음(心) 본체의 생각하고 선택할 수 있는 주체적 행동을 간과하게 된다. 정약용의 이런 견해는 '희로애락지미발' 구절에 대한 설명뿐만 아니라 '천명지위성' 부분에 대한 해석에서도 찾아볼 수 있다.

(2) '천명지위성' 일절에 대한 해석

1) '기질의 성'설을 반대함

정약용이 『중용』의 천명지위성天命之謂性, 솔성지위도率性之謂道, 수도지위교修道之謂敎를 해석하는 주요 목적은 주희의 해석으로 말미암아 형이상학이 되어버린 '성性, 도道, 교敎'를 다시 정리하기 위한 것이었다. 그의 논설은 다음과 같이 귀납할 수 있다.

① '천天'은 '이기론'과 무관하다. 유학의 근원에는 "음양오행이 변화하여 만물을 창조한다(陰陽五行化生萬物)"와 같은 설이 없다. 음양오행설은 역경易經에서 시작했지만 성인이 '역'을 만들 때 체질體質에 관

한 설은 없었다.[90] 그리고 오행은 만물 중 다섯 물체뿐이다. 다 같은 물질인데 어떻게 만물을 화생化生할 수 있나?[91]

② 옛 선인이 '성性'을 논할 때 원래 형질形質의 설이 없었고 '기질의 성'이라는 설도 없었다. 만약 송유宋儒의 설에 따라 성을 천명과 기질로 나눈다면 솔성지위도率性之謂道의 솔성率性과 기질지성氣質之性의 관계를 설명하지 못한다.[92]

③ 옛 학자가 '성性'을 논할 때 '인도人道'를 위주로 하였지 사람(人)과 사물(物)을 같이 논하지 않았다. 하지만 송유宋儒가 성을 논할 때 인과 물을 같이 논했다. 따라서 송유의 성으로 『중용』을 이해한다면, 솔성率性은 "만물의 자연 본성을 따른다(循萬物自然之性)"로 해석된다. 이를 따르면 '솔率'은 '자연대로 방임'의 뜻이 되고 수양 공부의 의미가 전혀 없게 된다. 이것은 공자의 극기복례克己復禮의 가르침과 맞지 않다.[93] 주희의 논설에서 명命, 성性, 도道, 교教 모두 사람과 사물을 겸하여 이야기하기 때문에 매번 막히고 통하지 않는다.[94]

요점에서 알 수 있듯이 정약용이 '천명지위성, 솔성지위도, 수도지위교'를 해석할 때 우선 염두에 둔 것은 '이기론'의 이해 방식을 바로잡고 '솔성지위도'의 수양 공부의 함의를 되살리려는 데 있었다.

2) 기호로 성을 설명함

정약용이 성을 이야기할 때 형이상학적 입장에 서지 않고 '기호嗜好의 성性'으로 접근하였고, 그가 보기에는 이는 『상서尚書』에서 『역전』, 『맹자』로 이어지는 전통이었다.[95] 정약용은 다음과 같이 설명했다.

천명天命의 성性은 기호嗜好의 성性으로 이야기할 수 있다. 사람의 태아가 형성되면 하늘은 영명靈明한 무형의 체體를 부여한다. 이것은 선을 좋아하고 악을 싫어하며 덕을 좋아하고 더러움을 수치로 여긴다. 이것이 바로 성性이고, 소위 성선性善이다.[96]

사람은 항상 악에 빠지는데 그럼 성선은 무슨 말인가? 사람은 선한 일을 할 때마다 마음이 기쁘다. 이는 성을 따랐기 때문에 기쁜 것이 아닌가? 사람은 악한 일을 할 때마다 스스로 시름겨워 움츠린다. 이는 성을 거슬렀기 때문에 시름겨운 것이 아닌가? 어린아이가 우물에 빠지는 것을 보면 반드시 급히 손을 내밀어야 마음이 편안하다. 거위 고기가 앞에 있으면 반드시 고사하고 안 먹어야 마음이 편안하다. 무리와 같이 길을 갈 때 반드시 짐을 나눠 짊어져야 마음이 편안하다. 선인이 무고를 당하면 반드시 그 억울함을 폭로해야 마음이 편안하다. 이런 일을 보고 행동할 수 없다면 부끄럽고 불안하게 된다. 그 편안함과 불안함은 성을 따르느냐 거스르느냐의 차이 때문이 아닌가? 그러므로 솔성率性하면 선善을 할 수 있다.[97]

순자는 성악이라고 한다. 양웅揚雄은 선악이 뒤섞여 있다고 한다. 그럼 성선은 어떻게 설명하는가?

〔대답〕 성이 만약 선하지 못하면 어떻게 솔率할 수 있는가? 만약 선악이 뒤섞여 있다면 어떻게 솔할 수 있는가? 그것이 반드시 순수하게 선해야 솔할 수 있고 순循할 수 있다. 마치 톱질하는 이가 먹줄을 따르거나 강을 건너는 자가 다리를 따르는 것처럼. 만약에 그(성) 안에 조금이라도

선하지 않는 부분이 있으면 성인은 반드시 어기고 고치라고 했어야지 어떻게 솔성率性을 도道라고 할 수 있겠는가?[98]

정약용의 생각에 성性은 하늘이 부여한 기호嗜好이다. 그는 '영명무형지체靈明無形之體'가 "선을 좋아하고 악을 싫어하며 덕을 좋아하고 더러움을 싫어할 수 있다"는 것을 통해 성性은 '형질의 성'도 아니고 '탐욕의 성'도 아닌 도덕의 근원인 성선性善의 성이라는 것을 보여주려고 했다. 그는 또 마음의 기쁨, 시름, 혹은 편안함 등 느낌으로 '성'을 따르거나 거스를 경우 나타나는 심리적 반응을 설명한다. 이렇게 볼 때 정약용의 '기호의 성'은 『맹자』의 논술이나 공자가 '병이호덕秉彝好德'을 인용하여 설명하는 인성과 어긋나지 않는다.[99]

(3) '솔성지위도'를 '천명지위성'과 '수도지위교' 사이의 연결 고리로 본다

1) '솔성지위도'는 인심/도심설의 기초

앞에서 서술한 인성론에 따라 정약용은 『중용자잠』에서 '성, 도, 교' 3자 관계를 논할 때 '솔성率性'으로 '도심道心'을 설명하고 또 성을 도와 교 사이의 연결 고리로 삼았다. 그의 설명을 보면 다음과 같다.

'솔성지위도率性之謂道'라고 하니, 성이 발산하면 도심이 된다. 도심은 항상 선을 하기 원하고 또 선을 고를 수 있다. 도심이 원하는 대로 하는 것이 '솔성'이다. '솔성'은 천명을 따르는 것이다. 의롭지 못한 음식이 앞에 있고 먹고 싶은 욕망이 강하지만 마음이 말했다. 먹지 마라, 의롭지 못한 음식이다. 나는 그 지시를 따라 거부하고 안 먹었다. 이것이 솔성이다. '솔성'은 천명을 따르는 것이다. 온몸이 피곤하여 눕고 싶지만 마음이 말했다. 쓰러지면 안 된다, 이것은 태만한 버릇이다. 그러면 나는 그 지시를 따라 벌떡 일어나 앉는다. 이것이 솔성이다. '솔성'은 천명을 따르는 것이다.[100)

성이 이런 것이니 거스를 필요 없고 억지로 할 필요도 없다. 단지 이끌고 따르며 그것이 원하는 대로 하게 하고 태어나서 죽을 때까지 이를 준수하면 이것이 바로 도라는 것이다. 다만 도로道路(길)라는 것은 다스리지 않으면 잡초가 무성하게 되고 방향을 잃게 된다. 따라서 반드시 도로 관리인이 다스리고 수리하여 길손으로 하여금 방향을 잃지 않게 해야 가고자 하는 곳에 도달할 수 있다. 성인이 대중을 가르치는 것도 비슷하다. 이것이 교敎이다. 교는 길(도로)을 닦고 수리하는 것이다.[101)

교는 오교(즉 오륜)이다. 아래 문장에서 도로 수신하고 인仁으로 수도하라고(修身以道, 修道以仁) 했다. 인이란 인륜의 덕을 이룬 것이다. 하늘이 사람의 선악을 관찰할 때 항상 인륜을 본다. 따라서 사람은 인륜으로 수신하고 하늘을 섬긴다(事天). 또 인륜으로 아래에서 말한 오달도五達道, 즉 수도의 교에 힘쓴다. 사람이 부자 군신 부부 형제 친구 사이에 마음속의 화和를 다한다면 그것이 바로 수도修道다.[102)

위 인용문에서 알 수 있는 사실은 정약용의 해석에서 '도'는 일본의 고학파처럼 더 높은 것이 없는 최고의 지위가 부여된 것은 아니다. 솔성지위도의 도는 단지 도로, 도심의 뜻이다. 그리고 소위 '도심'이라는 것은 마음이 기호를 따르고 적응할 수 있는 상태고, 반대로 '인심'은 마음이 기호를 따르지 않고 적응할 수 없는 상태다.

정약용은 '도'의 '길(도로)'이라는 의미로 '교'의 의미를 설명한다. 그가 보기에 '교'는 성인이 대중을 유도하여 나타난 결과이고, 그 목적은 모든 사람으로 하여금 '솔성'할 수 있게 하는 것이다. 이렇게 본다면 '교'는 단지 '솔성지도'의 연장이고 그것이 이론 체계에서 차지한 위치는 성性 혹은 솔성보다 높지 않다.

2) 솔성으로 위로는 천명과 통하고, 아래로는 오교에 도달한다

따라서 솔성지도率性之道는 행위 주체가 자신의 기호의 성에 따라 그것이 원하는 대로 행동하는 것이다. 그리고 수도지교修道之敎는 인륜 관계에서 성인의 교화에 따라 자신으로 하여금 부자 군신 부부 형제 친구를 상대할 때 그 영명한 본성을 잃지 않게 하는 것이다(기호의 성령이 마음속에서 당부하는 말을 무시하지 않도록 하는 것). 그러므로 솔성지도든 수도지교든 그 중점은 모두 '심心'이 '성性'의 지도를 따라 행위를 결정하고 선택할 수 있느냐에 달려 있다.

정약용은 일본 고학파처럼 도와 솔성을 나누어 보지 않았기 때문에 천명지위성, 솔성지위도, 수도지위교의 '성, 도, 교' 3자의 의미를 천(天命), 성(率性), 교(修道)의 관계로 논할 수 있다. 정약용의 생각에는 솔성할 수 있으면 천天과 서로 통할 수 있어 지천知天, 지명知命의 성과를 달성할 수 있다. 그리고 교敎에 따라 행동하고 공경한 마음으로 사천事天, 수신修身할 수 있는 관건도 순성循性의 결정을 할 수 있느냐 여부이다. 따라서 '천天, 성性, 교敎' 3자 관계에서는 성 혹은 솔성, 순성이 중추적 역할을 하여

서로 영향을 주는 동태적 관계를 형성해야 할 것이다.

(4) 중용의 의미와 연원

1) 중용의 뜻

정약용은 『중용자잠』에서 중용의 '중'자를 '치우침과 과불급이 없는(不偏不倚, 無過不及)' 덕으로 보았다. 이것은 주희와 이토 진사이와 비슷하다. 하지만 '용庸'자에 대해 정약용은 이것을 평상지리平常之理(일상의 도리)로 본다면 성인은 이 일상의 도리를 최고의 덕(至德)으로 보았다는 이야기가 되는데 이는 이치에 맞지 않다고 본다. 따라서 그는 '용'을 평상지리平常之理로 해석하지 않고 '유상有常(항상 있다, 항상 그러함)'으로 해석했다. '치우침과 과불급이 없다'의 '중中'과 '유상'의 '용'을 합치면 중용의 뜻은 '병덕유상秉德有常(항상 덕을 간직함)'으로 해석할 수 있다. 그의 논지를 살펴보면 다음과 같다.

> '중中'이란 치우침과 과불급이 없는 것이다. 이 이름은 경문에 확실한 증거가 있다. 하지만 '용庸'자의 의미는 명확한 해석이 없다. 만약 '평상의 도리'로 해석한다면 성인이 평상의 도리를 '지덕至德'이라고 했다는 말인데 이치상 맞지 않는 것 같다.[103]

> 나는 생각했다. 공자의 학문은 요순에서 왔다. 따라서 『대학』의 명덕明德, 신민新民 은 「요전堯典」에서는 극명준덕克明峻德(높은 덕을 밝히다), 이친구족以親九族(구족을 친히 하였다), 이평백성以平百姓(백성을 골고루 밝혔다), 이협만방以協萬邦(만방을 화합케 하였다)으로 나오고 「고요모皐陶謨」

에서는 신궐신수愼厥身修(삼가 몸을 닦는다), 돈서구족敦敍九族(구족을 돈 독하게 한다), 서명려익庶明勵翼(현명한 자들이 힘써 도울 것이다), 이가원재 자邇可遠在玆(가까운 곳에서부터 먼 곳까지 이른다)로 나온다. 이는 모두 '수 신제가치국평천하'와 관련된 논술이다. 전대의 성인과 후세의 성인의 말이 서로 부합된다. 어찌 '중용' 두 글자만 공자의 창조이고 요순시대에 는 없었단 말인가? 확인해보니 「고요모」에서 고요皐陶가 아홉 개의 덕목 을 제시했는데, 첫째, 관이율寬而栗. 관寬(너그러움)에 치우치지 않기 위 해 율栗(엄격함)로 보완한다. 즉 '중中'이다. 둘째, 유이립柔而立. 유柔(부 드러움)에 치우치지 않기 위해 립立(꿋꿋함)으로 보완한다. 즉 '중中'이다. 다섯 번째는 요이의擾而毅, 요擾(유순함)에 치우치지 않게 의毅(강인함)를 보완한다. 즉 '중中'이다. 여섯 번째는 직이온直而溫, 직直(올곧음)에 치우 치지 않게 온溫(온화함)으로 보완한다. 즉 '중中'이다. 나머지 원이공愿而 恭(근심하면서도 공손함), 난이경亂而敬(다스리면서도 신중함), 간이렴簡而廉 (대범하면서도 염치가 있음), 강이새剛而塞(굳건하면서도 충실함), 강이의彊而 義(강하면서도 의로움) 등도 그 문자의 의미가 명확하지 않지만 요지는 모 두 이것에 치우치지 말고 저것을 겸하라는 뜻이다. 그리고 마지막에는 "창궐유상彰厥有常, 길재吉哉(항상 드러내면 길하다)"라고 했다.

그렇다면 아홉 덕목은 '중中'이고, '유상有常'은 '용庸'이다. 중용中庸 두 글자는 요순 이래 성인들이 서로 전승한 밀지요언密旨要言이 아닐까? 「요전」에서는 기명여전악夔命汝典樂, 교주자敎冑子(기여, 악을 관장하여 주 자를 가르치는 것을 명한다), 직이온直而溫, 관이률寬而栗 강이무학剛而無虐 (강하면서 사납지 않음), 간이무오簡而無傲(간소하면서 오만하지 않음)로 표 현되는데 이것이 불편불의不偏不倚(편벽되거나 치우치지 않음), 무과불급

無過不及(지나치거나 모자람이 없음)의 덕이라는 것이 매우 명확하다. 그리고 대사악大司樂의 중화지용中和祗庸의 가르침이 원래「요전」에서 나온 것이니 역시 이 사실을 잘 보여준다. 예부터 사람에게 예악을 가르쳤으므로「고요모」에서 다음과 같이 말했다. "자아오례유용재自我五禮有庸哉(스스로 오례로 섬기다)." 요전에서 이르기를 "전악교주자이중용지덕典樂敎胄子以中庸之德(악을 장관하여 주자에게 중용의 덕을 가르친다)"이라고 했다. 공자가 세운 중용의 가르침도 그 원류와 뿌리는 요순에 있다. 이것을 알고 나면 '중용' 두 글자는 해와 별처럼 분명해지고 수천 년 동안 묻히고 가려져 있는 학문이 하루아침에 명확해지니 이보다 더 기쁜 일이 또 어디 있는가![104]

위 인용문을 보면, 정약용은『상서』까지 거슬러 올라가 자사 혹은 공자의 '중용' 개념은 요순의 도를 전승한 의미가 있음을 고증했다. 이러한『중용』의 명칭에 대한 상세한 규명은 사실 일본 고학파보다도 더 고학의 정신을 갖추었다고 할 수 있고, 이토 진사이, 오규 소라이 및 주희보다 더 설득력이 있다고 할 수 있다.

2) '중'과 '양단'의 관계

정약용은 비단『중용』명칭의 근원을 규명했을 뿐만 아니라 "자왈子曰, 순기대지야여舜其大知也與. 순호문이호찰이언舜好問而好察邇言, 은악이양선隱惡而揚善, 집기양단執其兩端, 용기중어민用其中於民, 기사이위순호其斯以爲舜乎(공자 왈, 순 임금은 큰 지혜가 있는 분이구나! 순은 묻기를 좋아하고 하찮은 말도 살피기를 좋아하였고, 악한 일은 숨겨주고 선한 일은 널리 알리었으며, 양 극단을 절충하여 그 중도를 백성에게 행하였으니, 그래서 순 임금이 된 것이리라)"의 대목에서도 보다 적절한 설명을 제시했다. 이렇게 평가할 수 있는 이유는 정약용의 해석이『중용』내용의 핵심 어휘와 더 잘 호응되기 때문이다. 이를 설명하기 위해 주희와 이토 진사이의 해석을 비교해보자.

주희의『중용장구』

순舜이 큰 지혜로운 자가 되는 이유는 자만하지 않고 사람으로부터 배우려고 해서 그렇다. 이언邇言이라 하는 것은 가깝고 얕은 말이라도 반드시 고찰하므로 그에서 누락된 선善이 없다는 것을 알 수 있다. 하지만 선하지 못한 말은 은폐시켜 드러내지 않는다. 선한 것은 또 널리 전파시키고 숨기지 않는다. 그의 너그러움과 밝음(光明)이 이렇다. 누가 기꺼이 선한 이야기를 하지 않겠는가? 양단兩端이란 중론衆論의 차이의 극단을 말한다. 모든 물체에는 양단이 있다. 예를 들면 대소大小 후박厚薄이다. 선 가운데서도 그 양단을 잡아 짐작하여 '중中'을 취한 후 사용하면 그것은 심사숙고한 선택과 행동이다. 만약 나에게 정확한 재량 기준이 없다면, 어떻게 그럴 수 있는가? 지혜에는 과불급이 없고 도가 행해지고 있어서 그런 것이다.[105]

이토 진사이의『중용발휘』

'양단'이란 만사에 본말과 경중이 있다는 이야기이다. 순이 큰 지혜자라고 하는 이유는 그는 남을 무시하여 스스로 옳다고 생각하지 않고, 깊이가 없는 사람도 잘 관찰하기 때문이다. 그리고 악한 것은 은폐하여 드러내지 않고 선한 것은 드러내고 버리지 않는다. 따라서 천하의 선을 모이게 할 수 있다. 대중의 서로 다른 의견을 모두 버리지 않아 그의 지식을 넓힐 수 있다. 과불급이 없는 것을 골라 백성에게 사용하여 천하에 누락된 선이 없도록 하려 한다. 대체로 지자知者는 지나치고 우자愚者는 못 미치는데 오직 순임금의 지혜만이 천하의 큰 성인을 이루고 중용을 실행할 수 있게 한다.[106]

정약용의『중용자잠』,『중용강의』

옛 주해는 '과過'와 '불급不及'을 양단으로 본다. 원래 맞는 해석이다. 만약 대중 의견이 모두 '과'하면 사용할 수 없고, 만약 대중 의견이 '불급' 해도 역시 사용할 수 없다. '중'과 '양단'은 이미 순임금의 마음속에 있고 이것이 저울질하는 척도가 된다. 그리고 이 세 가지로 사람의 말을 판단하는 것이다. '양단'에 있으면 버리고 '중'에 부합하면 채용하는 것이다. 이것이 순임금이 순임금인 이유다. 만약 사람의 말 중에서 양 끝을 잡고 대소 후박을 비교하여 그 중간치를 채택한다면, 마땅히 크고 두꺼워야 하는 경우에도 그것이 가운데(중간)가 아닌 이유로 버려야 하는가? 중中 이란 지선至善이 있는 곳이다. 매우 크고 두꺼운 것이 '중'인 경우도 있고 매우 작고 얇은 것이 '중'인 경우도 있다.[107]

'예禮'에서는 지위에 맞는 것이 '중'이다. (규범상) 대부의 관棺이 5촌이라면 5촌보다 두꺼운 것이 과한 것이고 5촌보다 얇은 것은 불급이다. 복식은 몸에 맞는 것이 '중'이다. 난쟁이의 옷 크기가 3척이라면 3척보다 큰 것이 과이고 3척보다 작으면 불급이다. 주자의 해석대로라면 대소 후박 모두 양단이다. 하지만 대중의 의견이 항상 대·중·소 3단계가 있는 것은 아니다. 열 사람이 말하는데 열 사람 모두 두껍고 큰 것을 주장하거나 모두 작고 얇은 것을 주장한다면 순임금은 어떻게 할 것인가? 따라서 우리 마음속에 반드시 먼저 대소 후박의 기준이 있고 그 기준을 '중'으로 하여 사람의 말을 판단해야 하는 것이다. 양단에 걸리는 것은 버리고 중용에 맞으면 채용해야 '중'을 잃지 않을 수 있다. 주자가 양단을 사람 의견의 양단이라고 해석하는 것은 매우 이해하기 어렵다.[108]

이 장이 『중용』에서 중요한 의미가 있는 이유는 『중용』의 '불편불의不偏不倚, 무과불급無過不及'을 구체적으로 설명할 수 있기 때문이다. 주희가 말하는 "지혜에는 과불급이 없고 도가 행해지고 있어서 그런 것(知之所以無過不及, 而道之所以行也)"이라는 이야기나 진사이가 말한 "오직 순임금의 지혜만이 천하의 큰 성인을 이루고 중용을 실행할 수 있게 한다(唯若舜之知, 乃爲天下之大聖, 而中庸之所以行也)"는 이야기는 모두 이 장을 '중용' 혹은 '도'가 실행될 수 있는지에 관련된 중요한 토론이라고 보는 것이다.

중용의 뜻에 대한 이해가 다르기 때문에 이 장에 대한 해석도 각각 다르다. 진사이와 주희의 생각을 보면, 두 사람 모두 "성인은 대중의 의견을 무시하지 않는다"는 해석에 동의한다. 하지만 두 사람은 '양단兩端'과 '중中'에 대해 의견이 엇갈린다. 진사이는 양단을 '본말경중本末輕重'으로 보고, 따라서 그가 이야기한 '중'은 "과와 불급이 없는 평상의 도(공맹의 인의 혹은 인륜의 가르침)를 따른다"는 의미이고, 이것은 진사이의 '중용'의 의미에 대한 해석과 상통한다. 주희는 양단을 "대중 의견 차이의 극단"이라고 해석한다. 따라서 그가 이야기한 '중'은 "도량하여 중간을 찾는다(度量以中)"는 의미이고, 이것은 그가 정의한 중용과 별 관계가 없다. 만약 억지로 주희의 '도량이중度量以中'을 그가 이야기한 '평상지리'와 맞춘다면 주희가 얘기한 '이理'는 더 이상 '도덕의 이理'가 아니라 인지하고 계산하는 도구적 이성의 요소를 포함하게 된다.

정약용은 주희의 설명은 선진의 학설이 아니라고 보고, 특히 주희의 '대소 후박'에서 "중간치를 택한다"는 설명을 못마땅하게 생각한다. 그가 보기에 중이란 지선至善이 있는 곳이지 주희가 이야기한 '도량하여 택한 중간치'가 아니다. 따라서 정약용은 '집기양단용기중執其兩端用其中(양 극단을 절충하여 중도를 취한다)'을 "지선至善을 판단의 기준으로 삼는 것"으로 해석한다. 정약용의 설을 진사이와 주희와 비교해보면, 그의 설명이 중용中庸, 천명天命, 솔성率性, 수도修道 등의 어휘에 대한 해석과 일관성이 있음을 알 수 있다.

5. 정약용과 일본 고학파의 해석상의 차이

일본 고학파와 정약용의 『중용』 해석은 모두 주희 '이기론'의 영향에서 벗어나려는 의도가 있다. 이토 진사이는 열 가지 증거를 열거하여 송명 유학자는 "대부분 불교를 유학에 접목시켜(多以禪附儒)" 공맹의 취지와 맞지 않다고 지적한다. 그는 또 『중용장구』에서 '희로애락의 미발'을 '성性'과 '이理'로 보는 것을 반대하고 주희의 이런 생각은 "지금까지 학문에 깊은 피해를 끼쳤다"고 주장한다. 오규 소라이와 정약용은 진사이와 마찬가지로 주희의 관점을 비판한다. 주희에 대한 정약용의 비평은 이미 앞에서 논술한 바 있지만, 그는 또 "주자는 『중용』·『대학』에서 이동기이理同氣異라고 하는데 유독 『맹자』의 견우지성犬牛之性 대목에서 부득이하게 기동이이氣同理異라고 해야 했다"고 지적하여 주자의 이기설에 대한 불만을 토로했다.

주자의 이기론을 반대하는 입장이 같으므로 이들은 주자의 해석을 회피하여 고학 혹은 수사학에 입각하여 그들이 생각하는 정통 학문을 제시했다. 하지만 고학파 중에서도 진사이와 소라이는 입장 차이가 있다. 소라이는 육경의 지위가 사서보다 높다고 보며, 맹자의 논술은 '선왕지도先王之道'의 범주에 포함될 수 없고 '유자지도儒者之道'에 해당된다고 본다. 따라서 그는 맹자의 성선설을 채택하지 않았다. 이와 비교하면 진사이와 정약용의 생각이 더 비슷하다. 그들이 보기에 공자는 역사가보다 철학자에 더 가깝다. 따라서 그들은 오경과 논어, 맹자 사이에는 여전히 일맥상통하는 연관성이 있다고 인정한다. 그러므로 진사이와 다산은 『논어』· 『맹자』의 지위가 오경보다 낮다고 여기지도 않고 예악형정의 측면만 강조하지도 않았다. 이러한 입장에 입각하여 그들은 『중용』을 해석할 때 특히 『맹자』의 성선설을 빌려 '천명지위성天命之謂性'을 해석하려 했다. 비록 이들은 맹자의 성선설에 바탕을 두고 있지만 두 사람은 다른 해석 취향을 보여주었다.

맹자 성선설에 대한 해석 방향이 다르다

(1) 성선설과 '인심, 도심'에 대한 서로 다른 선택

정약용이 본 맹자의 '성선'은 사람의 도덕 행위 중 '주체적 자유' 부분을 부각시킨 것이다. 따라서 정약용은 맹자의 '인지이어금수자기희人之異於 禽獸者幾希(사람이 짐승과 다른 점은 매우 적다)' 논술에 이어서 '성삼품性三品' 설을 제시했다. 그가 주장하기를 "초목의 성性은 생生(생명)이 있고 각覺

(감각)이 없다. 짐승의 성性은 생生도 있고 각覺도 있다. 우리 인간의 성性은 생生도 있고 각覺도 있고 영靈하기도 하고 선善하기도 하다.[109] " 즉 사람은 이 영명靈明한 선성善性이 있기 때문에 초목 짐승과 다른 생명의 가치와 도덕적 책임이 있는 것이다. 그의 생각에는 사람이 만약 이 영명한 선성을 다할 수 있다면 인간의 '주체적 자유'를 보여줄 수 있을 뿐만 아니라 하늘과 부합하여 천도天道를 알 수 있다.[110]

이에 비해 진사이는 비록 "사람의 형체를 갖추었으면 측은, 수오, 사양, 시비의 마음은 자연히 있게 되고 외부에서 구할 필요가 없다"고 말하지만, 그는 『맹자』 성선설 중 '주체적 자유'의 측면을 강조하지 않는다. 오히려 진사이는 "성이란 사람이 갖추어야 할 사람됨의 근본 요소이고 내가 개인적으로 얻을 수 있는 것이 아니다(性者人之所以爲人之本, 而非我所得之私也)"라고 말한다. 즉 '성'은 인류가 보편적으로 공유한 것이라고 주장한다.[111] 성인은 이 보편 공유의 선성善性으로 옳고 바르고(大中至正)[112] 천하에 통하고 만대에 전승(通夫天下, 達乎萬世)[113]할 수 있는 인륜의 가르침을 세울 수 있고, 백성은 이를 받아서 지키면 허황된 것을 추구하거나 잘못된 방향으로 흘러 이단에 빠지는 것을 방지할 수 있다.[114] 따라서 진사이가 맹자의 성선론을 따르는 이유는 "사람은 신독愼獨하고 지중持中할 수 있는 도덕적 주체이다"라는 사실을 주장하려는 것이 아니라, 성인이 "천하 공동의 도로 천하 공동의 사람을 다스린다(以天下同然之道, 治天下同然之人)"[115]는 것을 강조하기 위함이다. 다시 말하면 진사이는 성선을 주장하지만 그의 성선은 단지 왕도王道 혹은 '성인이 평상시에도 행할 수 있는 도'의 기초일 뿐이다. 그가 보기에 맹자학의 중점은 왕도이지 성선은 아니며[116] 맹자를 해석할 때 왕도를 위주로 하지 않고 성선설만 제

창하는 자는 맹자를 제대로 읽지 못한 것이다.[117]

(2) 왕도론과 성선론의 비중에 대한 판단

맹자의 성선설의 경우 맹자가 제기한 도덕 주체의 자유는 개인이 스스로 주재할 수 있다는 의미 외에도 사람을 예제(禮制)의 권위에서 해방케 하는 의미가 있다. 즉 사람은 이러한 주체적 자유가 있어서 한편으로는 자아의 가치를 실현할 수 있고, 다른 한편으로는 사람과 사람 사이의 제도적인 불합리함을 조절할 수 있다. 이러한 자각과 자아실현을 정치 생활에 적용한다면, 사람은 자신이 처한 정치 환경을 감지하고 반성할 수 있으며, 더 나아가 합리적인 계급 구분을 재건하고 더 좋은 통치자 혹은 정치체제를 선택할 수 있다. 이러한 기초가 있어야 비로소 맹자는 폭군을 축출하는 것을 "한 사내를 죽였다고 들었지 임금을 시해했다는 말은 들은 바 없다(聞誅一夫, 未聞弑君)"라고 할 수 있다. 다시 말하자면, 주체의 자유에서 출발하여 '객체의 자유'도 가능한 것이다. 즉 정치 객체(제도, 체제, 통치자 등)는 사람의 수요에 따라 조정할 수 있고 사람으로 하여금 불합리한 체제의 속박에서 벗어나게 할 수 있다.

맹자가 이야기하는 주체의 자유는 성선설에서 나온 것이다. 여기서 발전된 정치 객체에 대한 관점도 주체가 충분히 자유롭다는 전제하에서 가능하다. 따라서 성선설은 주체의 자유 근거이기도 하고, 동시에 객체의 자유 전제 조건이기도 하다. 진사이는 맹자의 주체적 자유의 개념에 대한 이해가 부족하기 때문에 『맹자』의 중점을 성선이 아닌 왕도로 보게 되었다.

진사이가 맹자의 '왕도론'이 '성선설'보다 중요하다는 결론을 도출하기 위한 사고 방향에는 두 가지 가능성이 있다. 하나는 '성선'을 제1단계로 하고, 성선을 충분히 실천한 이후 제2단계인 '왕도'의 요구에 도달하는 것이다. 다른 하나는 개인의 자유를 이상적인 정치 활동의 기본 조건으로 보지 않고 이상적인 정치는 인심의 생활에 대한 공통적인 요구라고 보는 것이다. 첫 번째 사고 방향은 개인에서 집단, 집단에서 정치 객체(정부, 국가)로 이어지는 이론 구조다. 즉 개인의 존재와 가치의 실현을 보장해주는 것이 정치의 역할이므로 군신君臣 혹은 군민君民 간 계급 직분의 대응 관계(君君, 臣臣)와 도덕 윤리적인 보민保民, 양민養民, 안민安民 등 계약관계가 존재한다. 일단 이런 대응 관계 혹은 계약관계를 이행할 수 없을 경우, 정치 객체(정부)에 대한 개조를 진행할 수 있다. 두 번째 사고 방향은 집단과 정치 객체의 관계에 편중되어 이상적인 정치는 개인의 자유가 충분히 실현되는지 여부로 결정되는 것이 아니라 집단 사회의 '공동의 인심' 혹은 '공동의 도'가 실천되는지에 달려 있다고 본다.

진사이의 생각은 두 번째 사고 방향과 같다고 할 수 있다. 개인의 자유나 개별 도덕 주체의 실현은 이상적인 정치와 필연적인 관계가 없다고 보는 것이다. 그는 『맹자고의孟子古義』에서 다음과 같이 말했다.

> 선善으로 사람을 복종시키는 것은 패자覇者의 사업이다. 선으로 사람을 부양하는 것은 왕자王者의 덕이다. 선으로 사람을 복종시키는 자는 남을 복종시키려는 마음이 있기 때문에 사람이 승복하지 않는다. 선으로 사람을 부양하는 자는 모든 사람이 선하기를 바라고 복종시키려는 마음이 없기 때문에 천하는 복종하지 않을 수 없다.[118]

이 인용문을 보면, 왕자의 덕은 마음속에 있는 도덕의 판단과 확충에서 얻은 것이 아니라 양인養人의 교敎를 실천하는 데에서 온 것이다.[119] 즉 진사이는 정치 행동의 문제에서 도덕 의지의 자유를 중요시 하지 않는다. 따라서 진사이는 비록 "왕도王道란 불인인지심不忍人之心(차마 그러지 못한 마음)으로 불인인지정不忍人之政(차마 그러지 못한 정치)을 실행하는 것"[120]이라고 말하지만, 그가 이야기하는 '불인인지심'은 결국 성인의 '왕도교화王道敎化'의 산물이지 맹자가 이야기한 '마음속에 인의仁義'가 있고 생각하고 느낄 수 있는 도덕성과 무관하다.[121] 진사이의 성性학설이 맹자와 거리가 멀기 때문에 그의 성학설은 결국 맹자로부터 벗어나 "맹자는 천하의 성은 모두 선하고 악한 것은 없다고 말한 적이 없다", 성선설은 "자포자기를 위한 말이다"[122]라고 주장하고 공자의 '성상근습상원性相近習相遠'의 입장으로 돌아갔다.

고학을 규명하는 방법이 다르다

일본 고학파의 이토 진사이와 오규 소라이의 『중용』 해석의 의미는 도덕과 자율의 문제 및 사람을 하늘의 의향과 연결시키는 문제를 사람과 사회의 합리적 관계의 문제로 해석하는 데에 있다. 그들이 보기에 사람은 우선 사회적 존재이고, '학學' 혹은 '습習'은 인류의 문화 공동체를 형성하는 규범과 조건이다. 따라서 성인의 '중용'은 고학파의 어휘 중에서 사회 교육의 출발점이고, 이로부터 사람들은 비로소 사회 문화의 발전에 관심을 가질 수 있다. 고학파의 해설이 성립할 수 없는 것은 아니지만 『중용』

과『맹자』를 해석할 때 여러 가지 매끄럽지 못한 부분이 있으며, 중국의 기존 해석 전통과도 다르다.

고학을 표방하는 진사이의 어휘 중『중용』의 '도道'에 대한 해석은 진사이의 고학이 결코 '고古'하지 않다는 것을 가장 잘 보여준다. (도에 대한) 주희와 정약용의 해석은 모두 '도로(길)'라는 고의古義를 버리지 않았는데, 진사이는 '무상무대無上無對(더 높은 것도 없고 필적할 상대도 없는 지상의 진리)'의 의미만을 고집했다. 이것으로 볼 때 진사이는 "부부父父, 자자子子, 형형兄兄, 제제弟弟, 부부夫夫, 부부婦婦"[123]와 같은 '평상가행지도平常可行之道'를 절대화하려는 경향을 알 수 있다. 『중용』의 첫 문장 '천명지위성天命之謂性'에 대한 설명에서 진사이는 『중용』의 뜻을 판별하는 과정을 설명했다.

경서에서 '천명天命' 두 글자를 이어서 사용했는데 어떤 이는 '천天'과 '명命'을 병렬하여 설명한다. 천과 명을 병렬하여 이야기할 때 '명'은 '성명性命'의 '명(운명)'이고 의미가 강하다. '오십지천명五十知天命', '생사유명生死有命', 맹자의 '막지치이지자莫之致而至者, 명야命也(부르지 않는데 닥쳐오는 것은 운명이다)' 모두 비슷한 경우다. 만약 '천지소명天之所命(하늘이 명령한 것)'으로 본다면, 그 뜻은 '여與(주다)'와 같다. 마치 맹자가 이야기한 '차천하지소여아此天下之所予我(이는 천하가 나에게 준 것이다)'의 '여予'와 같고, 그 의미는 약하다. 『중용』의 '천명지위성'도 그런 것이다. 여기서 '성명'의 '명'으로 본다면 의미가 통하지 않는다.

문자에는 실자實字가 있고 허자虛字가 있다. 성명性命의 '성'은 실자다. 천지소명의 '명'은 허자다. 선대 유학자의 잘못으로 허자를 실자로 간주하여 '이명理命', '기명氣命'의 구별이 생기고, 또 '재천위명在天爲命, 재인위성在人爲性(하늘한테 있는 것은 명이고 사람한테 있는 것은 성이다)' 같은 설이 나온다. 이 모두 『중용』의 '명'자는 원래 허자이지 실자가 아니라는 사실을 몰라서 그런 것이다. '명命' 한 글자에 두 가지 의미를 부여한 것도 필요 없는 짓인데 거기다가 허자를 실자로 하였으니 그 잘못은 더 크다.[124]

이 인용문은 문법 해석의 의미가 있지만 문법만 논하고 선진 유학 경전에 내포된 의리義理를 탐구하지 못했다. 따라서 그는 주희의 '이명理命, 기명氣命, 재천위명在天爲命, 재인위성在人爲性' 등의 견해를 반대하지만 그 이유에 대해 이론적으로 충분한 설명을 제시하지 못했다. 마찬가지로 그가 '솔성지위도率性之謂道'의 '도'를 '무상무대無上無對'라고 설명하지만 이에 대한 의리義理상의 추론도 없고 문법상의 해석도 없다. 더구나 선진 유학 경전에서는 대부분 '도'를 '길/도로'로 해석하며 '무상무대'로 해석한 경우는 없다.

소라이는 진사이의 '도'에 대한 해석을 받아들인 듯하다. 그가 말했다.

노자가 예악형정 같은 것을 선왕의 진부한 유물이라고 하여 채용하지 않고, 오직 정수精粹인 것을 '도'라고 이름 붙였다. 자사가 책을 지어 대항했는데 역시 '도'를 위주로 하여 논술했다. 육경 모두 '도'가 아닌 것이 없다.[125]

이 문장을 보면 소라이도 '도'를 '무상의 진리'로 해석하고 있다. 다만 그는 고문사古文辭의 입장에 서서 자사의 저술 환경은 노자와 항쟁하기 위한 것으로 보고, 『중용』에서 이야기한 '도'는 '정수精粹인 것'을 가리킨다고 본다. 소라이의 말도 합리성이 있어 보이지만 그는 자사가 처한 상황에 노자의 어떤 이야기가 있었는지 구체적으로 설명할 수 없었다.

이들과 비교하면 정약용은 확실하게 고대의 '기미氣味'를 추궁했다. 그는 중용 개념의 원류에 대해 『한서 · 예문지』, 『수서 · 경적지經籍志』, 『전경석문典經釋文』 등 문헌적 근거를 제시하였을 뿐만 아니라 『중용』의 의리義理에 대해서도 『상서』의 「고요모」, 「요전」, 『국어國語 · 진어』, 『논어 · 향당』 등 경전에서 그 근거를 찾았다. 또 진사이나 소라이는 '천명지위성'을 쉽게 간과하였지만 정약용은 그렇지 않았고 오히려 이것을 '천명', '도심' 등의 개념과 같이 완정한 이론을 형성할 수 있다고 보았다. 그는 다음과 같이 말했다.

도심道心과 천명天命은 두 가지로 나누어볼 수 없다. 하늘이 나에게 경고할 때 우레나 바람으로 하는 것이 아니라 은근히 자신의 마음에서 간절하게 경계의 말을 알려주는 것이다. 만일 한순간이라도 갑자기 사람과 만물을 해치려는 마음이 싹트게 되면 문득 한편에서 온화한 말로 저지하려는 자가 있어 "잘못은 모두 너 때문인데 어떻게 원망할 수 있겠는가. 네가 만일 말끔히 잊는다면 어찌 네 덕이 아니겠는가"라고 말할 것이다. 곰곰이 귀 기울여 듣는다면 희미하지 않고 뚜렷이 들을 수 있으니, 모름지기 이 말이 빛나고 빛난 천명임을 알아서 이를 따라 순종하면 선이 되고 상서로운 것이 되지만, 태만하여 어기게 되면 악이 되고 재앙이 된다. …… 천명은 태어난 처음부터 이 성性을 부여하여 원래 무형인

체體와 묘용妙用의 신神(정신/영혼)이 이와 서로 교감하게 된다. 따라서 하늘의 경고도 유형인 귀나 눈을 통해서 하는 것이 아니라 매번 형체가 없는 묘용의 도심을 통해서 하는 것이다.[126]

정약용이 보기에는 하늘이 사람에게 기호의 성性을 부여하였고 이것이 도심으로 표현된다. 이 '도심'의 신신당부는 바로 '하늘의 경고'이고, 사람이 이 도심의 '무형묘용無形妙用'을 따르면 바로 '천명을 받는 것(受天命)'이다. 정약용의 해석은 공자의 마음이 편안한지 여부로 '인仁'을 가리거나 맹자의 출척측은지심怵惕惻隱之心으로 '성선'을 드러내는 것과 취지가 같다.

정약용이 천명을 강조하면서 상제, 귀신을 언급하여[127] 종교적인 권위로써 위압한다는 지적을 받을 수 있다. 하지만 '귀신'설은 『중용』의 본문에 이미 있는 이야기이고 '상제' 개념도 선진 유학 경전에 자주 등장한다. 또 이 책 3장, 4장에서 논하였듯이 정약용의 전반적 이론은 신율윤리神律倫理와는 거리가 멀다. 따라서 그의 해석을 유가의 '성과 천도'의 학문으로 보아도 무방할 것이다. 정약용의 『중용』 해석은 그의 수사학 소양을 잘 보여주었고, 주희의 '이기론'과 대항하면서 맹자의 성선설 중 '지기성즉지천의知其性則知天矣(성을 알면 하늘을 알 수 있다)'의 의미를 보완할 수 있어[128] 유학의 입장에 서서 주자학을 비판하는 걸작이라고 할 수 있다.

주체의 행동에 대한 관점이 다르다

천명지위성, 솔성지위도, 수도지위교에서 제시한 성性, 도道, 교教 3단계 개념에 대해 일본 고학파의 진사이와 소라이는 '도'를 공맹의 인의지도仁義之道 혹은 육경의 선왕지도先王之道로 보고 지고무상의 위치에 있다고 본다. 그들의 이런 설명은 『중용』의 '솔성지위도'의 취지에서 벗어나 "성을 따르거나 억제하면 도를 얻거나 볼 수 있다"는 식으로 '도'를 논하는 것이다. 따라서 진사이와 소라이는 사실 도와 솔성을 분리해 보고 있으며, 그러므로 "도道가 우선이고 교教는 그다음이다"라는 시각을 갖게 된 것이다.

진사이와 소라이가 중요시한 것은 오직 도와 교이고, 성 혹은 순성循性은 단지 "모든 사람이 인의仁義의 교教 혹은 선왕先王의 교를 받을 수 있다"거나 공자(혹은 선왕)이 "모든 사람이 공유한 성"에 따라 '도 혹은 교'를 세운다는 것을 설명하는 기초다. 진사이와 소라이의 이론에서 성性은 도道와 통하고, 성性과 교教는 하나로 귀결할 수 있기 때문에 '솔성지위도'는 이차적인 것으로 강등된다.

진사이와 소라이의 이론에서 성性과 솔성率性이 이차적인 것으로 되어버리니 그들이 얘기하는 '성'은 단지 '사회적' 의미만 갖게 되었다. 여기서 '인성론'은 선왕지도나 공맹의 인의지도의 중요성을 설명하기 위한 것이고 독립적인 가치는 없다. 그리고 그들은 '심'과 '성' 사이에 '인심'이나 '도심' 같은 것이 존재한다고 보지도 않는다. '인성론'이 진사이와 소라이의 학설에서 독립적인 지위가 없고, '도'와 '교'는 선왕이나 성인이 만들고 다스리는 것이기 때문에, 개인은 자신의 자각으로 선왕 혹은 성인이 설정한 '모든 사람'이라는 주체에 도전할 수 없게 된다. 그 결과, 진사이와 소라이의 이론은 '자연성'과의 연속관계를 단절시키고 주체의 행동을 강조하는 의미가 있지만, 불가피하게 도덕적 권위주의로 빠지는 경향이 있다. 다시 말하면 진사이와 소라이가 인의지도 혹은 선왕지도를 강조한 결과, 주체의 독립적 사고와 반성의 능력이 약화되고 주체의 행동 중 자유라는 측면이 부각될 수 없게 되었다.

이에 비해 정약용은 고학파처럼 '도'와 '솔성'을 나눠보지 않았다. 따라서 그의 이론에서 (사람이) 상지천上知天하고, 의교이행依敎而行, 사천事天, 수신修身할 수 있는 이유는 모두 (사람이) '솔성'할 수 있기 때문이다. '천天, 성性, 교敎' 3자 관계 중에서 '성性' 혹은 '솔성率性'이 중추 역할을 한다. 정약용의 설명은 개인의 행동과 자연성의 관계를 절단하지 않았고, 동시에 행위 주체가 그 속에서 '순성循性'할지 여부를 선택하고 결정할 수 있는 능력을 부각시켰다. 사람의 도덕적 활동을 볼 때, 정약용의 학설은 진사이와 소라이의 주체의 행동 측면을 강조할 수 있을 뿐만 아니라 주체의 자유라는 측면도 함께 부각될 수 있다.

6. 정약용의 일본 고학파에 대한 태도

정약용의 사서 해석은 일본 고학파의 이토 진사이와 오규 소라이의 영향을 많이 받았다. 이것은 그의 「일본론 1」에서도 엿볼 수 있다. 「일본론 1」에서 다음과 같이 말했다.

지금의 일본은 걱정할 것이 없다. 내가 고학古學선생 이토伊藤 씨의 글이나 적선생荻先生(오규 소라이), 다자이 준 등이 논한 경의經義를 읽어 보니 모두 문채가 찬란했다. 이로써 지금은 일본에 대해 걱정할 것이 없음을 알 수 있다. 비록 그들 논의는 간혹 왜곡된 점이 있기는 하나, 그 문채가 이미 번성하다. 대체로 오랑캐를 방어하기 어려운 이유는 '문文'(문장제도, 예의범절)이 없기 때문이다. 문文이 없으면, 예의염치로 사나운 마음을 부끄러워할 수 없고, 원대한 계획으로 약탈하려는 욕심을 바로

잡을 수 없다. 그래서 표범과 이리처럼 성나면 물어뜯고 탐나면 먹어 치우게 되니, 옳고 그름을 판단하는 여지가 어디 있겠는가. 이것이 그들이 방어하기 어렵고 무서운 이유다. …… 일본의 풍속은 부처를 좋아하고 무력을 숭상하기 때문에 연해 여러 나라를 침략하여 보물과 식량을 약탈하여 눈앞의 욕심만 채웠다. 때문에 우리나라의 근심거리가 되어 신라 때부터 사고 없이 몇십 년을 지낸 적 없었고, 중국의 강소江蘇, 절강浙江 지방은 해마다 공격당하여 명나라 말기까지도 걱정이 그치지 않았다. (하지만) 지금은 우리나라의 주현州縣이 일본과 싸우지 않은 지 이미 200여 년이 되었고, 중국도 (그들과) 서로 무역을 하고 배들의 왕래가 끊이지 않는다. 만약 예의와 문물이 그들의 천박하고 탐욕스러운 풍속을 대폭 바꾼 것이 아니라면, 어떻게 수천 수백 년 동안 고칠 수 없었던 것이 이렇게 하루아침에 조용해질 수 있겠는가.

　……이는 모두 문채가 번성한 결과다. 문채가 번성하면 무력에 힘쓰지 않고 경거망동하지 않는다. 이 몇 사람이 이렇게 경經과 예禮를 논하고 있으니 그 나라는 반드시 예의를 숭상하고 나라의 원대한 장래를 생각하는 사람이 있을 것이다. 그러므로 지금은 일본에 대해서 걱정할 것이 없다.[129]

　이 논술로 본다면, 정약용은 일본이 "부처를 좋아하고 무력을 숭상하며 연해 여러 나라를 침략"하는 '무문無文'의 나라에서 "예의를 숭상하고 장래를 생각"하는 '문승文勝'의 나라로 탈바꿈한 것을 높이 평가했다. 이 책 5장의 토론을 참조한다면, 그가 사용한 '문승'의 의미는 "일본이 학문면에서는 성인의 육경의 도를 공부하고 정치면에서는 왕자王者의 예악형정의 가르침을 실행한다"로 이해할 수 있다. 정약용이 보기에 일본의 '문승' 현상은 이토 진사이, 오규 소라이, 다자이 준 등 선생 학자의 공헌 때문이고, 따라서 그가 고학파를 지극히 칭송하는 것을 알 수 있다.

고학파의 '예악형정' 논의는 분명히 정약용을 자극하여 그로 하여금 당시 조선의 정치와 학문을 반성하고 유학의 해석 문제를 다시 생각하게 했을 것이다. 하지만 본 장에서 살펴봤듯이 정약용이 고학파의 영향을 받았더라도 그의『중용』해석의 설명 방식과 이론 형태는 고학파와 매우 큰 차이가 있다. 특히 주희가 얘기한『중용』의 십육자심법十六字心法 중 '인심/도심'설에 대해 진사이와 소라이는 맹자의 성선론에 동의하지 않기 때문에 이(인심/도심) 설을 전혀 따르지 않았고, 정약용은 이 설을 채택하였으며 또 이를 확장했다.

진사이와 소라이는 '예악형정' 등 실천적인 면을 주장하기 때문에 주희의 '인심/도심'설을 반대하였다. 마찬가지로 '예악형정'을 주장한 정약용은 어떻게 '인심/도심'설을 받아들일 수 있었는가? 이 질문의 대답은 그의『중용』에 대한 해석 외에도『논어』·『맹자』·『대학』해석을 참조해야 할 것이다.

이상 몇 장에서 논한 정약용의 '인성론人性論'과 '문질관文質觀'을 보면, 그는 인성론과 예악형정인 정치론 사이에 연관 관계가 존재한다고 여겼다. 이러한 연관 관계는 맹자 성선설의 '주체적 자유' 개념에만 전적으로 의지하는 것이 아니라 주체성에서 발전한 상호 주체성의 바탕 위에 세워진 것이다. 정약용의 주체성에서 상호 주체성을 이끌어낸 관점은 진사이와 소라이에게서는 찾아볼 수 없다. 진사이와 소라이는 단지 모든 사람 혹은 정치적 인간, 사회적 인간의 도덕적 혹은 문화적 성취에 의미를 부여할 수 있을 뿐 '사람과 사람' 사이에 대해 이론적 근거를 제시하지 못한다.

정약용은 진사이와 소라이의 사서 해석의 '사회적' 측면에 대한 공헌을 높이 평가할 수는 있지만 그들의 최종 결론은 동의하지 않을 것이다. 일본 고학파에 대한 정약용의 생각은 전기와 후기의 차이가 있을 수 있다. 이 점은 이 책 8장에서 자세하게 논할 것이다.

7장

정약용의 『대학』 해석과
사서학 구조

1. 『대학』의 가치와 일본 고학파의 견해

『대학』은 원래 『예기』 49편 중 한 편이었고, 당대唐代의 공영달이 『예기정의禮記正義』에서 인용한 정현鄭玄(127~200)과 유흠劉歆(?~AD 23)의 언급을 보면,[1] 『대학』은 서한西漢 시대에 이미 독립적으로 취급되었다. 당대의 한유韓愈(768~824)도 『대학』을 높이 평가하였고, '성의정심誠意正心'을 정치의 근본 도리라고 인용한 적도 있다.[2] 송대에 들어서 『대학』의 지위는 더욱 높아졌다. 우선 사마광司馬光(1019~1086)이 『예기』에서 「대학」과 「중용」 두 편을 뽑아 『대학광의大學廣義』, 『중용광의中庸廣義』를 지었고, 정호·정이 형제의 높은 평가로 이 두 편은 비로소 『논어』·『맹자』와 병렬하게 되었다.[3] 남송 때 주희는 정씨 형제의 학설을 이어받아 「대학」과 「중용」을 독립시켜 『대학장구』·『중용장구』를 저술하여 『논어집주』, 『맹자집주』와 묶어 『사서장구집주』로 편집했다.

주자학이 동아시아에 전파되면서 일본은 17세기에 중국의 과거제도와 주자학을 받아들여 동아시아 유교 문화권의 일원이 되었다. 도쿠가와 시대에 고학파의 이토 진사이는 공맹의 혈맥을 기준으로 사서 텍스트에 대한 비판을 가했다. 『대학』에 대해 진사이는 고본古本의 『대학』[4]을 근거로 「대학비공씨유서변大學非孔氏遺書辨」을 저술하여 주희의 『장구』는 "별도로 본말本末과 격물치지格物致知를 해석하는 전傳을 만들어 저자의 원래 의도를 왜곡했다(別立釋本末傳, 補格物致知傳, 大失作者之本意)"고 비판했다.[5] 『대학』의 사상에 대해서도 진사이는 열 가지 증거를 들어 『대학』은 공자가 남긴 책이 아니라고 주장한다.[6]

① 『대학』은 원래 『예기』의 한 편이고 저자가 누군지 모른다.

② 공맹이 이야기한 학문을 하는 방법은 매우 많아 『대학』에서 열거한 8조목만 있는 것이 아니다.

③ 공맹은 마음을 보존하는 길(存心之道)은 예禮로 마음을 보존(以禮存心)하고, 인仁으로 마음을 따르는(以仁從心) 데 있다고 보는데 『대학』에는 이런 것이 없어 공맹의 진정한 혈맥이 아니다.

④ 『대학』의 "시이불견視而不見, 청이불문聽而不聞, 식이부지미食而不知味(보아도 보이지 않고, 들어도 들리지 않고, 먹어도 맛을 알지 못한다)" 구절은 특히 도道에 어긋난다. 고자告子의 무리가 지은 말이다.

⑤ 맹자가 이야기한 '정인심正人心'은 백성에게 베푸는 것이지(施之於民) 자신에게 하는 것이 아니다. 『대학』에서 말한 '정심正心'과 다르다.

⑥ 명덕明德은 성인聖人의 덕德이고 『시』, 『서』, 『좌전左傳』에 많이 나온다. 하지만 '명덕'은 오직 성인의 덕을 찬양할 때만 쓸 수 있지 학자

가 감당할 수 있는 것은 아니다. 『논어』·『맹자』는 인의예지를 가르치고 효제충신을 요구하였지만 '명덕'을 언급한 적이 없다. 『대학』에서 이야기한 명덕은 공맹의 가르침이 아니다.

⑦ 『대학』은 군주(왕)를 위한 것이지 학자를 위한 것이 아니므로 공맹의 취지와 다르다.

⑧ 『대학』에서 "욕성기의欲誠其意, 선정기심先正其心(뜻을 참되게 하려면 먼저 마음을 바르게 하라)"이라고 하지 않고 "욕정기심欲正其心, 선성기의先誠其意(마음을 바르게 하려면 먼저 뜻을 참되게 하라)"라고 한 것은 본말이 전도된 것이다. 또 『대학』은 문무文武, 주공周公의 가르침을 인용하지 않고 멀리 있는 초楚나라 사람의 말을 인용한 것으로 보아 유가의 정론이 아니다.

⑨ 『대학』에서 "돈 버는 데에는 큰 길이 있다(生財有大道)"라고 하는데 이것은 절대로 공자의 말이 아니다.

⑩ 『대학』에는 "의로움을 이익으로 한다(以義爲利)"는 논지가 있는데, 이것도 공맹의 뜻이 아니다.

진사이는 『대학』과 공맹의 관계를 완전히 부인하고, 주희의 궁리하기 위한 '격물치지格物致知'설에 대해서도 "본문을 확인해보아도 입증할 수 없다. 그가 마음대로 지은 것이고 저자의 본래 취지는 아니다(證之本文, 本無所考, 蓋出其意撰, 而非作者之本旨也)"라고 하며 동의하지 않았다. 진사이가 보기에 "격물이란 본本에서 시작하고 말末에서 끝나는 것이다. 즉 성의誠意 등 여섯 항목이 선후 순서를 얻는 것이고(格物者, 即本始而後末終之謂. 指誠意等六者, 得先後之序而言)", "치지란 자기 마음이 아는 것을 끝까지 밀고 나가는 것이다(致知, 謂推致其心之所知也)." 즉 진사이의 뜻은 "지에는 선후 본말의 구별이 있다(知有本末先後之別)." 따라서 "알아서 도움이 안 되는 것은 알 필요도 없다(知而無益者, 亦不必知之)." 학자는 우선 "일의 본 말 선후를 판단하여(審其事之本末先後)" "근본인 것과 급한 것을 먼저 하고 말단인 것과 급하지 않은 것을 나중에 하는 것(先其本而後其末, 務其急而忽 其緩)"을 할 수 있어야 한다.[7] 다시 말하면, 진사이의 생각에 '격물'은 "사 물의 본말 선후를 판단하여 바로잡는 것"이고, '치지'는 "사물에 대한 지 식을 추론하여 본本과 급急을 먼저 하고 말末과 완緩을 나중에 하라"는 뜻 이지 주자가 이야기하는 "사물의 이치를 궁리하는 것(卽物而窮其理)"이 아 니다.

　진사이 이후의 오규 소라이도 주희의 사서학에 대한 해체를 진행했다. 소라이는 비록 주희의 『대학』에 대한 개편을 반대하였지만 진사이처럼 고본古本 『대학』의 지위를 함께 부인하지는 않았다.[8] 소라이의 학문 체계 에서 선진 문헌인 '육경'이 으뜸이고, 그다음에는 '경'을 설명하는 '전'이 있고, 그다음이 사람을 교화하는 '기'이다. 소라이가 보기에 『경經』, 『전 傳』, 『기記』와 『논어』 외에는 선왕지도와 관련 있는 책은 없다. 그는 또 『대 학』을 증자 혹은 그 제자의 작품이고 『중용』보다 가치가 높다고 평가하 지만 『경』이나 『전』은 못되고 『기』로 봐야 한다고 주장한다.[9] 그리고 그는 『중용』, 『대학』에는 그래도 쓸 만한 구석이 있지만 『맹자』, 『순자』 등은 모 두 유자지도儒者之道뿐이지 선왕지도先王之道는 아니라고 본다.

　소라이는 주희의 해석은 선진의 고의古義와 거리가 멀다고 주장하고 주희의 고문 독해 능력을 의심했다.[10] 그가 보기에 격물格物, 치지致知, 성의誠意, 정심正心, 수신修身 중에 오직 '격물格物'만 학문하는 방법(爲學之

方)과 수신의 시작(修身之始)을 얘기하는 것이고 나머지는 모두 학문의 방법이 아니다.[11] 따라서 소라이는 주희의 팔조목八條目과 즉물궁리卽物窮理의 설을 반대하고, 또 주희의 '궁리'설은 불교에서 온 것이며 주희를 "성인의 나라에서 태어났는데 성인의 도리를 모르니 참 비참하다"고 비웃었다.[12]

2. 정약용의 『대학』 해석

정약용의 『대학』에 대한 해석은 『대학강의』와 『대학공의』 두 저서에서 볼 수 있다. 『대학강의』는 정조 13년(1789)에 지은 것인데, 당시 28세이던 정약용이 창덕궁 희정당熙政堂에서 정조와 문답한 기록으로 『희정당 대학강의』라고도 한다.[13) 『대학공의』는 정약용이 54세이던 순조 15년(1815)에 지었고[14) 학문 성숙기의 대표작이라고 할 수 있다.

『대학공의』 중에서 『대학』을 해석하는 기본 입장은 주희의 견해와 상당한 차이가 있다. 표면적으로 정약용은 '육경사서'의 학문을 주장하여[15) 이토 진사이나 오규 소라이의 학설과 비슷해 보인다. 그가 증자가 『대학』을 지었다는 설에 대해 의심하는 것[16)도 진사이나 소라이와 유사하다. 하지만 정약용의 『대학』 해석을 더 깊게 파고들면 그의 사서에 대한 전체 해석은 일본 고학파와 엄연히 다르다는 사실을 알 수 있다. 정약용의 『대학』해석과 그가 구축한 사서학 체계와의 관계를 논하기 전에 먼저 그의 『대학』해석의 특색을 설명해보자.

대학은 주자를 가르치는 태학이다

주희에 따르면 '대학'이라는 곳은 왕공王公의 자제 및 평민 중 우수한 자가 15세에 들어가는 학교로써 이는 8세 때 들어가는 '소학'과 대칭되는 개념이다.[17] 이토 진사이는 '대학'의 '학교'라는 정의에 대해 논술한 것이 없고, 오규 소라이는 주희가 "어른(大人), 아이(小子)의 학문이 다르다는 설을 펼쳐(以大人小子學問有異爲說)" 한편으로는 학문을 대소로 구별하고, 다른 한편으로는 학교(學宮)도 대소로 구분하였는데, 이것은 고대의 교육 상황과 다르기[18] 때문에 그는 주희의 설이 틀렸다고 반대한다.

정약용은 '대학'의 정의의 문제에서 주희와도 다르고 소라이 하고도 다르다. 그는 다음과 같이 말했다.

> 대학이란 국학國學이다. 주자冑子(왕실의 자제)를 모아놓고 가르친다. 대학지도大學之道는 주자冑子를 가르치는 학문이다.[19]

> …… 주자朱子가 여기서 책 이름을 대학으로 바꾸고 글자 그대로 읽으며('대大'를 '태'로 읽지 않고 '대'로 읽는다는 얘기) '대인大人의 학문'이라고 해석한다. 이것을 동자의 학문과 대칭시켜 천하의 공통 학문(공부)으로 했다. 여기서 '대인大人'이란 관冠을 쓴 어른(成人)이란 뜻이다. 하지만 관

을 쓴 성인을 고대에서는 '대인大人'이라고 부르지 않았다. …… 고대 대소학의 구별은 원래 학예의 대소 및 교실(黌舍)의 대소 두 기준으로 나눈다. 학생의 나이는 혹자는 15세라고 하고 혹자는 20세라고 하며, 관례冠禮를 거쳤는지에 대해서도 논의가 없는데 어찌 '대인大人'만 '태학太學'에 갈 수 있단 말인가? 고대 학궁學宮의 제도는 지금은 자세히 알 수 없지만 상상上庠, 하상下庠, 동서東序, 좌학左學, 동교東膠, 우상虞庠 등 그 명칭은 「왕제王制」에서 찾아볼 수 있다. …… 여러 학문 중에 가장 크고 존귀한 것을 대학이라고 한다. 마치 여러 묘廟(사당) 중에 가장 존귀한 것이 대묘大廟이고, 여러 사社(제단, 신사) 중에 가장 존귀한 것을 대사大社라고 부르는 것과 같다. 그런데 대묘, 대사의 '대大'자는 '태泰'로 읽는다. 그렇다면 유독 '대학'만 '대大'로 읽을 리가 없다. 대학大學의 대는 태로 읽어야 한다면, 유독 『대학』이란 책을 '대大'로 읽는 것은 또 무슨 이유인가? '태학太學'으로 사람을 가르치기 위해서 이 책 이름을 『대학大學』이라고 불렀다면, 저것은 태泰로 읽고 이것은 대大로 읽는 것은 설득력이 없다.[20]

이상의 문장을 보면, 정약용은 대학을 국학(국립학교)으로 보고 태학太學으로 읽어야 하며 이것은 주자胄子를 위해 설립한 학교이지 주희가 얘기한 '대인지학大人之學'이 아니라고 주장한다. 소위 주자胄子는 『상서·요전』에서 나온 말인데 '천자天子의 자子(적서嫡庶 모두 포함)', '삼공, 제후 이하의 적자嫡子'를 가리키고 『주례』에서는 '국자國子'라고 한다.[21] 따라서 태학은 일반 서민의 우수 자제한테 개방하지 않는다.

왜 주자에게 별도로 '태학'을 설립하여 교육할 필요가 있을까? 정약용은 다음과 같이 주장한다.

> 천자의 태자는 앞으로 계승하여 천자가 될 것이고, 천자의 서자庶子는 제후로 봉해질 것이며, 제후와 공경대부公卿大夫의 적자嫡子는 각각 제후와 공경의 지위를 이어받을 것이다. 이들은 나중에 봉토와 나라를 다스려야 하고, 혹은 천하를 군림하고, 혹은 천자를 보좌하여 백성을 이끌고 태평을 이루어야 할 사람들이다. 따라서 태학에 입학시켜 치국평천하의 도를 가르치는 것이다.[22]

> 주자胄子는 앞으로 사물을 다스리고 백성을 교화하는 책임이 있다. 따라서 스스로 밝히도록 경계심을 갖도록 한다. 천하에 명덕明德을 밝혀야 하는 자가 먼저 스스로 수양을 하지 않고 남에게 명덕을 강요할까봐 두려운 것이다.[23]

정약용이 보기에 주자는 장래에 천자, 제후, 공경, 대부가 되어서 '백성을 이끌고 태평을 이루는' 책임이 있기 때문에 치국평천하의 도를 가르쳐 그들로 하여금 스스로 수양하고 도를 밝히게 해야 하는 것이다.

주자를 위해 대학을 설립했다면, 거기서 가르치는 내용은 어떤 것인가? 정약용은 '효제자孝弟慈' 세 가지라고 한다.

> 『주례』에 따르면 대사악大司樂이 국자國子에게 육덕六德을 가르치는데 이른바 '중中 화和 지祗 용庸 효孝 우友'다. '중화지용中和祗庸'은 『중용』의 가르침이다. '효우孝友'는 『대학』의 가르침이다. 대학이란 대사악이

주자胄子를 가르치는 궁宮이고, 그 과목(덕목)이 효孝와 우友다. 경에서 말한 명덕明德은 사실 다른 것이 아니다. 맹자 왈, "학문은 삼대三代가 공통하며 모두 인륜을 밝히는 것이다." 인륜을 밝히는 것은 효제孝弟를 밝히는 것이 아니겠는가? 원래 선왕이 사람을 가르치는 법도는 삼대三大 항목이 있는데, 즉 덕德, 행行, 예藝이다. …… 대사악이 주자에게 가르치는 것도 이 세 가지뿐이다. 그 당시는 중화中和를 덕으로 보고 효우를 행으로 보았는데 대사악이 통틀어 덕이라고 부른 것은 덕과 행이 서로 통하기 때문이다. …… 비록 늘 배우는 것은 여러 학예(諸藝)이지만 그 근본의 가르침은 '효제'이다. …… 이뿐만 아니라, 소위 성의정심誠意正心도 사실 효제를 실천하기 위한 방법이지 신설된 교육 덕목이 아니다. 설립한 교육 덕목은 효제자孝弟慈뿐이다. 『요전』에서 말했다. 신휘오전愼徽五典, 경부오교敬敷五敎. 여기서 '오전', '오교'라는 것이 부의父義, 모자母慈, 형우兄友, 제공弟恭, 자효子孝다. …… 형우와 제공을 합쳐서 말하면, 즉 '제弟'다. 부의와 모자를 합쳐서 말하면 '자慈'다. 따라서 효제자 세 글자는 '오교'의 총괄이라고 할 수 있다. 태학에서 주자를 가르치는 것이나 주자가 만민을 바라보는 기준은 이 세 글자 외에 또 무엇이 있겠는가?[24]

성인과 선왕은 주자胄子를 태학에 보내 그들에게 노인과 어른을 공경하는 예절을 가르쳐 온 백성에게 노인과 어른을 공경하는 법도를 보여준다. 이렇게 하여 대를 이어 군주가 될 사람은 몸소 효제를 실천하여 천하를 이끌 수 있게 되고, 신민이 되는 자들은 효제를 따르고 크게 교화될 수 있는 것이다.[25]

아무튼 주상이 태학에서 양노養老 의식을 거행하는 것은 '노노老老(노인을 봉양함)'를 보여주는 것이다. 주상이 태학에서 서치序齒 의식을 행하는 것은 '장장長長(어른을 공경함)'을 보여주는 것이다. 주상이 태학에서 향고饗孤 의식을 행하는 것은 '휼고恤孤(고아를 보살핌)' 덕목을 보여주는 것이다. 이 세 가지 대례大禮가 태학에서 효제자孝弟慈를 흥하게 하는 근본이다. 이 삼례三禮가 아니라면 경에서 얘기한 '대학지도'는 무슨 도인지 모르겠고, 경에서 얘기한 '명명덕어천하明明德於天下'도 무슨 덕인지 알 수가 없다.[26]

정약용이 보기에 고대 사람에게는 덕德, 행行, 예藝 삼대 과목이 있다. 이 중 예는 육예六藝의 기술적인 공부이고, 덕은 『중용』에서 강조한 중화지용中和祗庸을, 행은 『대학』에서 가르치는 효우孝友를 중심으로 한다. 또 덕과 행은 서로 통하므로 태학에서 가르치는 효우는 사실 덕·행 모두 포함된다. 태학에서 가르치는 효우는 오교로 얘기한다면 효·제·자孝·弟·慈 세 덕목으로 총괄할 수 있다. 따라서 정약용은 태학이 개설한 덕목은 '효·제·자'라고 주장하고, 『대학』 본문의 "소위평천하재치기국자所謂平天下在治其國者, 상노노이민흥효上老老而民興孝, 상장장이민흥제上長長而民興弟, 상휼고이민불배上恤孤而民不倍(이른바 평천하는 나라를 다스리는 데에 있다. 왕이 노인을 노인답게 모시면 백성들이 효도하게 되고, 왕이 어른을 어른답게 받들면, 백성들이 공경하게 되며, 왕이 고아를 불쌍히 여기면, 백성들이 사람을 저버리지 아니하게 된다)" 부분을 근거로 '노노, 장장, 휼고'는 세 가지 대례大禮이고 태학이 '효·제·자'를 흥하게 하는 근본이라고 주장한다.

이상의 서술을 정리해보면, 정약용은 '대학'을 주자冑子를 가르치는

'태학'으로 보며 이는 오규 소라이의 대학은 '사람 가르치는 것'이라는 정의와 다르다. 하지만 그가 양로養老를 '효제자' 삼례三禮에 포함시키고 태학은 군주에게 "효제를 솔선 실천하여 천하를 이끈다(身先孝弟以奉天下)"는 것을 가르쳐주는 역할이 있다는 주장은 소라이가 얘기한 "군주가 몸소 실천하는 가르침이 명명덕이다(是人君之躬敎也, 此謂之明明德)"27)는 견해와 부분적으로 일치한다.

'성의'와 『대학』의 개편 문제

주희는 원래 판본의 『대학』은 오류와 누락이 있다고 판단하여 『대학』을 경經 1장과 전傳 10장으로 나누었고, 또 「격물보전格物補傳」을 써서 『대학』의 원래 취지를 밝히려고 했다.28) 주자학을 반대하는 학자는 대부분 이에 동의하지 않으며 중국 학자 외에 이토 진사이, 오규 소라이와 정약용 모두 주희의 개편 작업을 반대했다.

정약용의 『대학공의』는 고본古本 『대학』에 의거하여 저술하였다. 그가 생각하기에는 고본『대학』은 이미 일관성이 있어 바꿀 필요가 없었다. 따라서 『대학공의』에는 주희의 개편 작업에 대한 비평이 많이 보인다. 예를 들면 주희가 친민親民을 신민新民으로29) 바꾼 데 대해 정약용은 "명덕明德이 효제자孝弟慈이니, 친민도 신민으로 볼 수 없다"고 비평했다.30)

또 주희는 『대학장구』 5장 '차위지본此謂知本' 아래에 「격물보전」을 삽입하며 "이 5장은 격물格物, 치지致知의 취지를 설명하는 것인데 (그 취지가) 지금은 상실되어 나는 몰래 정자의 뜻을 빌려 보충한다."31)라고 설명했다.

이에 정약용은 " '지지이후유정知止而后有定'부터 이 절까지 모두 격물치지를 얘기하는 것이다. 격물치지는 별도의 장을 두면 안 된다"[32)]고 논평했다.

정약용의 생각은 지지이후유정知止而后有定부터 차위지본此謂知本, 차위지지지야此謂知之至也(이것을 근본을 안다고 하며, 이것을 앎을 이룬 것이라 하는 것이다)까지의 내용은 모두 '격물치지格物致知'의 의미를 설명하는 것으로 별도의「격물보전」을 만들어 격물치지를 해석할 필요가 없다고 보았다.[33)] 정약용의『대학공의』에서는 격물치지의 의미를 다음과 같이 설명한다.

『중용』에서 말했다. "성誠이란 사물의 시작과 끝(終始)이다." 시始(시작)는 자신을 완성하는 것이고 종終(끝)은 사물을 완성하는 것이다. 자기를 완성한다는 것은 '수신'이고, 사물을 완성하는 것은 '화민化民(백성을 교화함)'이다. 그렇다면 '성의誠意'는 원래 '수신'의 가장 우선인 공부이고 출발점인데, 어찌 성의 앞에 또 두 단계의 공부가 있는 것인가? (설명하자면) 천하만사는 반드시 먼저 고려하고 계산해야 한다. 심사숙고한 후 비로소 공부 방법을 제시하게 된다. 명덕明德을 천하에 알리고 천하 사람으로 하여금 대도大道로 돌아오게 하는 것은 천지간 가장 중대한 일이다. 따라서 멈출 것을 알면(知止) 그 뜻(志)을 정定하게 된다. 뜻을 정하면 그 일을 고려하게 된다. 경영하고자 하는 사물을 두고 그 '본말本末'을 헤아리며 그 '종시終始'를 계산한다. 그리고 그 끝에서 '성의'까지 거슬러 올라가는 것이 일을 시작하는 첫걸음이다. 이러한 재고 헤아리고 판단하는 것이 일을 시작하기 전에 해야 하는 것이기 때문에 (성의) 앞에다 '격물' '치지' 두 건을 올려놓은 것이다. '물物'은 같은 사물이고 '지知'도 같은 지식이다. 즉 천하의 사물과 지식이다. 천하의 '이理'는 이것과 무슨 상관이 있는가?[34]

위의 문장에서 보여준 정약용의 취지를 아래와 같이 세 가지로 정리할 수 있다.

① 성의는 수신의 가장 우선인 공부이고, 동시에 일을 시작하는 첫걸음이다. 따라서 성의 앞에 '격물, 치지'의 두 단계 공부가 있는 것은 아니다.
② 격물이란 사물의 본말을 헤아리는 것이고, 치지는 사물의 시종 선후를 아는 것이다.
③ 『대학』에서 논한 '성의, 정심, 수신, 제가, 치국, 평천하'의 일은 본말, 선후의 문제와 관련이 있다.

'성의'가 수신의 가장 기본인 공부이고 또 일을 시작하는 첫걸음이기 때문에 단지 성의 앞에만 '격물, 치지'를 열거한 것이다. 이 이하의 정심, 수신, 제가, 치국, 평천하의 선후, 본말 문제는 유추할 수 있다. 따라서 지지이후유정知止而后有定부터 차위지본此謂知本, 차위지지지야此謂知之至也까지의 내용은 격물치지의 의미를 설명하는 것이고 별도의 전傳을 만들어 보충할 필요가 없다.

정약용은 격물, 치지는 성의 앞에 있는 두 단계의 공부가 아니고 또 『대학』의 본문에서 이미 자세히 설명하였으니 별도로 보전補傳을 만들 필요가 없다고 생각한다. 그리고 그는 고본『대학』에서 "소위성기의자所謂誠其意者, 무자기야毋自欺也(소위 뜻을 참되게 하는 것은 스스로 속이지 않는 것이다)" 일절 뒤에 인용한「시경」,「서경」의 문구 위치는 전혀 잘못된 것이 없다고 보고 주희가 시경, 서경 인용문의 위치를 전傳의 1∼4장으로 옮겨놓은 데 대해서도 반대하는 입장이다.『대학공의』에서 다음과 같이 말했다.

'격물치지' 장의 취지가 상실되지 않았음은, 이 장("소위성기의자, 무자기야所謂誠其意者, 毋自欺也")의 시작 문구가 특이하게 눈에 띄기 때문이다. 위로는 '치지'와 연결이 안 되고, 아래로는 '정심'과 연결이 안 된다. '성誠'하지 않으면 만물이 없다. 따라서 먼저 '성의'를 얘기하고 의意, 심心, 신身, 가家, 국國, 천하天下를 모두 성의에 귀속시킨다. 그다음 시경의 「기오淇奧」「열문烈文」을 인용하여 성의의 효용을 밝힌다. 즉 (성의로) 자기 수양도 되고 백성 교화도 할 수 있어 모두 지선至善에 이를 수 있다. 그다음「강고康誥」등 아홉 편의 글을 인용하여 또다시 성의의 효용을 설명한다. 즉 스스로 깨닫고(自明) 백성을 새롭게 하여(新民) 지선에 이르는 것이다. 그다음 '청송聽訟'의 얘기를 인용하여 '수신'의 근본을 밝히며 이로써 아래 '정심, 수신'의 절을 이끌어낸다. '성의'가 갑자기 끼어든 것이 아니다. 삼강령三綱領도 뒤집힌 것이 아니다. 경에 무슨 오류가 있는가?[35]

'성의'는 단지 '정심'의 근본일 뿐만이 아니다. '수제치평修齊治平' 모두 '성의' 두 글자로 시작하고 끝을 이룬다. 따라서 어떤 사람은 구본舊本

의 '성의' 장은 삼강령三綱領 앞에 있고 경일장經一章 바로 뒤에 이어져 있음을 지적한다. (그것을 보면) 이 대목이 나타내고자 하는 뜻을 알 수 있다.[36]

하지만 성誠이란 것은 시종始終을 관철한다. 성誠으로 성의誠意를 하고, 성誠으로 정심正心을 하고, 성誠으로 수신修身을 하고, 성誠으로 치가국治家國을 하고, 성誠으로 평천하平天下를 한다. 따라서 『중용』에서 말했다. "성誠이란 사물의 시작이자 끝이다."[37]

위 인용문을 종합해보면, 정약용은 『대학』의 명명덕이란 '성誠'이 성의, 정심, 수신, 제가, 치국, 평천하를 관철하는 행위이고, 그 행위의 출발점은 '성의誠意'라고 생각한 것을 알 수 있다.

따라서 고본 『대학』에서는 주희가 경일장經一章이라고 주장하는 부분 뒤에 "소위성기의자所謂誠其意者, 무자기야毋自欺也(소위 뜻을 참되게 하는 것은 스스로 속이지 않는 것이다)" 절을 두어 '성의'의 중요성을 강조한 것이다. 그다음에 시경의 「기오」 「열문」과 「강고」의 아홉 편의 글을 인용하여 성의를 통해 자기 수양(自修), 백성 교화(化民), 지어지선止於至善을 할 수 있다고 밝힌다. 그다음 공자의 "청송聽訟, 오유인야吾猶人也(소송을 처리하는데 나도 남과 같다)" 구절을 인용하여 '성의'가 수신의 근본이고 수신의 효과를 얻을 수 있다고 설명하고, 그다음에 "소위수신재정기심자所謂修身在正其心者(소위 수신은 마음을 바르게 하는 데에 있다)" 절을 여는 것이다. 따라서 고본 『대학』을 따르더라도 주희가 주장한 "격물치지의 의미가 상실된다"거나 경전의 순서가 틀린 문제는 전혀 없다.

성의의 덕이 『대학』의 으뜸이고 명덕의 시작이다

정약용은 『대학』에서 얘기하는 '성의'의 이론적 지위가 주희가 강조하는 '격물', '치지'보다 높다고 본다. 왜 '성의'가 이렇게 중요한가? 그는 『대학공의』에서 다음과 같이 말했다.

> 〔혹자의 "명명덕이란 의심신을 밝히는 것 아니냐"는 질문에 대한 답변〕
> 의意, 심心, 신身은 선악이 결정되지 않은 물체인데 어떻게 바로 '덕'이라고 부를 수 있는가? 덕이라고 할 수도 없는데 어떻게 '명덕明德'이라고 할 수 있는가? 만약 의심신이 덕이 아니더라도 성의정심수신誠意正心修身은 덕으로 봐야 하지 않느냐고 말한다면, 대학지도大學之道는 재덕在德이라고 하면 되지 재명덕在明德이라 할 필요가 없고, 재명덕이라고 하면 되지 재명명덕在明明德이라고 할 이유가 없다. 따라서 반드시 '성誠, 정正, 수修' 위에 또 한 층의 공부가 있어야 명명덕明明德이라고 할 수 있다.[38]

정약용이 보기에는 '의, 심, 신'이 아직 사고나 행동을 행하기 전에는 '선악 미정'의 상태이므로 '덕'이 아니다. 의, 심, 신은 성誠을 통해 올바르게 한 후에야 도덕적 행동을 할 수 있다. 의, 심, 신 자체는 덕이 아니지만, 만약 성이 의, 심, 신을 관통하여 성의, 정심, 수신의 상태에 도달하면 '덕'이라고 할 수 있다. 따라서 덕과 비非덕의 관건은 성으로 의, 심, 신을 올바르게 할 수 있느냐에 있다. 성으로 의, 심, 신을 올바르게 하는 것은 '성의誠意'부터 시작한다. 그러므로 『대학』은 성의를 '일을 시작하는 첫걸음'이라고 강조한다.

하지만 성을 의, 심, 신에 관철하려는 것은 단지 첫 단계의 공부이므로 덕이라고 할 수 있지만 명덕이라 할 수 없다. 명덕과 명명덕의 수양 공부는 한 번에 도달할 수 있는 것이 아니라 먼저 성의의 덕에서 명덕으로 향상되고, 그 이후 신명神明과 통하여 명명덕의 경지에 도달할 수 있다. 성의가 한 단계 위로 올라가는 공부의 출발점이기 때문에 정약용은 『대학』에서 '성의'가 가장 중요한 공부라고 본 것이다.

'명명덕'은 효제의 덕으로 '신명'과 통한다

정약용은 『대학』에서 가르치는 '효제자孝弟慈'의 실천의 중점은 '성의誠意'에 있고 '격물치지格物致知'에 있는 것이 아니라고 보기 때문에, 그는 주희가 주장한 "학문은 『대학』을 먼저 하고 그다음 『논어』, 그다음 『맹자』",[39] "『대학』은 학문의 강목이다. 먼저 『대학』을 터득하여 강령을 세우면 다른 경은 다 그 안에 섞여 있다"[40]는 견해를 반대하는 입장이다.

정약용이 보기에 『대학』의 중점은 '성誠'을 통해 '성의, 정심, 수신, 제가, 치국, 평천하'의 실천 활동을 전개하는 것이므로 『대학』의 강령인 '명명덕'에 대한 정약용의 관점도 주희의 '격물치지'와 무관하게 된다.

주희가 '명명덕'을 논할 때는 '즉물궁리卽物窮理'설로 그의 해석 체계를 구성했다. 『대학장구』에서 다음과 같이 말했다.

> 명明이란 밝히는 것이다. 명덕明德이란 사람이 하늘로부터 얻은 것으

로 허령하고, 몽매하지 않으며 모든 이理를 구비하고 만사에 대응할 수 있는 것이다. 하지만 기품에 구속되고 인욕에 가려져 때때로 어둡게 된다. 하지만 그 본체의 밝음은 종식된 적이 없다. 그러므로 학자는 거기에서 발산하는 것에 따라 이를 밝게 하고 원초처럼 회복시켜야 한다.[41]

주희가 보기에 '명덕'은 "허령하고, 몽매하지 않으며 모든 이理를 구비하고 만사에 대응할 수 있는(虛靈不昧, 以具衆理而應萬事)" 마음(心)이고, '명명덕'은 심心이 얻은 이理를 밝혀 마음을 기품에 구속되고 인욕에 가려진 혼매昏昧 상태에서 순수 천리인 본체의 밝은 상태로 회복시키는 것이다.

정약용은 '명명덕'을 마음의 궁리窮理 복성復性으로 보지 않으므로[42] 주희의 해석을 "비록 오묘하고 정미하지만 이 경과 아무 관계가 없다(雖高妙精微, 於此經了不相關)"[43]고 비평했다. 그는 『대학공의』에서 다음과 같이 말했다.

> (명덕은) 어째서 심체心體(마음과 본체)를 이야기하는 것인가? 덕행이 신명神明과 통하면 명덕이라고 부른다. …… 명륜明倫은 효제를 밝히는 것 아닌가? 대학의 교육은 명륜에 있기 때문에 '대학지도'는 '재명명덕'이라고 한다. …… 마음을 밝히는 것(明心)도 우리가 해야 할 중요한 공부지만 이 경에서 이야기하는 '명명덕'은 명심明心이 아니다.[44]

정약용은 『대학』에서 이야기하는 '명덕'은 '인륜'을 얘기하는 것이고, '명명덕'은 "효제의 덕으로 신명과 통한다"는 뜻이라고 본다. 그의 해석은 다음 글에서 볼 수 있다.

'명'이란 밝히고 드러내는 것이다. '명덕'이란 효제자孝弟慈 다.[45)]

덕행이 신명과 통하는 것을 '명덕'이라고 한다. 마치 신에게 제사를 올리는 물을 '명수明水'라고 하고 하늘과 통하는 방을 '명당明堂'이라고 하는 것처럼, 효제는 덕으로 신명과 통하기 때문에 명덕이라 한다. 꼭 허령한 것만 명하다고 할 필요가 있는가?[46)]

그의 주장에 따르면 '명명덕'의 '명'자는 소현昭顯(밝히고 드러냄)의 뜻이고, 명수明水, 명당明堂의 '명'처럼 신명과 통하는 뜻이기도 하다. 명덕은 인륜이고 효, 제, 자를 주요 과목으로 한다. 따라서 명명덕의 뜻은 효, 제, 자 등 신명과 통하는 인륜을 실천한다는 것이다.

정약용이 명명덕의 뜻을 '명심복성明心復性'이 아닌 "효제의 덕으로 신명과 통하는 것(孝弟爲德, 通乎神明)"으로 보기 때문에 명명덕, 친민親民과 지어지선止於至善 삼자는 연속성이 있는 일관적인 개념이 되어 더 이상 삼강령三綱領으로 볼 필요가 없게 된다. 따라서 정약용은 이를 근거로 주희의 '삼강령'설을 반대하고, 또 성의, 정심, 수신을 '명명덕'의 조목으로 볼 수 없다고 주장한다. 그는 『대학공의』에서 이렇게 말했다.

태학의 조례를 보면, 강綱은 '명덕'이고 목目은 '효제자'이다.[47)]

경에서 말했다. "천하에 명명덕을 하고 싶은 자는 먼저 나라를 다스려라(古之欲明明德於天下者, 先治其國)." 고문은 모두 앞뒤로 호응하는 구성이다. 그렇다면 '명명덕'의 완전한 풀이는 "치국평천하" 절에서 찾아야 한다. 심성心性이 밝고 어두운 이야기와는 아무런 관계가 없다. 그 앞 절에는 "효자소이사군야孝者所以事君也, 제자소이사장야弟者所以事長也, 자자소이사중야慈者所以使衆也(효로서 임금을 섬기게 되고, 제로서 어른을 섬기게 되고, 자로서 백성을 다스리게 된다)"라고 하고, 아래 절에서는 "상노노이민흥효上老老而民興孝, 상장장이민흥제上長長而民興弟, 상휼고이민불배上恤孤而民不倍"라고 하니 두 절의 요지는 모두 '효, 제, 자' 세 글자에서 벗어나지 않는다. 이것이 '명명덕'의 올바른 뜻이다.[48]

정약용은 「요전」의 '극명준덕克明峻德'을 근거로 주희의 형이상학적 학설을 반대한다. 그가 생각하기에 『대학』의 본문 "고지욕명명덕어천하자古之欲明明德於天下者, 선치기국先治其國"에 의거하면 '명명덕'의 의미는 '치국평천하'를 논하는 것이어야 한다. 그리고 "효자소이사군야孝者所以事君也, 제자소이사장야弟者所以事長也, 자자소이사중야慈者所以使衆也"와 "상노노이민흥효上老老而民興孝, 상장장이민흥제上長長而民興弟, 상휼고이민불배上恤孤而民不倍" 이 앞뒤 두 구절을 대조해보면 '효제자'가 '수신제가치국평천하'의 기본 덕목이고 '명명덕'의 대상임을 알 수 있다.

'친민'에는 '신민'의 뜻이 포함되어 있다

정약용은 주희가 '친민'을 '신민'으로 고치는 데 반대하는 입장이며 이 것은 이미 앞에서 서술한 바 있다. 특별한 점은 정약용이 얘기하는 '친민'은 '소민小民(백성)'을 '친親'하는 뜻 외에도 백성들끼리 서로 친애하도록 하는 의미도 담겨 있다. 그는 다음과 같이 말했다.

맹자는 상서庠序(학교)제도를 언급한 다음 학學은 인륜을 밝히는 것이라고 했다. 위에서 인륜을 밝히면 아래서 소민小民은 친하게 된다. 이것이 어째서 다른 이야기인가? '명명덕'이란 '명인륜'이다. '친민'이란 '친소민'이다.[49]

맹자가 말했다. 모든 사람이 부모를 친애하고 어른을 공경하면 천하가 태평하다. …… 맹자의 이 말도 '친민'의 뜻이다. 그렇다면 백성이 밝히는 것은 허령불매한 도덕이 아니라는 것이 명백하다. 자신의 부모를 친애하는 것은 효다, 어른을 공경하는 것은 제다. …… 어째서 친민에 조목이 없다고 말하는가? 경에서 말했다. 상노노이민흥효上老老而民興孝(민으로 하여금 효를 흥하게 하는 것이 친민이다). 경에서 말했다. 장장이민흥제長長而民興弟(민으로 하여금 제를 흥하게 하는 것이 친민이다). 경에서 말했다. 상휼고이민불배上恤孤而民不倍(민으로 하여금 배반하지 않게 하는 것이 친민이다). 어째서 친민에 조목이 없다고 하는가?[50]

만약 「반명盤銘」「강고康誥」「주아周雅」의 문구가 신민新民의 증거라면 친親, 신新 두 글자는 모양도 비슷하고 의미도 상통하니 친이 바로 신이다. …… 백성이 서로 친하면 민民이 신新하게(새롭게) 되는 것이다. 어째서 꼭 한 획도 틀림이 없어야 조응할 수 있다고 생각하는가? 하지만 양명은 '명덕'을 효제로 보지 않아 그가 얘기한 '친민'은 도리에 맞지 않다. 오히려 정자程子의 설은 어린아이도 즐거워하니 더 타당하다. 아무튼 두

설은 다 장점이 있어 한쪽으로 치우치면 안 되니 여기에 같이 적어놓고 아는 자를 기다리겠다.[51)]

경에서 말했다. 한 가문이 인仁하고 양讓하면 그 나라는 인과 양이 흥하게 된다. 또 말했다. 상노노이민흥효上老老而民興孝, 상장장이민흥제上長長而民興弟. '흥'이란 새로 하는 것(作新)이다. 헌것이 폐기되고 새것이 일어나는 것이다. 이것이 이른바 '신민新民'이다.[52)]

'신新'이란 헌것을 버리는 것이다. 백성이 스스로 새로워지면 그 나라는 마치 새 나라가 된다.[53)]

이 경에서 인용한 것은 백성이 새로워지면 나라도 새로워진다는 뜻이다. 천명을 받아 왕을 흥성시키는 뜻은 아니다.[54)]

위 인용문을 보면, 정약용이 주장하는 '친민'은 단순히 백성을 보살피는 친소민뿐만이 아니다. 그것은 군주가 교화의 노력으로 맹자가 이야기한 "모든 사람이 부모와 어른을 공경한다(人人親其親, 長其長)"의 경지에 이르는 것을 의미한다. '친민'은 군주의 행동뿐만이 아니라 군주가 추진하는 교화이기 때문에, 정약용은 친親과 신新 모두 강조할 필요가 있다고 주장한다. 즉 군민君民의 관계로 볼 때는 '친민'이고, 교화의 측면으로 볼 때는 '신민'이다. 친민을 함으로써 백성을 교화할 수 있고 백성으로 하여금 '흥효제興孝弟'하게 하여 '친민'은 '신민'의 근본이다. '친'을 '신'으로 안 고쳐도 '신'의 의미가 내포되어 있다.

정약용은 '명명덕'의 조목은 '효제자'라고 주장할 뿐만 아니라, '친민'의 조목도 "상노노이민흥효上老老而民興孝, 상장장이민흥제上長長而民興弟, 상휼고이민불배上恤孤而民不倍"라고 주장한다. 따라서 정약용이 주희의 '팔조목'설을 반대하는 데에는 구체적으로 교육의 강목을 제시하려는 의도가 있는 것으로 보인다.

'지어지선'이란 인륜의 '지덕'에 이르러 흔들리지 않는다

주희는 삼강령의 '지어지선'을 다음과 같이 설명한다.

> 지止란 반드시 그곳에 이르고 움직이지 않는다는 뜻이다. 지선至善이란 사리가 당연히 그래야 하는 극치다. 명덕, 신민, 모두 지선의 경지에 이른 후 움직이지 않아야 한다는 이야기이다. 즉 천리天理의 극치를 다하고 인욕人欲의 사사로움이 추호도 없어야한다는 것이다.[55]

주희는 '지선'을 "사리의 당연한 극치(事理當然之極)"로 보고, '지止'는 "이른 후 움직이지 않음(至而不遷)"의 뜻이므로 '지어지선'은 "천리의 극치를 다하고 인욕의 사사로움이 없으며" 흔들림이 없는 경지를 얘기하는 것이다.

정약용은 주희의 '지'에 대한 해석에 동의하지만 '지선'에 대한 설명은 동의하지 않는다. 정약용의 말을 보자.

지止란 이른 후 옮기지 않는 것이다. 지선至善이란 인륜의 지덕至德이다. 성誠하면 이를 수 있다. 지어지선止於至善이란 자식으로서는 효孝에 이르는 것이고, 신하로서는 경敬에 이르는 것이고, 백성과 교류할 때는 신信에 이르는 것이다. 아버지로서는 자慈에 이르는 것이고 임금으로서는 인仁에 이르는 것이다. 인륜 이외에 지선은 없다.[56)]

정약용은 '지선'을 인륜의 지덕으로 해석하고 '지지선'을 '효경신자인 孝敬信慈仁' 등 인륜을 실천하는 행위로 설명하는 것으로 보아, 그는 '지선'을 주희와 같은 '천리'로 보지 않고 '인륜'으로 이해하고 있음을 알 수 있다. 비록 『대학』에서는 '인경효자신仁敬孝慈信' 등 다섯 가지 인륜의 덕목을 열거하였지만 정약용은 이것을 '효제자孝弟慈' 세 덕목에 포함시킬 수 있다고 주장한다.[57)]

어떻게 '지선'의 경지에 이를 수 있는가? 정약용은 반드시 '성의'에서 시작해야 한다고 주장한다. 『대학공의』 중 이 문제와 관련된 대목을 살펴보자.

임금으로서 반드시 인仁에 이르러야 지선至善이라는 것을 알면, 그 뜻(志)은 확정(定)된다. 그리고 말할 것이다. "인仁은 임금으로서 안하면 안 되는 것이다." 이런 뜻이 확고하고 움직임 없이 이 마음에 반석처럼 안착되면 어떻게 백성에게 인할 수 있는가를 생각한다. 그 본말과 선후를 헤아리고 판단한 후 말할 것이다. "인은 내가 치평治平할 수 있는 방법이다." 치평을 생각하면 자기 집안을 먼저 다스리지 않으면 안 된다. 제가齊家를 생각한다면 먼저 자기 수양을 하지 않으면 안 된다. 수신修

身을 생각하면 먼저 정正하고 성誠하지 않으면 안 된다. 따라서 성의誠意
부터 들어가서 착수하는 것이 인의 시작이다. 이것이 소위 얻을 수 있다
(能得)는 것이다. 얻은 것이란 길을 얻은 것(得路)이요, 시작할 수 있는 곳
을 얻은 것이다.[58]

지지선止至善 이 구절은 비록 '명덕', '신민新民'에 의해서 관통되지만
그 중점은 역시 자기 수양에 있다. 사람을 지어지선이 되도록 다스린다
는 얘기가 아니다. …… 임금으로서 인仁에 지止하는 것 역시 오직 자수
自修뿐이다. 요순은 강제로 백성에게 지어지선하도록 권하지 않는다.
경에 이르기를 요순수천하이인堯舜帥天下以仁이라고 했다. 수帥란 이끈
다는 뜻이다. 요순이 먼저 스스로 수양한 후 백성을 인도한다는 것이다.
백성으로 하여금 강제로 지어지선하라는 법은 없다.[59]

성인의 도는 비록 자신과 사물의 완성을 처음이자 마지막으로 하지
만 자기완성도 자기 수양을 통한 것이고 사물의 완성도 자기 수양에 의
한 것이다. 이것이 신교身敎(몸소 보여주는 교육)라는 것이다. …… 내 마
음도 다스리고 민심도 다스리며 함께 지선을 이루자는 것은 어떻게 경
문의 이야기인가? …… 내가 '지선'에 이르면 백성은 자연히 나를 따라
'지선'에 이르는 것이다. 하지만 백성의 '지선'은 내가 강요하는 것이 아
니다. 인仁의 실천은 자기한테 달려 있지 어떻게 남에 의해서 할 수 있겠
는가.[60]

이상의 문장을 보면 알 수 있듯이 정약용은 '지선'에 이르는 방법은 인

의 실천(爲仁)이고, 그 관건은 『논어』의 위인유기爲仁由己, 이유인호재而由人乎哉 대목에서 이야기한 "자기에 달려 있다(由己)"고 생각한다. 위인爲仁은 유기由己이기 때문에 개인 마음속의 '성의誠意'부터 착수해야 하고, 또 남에 의한 것이 아니기 때문에 자기 수행을 위주로 해야 하고 백성에게 지선을 강요하지 않는다. 정약용이 보기에는 유기由己, 성의誠意, 신교身教, 솔도率導 등의 원칙을 따라야 "길을 얻었다(得路)"고 할 수 있고 비로소 '지선'의 경지에 도달할 수 있다.

'효제자'를 위주로 하는 '삼강령·삼조목' 및 '격치육조'

주희는 『대학장구』에서 삼강령三綱領팔조목八條目설을 제시했다. 삼강령이란 '명명덕, 신민, 지어지선'이고, 팔조목은 '격물, 치지, 성의, 정심, 수신, 제가, 치국, 평천하'이다. 하지만 정약용이 보기에는 주희가 이해한 삼강령은 『대학』의 원래 취지에 맞지 않고, 그의 팔조목도 성립할 수 없다. 따라서 정약용은 별도의 삼강령 및 격치육조格致六條설을 제시했다. 『대학공의』의 다음 문장을 보자.

『대학』에는 삼강령이 있고, 삼강령은 각각 삼조목을 이끄는데 모두 '효제자'이다. 이 절은(격물이후지지物格而后知至부터 국치이후천하평國治而后天下平을 지칭함) 명덕, 신민의 조목이다. 그리고 비록 문장은 여덟 번의 반전이 있었지만 언급한 사물은 여섯 조항이다. 격물치지를 포함하여 여덟 조항으로 만들어서는 안 된다. (따라서) '격치육조'라고 이름 붙이

는 것이 명실상부하다.[61)]

정약용이 얘기하는 "삼강령이 삼조목을 이끈다"는 것은 '명명덕'이 "효자소이사군孝者所以事君, 제자소이사장弟者所以事長, 자자소이사중慈者所以使衆" 삼조목을 이끌고, '친(신)민'이 "상노노이민흥효上老老而民興孝, 상장장이민흥제上長長而民興弟, 상휼고이민불배上恤孤而民不倍" 삼조목을 이끌고, '지어지선'이 "위인자지어효爲人子止於孝, 위인신지어경爲人臣止於敬(효를 지칭), 여국인교지어신與國人交止於信(제를 지칭), 위인군지어인爲人君止於仁, 위인부지어자爲人父止於慈(자를 지칭)"를 포괄한 '효제자' 삼조목을 이끈다는 것을 지칭한다.

정약용은 삼강령이 삼조목을 이끈다는 설을 다음과 같은 도표로 정리했다.[62)]

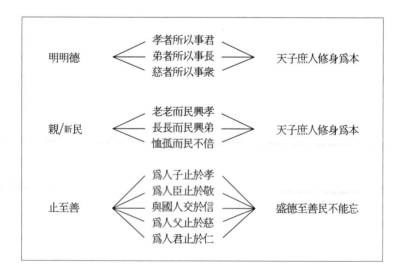

정약용이 얘기하는 '격치육조'는 주희의 '팔조목'에서 '격물, 치지'를 뺀 것이다. 그가 생각하기에 '격물, 치지'는 기타 여섯 조목의 본말 및 선후 문제를 논하는 것이다. (따라서 조목에 집어넣을 수 없다.) 『대학공의』에서 정약용은 다음과 같이 말했다.

의意, 심心, 신身은 본本이고 가家, 국國, 천하天下는 말末이다. 하지만 '수신'은 또 '성의'를 근본으로 하고, '평천하'는 또 '제가'를 근본으로 한다. 본말 속에 또 각자 본말이 있는 것이다. 따라서 이하 문장에서 나온 여섯 가지 사항은 겹겹이 근본이 된다. …… '성誠, 정正, 수修'는 시작이고 '제齊, 치治, 평平'은 끝이다. 이 시작과 끝 중에 또 각각 시작과 끝이 있다. 마치 본말의 경우처럼. 하지만 '성誠'이라는 것은 시작과 끝을 관철한다. 성으로 성의誠意를 하고, 성으로 정심正心을 하고, 성으로 수신修身을 하고, 성으로 치가국治家國을 하고, 성으로 평천하平天下를 한다. 따라서 『중용』에서 말했다. "성誠이란 사물의 시작이자 끝이다."[63]

정약용은 '격格'을 "재고 판단한다"의 뜻으로 해석하고 '물物'은 "의, 심, 신, 가, 국, 천하"이다. 따라서 '격물'은 의, 심, 신, 가, 국, 천하의 본말을 밝히는 것이고, '치지'는 성, 정, 수, 제, 치평의 선후 순서를 밝히는 것이다.[64] "그 선후를 끝까지 아는 것이 치지致知이고, 사물의 본말을 헤아리는 것이 격물格物이다."[65] 다시 말하면, '격물치지'는 사물의 본말과 선후를 판단하고 인지하는 문제이지 주희가 얘기하는 '즉물궁리卽物窮理'의 문제와는 상관이 없다. 따라서 정약용의 말을 인용하면 "격물의 해석은 본말本末 두 글자에서 찾아야 하고 치지의 해답은 선후先後 두 글자에서 찾아야 한다."

    이러한 견해를 바탕으로 정약용은 다음과 같이 격치도格致圖를 그렸다.[67]

```
    本  身心齊    始 修正誠     其 本 亂     自天子
格物有        事有          者否    修身爲 本     止謂知 本
    末 天下國家   終 平治齊     而 本 治     至庶人



      欲正者 先 誠意   欲治者 先 齊家
      欲修者 先 正心   欲平者 先 治國    誠意者 先 治致
  先  欲齊者 先 修身
致知所                          知所先後則近道          止謂知之至
  後  意誠而 后 心正
      心正而 后 身修   家齊而 后 國治    物格而 后 知至
      身修而 后 家齊   國治而 后 天下平
```

3. 정약용의 『대학』 해석으로 본 『사서』 해석 구조

위의 절에서 정약용의 『대학』 해석의 특색을 살펴보았다. 이를 통해 그의 사서학 구조도 엿볼 수 있다. 이하 몇 항목으로 나눠서 살펴보도록 하자.

<u>논의의 기본 설정부터 주희의 사서 체계를 전환하다</u>

정약용의 『대학』 해석은 그 자신의 사서학 구조가 포함되었을 것이다. 우선, 『대학』은 주희의 사서학의 근본이다. 따라서 새로운 사서학을 구축하기 위해서는 반드시 주희의 『대학장구』를 재해석해야 할 것이다.

일본의 고학파 중 이토 진사이는 『대학』의 가치를 전적으로 부정했기 때문에 주희의 이론 체계와 정면 대결할 수 없다. 오규 소라이는『대학』을 공자의 제자의 작품이라고 하여 그 가치를 인정하고 또 '격물치지'에 대해 나름의 해석을 제시했다. 그에 따르면 '격格'은 "느낀 바가 있어 오게 한다(有所感以來之)"의 뜻이고 '물物'은 "선왕의 가르침(先王之敎)"이다. 따라서 '격물'은 "옛 성인이 심력을 기울여 만들었고 대학 교육의 시작(古聖人竭其心·力智巧所建, 大學之始敎也)"이라는 뜻이다. 즉 격물을 옛 성인의 가르침으로 해석한 것이다.[68] 소라이가 말했다. "선왕의 시서예악詩書禮樂의 가르침을 따르고 익히면 자연히 그 지식을 이룰 수 있다. 이것이 바로 물物을 격格하면 지知에 이른다는 얘기다(遵先王詩書禮樂之敎, 服習之熟, 自然有以致其知, 是之謂物格而知至)." 즉 소라이는 '치지'와 '격물'을 합쳐서 논하고, '치지'에는 수양 공부 차원의 의미가 없다고 본 것이다. 소라이의 해설도 나름의 논리 체계를 이룰 수 있지만 그의 '격물치지'에 대한 해설은 '대학'의 다른 텍스트와 연관 지을 수 없고, 또『논어』,『맹자』,『중용』과 완정한 이론 체계를 형성할 수 없기 때문에 '사서학' 전체로 볼 때 여전히 한계가 드러난다.

이들에 비해 정약용의 '격물, 치지'에 대한 설명은 완정한 체계를 이루고 있고,『대학』의 기타 부분과 연관성도 살릴 수 있다. 주희의『대학장구』는 '격물치지'를『대학』의 가장 중요한 대목이라고 보고, 이를 본성을 밝히고 초심을 회복하는 '복성復性'의 공부로 해석한다. 정약용은 '격물', '치지'는 주자가 얘기한 '심성心性의 회복'과 무관하다고 본다. 그는 '격물치지'를 '수신'부터 '평천하'까지의 본말과 선후를 설명하는 것으로 이해하고 정치 교화와 관련된 새로운 해석을 제시했다. 정약용은 이러한 해석의 전환을 통해 주희가 얘기하는『대학』의 중점을 '성性'에서 덕행의 '교敎'

로 전환할 수 있었고, 더 나아가 '예악형정'과 결합할 수 있었다. 주희의 '명명덕', '친민', '지어지선' 삼강령에 대한 해석도 같은 취향을 따른다. 구체적으로 설명하자면, 정약용은 '명명덕'을 천자가 '효, 제, 자'의 인륜으로 자기 수양하는 것이라고 설명하고 '친민'을 왕이 몸소 백성을 친애하고 또 백성으로 하여금 서로 친애하게 하는 것이라고 설명한다.

『대학』의 성의설로 『중용』 『맹자』 『논어』를 연결한다

정약용의 해석이 주희의 『대학장구』와 다른 두 번째 중점은 그가 '성의誠意'를 『대학』의 핵심 개념으로 본 것이다.[69] 성의의 개념을 통해 『대학』은 '성자誠者, 물지시종物之始終'을 논한 『중용』, '성선性善의 성性'을 논한 『맹자』, 그리고 '위인유기爲仁由己'를 논한 『논어』와 결합하여 하나의 전체를 이룰 수 있다. 정약용의 말을 보자.

성誠이란 사물의 끝과 시작이다. 자기 수양부터 사람을 다스리는 데까지 철두철미하다. 어디 정심正心에만 성誠이 들어갑니까? 평천하平天下에 이르러도 오직 성誠 한 글자에 의지해야 한다.[70]

경문經文에서 특별히 성의誠意의 단락을 가장 높은 자리에 꽂아놓은 것은 성의가 사물의 시종終始이기 때문이다. 이것으로 수신修身하고, 이것으로 제가齊家하고, 이것으로 치평治平한다. 따라서 「기오淇奧」「전왕前王」 두 절을 인용하여 이 뜻을 입증한다. 성의가 사물의 종시終始이기 때문에 이것으로 명덕明德하고 이것으로 친민親民하며 이것으로 지선止善한다. 이어서 강고康誥 등 아홉 문장을 인용하여 그 뜻을 입증한다.[71]

위에서 보듯이, 정약용은 『중용』의 '성자誠者, 물지종시物之終始'를 『대학』의 '물유본말物有本末, 사유종시事有終始'와 연결하고, 또 '성誠'을 『대학』의 '격치육조'에 집어넣었다. 따라서 그는 수기치인修己治人은 오직 성誠 한 글자에 의지한다고 보고, 또 성의는 『대학』의 가장 높은 지위에 있다고 보며, 『대학』에서 인용한 「강고」 등의 문장도 성의의 효용을 설명하기 위한 것이라고 주장한다.

정약용은 『대학』과 『중용』 모두 '성誠'을 중심 사상으로 한다고 본다. 비록 그 '도道'가 같아도 그 '문文'에는 상세함과 간략함의 차이가 있다. 정약용의 말을 보자.

『중용』은 성誠이 사물의 종시終始라고 한다. 하지만 성 위에 먼저 '명선明善'의 단계가 있다. 명선이란 지지知止이다. 지어지선止於至善이 될 것을 알면 바로 명선이 아니겠는가? 『중용』은 지지知止를 통해 격물치지格物致知를 얻을 수 있기 때문에 둘을 합쳐 명선이라고 이름 붙인 것이다. 문文에는 상세함과 간략함의 차이가 있지만 그 도道는 같다.

(中庸以誠爲物之終始. 而誠身上面, 先有明善一層. 明善者知止也. 知將以止於至善, 非明善乎? 但中庸以知止能得格物致知, 合而名之曰明善. 文有詳略, 而其道則同也.)

정약용의 생각에는 『중용』이 얘기한 '성誠' 위에 '명선明善'의 단계를 추가하면 사물의 본말, 선후를 판단할 수 있으므로 도덕 행동과 공부의 의미를 형성할 수 있다. 따라서『중용』이 얘기하는 성誠과『대학』이 얘기하는 성誠은 그 도道는 같지만 문文에는 상세함과 간략함의 차이가 있다.『중용』은 '내부의 이理'의 측면인 '성性'을 더 강조하고『대학』은 '일상 응용'의 측면인 '덕德'을 더 강조한다. 성性과 덕德은 마치 인仁과 서恕처럼 불가분의 관계. 정약용의 견해에 따르면 서恕는 '인仁을 행하는 방법'이고 서恕가 없으면 인仁도 확인할 방법이 없다.[72] 성性과 덕德의 관계도 그렇다.

"도道는 같지만 문文에는 상세함과 간략함이 있다"는 기준으로 보았을 때, 사서는 각각 중점이 있고 다른 취지를 강조한다. 정약용은 다음과 같이 말했다.

> 성인聖人의 말씀은 다 순서가 있어 서로 섞이지 않는다.『맹자』는 심성 心性을 논하고,『중용』은 천도天道를 논하며 이 경(『대학』)의 경우는 덕성 德性을 논한다. 각각 주안점이 있고 취지가 다르다.[73]

사서의 내용과 취지가 각각 다르지만 대개『논어』의 '행인유기行仁由己'에서 출발한 '수기치인修己治人'의 도리다. 따라서 '기己(자기)'의 행동에서 중요한 역할을 발휘하는『맹자』의 심성론도 무시할 수 없는 것이다. 정약용이『대학』의 '성의誠意'를 해석할 때도 역시 맹자의 성선론을 통해서 논한다.

> 성誠이란 사물의 끝과 시작이다. 그러므로 따로 독립되어 (앞의 치지, 뒤의 정심과) 서로 연결되어 있지 않다. 의意란 마음 중심에 숨은 생각이

다. '자기自欺'라고 하는 것은, 인성이 본래 선善한데 불선不善을 알고도 행하면 자신을 속이는 꼴이 된다는 얘기다.[74]

정약용은 성誠과 불성不誠은 '인성人性의 본선本善'을 두고 하는 얘기라고 생각한다. 성誠하지 않으면 바로 '자기기만'이고, "선한 것을 알고도 하지 않는 것"과 "선이 아닌데 하는 것" 모두 '자기기만'의 행위다. 이와 같은 서술을 보면, 정약용이 자신의 이론 체계에서 주희의 '격물치지'의 지위를 '성의'로 대체해버린 것은 이렇게 함으로써 『논어』·『맹자』·『중용』의 의리를 서로 관통시키려는 의도를 알 수 있다.

왕자의 교육을 '자수' 혹은 예악형정 실행의 근원으로 한다

정약용은 『대학』을 경서의 지위로 격상하였기 때문에 그의 해석도 사서의 내용에서 부족한 '예악형정'을 보완하고 육경의 도리와 서로 배합시키려는 의도가 보인다. 예를 들면 정약용은 '대학大學'을 '태학太學'으로 읽어야 하며, 태학은 '주자胄子(귀족 자제, 왕자)'의 교육을 위해서 설립한 것이기 때문에 '대학지도大學之道'는 '주자지도胄子之道'로 해석해야 한다고 주장한다. 대학지도는 어떠한 도인가? 이것은 태학의 교학 내용과 관련이 있는데 정약용은 대학지교大學之敎의 교과목은 효제자孝弟慈이고 자기 수양, 백성을 상대하는 것, 지선至善에 도달하는 것 등에 대해서 각각 다른 요구를 한다고 주장한다. 즉 '자기 수양'은 사군이효事君以孝, 사장이제事長以弟, 사중이자事衆以慈를 덕목으로 하고, '백성을 상대하는 것'은 노노老老, 장장長長, 휼고恤孤를 덕목으로 하며, '지선에 도달하는 것'은 효경신자인孝敬信慈仁을 덕목으로 하여 노력 실천하는 것이다. 따라서 왕자는 개인의 '수신'과 대중을 상대로 '예악형정'을 실행하는 근원이 될 수 있도록 이 '효제자'의 교육을 받아야 한다.

『대학』과 육경의 관계 확장

정약용은 『대학공의』에서 다음과 같이 말했다.

> (『상서』) 「고요모」편은 『대학』의 연원이다. 수많은 성인이 전승한 요지는 이 편에서 시작하고 『대학』에서 마무리되니 고찰하지 않으면 안 된다. (『상서』에서) 말했다. "삼가 몸을 닦고, 가족과 돈독하게 지내며, 현명한 이가 힘써 도와주게 하고, 가까운 데에서 먼 데까지 그 시작은 여기에 있다(愼厥身修, 惇敍九族, 庶明勵翼, 邇可遠在玆者)." 이것이 『대학』의 수신제가치국이평천하修身齊家治國而平天下이다. 여기서 말하는 '지인知人의 철哲'과 '안민安民의 혜惠'는 『대학』이 장章의 양대 사상이다. 뒤에 나온 '삼덕三德 · 육덕六德 · 구덕九德'의 논의는 관인官人(유능한 사람을 관官으로 발탁함, 관리 임명)의 방법이다. 또 그 뒤에 나온 '간식艱食 · 선식鮮食 · 내립乃粒'의 얘기는 혜민惠民의 업적이다. 상하 2천년이나 떨어져 있는데 그 말씀이 이렇게 서로 맞다니, 이 어찌 치평治平의 핵심 요지가 아니겠는가! 천하 국가를 다스리는 자는 반드시 깊이 생각해야 한다.[75]

위의 문장은 『대학』의 "시운詩云, 악지군자樂只君子, 민지부모民之父母

(즐거운 군자여, 백성들의 부모로다)" 일절에 대한 정약용의 설명이다. 그가 보기에 「고요모」에서 『대학』으로 이어지는 사상은 성인의 전승의 요지이다. 『대학』의 이 절과 「고요모」는 모두 '수신, 치국, 평천하'의 도리를 논한다. 예를 들면 정약용은 『대학』에서 이 절의 취지는 "나라를 다스리는 자의 큰 임무는 인사用人와 재정理財 두 가지다"라고 보는데[76] 이는 「고요모」의 '지인知人', '안민安民'과 같은 의미다. 또 「고요모」에서 논한 '삼덕三德 · 육덕六德 · 구덕九德', '간식艱食 · 선식鮮食 · 내립乃粒'은 모두 '관인官人'의 방법과 '혜민惠民'의 업적에 관한 얘기이므로 역시 『대학』의 취지와 일맥상통한다.

정약용이 『대학』의 사상적 원류를 찾아 「고요모」까지 거슬러 올라갔는데, 이것은 마치 『중용』의 사상 원류를 「요전」에서 찾는 것과 같다. 그 의도는 사서를 읽는 시야를 넓히고 사서를 육경과 연결 지으려는 것이다. 이것은 당시 성리학의 병폐를 교정하고, 동시에 '덕행'과 '예악형정'을 강조하는 중요한 의미가 있다.

4. 정약용의 사서학에 대한 전체적 구상

'수사'의 본뜻에서 출발한 사서 해석

정약용의 사서 해석은 수사학洙泗學을 목표로 한다. 따라서『대학』·
『중용』을 해석할 때 항상 고전에서 그 연원을 탐구한다. 정약용은『대학』
의 원류는『상서 · 고요모』이고『중용』의 근원은『상서 · 요전』이라고 주
장한다. 예를 들면『중용』에서 '희로애락'을 논할 때 그 취지는『진어』에서
구범의 "부장국자夫長國者, 유지희노애락지절唯知喜怒哀樂之節(나라를 다스
리는 자는 희노애락의 절도를 알아야 한다)"는 이야기와 같다. 정약용은 비록
주희를 유학의 '중흥지조中興之祖'라고 칭송하지만『중용』에 대한 주희의
일부 해석은 고대의 취지와 다르다고 지적하며 "『중용』은 고문이니 마땅
히 당시의 기미氣味로 이해해야 한다"고 주장한다. 따라서 정약용의 사서

해석은 주희의 기존 해석을 뛰어넘어 공맹의 입장에 서서 논하는 경향이 있다.

정약용이 수사학의 입장에서 사서를 해석하려는 이유는 당시 조선의 유학이 주로 주희의 권위만 따르는 데 대한 불만과 여기에서 비롯된 경학의 원의原義를 회복하려는 의욕 때문이다. 그는 「십삼경책十三經策」에서 다음과 같이 말했다.

> 명나라가 들어선 후 문명이 초월하니 또 주자를 신봉하고 이설異說을 금지했다. 학궁에서 사서삼경을 반포하고 호광胡廣과 해진解縉이 『대전大全』을 지어 천하 학자는 의지와 지혜를 포기하고 그 추세에 따라야만 했다. 그러다 보니 양한兩漢 이래 제가의 학설은 읽히지 않고 방치된 상황이다. 이것은 백가의 정통을 세우고 일세의 잘못을 구제하는 데에는 참으로 도움이 되지만 지나친 점이 없지 않다. 따라서 학식이 없는 자들은 당초에 여러 학설이 있고 판본도 신구가 있다는 것을 모르고, 오직 기존의 설만 따르고 속된 학문을 추종하며 이것이 하늘이 만든 것으로 착각하고 자신의 총명(귀와 눈)을 막아버린다. 고전을 탐구하는 자를 보면 새것을 좋아한다고 비난하고 경전을 인용하여 논증하면 기발하다고 비웃는다. 그들에게 의례儀禮는 폐물이고 주례는 후미진 책이며 공양公羊, 곡량穀梁은 이단에 속한다. 이아爾雅, 효경孝經은 부적으로 취급하고 마융馬融, 정현鄭玄의 이름도 모르며 공영달孔穎達의 소疏나 가규賈逵의 석釋은 본 적도 없다. 조잡하고 멸렬하여 전승할 수 없으니 학문의 폐쇄는 오늘보다 더 심할 수 없다. 천하의 일이란 하나의 이理에서 시작하여 수많은 갈래로 나뉘었다가 다시 하나의 이理로 통합된다. 따라서 먼저 박

식(博)한 후 요약(約)하는 것이 성인이 전한 공부 방법이다. 오늘날 경전의 설은 혼잡하고 질서가 없어 만약 엄밀히 고르고 넓게 선택하지 않으면 경經의 도道는 거의 사라질 것이다.[77]

여기서 정약용은 '기지절의棄智絶意, 일기추상一其趨尙(의지와 지혜를 포기하고 추세에만 따른다)', '속학俗學'과 같은 말로 당시 조선의 유학을 묘사했고 매우 격렬한 어휘로 당시 학자가 주자학만 숭상하고 한대漢代의 학설을 전혀 모르는 상황을 비판했다. 이를 통해 당시 학계에 대한 그의 불만을 알 수 있는데 바로 이런 불만 때문에 정약용은 유학의 명맥을 부흥하려고 한 것이다.

사서학에 대한 두 가지 고려

이러한 수사학의 바탕 위에 정약용은 그의 사서학을 구성할 때 두 가지 측면을 고려했다. 첫 번째는 사서학은 육경의 학설과 원류적인 관계가 있어야 하고, 두 번째는 사서학은 천리인욕天理人欲의 이기세계관理氣世界觀에서 벗어나[78] 왕자王者의 예악형정과 결부되어야 한다는 것이다. 「오학론1」에서 정약용이 말했다.

옛날 학문을 하는 자는 성性과 이理는 하늘에서 나오고 인륜은 도를 이루기 위한 것이라는 점을 안다. 따라서 효제충신孝悌忠信을 하늘을 섬기는 근본으로 하고, 예악형정禮樂刑政을 사람을 다스리는 도구로 보았으며 성의정심誠意正心을 하늘과 사람을 잇는 축으로 하였다. 그 이름은 인仁이고, 그것을 실천하는 것이 서恕이며 그것을 베푸는 것이 경敬이고 그것을 스스로 갖추면 중화지용中和之庸이다. 단지 이뿐이고 더 많이 말할 필요가 없다.

예禮라는 것은 효제충신의 행동을 절차 있게 하는 것임을 알지 못하고 "명물도수名物度數(예의 규범)는 도의 끄트머리다", "변두籩豆(제사)의 일은 따로 담당자가 있다"고만 한다. 악樂이라는 것은 효제충신의 행동을 더욱 즐겁게 하는 것임을 알지 못하고 "노래하고 춤추는 것은 외도다", "음악은 다만 종고鐘鼓를 말하는 것뿐인가"라고만 한다. 형정刑政이라는 것은 효제충신을 도와주는 것임을 알지 못하고 "형명刑名은 공리의 학문이요 성문聖門에서는 취급하지 않는다"고만 한다. 위의威儀라는 것은 효제충신의 행동을 유지하게 하는 것이다. 그러므로 제사를 행할 때, 손님을 맞을 때, 조정에서 혹은 군대에서, 평상시 혹은 부모상을 당하였을 때 각각 형식들이 다른 것이다. 이것을 알지 못하고 다만 '꿇어앉을 궤跪' 한 글자로 모든 예를 포괄하려고 한다.[79)]

위 문장의 요점은 두 가지다. 첫째, 옛 학자는 천인 관계를 논할 때 "효제충신孝悌忠信을 하늘을 섬기는 근본으로 한다", "예악형정禮樂刑政을 사람을 다스리는 도구로 한다", "성의정심誠意正心을 하늘과 사람을 잇는 축으로 한다"는 세 가지 중심 요소가 있다. 둘째, "예禮라는 것은 효제충신의 행동을 절차 있게 하는 것이다", "악樂이라는 것은 효제충신의 행동을 더욱 즐겁게 하는 것이다", "형정刑政이라는 것은 효제충신을 도와주는 것이다" 등의 말로 보아 (정약용의 생각에) '예악형정'은 '효제충신'을 위해 존재하는 것이다. 이 부분은 이 책 5장에서 논한 정약용의 '문질론'을 참고할 수 있다.

정약용의 생각에는 수사학의 요점은 효제충신이고, 성의정심과 예악형정의 역할은 효제충신을 보조하고 추진하는 데에 있다. 다시 말하면, 성의정심과 예악형정 중에서 하나는 개인의 수양 측면에서 얘기하는 것이고, 다른 하나는 대중의 정치 측면에서 논하는 것이며, 그 목적은 모두 '효제충신'을 수호, 유지하기 위한 것이다. 이런 견해는 이토 진사이의 『논어』·『맹자』는 "인의예지를 가르치고 효제충신을 요지로 한다"라는 주장이나 오규 소라이의 『중용』은 "덕행이 높지 않은 자도 쉽게 실천할 수 있는 효제충신 같은 것"이라는 주장과 매우 비슷하여 일본 고학파의 영향을 받았다는 것을 알 수 있다.

하지만 정약용은 일본 고학파를 따라가는 데에만 머무르지 않았다. 그는 고학파보다 한발 더 나아가 효제충신, 성의정심, 예악형정의 관계 구조를 자신의 사서학 체계에 도입했다. 즉 『논어』·『맹자』의 중점을 '효제충신'으로 보고 이를 근거로 성性, 덕德의 관계를 설명하고, 『중용』·『대학』의 중점을 '성의정심'으로 보고 개인과 정치 측면에서 신독愼獨, 성의誠意와 성性, 덕德의 관계를 설명하고, 그리고 『대학』의 중점을 '예악형정'으로 보고 이를 바탕으로 왕자의 정교政敎는 효, 제, 자에서 시작한다는 것을 설명한다.

정약용의 사서학 구조

(1) 기본 구조

「오학론 1」에서 얘기한 "효제충신을 하늘을 섬기는 근본으로 한다", "예악형정을 사람을 다스리는 도구로 한다", "성의정심을 하늘과 사람을 잇는 축으로 한다"는 세 요소의 의미를 분석하면 정약용의 사서학은『중용』을 중심으로 한다는 것을 알 수 있다. 여기서 말한 "성性과 이理는 하늘에서 나오고 인륜은 도를 이루기 위한 것이다(知性之本乎天, 知理之出乎天, 知人倫之爲達道)"는『중용』의 '천명지위성天命之謂性'과 대응되고, "효제충신을 하늘을 섬기는 근본으로 하고, 예악형정을 사람을 다스리는 도구로 한다(以孝弟忠信爲事天之本, 以禮樂刑政爲治人之具)"는『중용』의 '솔성지위도率性之謂道' 중에서 위로 사천事天하고 아래로 치인治人하는 두 노선과 부합된다.『중용』에서 얘기한 솔성지도率性之道는 '성의, 정심'으로 볼 수 있다. 성의, 정심을 실천하면 위로는 하늘의 덕과 상통하기 때문에 사천事天을 할 수 있고, 또 성의, 정심을 통해서 '효제충신'의 덕을 실행하고 '예악형정'의 법도를 세울 수 있어 치인治人을 할 수 있다. 따라서 성의, 정심은 "하늘과 사람을 잇는 축(天人之樞紐)"이 될 수 있다.

이상의 설명에 따라 정약용의 수사학 혹은 성리학의 기본 구조를 다음과 같이 그림으로 설명할 수 있다.

```
                    天          (性)

         ↑            ↑

率性行孝弟忠信      人心合於道心                率性行禮樂刑政

以事天          心得嗜好之性   (道)          以治人

                誠意正心                        ↓

                    ↓

                格物致知

                    ↓

            事天治人之學      (敎)
```

사서로 위 그림의 구조를 설명한다면, 정약용은『논어』의 '효제충신'을 총 강목으로,『중용』을 그 심법心法으로 하고 있다. 정약용이『중용』을 중요시하는 것은 그의「중용책中庸策」을 보면 알 수 있다.「중용책」에서 정약용은『중용』과『논어 · 향당』이 서로 표리가 된다고 주장한다.「향당」편에서는 공자의 겉으로 드러난 '동용중예動容中禮'한 위의威儀를 알 수 있고,[80]『중용』을 읽으면 공자의 내심을 꽉 채운 성性과 천도天道의 학문을 알 수 있다. 따라서『중용』의 '천명지위성天命之謂性, 솔성지위도率性之謂道, 수도지위교修道之謂敎'는 공자의 심법으로 볼 수 있다.[81]

정약용의 생각에는『중용』의 심법이 겉으로 실행되려면 '교敎'를 논하지 않을 수 없다. 교敎라는 것은 효제충신뿐이고, 이른바 효제충신은 또효, 제, 자 세 가지로 설명할 수 있다. 이 중 어른의 어린이에 대한 '자慈'는 "억지로 하지 않아도 가능"한 것이기 때문에 성인의 가르침은 "오직 효제만을 강조한다." 이런 생각은 그의 「원교原敎」에 나와 있다.

부모를 봉양하는 것이 효孝이고, 형제를 우애하는 것이 제弟이며 자식을 가르치고 키우는 것이 자慈이다. 이를 오교五敎라고 부른다. 아버지 섬기는 것을 참고하여 윗사람을 존경하면 군도君道가 세워진다. 아버지 섬기는 것을 참고하여 현명한 자를 존경하면 사도師道가 세워진다. 이것이 소위 생삼사일生三事一(사람은 셋이지만 모시는 도리는 하나)이다. 형을 모시는 것처럼 연장자를 모시고, 자식을 키우는 것처럼 백성을 다스린다. 부부는 같이 이런 덕행을 수양하고 안을 다스리는 것이고, 벗은 같이 이 도리를 토론하고 밖을 돕는 것이다. 하지만 유독 자慈는 억지로 하지 않아도 저절로 되는 것이니 성인이 가르침을 세울 때 오직 효제만 내세운다. 맹자가 말했다. "인仁의 실체는 부모를 섬기는 것이고, 의義의 실체는 형을 따르는 것이다. 예禮의 실체는 이 둘의 범절을 만드는 것이다. 악樂의 실체는 이 둘을 즐거워하는 것이다. 지智의 실체는 이 둘을 알고 어기지 않는 것이다."

이렇게 볼 때, 『대학』의 '명명덕'은 이 둘을 밝히는 것이다. 『중용』의 '자성명自誠明'은 이 둘을 참되게 하는 것이다. 충忠이란 말은 이 둘을 다하고 자신을 실實하게 하는 것이다. 서恕라는 말은 이 둘을 밀고 나가 사물에 적용하는 것이다. 격물치지格物致知는 이 둘을 격格하여 그 선후를 아는 것이다. 궁리진성窮理盡性이란 이 둘을 궁극적으로 따지고 내 본성을 다하는 것이다. 이 둘이 마음을 참되게 하는 것이 정심正心이다. 이 둘이 몸을 참되게 하는 것이 수신修身이다. 이 둘을 밝히고 성명性命을 따르는 것이 하늘을 섬기는 것(事天)이다. 천명지위도天命之謂性이고 솔성

지위도率性之謂道이며 수도지위교修道之謂敎라 하는데, 교敎란 오교五敎다.[82]

위 문장의 요점은 세 가지다.

① 효孝에서 효친孝親, 군도君道, 사도師道가 파생해 나오고, 제弟에서 형제, 부자, 부부, 붕우朋友 등 인륜의 규범이 파생해 나온다. '효제충신' 혹은 '효제'는 부자유친, 군신유의, 장유유서, 부부유별, 붕우유신 등 오륜의 인간관계를 총괄하여 '오교'의 의미를 지닌다. 따라서 정약용이 '효제'로 수사학의 교敎와 학學의 내용(敎學論, 교육론)을 총괄하였다고 볼 수 있다.

② 정약용은 『맹자』의 '인의예지', 『대학』의 '명명덕', '격물치지', 『중용』의 '자성명', 『논어』의 '충서忠恕', 『주역·설괘說卦』의 '궁리진성窮理盡性' 등의 대상은 모두 '효제'에 있다고 주장한다. 따라서 정약용이 '효제' 두 글자로 공자 사상의 실천 대상과 수양의 목적을 모두 포괄하였다고 할 수 있다.

③ 자신이 효제의 덕행을 실행할 수 있는 것이 수신修身이고, 수신으로 성性을 이끌고 명命을 따를 수 있으면 바로 사천事天이다. 수신으로 예악형정의 가르침을 세우면 치인治人을 할 수 있다. 따라서 정약용은 '효제' 두 글자로 수사학의 '인성론', '천도론' 및 '사회정치론' 등의 내용을 포함한 것을 알 수 있다.

(2) 수직적 천인 체계와 수평적 사회 체계

위에서 언급한 정약용의 수사학 혹은 성리학을 사서학의 구조로 전환

한다면,『중용』의 '성性, 도道, 교敎' 세 구절로 사서학에서 상하로 연결되는 '천인天人' 체계를 전개할 수 있고 이것은 사람의 형이상적 가치에 대한 추구에 해당된다. 이 수직적 체계는『맹자』의 '진심盡心, 지성知性, 지천知天'을 개인의 자각 및 초월의 내재적 근거로 하기 때문에, 사람의 '자아 가치' 및 '형이상적인 가치'에 대한 탐구와 대응된다.

『대학』의 지위는 좀 특수하다.『대학』에는 핵심어가 두 개 있는데 하나는 '성의정심'이고 다른 하나는 '격물치지'다. 성의정심은『맹자』의 '진심盡心'이나『중용』의 '성명誠明'과 같은 것으로『맹자』,『중용』의 천인 체계에 대한 자각을 통괄하여 "하늘과 사람의 연결 고리(天人之樞紐)"가 될 수 있다. 다른 한편으로『대학』의 격물치지는 사서학의 수평적인 사회 체계를 전개하는 의미가 있다.

'격물치지'는 '일의 시작'을 본本으로 하고 천자의 성의誠意를 선先으로 하며, '일의 마무리'를 말末로 하고 서민에 이르는 것을 후後로 한다. 이러한 해석을 보면 정약용은 격물치지를 자아의 도덕적 자각인 성의정심에서 예악형정 혹은 사회 가치의 체계로 확장시키려고 하는 것을 알 수 있다. 따라서 '격물치지'는 사서의 천인 체계 외에도 수평적으로 사회적 의미를 전개할 수 있는 방법으로 볼 수 있다.

이상의 설명을 종합해보면,『논어』의 '수기치인修己治人'의 도리는『맹자』,『대학』,『중용』의 논의 주제로 나눌 수 있다.『중용』의 '성誠'을 핵심으로 할 경우,『중용』의 '성'은『맹자』의 성선설을 근거로 '진심盡心, 지성知性, 지천知天'하여 생명 가치 체계 중 수직적 '천인 체계'를 형성할 수 있다.『중용』의 '성'이 '의, 심, 신, 가, 국, 천하' 등 사물을 관철하면 '예악형정'의 가르침을 창설할 수 있고 생명 가치 체계 중 수평적인 '사회 체계'를 형성할 수 있다. 천인 체계든 사회 체계든 그 실천은 모두『논어』의 효제孝弟와 인仁을 기초로 한다. 따라서 형이상학적 가치든 자아 가치든 모두 인륜과 일상의 사회에서 실현되어야 의미가 있다.

(3) 사서 내용의 상호 포섭

정약용은 "효제충신을 하늘을 섬기는 근본으로 한다", "예악형정을 사람을 다스리는 도구로 한다", "성의정심을 하늘과 사람을 잇는 축으로 한다" 등 세 가지를 사서 해석의 기본 구조로 한다. 이 구조하에서 사서는 하나의 전체를 이루고 또 이 전체 내에서 각각의 특색을 발휘한다. 예를 들면 정약용은『중용』의 사상은『논어·향당』과 서로 표리가 된다고 얘기한다. 즉『중용』은 성인의 내면적인 성性, 덕德을 밝히기 때문에「향당」에서 기술한 성인의 외현적 모습과 대조를 이룬다는 것이다. 비록『중용』의 내용이『논어』와 서로 표리 된다고 하지만『중용』의 내용은『논어』의 내용을 포괄할 수 없다. 왜냐면『논어』의 내용은 성性, 덕德 외에도 외부로 나타나는 문文(실천과 교육)이 있는데 이것은『중용』이 미칠 수 없는 것이다.『맹자』와『중용』의 관계도 이렇게 볼 수 있다.『맹자』에서 사람의 '선성善性'을 얘기하는 부분은『중용』과 참조해서 볼 수 있지만, 이외의 무왕지도武王之道[83) 부분은『대학』과 함께 봐야 한다.

『논어』,『맹자』,『중용』 외에『대학』의 지위가 특히 중요하다.『대학』에서 얘기한 '성의誠意'는 실천적 측면에서 "하늘과 사람의 연결 고리(天人之樞紐)"가 될 수 있다. 정약용의 해석을 따르면 성의誠意는 성性(하늘), 덕(사람)과 정치 교화政治敎化(예악형정)의 관계를 소통하고 또『중용』의 공자 심법과 연결할 수 있다. 따라서『대학』의 '성의정심'은 정약용 사서학의 실천적 측면의 중심축이라고 할 수 있다. 이러한 이유로 정약용의『대학』해석은 정약용 사서학의 특색을 보여줄 뿐만 아니라 사서학의 혁명적인 관점을 잘 설명해준다.

8장

결론

1. 정약용 사서학의 출현이 지닌 의미

조선 후기의 경학 이론은 경전을 주석하면서 현실 세계에 대한 인식과 사색을 확대하고 심화하는 새로운 발전 방향이 형성되었다. 이런 새로운 발전은 학술적 주체성을 발휘하려는 측면도 있지만, 그 과정에서 불가피하게 역사 경험과 동아시아 학술 발전의 영향을 받을 수밖에 없었다. 이런 각도에서 정약용의 사서학을 본다면, 조선 후기의 유학 대표작으로서의 의미와 그 복잡하고 풍부한 해석 내용을 더 잘 관찰할 수 있다. 동아시아 유학의 시각에서 정약용 사서학의 출현이 지닌 의미를 고찰해보면 두 가지 측면으로 나눠서 설명할 수 있다. 첫째는 조선 유학 자체의 맥락이고, 둘째는 중·일 유학의 맥락이다.

조선 유학을 '이기론'의 갈등에서 구출하다

조선 유학의 맥락에서 볼 때, 퇴계와 율곡 학파의 논쟁은 수백 년 지속되었고 학술적인 토론은 이미 정치 투쟁의 구실로 전락했다. 이런 상황을 바꾸려면 유학을 '이기론'과 분리시켜야 가능하다. 정약용은 23세 때 아직 '사단칠정'의 토론에 관심이 있었고 율곡의 '기발설氣發說'을 주장하며 이벽이 주장하는 퇴계의 '이기호발理氣互發'설을 반대했다. 하지만 34세 때 서암강학회西巖講學會에서는 이미 생각이 바뀌었고, 퇴계와 율곡의 '이'와 '기'에 대한 정의가 다르기 때문에 양자 간에는 "하나로 통일될 수 있는 시비 득실이 없을 것 같다(恐無是非得失之可以歸一者)"고 결론 내렸다.[1]

표면적으로 볼 때 정약용은 퇴계와 율곡의 사상을 절충하려는 것처럼 보이지만 사실 그가 원하는 것은 '이기'의 논쟁을 종결시키는 일이었다. 그의 이런 생각은 「답이여홍答李汝弘」에 잘 나타나 있다. 그는 다음과 같이 말했다.

'이기'설은 동이 될 수도 있고 서가 될 수도 있다. 백이 될 수도 있고 흑이 될 수도 있다. 왼쪽으로 이끌면 왼쪽으로 치우치고, 오른쪽으로 이끌면 오른쪽으로 치우친다. 여러 세대가 논쟁하고 자손까지 가도 결국 결론은 없다. 인생은 할 일이 많은데 형과 나는 한가롭게 이를 논쟁할 수 없다.[2]

정약용의 생각에 '이기' 문제 혹은 '사단칠정'에 관한 토론은 정의와 입장 차이에 따라 견해가 다르기 때문에 시간을 허송하며 "언담에 빠져(溺於言談)", "실천에 소홀(疎於履踐)"[3]하는 상황에 빠지면 안 된다. 그러나 정약용은 '이기론'으로 유학을 논하는 것은 반대하지만 퇴계와 율곡의 유학을 반대하는 것은 아니었다. 「이발기발변이理發氣發辨二」에서 그는 퇴계 학문의 핵심은 '이기의 변'이 아니라고 설명했다.

> 사단은 내 마음에서 나오고 칠정도 내 마음에서 나온다. 마음에 이, 기라는 두 구멍이 있어 각각 거기에서 나오는 것이 아니다. 군자는 정존靜存(조용히 마음을 보존)하며 동찰動察(마음이 움직이면 관찰)한다. 한 생각(念)이 나타나면(發) 스스로 경계하며 묻는다. 이 생각은 공적인 천리에서 나온 것인가? 사적인 인욕에서 나온 것인가? 도심인가 인심인가? 이렇게 추적한 다음 만약 공적인 천리라면 키우고 살리고 확충한다. 만약 사사로운 인욕에서 나왔다면 꺾고 누르고 극복한다. 군자가 입술과 혀가 마르도록 이기의 변론을 하는 것도 이 때문이다. 그 출처를 알면 발發하면 되지 변론할 필요가 어디 있겠는가? 퇴계는 일생 동안 마음을 다스리고 성품을 키우는 데 힘썼기 때문에 그것이 명확하지 않을까봐 이발, 기발을 나누어서 얘기하는 것이다. 학자가 이 뜻을 잘 관찰하고 체득하면 퇴계의 충실한 제자라고 할 수 있다.[4]

위의 문장에서 정약용은 '이기'의 토론의 핵심은 '천리/인욕', '도심/인심'의 구분에 있지 심념心念이 일어날 때 이발이냐 기발이냐에 있지 않다고 주장한다. 진정한 퇴계의 문인이라면 마음의 일념이 천리 혹은 인욕에 부합하는지, 인심 혹은 도심에 부합하는지를 관찰해야지 그 일념의 근원이 '이' 혹은 '기'인가를 따져서는 안 된다는 것이다.

　이런 입장은 정약용의 주희 '이기설'에 대한 비평에서도 나타난다. 정약용은 비록 주희의 이기설을 반대하지만 주희의 학문을 반대하지 않았다. 그는 여러 저술을 통해 주희에 대한 자신의 경의를 표시한 바 있다. 예를 들면 주희의 인품에 대해 "그의 마음은 순전히 공적인 천리에서 나오고 사적인 인욕은 추호도 없다"[5]고 칭송하고, 주희의 학문에 대해서는 "취사선택을 결정할 때 늘 전전긍긍하며 조심하여 반드시 이치를 밝히고야 만다. 전대 선배에 대해 감히 쉽게 입놀림하며 비난하지 않는다. 그의 재능이 이렇게 높은데 그의 마음이 이렇게 공정하니 그의 말은 믿음직스럽고 남이 도달할 수 없는 경지다"[6]라고 높이 평가했다. 정약용의 주희에 대한 존경은 엄격한 학문 정신으로 승화되어 중국, 일본의 유학에 대한 비판으로 이어졌다.

중국 근세 유학의 발전 상황에 대한 불만

　중국과 조선의 학술 교류를 보면, 1644년 만주족의 청나라가 중원을 차지한 후, 조선은 청을 오랑캐로 보았기 때문에 청나라와의 문화 교류는 한동안 중단되었다. 이러한 상황에 대해 박제가朴齊家는 1786년에 '북학北學'[7]을 제창했다. 소위 '북학'은 북방의 중국(청)한테 배운다는 뜻이다. 정약용이 『일본론』에서 일본은 걱정할 것 없다고 말한 다섯 번째 이유는 다음과 같았다. "일본이 중국과 교류가 없을 때 중국의 보물은 모두 조선을 통해서 얻었고, 또 견문이 없어 조선의 시문서화詩文書畵를 얻으면 진귀하게 여겼는데 이제 배편으로 직접 강절江浙에 가니 중국의 물건 뿐만 아니라 그 제조 방법까지 배워 자체 제작하고 풍요롭게 사용하고 있다."8) 따라서 정약용도 박제가처럼 당시 조선과 청나라의 단절 상태에 대해 불만이 있다는 것을 알 수 있다.

하지만 정약용이 청나라의 문헌 고거학을 접한 후 중국 유학의 발전에 대해서도 불만이었다. 이 점은 모기령에 대한 그의 비판에서 확인할 수 있다. 그는 서한「답이나주荅李羅州」에서 다음과 같이 말했다.

> 세간에 모기령이 주자의 학설을 비판하는데 말은 거칠지만 이치는 맞는다고 얘기한다. 나도 한번 비교 참조하였는데, 알고 보니 그의 학설은 한유漢儒의 참위讖緯설을 답습한 다음 또 기타 괴상한 책을 잡다하게 인용했다. 사람들은 그의 방대한 고증 자료에 놀라고 겁에 질려 다 옳다고 한다. 하지만 자세히 따져보면 서로 맞지 않고 흠이 많다. …… 더구나 그의「만수전曼殊傳」「연상사連廂詞」등의 작품을 보면 천한 광대나 마찬가지고 유학자의 기상이 아니다. 사실 그의 종증조부가 바로 왕양명의 제자이니 그도 심법을 전수받아 이런 정도正道를 해치는 논술을 하는 것이다. 이것을 알면 주자는 더욱 천지사시天地四時와 같다는 것을 알고, 개미가 나무 흔드는 짓에 대해 웃고 넘어갈 것이다. (주자의) 군주를 바로잡고 백성을 안정시키려는 고심과 노력도 내가 반복하여 칭송하고 감탄을 금치 못하는 점이다. 오늘 귀하께서 언급하니 더욱 가슴에 와 닿는다.9)

이 말을 보면 정약용은 양명학과 청대의 고거학을 유학의 기상을 갖추지 못했다고 보고 동시에 주자학의 중요한 지위를 다시 한 번 확인시켜준다.

모기령은 청대 학술사에서 박학樸學 학풍을 창시하고 정주학程朱學을 전복시킨 것으로 유명하며, 명말 청초의 경세치용학의 계보 중에서 경학사학파經學史學派의 대표적 인물이다.[10] 정약용도 자신의 경학 이론을 수립할 때 모기령의 고거 성과를 인용하였지만[11] 그의 유학의 의리義理에 대한 해석에는 동의할 수 없었다. 따라서 근세 중국에서 전래된 유학에 대해 정약용은 항상 "겸허한 마음으로 공정하게 그 시비의 진위를 고찰(虛心公觀, 以察是非之眞)"[12]한다는 실증적 태도를 견지했다.

일본 고학파의 관점에 대한 반성

1764년 전후 조선은 통신사를 통하여 일본 고학파의 발전 상황을 알게 되었다.[13] 처음에 정약용은 일본 고학파의 '예악형정'을 위주로 하는 유학 해석에 많은 경의를 표했다. 그는 「일본론」에서 이토 진사이, 오규 소라이, 다자이 준 등을 칭송하며 "일본은 걱정 없다"고 평가했다.[14] 하지만 정약용이 사서 주해를 진행한 후 이들의 학문적 태도가 변했다. 정약용의 『논어고금주』에서 다자이의 『논어고훈외전論語古訓外傳』을 참고하였지만 그의 의견에 대해서는 대부분 부정적이었다.[15] 「발태재순논어고훈외전跋太宰純論語古訓外傳」에서 정약용은 다자이를 "어그러지고 약삭빠르다(乖巧)", "방자하다(放肆)"고 비평했다.[16] 이외에도 정약용은 다음과 같은 「고시古詩」를 지어 일본의 유학자가 하는 것은 '정학正學'이 아니며 그 결과 "경전을 더럽혔다(淫亂經卷)"고 지적했다.

> 일본에 명유名儒가 많지만 정학正學은 보지 못했다.
>
> 이등伊藤(이토 진사이)은 고대를 선호한다고 하고 적씨荻氏(오규 소라이)도 따라서 선동한다.
>
> 그 유파流波가 신양信陽(다자이 준)까지 와서 경전을 더럽히고 있다.
>
> 오곡은 먹지도 못하고 잡초만 골고루 심어졌다.
>
> 낙민洛閩(정주학)의 학문은 위태롭고 계림鷄林(조선)도 위태롭다.
>
> 세상사 이러하니 한밤에 혼자 뒤척거린다.
>
> 日本多名儒, 正學嗟未見, 伊藤稱好古, 荻氏益鼓煽, 流波及信陽, 詖淫亂經卷.
>
> 五穀未始嘗, 稗稊種已遍, 危哉洛閩脈, 雞林亦一線, 世運噫如此, 中夜獨轉輾.[17)]

「일본론」과 「고시」를 비교해보면 현저한 견해 차이가 있는 것을 알 수 있다. 정약용은 일본 유학을 처음 접했을 때 "그들의 학문은 우리나라를 훨씬 초월했다(今其文學, 遠超吾邦. 출처: 편지「示二兒」)"고 감탄하였고 이것이 자신의 문화에 대한 반성으로 이어졌는데, 이러한 반성은 그가 오경 사서를 골고루 주석한 이후 자신감으로 전환하였다.

자신의 사서학에 대한 정약용의 자신감은 그가 중국과 일본의 학술에 대한 고찰에서 비롯되었을 것이다. 그가 보기에 청나라의 고거학은 선비의 절개나 학문의 함양에 전혀 교정 역할을 할 수 없고, 일본의 유학은 근거도 없이 방자했다. 정약용의 일본 유학에 대한 정면 비판은 오규 소라이와 다자이 준의 '우민론愚民論'에 대한 반박을 예로 볼 수 있다.[18)] 소라이는 "백성은 우매한 것이다(民是愚之物)"라고 말한 바 있고 무사武士만 학문의 양성 교육을 받을 수 있다고 주장했다. 다자이는 이런 사상을 이어받아『논어 · 태백泰伯』의 '민가사유지民可使由之' 장을 주석할 때 다음과 같이 말한다.

> 군자가 있어야 백성을 다스릴 수 있고, 백성이 있어야 군자를 공양할 수 있다. 반드시 한 군자가 많은 백성을 다스려야 천하가 다스려진다. 만약 천하의 사람이 집집마다 배우고 모두 군자가 되면 천하에는 백성이 없을 것이다. 백성이 없으면 나라가 아니다. 군자도 사역시킬 사람이 없다. 이렇게 되면 어떻게 국가가 유지되는가? [19)]

다자이는 만약 천하 사람이 모두 군자가 되면 나라는 나라 모양이 아니고 군자는 다스려야 할 백성이 없어진다고 보았다. 정약용은 이런 사상에 찬동할 수 없었다. 정약용이 보기에 공맹은 사람을 가려서 가르치지 않았고(有教無類), 지극히 공적이고 사심이 없으며(至公無私), 모든 사람이 요순이 될 수 있다(人人皆可以爲堯舜)는 입장에서 교화를 하는 것이었다. 만약 백성에게 예악을 안 가르치고 왕권을 수호하려고 한다면 나라는 망할 것이고, 진秦의 멸망이 바로 좋은 예라고 정약용은 지적한다. [20)]

정약용은 다자이 준과 오규 소라이의『논어』해석에서 보여준 우민 사상에 동의할 수 없었고, 또 이 책 앞 장의 토론에서 볼 수 있듯이 맹자의 인성론에 대해서도 정약용은 일본 고학파와 다른 기준을 갖고 있었다. 따라서 '예악형정'과 '육경'으로의 회귀 주장이 일치하고, 사서를 주석하는 언어도 비슷해 보이지만 양자는 이론 형태에 있어서 근본적인 차이가 존재한다.

서학에 대한 선택적 참조

이상의 설명에서 알 수 있듯이, 정약용은 각종 학설의 영향을 받았지만 시종 엄격한 자세를 견지하여 어느 한쪽에 치우치지 않았다. 이러한 자세는 그의 서학에 대한 태도에도 영향을 주었을 것이다. 많은 논자는 정약용의 '사천학事天學'과 '성기호설'은 서학(천주교)의 영향을 받은 것이라고 주장한다. 이에 대해 이 책 3, 4장에서 이미 이런 주장은 성립되기 어렵다고 논한 바 있다. 따라서 정약용은 서학의 영향을 받았을지 모르지만 그 영향은 그의 유학 해석에 반영되었다고 보기 어렵다. 이 책 3, 4장에서 살펴본 '천天', '상제上帝'에 관한 직접적인 토론 외에도, 다른 자료를 통해 간접적으로 이 문제를 분석해볼 수 있다. 정약용은 「녹암권철신묘지명鹿菴權哲身墓誌銘」에서 권철신의 학문에 대해 다음과 같이 논평했다.

내가 듣기로는 그가 『대학』을 논할 때 격물格物을 '물유본말物有本末'의 그 물物을 격格하는 것으로 보았고, 치지致知를 '지소선후知所先後'의 그 지知를 치致하는 것으로 해석했다. 또 '효제자孝弟慈'를 명덕明德으로 보고, (대학의) 구본舊本에는 오류가 없다고 보았다. 그가 『중용』을 논할 때 '소불문, 소불도所不聞, 所不睹'를 하늘이 이룬 덕행의 '무성무취無聲無臭'로 보았다. 그가 사단四端을 논할 때 조기趙岐의 설처럼 '단'을 '수首(머리)'로 해석하고 '인의예지'는 실천하여 이룬 이름으로 보았다. 그가 '상례喪禮'를 논할 때 형제를 동족의 통칭으로 하고, '입후立後'를 죽은 자의 후인으로 보고, '대하척帶下尺'을 옷자락의 길이로 보고, '연미燕尾'를 원래 없는 것으로 보았다. 그가 조문 받을 때, 오직 주인만 손님에게 절을 하고 모든 상주가 다 절하지 않았다. 이 때문에 비방을 많이 받았다. 그가 (시경의) 국풍國風을 논할 때 정위鄭衛를 자음刺淫의 시로 보았다. 그가 상서를 논할 때 매씨梅氏 25편을 가짜라고 주장했다. 이러한 여러 설은 비록 주자가 논한 것과 다른 점도 있지만 그는 평생 주자를 애모하여 주자의 글을 읽거나 내용을 강의할 때 깊이 빠져 눈썹이 씰룩거리는 것도 모를 정도였고, 늘 자기만큼 주자를 흠모하는 이도 없다고 말했다.[21]

권철신은 1777년부터 천주교를 신봉하였고 1801년 신유박해로 사망했다.[22] 위의 묘지명을 보면, 정약용의 사서에 대한 해석은 권철신의 견해를 상당히 참고하였음을 알 수 있다. 권철신이 스스로 자신만큼 주자를 존경하는 사람도 없다고 말한 것을 보면, 그는 비록 천주교 신자이지만 공맹 유학이 천주교와 저촉된다고 생각하지 않을 뿐만 아니라 주희의 학문도 천주교 교리에 위배된다고 생각하지 않은 것을 짐작할 수 있다.

정약용은 당시의 중국과 일본 유학의 발전 상황을 이해한 후 유학의 쇠퇴를 우려하며 그 부흥을 도모했다. 그는 서학을 접한 후 서학과 수사학이 상호 설명할 수 있다고 보고, 또 주자학을 수사학으로 되돌려야 한다고 생각했다. 따라서 정약용 자신의 사서학을 구상하였고 이것으로 유학을 부흥시킬 뿐만 아니라 조선의 예악문화를 강화하여 부국강병을 추구하려는 의도도 있었다.

2. 정약용 사서학은 '포스트 주자학'이다

중국과 조선 유학의 병폐를 교정하다

정약용의 사서에 관한 저술은 20대 중반 때 『중용강의』와 『대학강의』로 거슬러 올라갈 수 있지만 그가 본격적으로 사서를 주해한 것은 강진 유배 기간(1801~1818)이었다. 유배 12년째인 1813년에 당시 52세의 정약용은 『논어고금주』를 저술하였고, 그 다음해부터 차례로 『맹자요의』, 『중용자잠』, 『중용강의보』, 『대학공의』 등을 썼다. 이 책들은 정약용이 경학의 원류를 두루 섭렵한 후 저술한 인생 성숙기의 작품이다.

동아시아 유학의 관점에서 정약용 사서학의 의미를 살펴볼 때 동아시아 유학 발전의 병폐를 교정하는 공헌이 있음을 알 수 있다. 이는 또 중국과 조선, 그리고 일본의 유학 발전이라는 두 측면으로 나눠서 설명할 수 있다. 중국과 조선 유학의 발전에 대해 정약용은 주희를 '유학 중흥의 시조'로 보는 것에 반대하지 않는다. 『논어고금주』에서 정약용은 주희의 공헌을 다음과 같이 설명했다.

> 자기 극복(以己克己)은 수많은 성왕이 직접 비밀리에 전승한 오묘한 요지이다. 이것을 알면 성현이 되고, 이것을 모르면 짐승이 된다. 주자를 유학 중흥의 시조로 보는 것은 다른 이유가 아니다. 그가 지은 『중용』의 「서序」에서 이 이치를 밝혔기 때문이다. 요즈음 학자는 송원宋元 유학자의 이기理氣를 따지고 겉으로는 유가이지만 속으로는 불교인 병폐를 교정한다고 하여 경을 논할 때 한진漢晉의 설만 따른다. 의리義理 중에 송유宋儒가 얘기한 것이라면 곡직曲直을 불문하고 무조건 반대한다. 이것이 한두 사람의 마음의 병이라면 그냥 넘어가도 되는데, 만약 천하의 사람 모두 원래 있는 것을 잃게 하고 원래 밝힌 것을 어둡게 하면서 짐승이나 목석처럼 되게 한다면 작은 문제가 아니다.[23]

위의 구절은 청대의 학술 발전에 대한 정약용의 비판으로 볼 수 있다. 그가 보기에 청대 학자가 한대의 학설로 송유宋儒의 "이기理氣를 따지고 겉으로는 유가이지만 속으로는 불교(評氣說理, 內禪外儒)"인 문제점을 반대하는 것은 옳은 방향이지만, 송원宋元 유학자의 공헌을 무조건 부정하는 것은 바람직하지 않다. "이기理氣를 따지고 겉으로는 유가이지만 속으로는 불교"이면, 예악제도를 통해 유학의 정신을 펼칠 수 없게 된다. 이것은 중국 유학의 문제이기도 하고 동시에 조선 유학의 문제이기도 하다. 정약용이 보기에는 중국 근세의 유학은 이런 병폐를 교정하려는 의

도는 있지만 문제의 핵심을 파악하지 못하였고, 조선의 실학은 그 자주적인 학풍 때문에 오히려 독창적인 면이 있었다. 따라서 그는 자신의 능력으로 최근 학자의 성과를 정리하여 새로운 사서학을 창설하려고 한 것이다.

정약용이 보기에 주희와 퇴계 이황이 말한 '이기理氣'는 모두 자기 마음에 천리를 간직하도록 경각심을 주고 이를 실천의 기초로 삼는 목적이 있다. 그러나 후세의 학자는 '이기'의 논쟁에만 빠져 있고 실천을 소홀히 하여 성性과 이理를 논하는 초심을 잃어버렸다. 따라서 정약용은 주희의 '이기' 관점을 반대하고 그가 『대학』의 '격물치지'를 '즉물궁리'로 해석하는 것을 반대하지만, 이러한 반대의 목적은 세상 사람의 주자학에 대한 이해를 바로잡으려는 것이었다. 정약용은 주자의 진정한 공헌은 『중용』의 '인심유위, 도심유미人心惟危, 道心惟微'의 참 의미를 발휘하는 데 있다고 보고 자신의 사서 해석에서도 적극적으로 '인심/도심'의 구조로 '이/기'의 구조를 대체했다.

'인심/도심'의 구별을 강조하는 것 이외에 정약용은 『중용』의 성性, 도道, 교教 중 '교'의 중요성과 역할을 강화하기 위해 '솔성지위도率性之謂道' 및 '수도지위교修道之謂教'의 본말, 선후 문제를 해석의 핵심으로 했다. 이 또한 정약용의 『대학』 고의古義에 대한 복원 작업으로 볼 수 있다. 정약용이 『대학』의 고의를 복원한 것은 왕양명처럼 '치양지致良知' 하나로 주희와 차별을 두려는 것이 아니라, '교'의 입장에서 『대학』의 사상적 원류를 「고요모」까지 거슬러 올라감으로써 유학의 연원을 탐구하고 사서의 시야를 넓혀 육경의 '예악형정'과 결합할 수 있게 했다.

일본 고학파를 상대로 고학의 깊이를 보여주다

정약용의 사서학이 동아시아 유학을 구원해주었다고 할 수 있는 두 번째 측면은 일본 고학파의 발전과 관련된 것이다. 고학파는 당시 사상계의 신흥 세력이었다. 그들은 복고의 모습으로 나타나 주자학에 대한 부정을 통해 이론의 변혁을 추구했다. 대체로 주자학을 반대한다는 목표가 명확하기 때문에 이토 진사이나 오규 소라이는 주희의 『대학』 및 『중용』에 대한 가치 부여를 부정하였고, 심지어 소라이는 『맹자』도 선왕先王의 도가 아닌 유자儒者의 도라고 평가절하했다.

이토 진사이는 『논어』·『맹자』의 가치를 높게 평가하지만 『중용』은 일부만 공자의 취지에 맞는다고 보았고, 『대학』은 아예 경서에서 제외해버렸다. 진사이는 『대학』은 공자학파의 저술이 아니라고 보고, 주희의 '격물치지'에 대한 해석을 반대한 것 외에도 '명덕明德'은 『시』·『서』·『좌전』에는 나오지만 『논어』·『맹자』에는 나오지 않아 중요한 철학 개념으로 간주할 수 없다고 주장한다. 『대학』 외에도 진사이는 주희의 '중용'에 대한 정의를 반대했다. 그가 보기에 '중용' 두 글자는 "과불급이 없고 평상시 실행 가능한 도리"의 뜻이고, 주희가 이를 "요순 이래 전승된 심법, 공자학파의 오묘한 책"으로 왜곡시킨 것이다. 따라서 진사이는 「악경」의 잔재, 「태전太傳」·「악기」의 부류, 한유漢儒의 오류 등을 이유로 송대 유학자가 집중 토론한 '희노애락미발지중喜怒哀樂未發之中', '성자천지도誠者天之道' 등 개념에 대한 논의를 회피했다.

진사이가 이런 견해를 갖게 된 이유는 그가 주희의 '성性'에 대한 해석을 찬성하지 않는 것과 관련 있을 것이다. 진사이는 주희가 '희노애락의

미발'을 '성性'으로 보고 '격물치지'의 목적을 "성리性理를 끝까지 추궁하는 것"이라는 주장을 반대하며 주희의 이런 관점은 매우 해롭다고 보았다. 또한 진사이가 '성性'을 논할 때 비록 『맹자』에서 그 개념을 가져왔지만, 그는 '인심'과 '도심'의 구별에 동의하지 않고 '미微, 위危' 두 글자는 공맹의 취지와 맞지 않다고 주장한다. 진사이는 인의仁義의 양심良心으로 '도심'을 정의하고, '인의양심仁義良心'은 매우 명확하게 볼 수 있기 때문에 "도심이 희미하다(道心惟微)"는 말은 성립이 안 되고, '인심'은 비록 쉽게 욕망에 빠질 수 있지만 사람은 의리義理의 마음이 있기 때문에 "인심은 위태롭다(人心惟危)"는 말도 성립이 안 된다고 주장한다. 이러한 견해로 보아 진사이는 맹자의 '성선' 이론에 깊이 들어가지 못하고, 동시에 송대 학자가 '인심/도심'을 구분한 의도를 인식하지 못한다. 이 때문에 그는 후일 "맹자는 천하의 성이 모두 선하다고 말한 적이 없다", "성선설은 자포자기하는 자를 위해 만든 말이다"라는 견해까지 주장한다.

오규 소라이는 『대학』을 '기記'라고 평가절하하고, 또 『중용』의 내용도 일부만 『논어』에 부합한다고 주장한다. 그는 비록 『대학』은 공자의 제자가 지은 것이라고 인정하였지만, 그의 『대학해』에서는 주희와 다른 견해를 펴기 위해 많은 대목에서 『대학』의 문장을 상당히 다르게 이해했다.[24] 또 그의 『중용해』에서는 『중용』을 자사가 노자 학파와 대항하기 위해 만든 책이라고 규정하였고, 노자학파와 논쟁하기 위한 것이기 때문에 '성性'이나 '내외지변內外之辨'에 관한 사상은 이미 공자의 학문에서 벗어난 것이었다. 그 결과 맹자, 순자를 비롯한 후세 유학자는 공자의 도를 제대로 이해할 수 없었고, 선왕지도先王之道는 안천하安天下를 위해 있다는 사실을 망각하게 되었다. 따라서 소라이가 보기에는 사서 중에 오직 『논어』

하나만 '선왕지도'를 보존한 저술이다.

정약용의 사서학을 진사이와 소라이의 견해와 비교해보면, 특히 『중용』의 지위, '인심/도심'의 구분, 『맹자』의 심성론의 가치 등의 문제에서 정약용의 논점은 일본 고학파의 관점을 반박하고 그들의 결함을 보완해주는 것으로 볼 수 있다. 그는 또 『대학』의 지위를 '경'으로 인정하고 『대학』 원문을 인용할 때 항상 "경에서 말했다(經云)" 표현을 사용한 점도 일본 고학파를 겨냥한 것으로 볼 수 있다.

정약용의 사서학은 동아시아 포스트 주자학의 대표작이다

이 책 2장의 결론에 따르면, 정약용의 해석 방향이 주희와 다르기 때문에 그의 사서 해석은 이념 지향에서 벗어나 '인욕' 혹은 '인심'의 변화에 좀 더 너그러운 입장이었다. 이러한 태도는 정약용의 사서 해석을 "이理로 살인한다(以理殺人)"는 극단적 경향에서 벗어나게 하였고, 또 『대학』 중 "재정을 잘하여 백성에게 혜택을 베푼다(理財惠民)"는 이익에 관한 문제도 받아들일 수 있었다.[25] 정약용이 사서를 해석할 때 보여준 의의意義 경향 때문에 그는 '도덕적 주체성'의 연장선에서 '상호 주체성'에 근거한 예악형정의 정치 논술이 가능했다. 그의 '문질론'과 『논어』, 『대학』 해석은 모두 주체성과 상호 주체성이 함께 만들어낸 도덕 세계에 대한 기대를 보여준다.

정약용의 『중용』 해석은 『맹자』의 '성선설'과 밀접한 관련이 있다. 그는 비록 자신의 '성기호설'을 세웠지만 그의 이론 유형은 기본적으로 맹자의 심성론과 같다. 그와 일본 고학파의 가장 큰 차이는 바로 맹자의 심성론에 대한 이해의 차이에 있다. 정약용과 일본 고학파는 예악형정과 육경의 역할을 강조하지만 도덕적 주체성 혹은 성선설에 대한 입장이 다르기 때문에, 그들이 위정자爲政者와 하민下民의 관계를 논할 때 서로 다른 견해를 주장하게 되었다. 정약용은 일본 고학파의 다자이 준과 오규 소라이의 우민 경향이 초래할 수 있는 사회문제를 알아차렸기 때문에 그의 『대학』해석에서는 군주는 자수自修 및 신교身敎로 백성을 이끌어야지 백성에게 '명명덕', '신민', '지어지선'을 강요할 수는 없다고 주장한다.

반反주자학 혹은 탈주자학의 관점으로 정약용과 일본 고학파를 분석해보면, 이토 진사이와 오규 소라이는 주희의 이론을 완전히 뜯어고쳤기 때문에 '반주자학'으로 정의해도 무방할 것이다. 하지만 정약용의 경우, 그는 여전히 주희를 칭송하고 사서의 가치에 대한 평가나 '인심/도심'에 대한 이해에서도 주희의 사상과 크게 다르지 않았다. 정약용은 근본적으로 『대학』, 『중용』의 가치를 인정하고, 또 주희의 '인심유위, 도심유미'에 대한 해석을 계속 발전시켰기 때문에 그의 사서학은 '반주자학'의 진영으로 귀속시키기보다 '포스트 주자학'의 대표 주자로 보는 것이 더 타당할 것이다.[26] 주희의 사서학이 동아시아에서 경직화 현상으로 나타난 데 대해 정약용은 유학의 원류에서 활력소를 찾아 다시 생명력을 불어넣었다는 의미에서 그의 사서학은 포스트 주자학의 역작이라고 평가할 수 있다.

3. 정약용 사서학의 조선 중화주의와 근대 의식

정약용 사서학은 조선 중화주의의 결과다

근세 동아시아에서 주자학에 대한 비판은 오래전부터 있었다. 주자학의 이론은 천리天理를 향한 궁극적인 사색이고, 천인天人의 구분이 없는 연속적 사유이기 때문에 현실적 측면과 괴리되기 쉽다. 이런 문제에 대해 중국에서는 진량, 섭적, 대진 등이 비판을 가했다. 동아시아의 주자학 비판 풍조는 명·청이 교체되면서 더욱 거세졌고, 거기에는 철학적인 토론 외에도 문화의 존망과 발전에 관련된 문제의식이 교차되어 있었다. 중국 이외 지역에서 이런 논쟁은 '탈중심화'와 관련되어 있다. 일본의 경우 일본의 초기 근대화는 반주자학으로 대표되는 '탈유脫儒'의 과정이었고, 이 과정에서 고학파, 국학파, 계몽학파 등이 출현했다.[27] 따라서 명·청 교체 이후 주자학에 대한 태도를 논할 때, 주자학의 '천인 연속적 사유'와 근대 문화 간의 관계 문제를 회피할 수 없다. 전통과 미래의 문화 문제에 직면할 때 일본과 조선은 매우 다른 반응을 보였다. 일본의 고학파가 '탈주자학'의 발전을 보였다면 조선의 정약용은 주자학을 수정하여 '조선 중화주의'로 발전하는 모습을 보였다.

화이사상의 역사적 발전으로 볼 때, 조선은 처음에 청의 '화하華夏' 지위를 인정하지 않았다. 당시 권력을 장악한 노론파의 송시열은 청나라의 정통성을 인정하지 않았고, 이후 만동묘萬東廟, 대통묘大統廟, 대보단大報壇28) 등 '숭명삼의崇明三義'의 제사 활동이 있었다. 29) 청에 대한 척화斥和 의식은 조선 학자로 하여금 새로운 화이관을 갖게 했지만 이런 관념은 여전히 '명나라 숭상'과 묶여 있어 중국을 중심으로 하는 중화 질서의 '의리론'에서 벗어나지 못했다. 이런 상황은 1765년 북학파의 선구자 홍대용洪大容이 중국에 사신으로 가서 청나라 사회의 발전 모습을 목격한 후30) 비로소 많이 달라졌다.

홍대용은 청나라의 정치와 군사의 성취를 높게 평가하였지만, 동시에 그는 서양의 천문지리학 지식을 접하면서 지동설 등 새로운 우주관을 알게 되었고, 이로부터 중국이 세계의 중심이 아니라는 인식도 갖게 되었다. 31) 홍대용은 "화이는 같다(華夷一也)"라고 주장하였는데 그 목적은 '청나라 오랑캐'와 '중화'는 같다고 주장하려는 것이 아니라 '하늘에서 볼 때' 오랑캐와 중화는 평등하다는 사실을 강조하려는 것이었다. 그는 오랑캐가 중원을 침범하기도 하고, 중국도 주변 오랑캐를 침략한다고 보았다. 공자가 비록 주나라에 살고 있었지만 "왕실과 제후는 쇠약하고 오초吳楚 등 나라가 화하의 지위를 넘보며 전쟁을 일으키니" 오랑캐와 비교해도 별반 나은 것이 없었다. 따라서 홍대용의 세계관에서 중요한 문제는 "이하夷夏의 구별"이 아니라 어떻게 "하夏를 이용하여 이夷를 변화시키고 주周의 도道를 역외에서 부흥시키느냐"에 있었다.[32] 다시 말해서 청나라 사회 문화의 흥성은 하夏를 통해 이夷를 변화시킨 좋은 실례로, 조선도 변혁을 하면 역외에서 『춘추』를 이어갈 수 있다는 자신감이 생긴 것이다.

이러한 화이사상의 변화의 맥락에서 정약용의 사서학을 평가한다면, 그의 사서학은 바로 '하夏를 통해 이夷를 변화시킴', '역외에서 『춘추』를 이어 간다'는 성과라고 볼 수 있다. 정약용은 개방적인 태도로 중국 경학의 발전뿐만 아니라 일반 유학의 발전에도 관심을 두었고 일본의 학문이 조선보다 앞섰다는 사실도 받아들일 수 있었다. 이러한 태도 하에서 진행된 정약용의 경서 해석은 철학적 토론에만 머물지 않고 경세치용과 문화를 전망하려는 의도도 포함되어 있다.

중국, 일본의 반주자학 사상을 고찰한 후 정약용은 이들이 주희 철학 중 '천인天人을 연결시킨 사상 체계'를 교정하기 위해 대부분 불가피하게 '경험주의적 이성주의'[33]의 경향에 빠져 있다는 것을 발견했다. 이러한 경향은 현실을 중시하고 진화하는 사회를 만드는 데에는 도움이 되지만, 이상의 결핍과 정치권력의 과도화 등 위험 요소도 내포되어 있다. 예를 들면 오규 소라이와 다자이 준의 우민론은 이런 위험성을 보여준다. 때문에 정약용은 그의 『대학』 해석에서 특히 군주나 향후 군주의 권력을 갖게 될 주자冑子는 반드시 "스스로 밝히고 경계해야 하고", "자수自修하지 않고 남에게 명덕明德을 강요하는" 것을 피해야 한다고 강조했다. 이외에도 정약용은 '친민親民'을 "백성을 사랑한다"는 뜻과 "백성을 서로 사랑하게 한다"는 두 가지 해석을 제시했고, '신민新民'은 "천명을 새로 받은 왕",

"백성을 지어지선하게 한다"는 해석을 채택하지 않고 "백성이 서로 친하면 그 백성은 새롭게 된다"는 의미로 해석했다. 이러한 해석을 보면, 정약용은 '천리'가 억압으로 변한 것처럼 '예악형정'만 강조하면 이 역시 정치권력의 억압과 통제로 발전할 수 있다는 것을 의식하고 있었다.[34]

이런 면에서 정약용의 사상이 도달할 수 있는 '조선 중화주의'는 '일본 중심주의'의 화이관과 매우 다를 것이다. 왜냐하면 정약용은 그의 사서학을 통해 조선의 문화를 발전시켜 수사학 혹은 '중화'의 계승자로 성장할 수 있기를 원하지만, 다른 한편으로는 '자수自修', '자명自明'을 강조하여 타인에게 명덕을 강요하거나 천하의 중심으로 자처하는 권위적 심리 상태를 피하려고 했다.

정약용의 사서학에는 근대 의식의 모태가 들어 있다

(1) 비신권, 비이데아적 천인 관계

정약용은 주희의 '이기론' 중 '천리'와 인간 세상의 연관성을 부정하지만 '형이상적 세계'에 대한 인간의 그리움을 단절해버린 것은 아니다. 겉으로 보았을 때, 정약용이 상제上帝의 개념을 강조했기 때문에 그의 이론은 '천天과 인人', '정치와 도덕'의 구분이 없는 도덕적 보수주의와 별반 다르지 않아 보이고, 또 이 책의 1장에서 언급한 마루야마 마사오의 '작위— 탈도덕' 근대 의식론에도 부합하지 않는다.[35] 그러나 4장에서 논한 정약용의 '천', '상제' 개념에 대한 설명에서 알 수 있듯이, 정약용의 사상에는 절대적 신권의 개념은 들어 있지 않다. 그가 사서학에서 제시한 '천', '상제'와 인간의 관계는 유신론적 종교에서 보여준 '하늘의 의지'를 하달하는 관계가 아니며, 주희가 얘기한 '천리'를 인간의 '이데아'로 삼는 그런 관계도 아니다. 정약용이 착안한 천인 관계는 인간의 의식에 바탕을 두고 자아, 사회 이외에 초월적 세계에 대한 추구다.

이러한 논의는 문헌으로 직접 증명할 수 없지만, 정약용이 천주교를 접하면서 인간은 '형이상적 가치'를 추구하려는 욕망이 있다는 것을 인식했을 것이다. 따라서 동아시아 '제사 국가' 체계에서 살고 있는 정약용은 문화 속에 존재하는 이런 종교적 정서를 성급하게 버리려고 하지 않았을 것이다. '인륜'과 '정치 질서'의 측면에서 볼 때, 사람은 각종 제사 활동을 통해서 형이상적 가치에 대한 수요를 만족시킬 수 있고, 동시에 경천敬天, 사천事天의 방식은 자신으로 하여금 경거망동하지 않도록 스스로 절제하고 자기중심적인 경향을 피할 수 있게 한다. 이렇게 함으로써 인간의 초월성에 대한 요구를 만족시킬 수 있을 뿐만 아니라 '상호 주체성' 내에서 소통에 유리한 윤리 조건을 형성할 수 있다.

(2) 두 가지 주체적 작위의 이론

마루야마 마사오는 도쿠가와 시대의 유학을 연구하면서 오규 소라이의 사상 중 '정치와 도덕의 분리', '공과 사의 분리' 및 '작위'에 관한 이론과 세계관을 읽은 후 소라이의 사상을 일본 근대적 사상의 기원으로 간주했다. 마사오가 보기에는 소라이의 '작위(적)'세계관이 주자학의 '자연'세계관을 대체하여 "주체가 질서를 창조한다"는 근대적 발전 방향이 형성되었다. 하지만 소라이의 사상에는 비록 '주체적 행동' 요소가 있지만 주희의 '자연'세계관이 보여준 '궁리窮理'라는 이성적 요소가 결핍되었다. 따라서 소라이의 사상에서 진정으로 주체적 행동을 할 수 있는 자는 성인과 군주뿐이다.

정약용의 사서학을 '근대 의식'이라는 기준으로 고찰해보면, 정약용의 사상 중에 일부 논점은 근대 의식과 연결할 수 있다는 것을 발견할 수 있다. '주체적 행동'이라는 요소를 볼 때 4, 5, 6장에서 논한 내용 외에도 정약용의 사서학에서 '주체적 행동'에 관한 이론으로 발전할 수 있는 요소를 두 가지 면에서 설명할 수 있다.

① 인성론에서, 정약용은 맹자학을 통해 인성이 본래 선하다는 것을 확인한다. 이러한 확인은 자연적인 선을 강조하는 것뿐만 아니라, 사람에게 내재된 도덕적 준거를 보여주기 위한 것이다. 이 도덕적 준거는 '의義'와 '불의不義'를 조절하는 원칙이 될 수 있고, 주체는 이러한 조절 원칙에 따라 스스로 근심한다. 이러한 원칙이 성性이고, 원칙에 따라 근심하는 것이 덕德이다. 덕에 따라 행동하면 '덕행'으로 부를 수 있다.

② '모든 사람', '두 사람 사이', '두 사람의 주고받음(兩人相與)' 혹은 '사회'는 또 다른 조절 원칙이다. 이것은 '도덕적 주체성'에서 확장한 것으로, '상호 주체성'으로 형성된 조절 원칙이다. 즉 모든 개인은 자기 자신의 권리를 '모든 사람'에 의해서 구성된 공동체에 교부하여 '보편적 의지'를 형성한다. 이것은 '도덕적 주체성'의 확장이고, 그 전제는 각 개인은 보편적으로 선한 본성이 있다는 것이다. 따라서 주체의 소통이라는 '행동' 하에 공동체에 의해 형성된 조절 원칙은 '모든 사람'의 기대에 부합되고, 사람들은 타인에게 불리한 엄두

를 내지 않는다. 만약 '모든 사람' 혹은 '사회'의 활동 중에서 그 공동체의 조절 원칙이 형성, 운영되고 또 행동과 행위로 발전할 수 있다면, 이러한 상황이 바로 정약용이 말하는 '인仁'의 표현이다. 정약용의 사서학에서 그가 구상한 가장 기본적인 공동체 조절 원칙은 '효, 제'이고, '효제'에서 확대하면 육경이 얘기하는 '예악형정'의 조절 원칙이다. (이 부분은 이 책 앞 장에서 토론한 정약용의 '인仁설'과 '문질론文質論'을 참조하라.) 이런 의미에서 보았을 때 정약용 사서학의 이론에는 '사회계약론'의 맹아가 있다고 할 수 있다.[36)]

이러한 두 관점을 바탕으로 정약용의 경학 이론 혹은 사서학은 주자학을 수정하는 입장이지만 그의 논점은 근대 의식과 서로 연결되어 있다고 말할 수 있다.

옮긴이_후기_

　이 책은 대만대학 중문학과에 재직 중인 차이전펑 교수의『朝鮮儒者丁若鏞的四書學』(대만대학출판부, 2010)'를 번역한 것이다. 차이전펑 교수는 중국 유학 및 일본 유학사 연구의 전문가로 한국 유학으로 시야를 넓혀 다산의 사서학을 여러 관점에서 비교 분석했다. 이 책은 사서학이 무엇인지, 또 시대 흐름에 따라 주희朱熹의 사서학이 조선, 중국, 일본에서 어떻게 변화해왔는지, 그리고 동아시아에서 정약용의 사서학이 어떤 의미를 갖는지 서술하고 있다.

　주희는『예기』중에서 대학과 중용을 독립시켜 논어, 맹자와 함께 사서四書로 칭하고 사서를 해설한『사서장구집주』를 저술하여 주자학을 성립했다. 이러한 주희의 사서학 체계는 유학의 권위를 회복하고 동아시아 지식 계층의 기본 교양이 되었다. 주자학은 중국 송대, 원대에 관학화되었고, 사서는 경서화되어 조선과 일본에도 영향을 미쳤다. 조선이 개국한 뒤 성균관에 구재九齋를 설치하고 과거 시험 문제를『사서장구집주』의 설 위주로 출제하면서 주자학이 관학화되었고, 조선 중기에『주자문집대전』이 보편화된 후 이황이『주자서절요』로 편집하여 주자학이 성행하게 되었다. 16세기에 이르러 조선에서 주자학은 서원과 향약의 보급을 발판으로 삼아 널리 퍼졌다. 일본에서는 16세기 후반에야 주자학의 영향을 받았는데, 유학 제도화의 추세에 따라 주자학의 텍스트는 대량 공급되었고, 이는 일본 근대 지식인의 지식 자원이 되었다.

사서학은 사서를 하나의 완전한 이론 체계로 다루는 것이기 때문에 주자학은 사서라는 텍스트 체계를 통해 그 이론을 구축한다는 특징을 지니고 있다. 사서오경 중, 사서가 경서화되면서 오경은 사서를 보완하는 위치에 놓이게 되었다. 또 사서학이 동아시아 지식인 계층의 보편적인 텍스트가 된 이후, 사서의 내용은 정치 담론의 기초와 동아시아 문명 개념의 근거가 되었다.

이러한 주자의 사서학을 반대하는 세력은 문헌학 측면에서 사서의 정전성에 의문을 제기하고, 경전의 해석과 실천의 효용 측면에서 사서학에 반대했다. 학문적 접근의 측면에서 주희의 이학은 유학이 아니라는 의문을 제기하기도 했다. 대표적인 세력이 바로 일본의 고학파古學派다. 일본의 고의학을 주창한 이토 진사이伊藤仁齋는 주자학을 거치지 않고 직접 경서의 고의를 통해 공맹의 도를 탐구할 것을 주장하며 사서를 비판했다. 특히 대학의 경전성을 부정하였는데, 이는 탈주자사서학적 모습을 보였다고 할 수 있다.

조선에서도 17세기 명·청의 교체와 서학의 동래東來라는 역사적 요인으로 주자학이 흔들리게 되었다. 명·청 교체는 중국을 중심으로 하는 화이 질서와 조공 체계에 충격을 주었다. 서학의 경우 천주교가 널리 전파되어 기호 일대의 지식인과 사서의 해석에도 영향을 주어 사천事天과 외천畏天을 사상적 기조로 하여 선진先秦 학자들이 논한 천天의 사상을 회복하려는 움직임을 보였다. 이는 훗날 정약용의 사서 해석 중 사천관事天觀에 영향을 주었다.

일본의 고학파와는 다른 모습을 보인 정약용은 동아시아 유학에서 굉장히 중요하다. 정약용은 권위주의에 빠진 조선의 주자학을 바로잡기 위해 주희의 이기론 체계를 반대했고, 서학을 흡수하면서 과학 기술과 관련된 지식을 받아들였다. 또한 명ㆍ청 교체 후, 조선이 갖고 있던 '소중화小中華' 의식이 단지 민족적 자존심에서 나온 선전 구호가 아님을 증명할 수 있는 문화와 학술상의 새 발전을 이끌었다고 볼 수 있다.

이 책의 저자 차이전평 교수는 동아시아 사상사라는 넓은 시각에서 다산의 사서 해석을 고찰했다. 차이전평 교수는 중국 역대 학자의 주해는 물론 조선, 일본 유학자의 다양한 저술을 참고하여 다산의 사상 체계를 조명하고 다산의 사상에 대한 새로운 시각을 제시했다.

역자는 이 책의 내용이 '동아시아'적 관점을 고민하는 현재 한국 학계에 시사하는 바가 크다고 판단하여 번역 출간하기로 했다. 우선 본서의 내용을 개괄적으로 소개하면 다음과 같다.

1장에서는 주자 사서학의 전체적인 의미를 설명하고, 2장 이후 본격적으로 주자학과 다산학을 비교한다. 2장 정약용과 주희의 사서 해석 취향의 차이는 주희와 정약용의 사서 해석을 '진리와 의미'의 해석학적 방법을 동원하여 비교한다. 우선 '진리'를 핵심으로 하여 어떻게 진리를 이해하는가, 혹은 어떤 내용을 진리의 의미로 이해할 수 있는가 등의 문제를 탐구하는 입장이 있다. 또 다른 입장으로는 '의미'를 독립적인 표적으로 삼아 의미 소재를 어떻게 분석할 것인가를 탐구한 뒤 '의미'에 '진리'의 개념을 연결하는 방법이 있을 수 있다. 여기서 전자는 주희의 해석 방식이고, 후자는 정약용의 입장이라고 할 수 있다. 주희는 인심仁心을 본심의 완전한 도덕적 상태로 보았으며, 정약용은 인심을 본심의 발산과 응용으로 보았다. 주희는 "마음을 두는 곳의 상태를 따져야 한다"고 보았다. 즉 마음이 인욕이 없는 완전한 천리의 상태에 처해 있는 완벽한 상태에 있어야 인심이라고 말할 수 있는 것이다. 그러나 정약용의 인심을 인심이 스스로 작용할 수 있다는 측면에서 바라본다. 주희는 인심을 '본심의 완전한 도덕적 상태'로 보았기 때문에 마음에 추호의 공리심만 있어도 인심이 아니라고 보았다. 관중의 인仁은 단지 불인불의不仁不義의 행동을 안 하려고 노력한 것뿐이므로 조잡하며, 반면 안회는 3개월 동안 부당한 생각조차 떠올리지 않았기 때문에 주희의 입장에서는 진정한 인을 지녔다고 볼 수 있다. 주희는 또한 인을 대소, 고저로 나누기도 했다. 한 집에만 미치는 낮고 작은 인이 있으며, 천하에 미치는 크고 높은 인도 있다. 관중의 공功은 천하에 미치지만 명명덕明明德의 수양에 노력을 하지 않았기 때문에 그의 공은 인심의 결과가 아니므로 작은 인도 아니고 큰 인도 아니다. 즉 주희는 먼저 인심을 갖춘 다음 인공仁功을 이룬 경우를 '인仁' 혹은 '인인仁人'이라고 지칭하며, 그가 얘기한 인공은 인심은 없고 인공만 있는 경우를 가리킨다. 이에 비해 정약용은 관중의 행동에 동정심이 전제되어 있을 것이라고 보았다. 비록 관중이 공리가 섞여 있는 마음으로 그의 행동을 완성시켰으나 이는 그의 인심 운영에 방해가 되지 않은 것으로 보았다. 또한 신하가 주군을 위해서 죽는 것과 천하를 안정시키는 것은 모두 인심의 표현이라고 보았는데, 이는 주희와 달리 정약용이 인의 작고 낮음과 크고 높음을 구분하지 않았음을 보여준다. 이와 같은 정약용의 인론의 특징은 세 가지로 볼 수 있다.

첫째, 인심이 움직여 행동을 취할 때 그 일에는 대소, 고저의 구별이 없으므로 도덕이 완전해야만 인을 할 수 있는 것이 아니다. 즉 인을 위해 완전한 도덕은 필요 없다.

둘째, 인심이 있다고 반드시 인공이 있는 것은 아니지만, 인공의 경우에는 반드시 인심의 작용이 있어야 한다.

셋째, 공은 인심 때문에 있는 것이다. 인심의 작용에는 크고 작은 구분이 없지만, 공은 크고 작음의 구분이 있다. 같은 인심으로도 다른 인공을 이루게 되는데 이는 행위 주체가 스스로 선택할 수 있는 문제이다.

3장 정약용의 인성론과 수사학, 주자학 및 서학 간의 차이에서는 다산학이 서학의 영향권에 있다는 기왕의 연구들을 비판적으로 고찰한다. 다산이 언급한 성性은 형이상학적 의미를 지닌 천리가 아닌, 마음에서 자연적으로 생기는 것이다. 그가 말하는 기호지성嗜好之性이란 생명 속의 사실을 뜻하는 것이지 추리나 논리로 얻은 결과가 아니기 때문에 이理로 부를 수 없다. 또한 성性은 자연적으로 생기는 것이므로 여기에는 다양한 표현 방식이 있을 수 있으며, 때문에 단일한 의미를 갖는 명사가 아닌 '기호嗜好'라고 지칭할 수 있다.

정약용은 사람이 만약 이 기호를 따르지 않으면 악으로 빠지게 된다고 본다. 기호로서의 성은 자연적 천성이며, 인류 도덕 행위의 근원이다. 진정한 도덕 행위는 심(마음)의 결정과 선택이 있은 후에 성립될 수 있으며, 인의예지仁義禮智의 행위는 '성'에 의해서 결정되는 것이 아니라 마음의 선택에 의해서 결정된다. 또한 '인·의·예·지'란 이름은 행동한 후에 정해지는 것이지 애인愛人에 앞서서 인이라는 명칭이 정해지는 것은 아니다. 즉 정약용은 인성을 마음속에 간직된 인의예지의 이理로 보고 이러한 이가 사람의 마음속에 숨어 있다가 자연적으로 결실을 맺는다는 주장에 반대한다.

정약용은 성이 자연적으로 인의예지의 행위를 형성할 수 없으므로 논의의 중심이 '성'에 있지 않고, 마음의 기호에 의한 선택에 있다고 본다. 이러한 정약용의 입장은 심성론적인 유학 해석의 입장이라 볼 수 있는데, 여기서 핵심은 '주체성'에 있다. 정약용은 사람이 고정된 마음을 가진 것이 아니라 선악에 대한 자주적 권능을 가지고 있다고 보았다. 따라서 그의 인성론은 형이상학적 의미인 본체로서의 성이 아닌, 자주권이 있는 주체로서의 성을 강조한다. 이러한 정약용의 시도는 우주론, 본체론 중심의 유학 해석을 심성론 중심의 유학 해석으로 방향을 돌리는 데 기여했다.

정약용의 입장을 서학과 같은 것으로 보는 견해가 있다. 물론 정약용이 일컫는 천에는 상제의 의미가 포함되어 있으나, 도심과 상제 및 귀신을 각각의 작용을 하는 주어로 보고 있으므로 천주에 의해 귀신, 사람 등 천지 만물이 창조되었다고 보는 서학의 견해와는 확연히 다른 것이다. 다산의 이론 중에서 가장 높은 관념은 상제가 아니라 심성이 가진 주체성이다. 하늘의 뜻을 아는 것은 덕성의 수양에 따른 결과이며 결코 수양의 전제나 기초가 아니다. 이러한 논리는 다산의 실학적 경향을 보여주며, 심성으로부터 천도, 상제 등을 연역해낼 수 있음을 보여준다. 때문에 다산의 이론은 심성론적 체계에 가까우며, 주자의 우주론이나 서학의 형이상학 체계와는 구별된다.

4장 인성론의 연장, 정약용의 사서 해석 중 인仁, 심心, 성性, 천天의 이론적 의미를 분석하며 본격적으로 다산학의 정수를 탐구한다. 정약용은 인을 선행의 완성 상태, 즉 인이 마음속에 사단으로 고유하게 존재하는 것으로 보는 성선설의 입장을 반대했다. 대신 '인仁'을 인륜 활동의 기본 조건을 만족한 상태, 인륜적 활동을 하기 위한 바탕과 가능성을 지닌 상태로 보았다. 이 바탕 위에 실천 행위를 통해 인이 발현된다는 것이 정약용의 입장이다. 이는 '두 사람이 인이다=이인위인二人爲人', '두 사람이 서로 베푸는 것=이인상여二人相與'라고 표현할 수 있다.

정약용은 충忠은 홀로 존재할 수 없으며, 사람이 사람을 섬긴 후에야 충忠이라는 개념이 생길 수 있다고 보았다. 본래 '서恕'란 다른 사람의 마음을 헤아린다는 뜻을 지닌다. 하지만 이는 타인과의 관계 속에서만 의미를 지닐 수 있기 때문에 다산은 '충'이 곧 '서'라고 생각했다. 때문에 마음속의 이理를 얻기 위해 홀로 앉아 수양하며 '격물치지'를 강조하는 주자학의 입장을 비판한다. 도덕의 원칙은 형이상학적인 성이나 이에서 얻어지는 것이 아니므로, 사람과 사람 사이의 상호작용과 교감을 강조하는 것이 정약용의 입장이다. 이러한 다산의 입장은 타인과의 관계를 중시하는 '서恕'에 좀 더 초점을 두고 있다고 볼 수 있다.

또한 정약용은 본심에 '기호의 성'이 있어 '인을 할 수 있는 이(可仁之理)'를 이룬다고 보았다. 선행을 할 수 있는 바탕으로서 허령한 본체를 지닌 인간은 '기호의 성'과 '가인지리'라는 가능성을 지닌 존재이다. 주희가 선을 알아야만 행할 수 있다고 생각한 주지주의의 입장이었던 반면, 정약용은 인간이 행위의 바탕(가능성)을 이미 갖고 있으므로, 선을 행한 후에 그것을 알 수 있다고 여긴다. '인, 의, 예, 지' 또한 행한 후에야 그 이름을 붙일 수 있는 것이다. 즉 '인', '행인', '본심(기호를 할 수 있는 마음)'은 서로 구분할 수 없으며, 구분하여 보아서는 안 된다.

이러한 정약용의 입장을 정리하자면 첫째, 인심은 행위를 통해 발현될 수 있으며, 이는 행위의 주체가 스스로 선택할 수 있는 문제이다. 둘째, 정약용은 '주체의 작위'를 더욱 강조하고 사람이 타락한 이유를 '소재'나 '기질의 성', '자연의 체' 등의 탓으로 돌리는 것을 거부한다. 사람이 타락한 이유는 주체의 마음이 선이 스스로 선택한 문제이며, 그에 따른 실천과 행동을 중히 여기는 것이다. 셋째, 정약용은 '마음의 기호'를 통해 도덕의 근거를 이야기하는데, 이 '기호의 성'은 '성덕成德(인륜 활동을 하기에 완전한 상태)'도 '인지명'도 아니다. 반드시 기호의 주체가 사람과의 관계(二人相與)를 통해서 도덕 원칙을 수립한 다음, 이것을 실천하고 행동해야만(行仁) '인(仁)'이라 할 수 있다. 본심의 기호가 없다면 도덕 행동의 추진력도 없으며, '인'이라고 이름 붙일 수도 없다. 따라서 인, 행인, 본심(기호를 할 수 있는 마음)은 구분해서 볼 수 없다. 결국 정약용의 이론에서 '(도덕적) 주체성'은 '상호 주체성'과 연관되어 있다.

5장 주체성과 상호 주체성의 전개, 정약용의 문질론은 다산의 교육론과 깊은 연관이 있다. 에도 일본의 고학파와 정약용은 '이, 기, 심, 성'과 관련된 철학적 논변에 반대하고 '예, 악, 형, 정'의 제도적 측면을 중심으로 한다는 점에서 같은 맥락에 있다. 하지만 일본 고학파와 달리 정약용은 맹자의 성선설을 반대하지 않는다. 정약용은 인간의 선할 수 있는 '가능성'을 지지한다는 입장에서 맹자의 성선설과 완전히 그 맥을 달리하지는 않는 것이다. 이와 관련해 정약용이 주장한 '문질론'의 입장을 살펴볼 수 있다.

정약용은 문질文質을 논하면서 기존에 조선과 중국의 학자들이 제기한 '충, 질, 문'에 대한 입장을 비판하고 새롭게 '문질'을 정의했다. '질'이란 덕행으로 근본을 다지는 것, 즉 바탕이며, '문'이란 예악으로 꾸미는 것, 즉 교육과 같은 것이다. 여기서 정약용은 "사람이 자신의 기호의 성에 따르고 노력하면 예를 배우는 원동력이 발생한다"고 말하며 '문'에 의해 '질(바탕)'이 교정될 수 있음을 강조한다. 즉 인간을 가능성이 있는 존재로 여기는데, 기존의 형이상학적 입장에서 '질(바탕)'은 바꿀 수 없다고 주장한 것과는 다른 입장을 취한다고 볼 수 있다.

정약용은 "문이 승하면 질이 멸한다"는 입장을 반대하고, "문이 멸하면 질도 멸한다"고 주장하며, 교육이 제대로 행해지지 않는다면 그 바탕이 아무리 훌륭할지라도 훼손될 수 있다고 생각했다. 여기서 정약용은 진정한 교육이 이루어지려면 악한 행동을 한 이에게 벌을 주는 것이 아닌, 칭찬으로 고래를 춤추게 하는 것이 되어야 한다고 생각했으며, 이러한 좋은 교육이 사람의 바탕을 바람직하게 바꿀 수 있음을 주장했다.

또한 '효제충신'과 '예악형정'을 달성하기 위한 출발점으로 '성의정심誠意正心'의 중요성을 강조했다. '성의정심'이란 인간의 도덕적 가능성으로, 인간의 마음이 '선' 그 자체는 아니지만 선으로 향하려는 가능성을 지니고 있음을 말한다. 이는 주자학에 대해 반대한 것이 아닌, 주자학에 대한 수정을 요구한 입장이라고 볼 수 있다.

6장 정약용『중용』해석의 특색, 일본 고학파와의 비교, 7장 정약용의 『대학』해석과 사서학 구조는 에도 일본 학자들과의 비교 연구이다. 특히 일본 고학파의 대표적 학자 이토 진사이와 오규 소라이와의 비교 연구가 압권이다. 인간의 바탕보다는 교육을, 그리고 예악의 중요성을 강조했다는 점에서 정약용도 일본 고학파의 학자들과 같은 입장에 서 있다. 하지만 이토 진사이와 오규 소라이가 '주체의 작위'와 '자연성'과의 연속적 관계를 단절시키는 반면, 정약용은 '주체성'과 '상호 주체성'과의 연관 속에서 '주체의 작위'를 강조하고 있으므로 사람과 사람 사이의 연관 속에서 '인仁'을 논하고자 하였다는 점이 다르다고 볼 수 있다.

정약용은 사서학이 이기론적 세계관에서 벗어나, 왕자의 예악형정과 결부될 것을 주장했다. 이때 '효제충신'은 목적이 되며, '성의정심'과 '예악형정'은 '효제충신'을 보조하고 추진하는 역할을 하게 된다. 즉 '성의정심'과 '예악형정'은 각각 개인의 수양 측면과 대중의 정치 측면에서 '효제충신'을 지지하며, 그 목적은 모두 '효제충신'에 있는 것이다. 이러한 그의 입장은 고학파보다 한발 더 나아간 것으로, '효제충신', '성의정심', '예악형정'의 관계 구조를 자신의 사서학 체계에 도입했다. 『논어』, 『맹자』의 중점을 '효제충신'으로 보고, 이를 근거로 '성과 덕'(인륜의 성덕)의 관계를 설명하고자 했다. 또한 『중용』, 『대학』의 중점을 '성의정심'으로 보고 개인과 정치 측면에서 '신독, 성의'와 '성, 덕'의 관계를 설명하고자 했다. 마지막으로 『대학』의 중점은 '예악형정'으로 보고, 이를 바탕으로 왕자王者의 정교가 '효, 제, 자'에서 시작함을 설명하고자 했다.

본서의 특징은 기왕의 한국 연구자들이 착목하지 못했던 다산학의 면모에 주목하고 있다는 점이다. 저자는 정약용이 흔히 서학의 영향을 받았다는 주장을 원시 유학과 연관 지어 반박하고, 일본 고학파의 영향을 받았다는 주장도 이토 진사이, 오규 소라이와의 학문적 차이를 언급하며 반박하고 있다. 그러면서 다산은 수사학을 토대로 주자학에 대한 맹목적인 신봉을 비판하고 있음을 지적한다.

사실 다산은 '성기호설'을 통해 기존 성리학의 입장과는 달리 모든 인간을 '도덕적 가능성을 담지한 존재'로 본다. 그러나 다산의 '성기호설'은 인간은 누구나 '선한 곳으로 향하려 하는 마음'을 지니고 있다고 이야기함으로써 주자학으로부터 완전히 이탈하지 않았다. 인간의 가능성을 존중한 것이다. 이는 그의 문질론에서 빛을 발한다. 다산이 인간의 '변화 가능성'을 높이 샀을 뿐 아니라, 그에 따르는 '교육'의 중요성 또한 강조하기 때문이다. 다산이 단지 인간의 변화 가능성을 이야기하는 것에서 그쳤다면, 스스로의 본성이 천하다고 여기며 살아왔던 이들에게 희망은 주었겠지만 실제적인 무언가는 제시해주지 못했을 것이다. 하지만 다산은 좋은 바탕이라도 올바른 교육 없이는 훼손될 수 있으며, 부족한 바탕이라도 교육을 통해 변할 수 있다고 이야기함으로써 모든 사람에게 변화의 발판을 제공해주었다. 더불어 변화를 위해서는 '실천'하는 교육의 중요성을 깨우쳐준 것도 다산 정약용이었다.

다산은 도덕성을 사람과 사람의 관계 속에서 설명하고자 함으로써, 오늘날 우리에게도 중요한 메시지를 전한다. 다산에게 '인(仁)'이란, 홀로 지식을 익히고 수양하는 것만으로 얻을 수 있는 것이 아니다. 사람과 사람의 관계 속에서 그것을 직접 행했을 때에야 비로소 도덕성으로서의 '인'이 발현될 수 있는 것이다.

이러한 다산의 사상을 저자는 '사서'라는 수단을 통해 다시 연결시키고 구축하고자 했다. 주지하다시피 주희가 사서를 편집한 목적은 유학의 사상을 정리하여 체계화하려는 것인데, 저자는 다산도 사서 해석을 통해 자신의 사상을 정리하였다고 본다.

그럼 저자가 밝힌 다산의 사상은 무엇인가? 저자는 다산의 '사서학'에는 양대 이론적 지주, 즉 심성心性론과 문질文質론이 있고, 이 두 개념에 대한 해석이 다산의 사서학을 관통하고 있다고 본다. 심성론은 『맹자』에서 주로 다루고 있고, 문질론은 『논어』에서 논하지만, 다산은 다시 『대학』을 문질론하고, 『중용』을 심성론하고 연관 지어 해석한다.

저자는 다산이 『오학론』에서 제시한 "효제충신을 하늘을 섬기는 근본으로 한다", "예악형정을 사람을 다스리는 도구로 한다", "성의정심을 하늘과 사람을 잇는 축으로 한다" 등 세 가지 조목을 다산 사상의 실천 강령이라고 본다. 그리고 이 조목들은 『사서』와 각각 연관되기도 하고 서로 연관되기도 한다. 하지만 여기서 정약용이 가장 중요시한 덕목은 『대학』에서 이야기한 '성의誠意'이고, '성의정심誠意正心'이야말로 '천天', '성性', '인仁' 등 덕목으로 연결할 수 있어 다산 사서학에서 중추적 역할을 담당한다고 지적한다.

학자들은 주희가 사서를 통해 이루고자 한 것은 '철학 기초(중용)', '학습 방법(대학)', '실천(논어, 맹자)' 등 측면을 구비한 이론 체계라고 말한다. 다산 역시 사서 해석을 통해서 이론 체계를 형성하려 했다고 저자는 보고 있다. 비록 많은 대목에서 다산은 주자를 비판하고 주자의 이론을 수정하지만, 자신의 이론 체계를 구축할 때 여전히 '사서학'의 구조를 따른다고 본다. 따라서 저자는 다산의 학문을 탈주자학이 아닌 '포스트 주자학'으로 정의한 것이다.

이 책을 번역하면서 다산의 학문 세계의 심원함과 방대함을 다시 한 번 느끼게 되었고, 다양한 논제에 대한 저자의 예리한 관찰과 분석에서도 많을 것을 배웠다. 이 책을 통해 다산학의 새로운 면모뿐 아니라 동아시아 유학, 특히 일본 고학파 유학과의 차이점이 확연하게 드러날 것을 기대한다.

마지막으로 인하대학교 한국학연구소의 HK사업(동아시아 상생과 소통의 한국학)에 일반연구원으로 참여하였으며(2011. 1. 1.~2013. 8. 13.), 아울러 저술지원사업의 연구비 지원을 받을 수 있었던 행운에 감사드린다.

김중섭 · 김호

참고_문헌_

1. 고전

중국

〔先秦〕荀子 著, 王忠林(註釋):『新譯荀子讀本』(臺北: 三民書局, 1974).

〔先秦〕左丘明:『國語』(臺北: 里仁書局, 1980).

〔先秦〕韓非:『韓非子』(『四部備要』子部, 臺北: 臺灣中華書局, 1987).

〔漢〕司馬遷:『史記』(『文淵閣四庫全書』史部 2 正史類, 總冊 244, 臺北: 臺灣商務印書館, 1986).〔漢〕劉向撰〔後漢〕高誘注:『全國策』(『文淵閣四庫全書』史部 164 雜史, 總冊, 臺北: 臺灣商務印書館, 1986).

〔漢〕鄭玄注, 田博元標點, 國立編譯館(主編):『禮記注疏』(中華叢書『十三經注疏』第12冊, 臺北: 新文豐出版社, 2001).

〔漢〕鄭玄注,〔唐〕孔穎達等正義,〔清〕阮元審訂:『禮記正義』(『十三經注疏』本 第5冊, 臺北: 藝文印書館, 1976).

〔三國〕何晏集解,〔宋〕邢昺疏, 陳新校勘, 沙志利標點:『論語注疏』,『儒藏』精華編 104 經部四書類學庸之屬論語之屬(北京: 北京大學出版社, 2007).

〔唐〕韓愈:『韓昌黎集』(臺北: 河洛圖書出版社, 1975).

〔梁〕沈約:『宋書』(北京: 中華書局, 1974).

〔宋〕歐陽修:『歐陽文忠公全集』(『四部備要』集部第6冊, 上海: 中華書局據祠堂本校刊).

〔宋〕葉適:『學習記言序目』(北京: 中華書局, 1977).

〔宋〕王柏:『魯齋集』(『金華叢書』36,『百部叢書集成』1534, 臺北 : 藝文印書館影印).

〔宋〕王十朋:『梅溪王先生文集』(『四部叢刊初編』集部, 上海: 商務印書館縮印明正統刊本).

〔宋〕熊禾:『勿軒集』(『文淵閣四庫全書』集部 127 別集類, 總册 1188, 臺北: 臺灣商務印書館, 1986).

〔宋〕林光朝:『艾軒集』(『四庫全書珍本』初集・集部別集類, 上海: 商務印書館影印文淵閣本).

〔宋〕朱熹:『四書章句集注』(臺北: 大安出版社, 1996).

_____, 〔宋〕黎靖德 編, 王星賢點校:『朱子語類』(北京: 中華書局, 2007).

_____, 朱傑人, 嚴佐之, 劉永翔(主編):『朱子全書』(上海: 上海古籍出版社, 合肥: 安徽教育出版社, 2002).

_____, 陳俊民校(編):『朱子文集』(臺北: 德富文教基金會, 2000).

〔宋〕陳祥道:『論語全解』(『文淵閣四庫全書』經部 190 四書類, 總册 196, 臺北: 臺灣商務印書館, 1986).

〔宋〕陳善:『捫蝨新話』(『叢書集選』52, 臺北: 新文豐出版社, 1984).

〔宋〕陳舜兪:『都官集』(『文淵閣四庫全書』集部 35 別集類, 總册 1096, 臺北: 臺灣商務印書館, 1986).

〔宋〕陳埴:『木鍾集』(『文淵閣四庫全書』子部 9 儒家類, 總册 703, 臺北: 臺灣商務印書館, 1986).

〔宋〕趙順孫:『論語纂疏』(『文淵閣四庫全書』經部 195 四書類, 總册 201, 臺北: 臺灣商務印書館, 1986).

_____, 『中庸纂疏』(『文淵閣四庫全書』經部 195 四書類, 總册 201, 臺北: 臺灣商務印書館, 1986).

〔元〕史伯璿:『四書管窺』(『文淵閣四庫全書』經部 198 四書類, 臺北 : 臺灣商務印書館, 1986).

〔明〕利瑪竇(Matteo Ricci S. J.), 馬愛德主(編), 胡國楨, 藍克實(譯註):『天主實義』(臺北: 利氏學社, 1985).

〔明〕利瑪竇(Matteo Ricci S. J.), 〔한국〕宋榮培(等譯):『天主實義』(서울: 서울대학교출판부, 1999).

〔淸〕顧炎武:『日知錄』(『文淵閣四庫全書』子部 164 雜家, 總册 858, 臺北: 臺灣商務印書館, 1986).

〔淸〕戴震, 何文光整理:『孟子字義疏證』(北京: 中華書局, 1961).

〔淸〕毛奇齡:『四書改錯』(『續修四庫全書』經部四書類 165, 上海: 上海古籍, 1995).

　　　　,『論語稽求編』(『文淵閣四庫全書』經部 204 四書類, 總册 210, 臺北: 臺灣商務印書館, 1986).

〔淸〕顏元:『顏元集』(北京: 中華書局, 1987).

〔淸〕張廷玉(等):『明史』(『文淵閣四庫全書』史部正史 56, 總册 298, 臺北: 臺灣商務印書館, 1986).

〔淸〕賀長齡:『淸經世文編』(淸光緖十二年思補樓重校本, 北京: 中華書局, 1992).

〔淸〕黃宗羲, 全祖望:『宋元學案』(臺北: 臺灣中華書局, 1983).

한국

國史編纂委員會(編):『朝鮮王朝實錄』(서울: 東國文化社, 1955-1963).

權尙夏, 韓國文集編纂委員會(編):『寒水齋文集』(3),『韓國歷代文集叢書』727(서울: 景仁文化社, 1999).

金龜柱, 成均館大學校大東文化研究院(編):『論語箚錄』,『韓國經學資料集成』25(서울: 成均館大學, 1990).

金元行, 成均館大學校大東文化研究院(編):『渼上經義 · 論語』,『韓國經學資料集成』23(서울: 成均館大學, 1990).

金昌協, 韓國文集編纂委員會(編):『農巖先生文集』(5),『韓國歷代文集叢書』252(서울: 景仁文化社, 1999).

朴世堂:『思辨錄』(서울: 民族文化推進會 編, 1989).

宋時烈:『宋子大全』,『韓國文集叢刊』112(서울: 民族文化推進會, 1996).

安鼎福, 朝鮮古書刊行會(編):『星湖僿說類選』,『朝鮮群書大系』(서울: 1909-1916).

魏伯珪, 韓國文集編纂委員會(編):『存齋集讀書箚義』,『韓國歷代文集叢書』469(서울: 景仁文化社, 1999).

　　　　, 韓國文集編纂委員會(編):『存齋先生文集』,『韓國歷代文集叢書』469(서울: 景仁文化社, 1999).

柳麟錫:『毅庵集』(서울: 景仁文化社, 1973).

李惟泰:『四書答問』,『韓國經學資料集成』18(서울: 成均館大學校, 1991).

李瀷:『雜著·心說』,『星湖先生全集』(서울: 景仁文化社, 1974).

, 成均館大學校大東文化研究院(編):『星湖疾書』,『韓國經學資料集成』21(서울: 成均館大學, 1990).

李緯, 成均館大學校大東文化研究院(編):『泉上講說·論語』,『韓國經學資料集成』21(서울: 成均館大學, 1990).

李退溪, 成均館大學校大東文化研究院(編):『傳習錄辨』,『退溪全書』(서울: 成均館大學校大東文化研究院, 1958).

林泳, 韓國文集編纂委員會(編):『滄溪先生文集』(4),『韓國歷代文集叢書』371(서울: 景仁文化社, 1999).

丁若鏞:『論語古今註』,『與猶堂全集』(서울: 驪江出版社, 1985).

,『孟子要義』,『與猶堂全集』(서울: 驪江出版社, 1985).

,『大學講義』,『與猶堂全集』(서울: 驪江出版社, 1985).

『大學公議』,『與猶堂全集』(韓國 : 民族文化文庫出版社, 1936).

,『詩文集』,『與猶堂全集』(서울: 驪江出版社, 1985).

,『中庸講義』,『與猶堂全集』(서울: 驪江出版社, 1985).

,『中庸自箴』,『與猶堂全集』(서울: 驪江出版社, 1985).

鄭齊斗:『霞谷文集』(서울: 驪江出版社, 1988).

韓元震:『南塘集』,『韓國文集叢刊』202(서울: 民族文化推進會 編, 1998).

洪大容:『湛軒先生文集』(1),『韓國歷代文集叢書』2602(서울: 景仁文化社, 1999).

일본

菅野眞道, 黑板勝美·國史大系編修會(編):『續日本紀』前篇,『新訂增補國史大系』第2卷 (東京: 吉川弘文館, 1989).

伊藤仁齋,『古學先生文集』三宅正彦等(編):『近世儒家文集集成』(東京: ぺりかん社, 1985).

,『童子問』,『伊藤仁齋集』,『大日本思想全集』第4卷(東京: 大日本思想全集刊行會,

1934).

, 『語孟字義』, 『日本儒林叢書』第6卷(東京: 鳳出版, 1978).

, 關儀一郞(編): 『論語古義』, 『日本名家四書註釋全書』第1卷(東京: 鳳出版, 1973).

, 關儀一郞(編): 『大學定本』, 『日本名家四書註釋全書』第1卷(東京: 鳳出版, 1973).

, 關儀一郞(編): 『孟子古義』, 『日本名家四書註釋全書』第1卷(東京: 鳳出版, 1973).

, 關儀一郞(編): 『中庸發揮』, 『日本名家四書註釋全書』第1卷(東京: 鳳出版, 1973).

荻生徂徠: 『辨道』, 『荻生徂徠』(日本思想大系 36, 東京: 岩波書店, 1978).

, 『辨名』(臺灣大學圖書館所藏江戶中期刊本).

, 『論語徵』, 關儀一郞(編): 『日本名家四書註釋全書』第7卷(東京: 東洋圖書刊行會, 1926).

, 關儀一郞(編): 『大學解』, 『日本名家四書註釋全書』第1卷(東京: 鳳出版, 1973).

, 關儀一郞(編): 『中庸解』, 『日本名家四書註釋全書』第1卷(東京: 鳳出版, 1973).

中井竹山, 中村幸彦·岡田武彦校注: 『非徵』, 『近世後期儒家集』(東京: 岩波書店, 1981).

太宰純: 『斥非』, 『日本儒林叢書』第6卷(東京: 鳳出版, 1978).

2. 학술 논저

중국

勞思光: 『新編中國哲學史』(臺北: 三民書局, 1987).

唐君毅: 『中國哲學原論·導論篇』(臺北: 臺灣學生書局, 1979).

牟宗三: 『心體與性體』(臺北: 正中書局, 1968).

徐復觀: 『中國人性論史』(臺北: 商務書局, 1977).

孫衛國: 『大明旗號與小中華意識』(北京: 商務印書館, 2007).

楊儒賓·張寶三(編): 『日本漢學研究初探』(臺北: 臺灣大學出版中心, 2004).

楊儒賓·祝平次(編): 『儒學的氣論與工夫論』(臺北: 臺灣大學出版中心, 2005).

葉國良·徐興慶(編):『江戶時代日本漢學研究諸面向: 思想文化篇』(臺北: 臺灣大學出版中心, 2009).

劉述先:『朱子哲學思想的發展與完成』(臺北: 臺灣學生書局, 1984).

　　，『全球倫理與宗教對話』(臺北: 立緒文化事業有限公司, 2001).

李明輝:『四端與七情: 關於道德情感的比較哲學探討』(臺北: 臺灣大學出版中心, 2005).

李甦平:『韓國儒學史』(北京: 人民出版社, 2009).

林維杰:『朱熹與經典詮釋』(臺北: 臺灣大學出版中心, 2008).

張崑將:『日本德川時代古學派之王道政治論: 以伊藤仁齋·荻生徂徠爲中心』(臺北: 臺灣大學出版中心, 2004).

錢基博:『四書解題及其讀法』(臺北: 商務印書館, 1973).

錢穆:『中國學術思想史論叢』(臺北: 東大圖書公司, 1980).

鄭吉雄(編):『語文·經典與東亞儒學』(臺北: 臺灣學生書局, 2008).

鄭樑生:『朱子學之東傳日本與其發展』(臺北: 文史哲出版社, 1999).

鄭仁在·黃俊傑(編):『韓國江華陽明學研究論集』(臺北: 臺灣大學出版中心, 2005).

朱謙之:『日本的古學與陽明學』(北京: 人民出版社, 2000).

陳榮捷:『朱學論集』(臺北: 臺灣學生書局, 1982).

　　，『朱子新探索』(臺北: 臺灣學生書局, 1988).

蔡茂松:『韓國近世思想文化史』(臺北: 東大圖書公司, 1995).

湯勤福:『朱熹的史學思想』(山東: 齊魯書社, 2000).

湯祖漢:『從當代儒學觀點看韓國儒學的重要論爭』(臺北: 臺灣大學出版中心, 2005).

韓東育:『從'脫儒'到'脫亞': 日本近世以來'去中心化'之思想過程』(臺北: 臺灣大學出版中心, 2009).

黃俊傑:『東亞儒學: 經典與詮釋的辨證』(臺北: 臺灣大學出版中心, 2007).

黃俊傑·林維傑(編):『東亞朱子學的同調與異趣』(臺北: 臺灣大學出版中心, 2006).

黃俊傑(編):『東亞視域中的茶山學與朝鮮儒學』(臺北: 臺灣大學出版中心, 2006).

한국

강만길 외:『다산의 정치경제사상』(서울: 창작과비평사, 1990).

　　　，『다산학의 탐구』(서울: 민음사, 1990).

고려대학교아세아문제연구소한국연구실 편:『실학사상의 탐구』(서울: 현암사, 1974).

금장태:『동서교섭과 근대한국사상』(서울: 성균관대학교출판부, 1984).

　　　，『다산실학탐구』(서울: 소학사, 2001).

　　　, 韓梅 譯:『정약용: 한국 실학의 집대성』(中文版, 吉林: 延邊大學出版社, 2007).

김상홍:『다산학 연구』(서울: 계명문화사, 1990).

김옥희:『한국천주교사상사 2 · 다산 정약용의 서학사상연구』(서울: 순교의 맥, 1991).

김태영:『실학의 국가개혁론』(서울: 서울대학출판사, 1998).

배종호 지음, 川原秀城監 譯:『조선유학사』(日文版, 東京: 知泉書館, 2007).

역사학회 편:『실학연구입문』(서울: 일조각, 1973).

유명종:『한국유교연구』(서울: 이문출판사, 1988).

이병도:『한국유학사략』(서울: 아세아문화사, 1986).

이원순:『조선서학사』(서울: 일지사, 1986).

이을호:『다산학의 이해』(서울: 현암사, 1975).

　　　,『한국개신유학사시론』(서울: 박영사, 1980).

이을호 외:『정다산의 경학: 논어 · 맹자 · 대학 · 중용 연구』(서울: 민음사, 1989).

전남대학교호남문화연구소 편:『실학논총: 이을호박사퇴임기념』(광주: 전남대학교출
　　　판부, 1975).

정옥자:『조선후기 역사의 이해』(서울: 일지사, 1993).

정일균:『다산 사서경학 연구』(서울: 일지사, 2000).

최석우 외:『다산 정약용의 서학사상』(1993년도 다산문화제기념논총, 서울: 다섯수레,
　　　1993).

최영진 지음, 刑麗菊 譯:『한국유학사상연구』(北京: 東方出版社, 2008).

최익한:『실학파와 정다산』(평양국립출판사, 1955).

한영:『대진의 기학과 정약용 실학의 근대성 연구』(韓文版, 北京, 世界圖書出版公司, 2007).

한우근 외:『정다산 연구의 현황』(서울: 민음사, 1985).

한형조:『주희에서 정약용으로: 조선 유학의 철학적 패러다임 연구』(서울: 세계사, 1996).

일본

大庭脩:『江戸時代における中國文化受容の研究』(京都: 同朋社, 1984).

　　　,『漢籍輸入の文化史-聖德太子かぅ吉宗へ』(東京: 研文出版, 1997).

山井湧:『明淸思想史の研究』(東京: 東京大學出版會, 1980).

西嶋定生:『日本歷史の國際環境』(東京: 東京大學出版會, 1985).

辻本雅史:『近世敎育思想史の研究』(京都: 思文閣出版, 1990).

　　　,『日本德川時代的敎育思想與媒體』(中文版,臺北: 臺灣大學出版中心, 2005).

阿部吉雄:『日本朱子學と朝鮮』(東京: 東京大學出版會, 1965).

吾妻重二・黃俊傑(編):『東アヅア世界と儒敎』(東京: 東方書店, 2005).

源了圓:『近世初期實學思想の研究』(東京: 創文社, 1980).

井上進:『中國出版文化史-書物世界と知の風景』(名古屋: 名古屋大學出版會, 2002).

井上哲次郎:『日本古學派之哲學』(東京: 富山房, 1915).

足利衍述:『鎌倉室町時代之儒敎』(東京: 有明書房, 昭和45).

佐野公治:『四書學史の研究』(東京: 創文社, 1988).

塚本學:『近世再考:地方の視点かぅ』(東京: 日本エディタ―スク―ル出版部, 1986).

河內良弘:『明代女史の研究』(京都: 同朋舍, 1992).

丸山眞男:『日本政治思想史研究』(東京: 東京大學出版會, 1976).

3. 학술서 수록논문

姜在彦:「丁茶山的西學觀」,『茶山學的探究』(서울: 민음사, 1990).

琴章泰:「茶山事天學與西學受容」,『朝鮮後期儒教與西學』(서울: 서울대학교출판부, 2003).

金勝一:「試論江戶幕府對朝鮮性理學的受容及其意義」, 收入葉國良‧徐興慶(編):『江戶時代日本漢學研究諸面向:思想文化篇』(臺北: 臺灣大學出版中心, 2009).

金容載:「韓國研究陽明學現況與新探索-以江華學研究爲中心」, 鄭仁在‧黃俊傑(編):『韓國江華陽明學研究論集』(臺北:臺灣大學出版中心, 2005).

金炯孝:「茶山思想與行事論的讀法」,『從元曉到茶山』(서울: 청계출판사, 2000).

馬淵昌也:「明代後期'氣的哲學'之三類型與陳確的新思想」, 楊儒賓‧祝平次(編):『儒學的氣論與工夫論』(臺北: 臺灣大學出版中心, 2005).

閔德基:「朝鮮朝前期의'交隣'에みる對外關係」,『前近代東アジアのなかの韓日關係』(東京: 早稻田大學出版部, 1994).

石母田正:「日本古代における國際意識について」,「天皇と諸蕃」,『日本古代國家論』第1部(東京: 岩波書店, 1973).

石上英一:「古代東アジア地域と日本」, 綱野善彦等(編):『列島內外の交通と國家』(東京: 岩波書店, 1987).

孫承喆:「朝鮮中華主義と日本型華夷意識の對立」, 山里澄江‧梅村雅英譯:『近世の朝鮮と日本-交隣關係の虛と實』(東京: 明石書店, 1998).

孫堅徹:「丁若鏞治大學的幾個特點」,『臺灣東亞文明研究學刊』第2卷 第1期(臺北: 臺灣大東亞文明研究中心, 2006).

宋錫準:「韓國陽明學的形成和霞谷鄭齊斗」, 鄭仁在‧黃俊傑(編):『韓國江華陽明學研究論集』(臺北: 臺灣大學出版中心, 2005).

宋榮培:「茶山實學和天主實義典範比較研究」,『茶山思想中的西學境界』(西南大學人文科學研究所: 人文科學研究論叢 第32輯, 2004).

沈慶昊:「丁若鏞的『詩經』論與淸朝學術的關係: 以繼承, 批判毛奇齡學說爲例」, 黃俊傑(編):『東亞視域中的茶山學與朝鮮儒學』(臺北: 臺灣大學出版中心, 2006).

辻本雅史:「德川時代'四書學'的開展與轉變:以媒體的觀點出發」,『東亞儒者的四書詮釋』(臺北: 臺灣大學出版中心, 2005).

楊儒賓:「葉適與荻生徂徠」, 收入楊儒賓‧張寶三(編):『日本漢學研究初探』(臺北: 臺灣大學出版中心, 2004).

王晴佳:「考據學的興衰與東亞學術的近代化:以近代日本與中國史學爲中心」, 鄭吉雄
（編）:『語文·經典與東亞儒學』(臺北: 臺灣學生書局, 2008).

劉又銘:「宋明淸氣本論研究的若干問題」, 楊儒賓·祝平次(編):『儒學的氣論與工夫論』
(臺北: 臺灣大學出版中心, 2005).

李俸珪:「韓國學界關於茶山學研究的集点」, 黃俊傑(編):『東亞儒學研究的回顧與展望』
(臺北: 臺灣大學出版中心, 2005).

子安宣邦:「朱子學與近代日本的形成」, 黃俊傑·林維杰(編):『東亞朱子學的同調與異
趣』(臺北: 臺灣大學出版中心, 2006).

張崑將:「丁茶山與太宰春臺對『論語』的比較研究」,『東亞視域中的茶山學與朝鮮儒學』
(臺北: 臺灣大學出版中心, 2006).

鄭杜熙:「關於茶山西學的諸觀點」,『茶山思想中的西學境界』(西江大學人文研究論文集
第32集, 서울: 2004).

井上光貞:「鐵劍の銘文-五世紀の日本を讀む」,『井上光貞著作集』第5卷『古代の日本と
東アジア』(東京:岩波書店, 1986).

鄭仁在:「朱子學在韓國的展開」, 黃俊傑·林維傑(編):『東亞朱子學的同調與異趣』(臺
北:臺灣大學出版中心, 2006).

　, 「西學與丁茶山的'性嗜好'學說」,『東亞視或中的茶山學與朝鮮儒學』(臺北: 臺灣
大學出版中心, 2006).

中純夫:「陽明學對初期江華學派的影響」, 鄭仁在·黃俊傑(編):『韓國江華陽明學研究論
集』(臺北: 臺灣大學出版中心, 2005).

陳祖武:「『李朝實錄』所見乾嘉年間中朝兩國之文獻與學術」, 鄭吉雄(編):『東亞視域中的
近世儒學文獻與思想』(臺北: 臺灣大學出版中心, 2005).

蔡茂松:「丁茶山的四書研究」, 姜萬吉(等):『茶山學의 探究』(서울: 민음사, 1990).

蔡振豐:「伊藤仁齋と荻生徂徠の『中庸』注釋-その思想史的意義」,『東アジア世界と儒
教』(東京: 東方書店, 2005).

塚本學:「江戶時代における『夷』觀念について」, 載『近世再考 :地方の視點から』(東京:
日本エディタースクール出版部, 1986).

催奭佑:「丁茶山的西學思想」, 收入其『丁茶山和他的時代』(서울: 민음사, 1986).

催在穆:「鄭齊斗陽明學在東亞學術中的意義」, 鄭仁在·黃俊傑(主編):『韓國江華陽明學
研究論集』(臺北: 臺灣大學出版中心, 2005).

河宇鳳:「丁若鏞の日本儒學硏究」,『朝鮮實學者の見た近世日本』(東京:ぺりかん社, 2001).

韓永愚: "kija Worship in Koryo and Early Yi Dynasties: A Culture Symbol in the Relationship between Korea and China", The Rise of Neo-Confucianism in Korea(New York: Columbia University, 1985).

荒野泰典:『近世日本と東アジア』序:「鎖國論から「海禁・華夷秩序」論へ」,『近世日本と東アジア』(東京: 東京大學出版會, 1988).

黃俊傑:「丁茶山對『論語'克己復禮'章的詮譯及其思想定位」」,『東亞視域中的茶山學與朝鮮儒學』(臺北: 臺灣大學出版中心, 2006).

⎯⎯,「論語典詮譯與哲學建構之關係: 以朱子對『四書』的解釋爲中心」,『東亞儒學: 經典與詮譯的辨證』(臺北: 臺灣大學出版中心, 2007).

⎯⎯,「作爲區域史的東亞文化交流史:問題意義與硏究主題」,『臺大歷史學報』第43期 (臺北: 臺灣大學歷史系, 2009. 6).

4. 학술지 논문

高橋亨:「朝鮮の陽明學派」,『朝鮮學報』第4輯(朝鮮學會, 1953).

金文植:「朝鮮本『朱子大全』的特徵」,『朱子文化』總第23期(南平: 朱子文化雜誌社, 2010. 1).

金彦鐘:「茶山『論語古今注』中所吸收的謝園學派的論語學說」,『茶山學』第3期(서울: 茶山學術財團, 2002).

金龍德:「昭顯世子硏究」,『史學硏究』18號(서울: 韓國史學會, 1964. 9).

金泰永:「茶山經世論中的王權論」,『茶山學』創刊號(서울: 茶山學團, 2000).

羅麗馨:「日本型華夷觀: 七~九世紀日本的外交和禮儀」,『臺灣師大歷史學報』35期(臺北: 臺灣師範大學歷史系, 2006. 6).

⎯⎯,「十九世紀以前日本人的朝鮮觀」,『臺大歷史學報』第38期(臺北: 臺灣大學歷史系, 2006. 12). 又見於徐興慶編:『東亞知識人對近代性的思考』(臺北: 臺灣大學出版中心, 2009).

柳初夏:「丁若鏞哲學的特徵」,『民族文化』19(서울: 民族文化促進會, 1996).

朴宗天:「『國朝典禮考』中體現出來的茶山丁若鏞的禮論」,『韓國思想史學』第16期(서울:

韓國思想史學會, 2001).

朴鐘鴻: 「西學思想的導入」, 『亞細亞硏究』12-3(1969).

朴洪植: 「伊藤仁齋‧荻生徂徠之學對丁茶山的意義」, 嶺南大學民族文化硏究所: 民族文
化論叢』第31輯 (2005. 6).

方浩範: 「儒學和丁若鏞的哲學思想」, 收入『韓國學術情報』(2004).

夫馬進: 「朝通信使による日本古學の認識」, 『思想』第981號(2006. 1).

　　　, 「一七六四年朝鮮朝鮮通信使と日本の徂徠學」, 『史林』第89卷 第5號(2006. 9).

小川晴久: 「地動說から宇宙無限論へ: 金錫文と洪大容の世界」, 『東方學志』第21輯(서
울: 延世大學國學硏究院, 1979).

孫承喆: 「明淸時期對日外交文書의 年號와 干支」, 『大東文化硏究』第32輯(서울: 成均館
大學, 1997).

辛源俸: 「淸代思想對茶山樹立易學觀的影響-以毛奇齡學說爲中心」, 『茶山學』第3期(서
울: 茶山學術財團, 2002).

沈慶昊: 「恒齋李匡臣論」, 『震檀學報』第84號(震檀學會, 1997).

　　　, 「丁若鏞的詩經論和淸朝的學術: 以批判和克服毛奇齡學說爲中心」, 『茶山學』第3
期(서울: 茶山學術財團, 2002).

楊雨蕾: 「18世紀朝鮮北學思想探源」, 『浙江大學學報』第37卷 第4期(浙江: 浙江大學,
2007. 7).

葉泉宏: 「瀋館幽囚記(1637-1645): 淸鮮宗藩關係建立時的人質問題」, 『韓國學報』18期
(臺北: 韓國硏究學會, 2004. 6).

李能和: 「朝鮮儒界之陽明學派」, 『靑丘學叢』第25號(서울: 靑丘學會, 1936).

李東歡: 「茶山思想中的‘上帝’問題」, 『民族文化』19(서울: 民族文化促進會, 1996).

李榮薰: 「茶山對人類關係範疇的區分和社會意識」, 『茶山學』第4期(서울: 茶山學術財團,
2003).

周春健: 「‘延祐科擧’與四書學官學地位的制度化」, 『內蒙古大學學報』第40卷 第3期
(2008. 5).

蔡茂松: 「孔子的文質論」, 『國立成功大學歷史學報』17記(臺南: 成功大學歷史系, 1991).

　　　, 「韓儒丁茶山反朱學內容之研究」, 『國立成功大學歷史學報』第4期(臺南: 成功大學
歷史系, 1977).

崔韶子: 「昭顯世子在淸廷(1637-1645)」, 『全海宗教授華甲記念史學論叢』(서울: 一潮閣,

1979).

　　，「試論對西學的受容:中國和韓國的比較」,『韓國文化研究論總』36(서울: 梨花女子
大學, 1980).

　　，「十七·十八世紀漢譯西學書的研究: 對中國和韓國士大夫的影響」, 收入『韓國文
化研究論總』39 (서울: 梨花女子大學, 1981).

崔在穆:「韓國陽明學研究の論的考察–傳來時期を手掛かりとした研視角の再考」, 筑波
大學倫理學原理研究會:『倫理學』5號(1987).

河宇鳳:「丁若鏞和荻生徂徠的經學思想比較研究」,『茶山學』第3期(서울: 茶山學術財團,
2002).

黃俊傑:「作爲區域史的東亞文化交流史:問題意識與研究主題」,『臺大歷史學報』第43期
(臺北: 臺灣大學歷史係, 2009. 6).

토론회 논문

林燽澤:「關於東亞實學概念的確立」, '東亞實學的意味與發展'研討會論文集(서울: 第10
回國際學術會議, 2009. 10).

何慈毅:「文書式樣より見た江戶幕府的對琉意識」,『第四回琉中歷史關係國際學術會議:
琉中歷史關係論文集』(沖繩: 南西印刷, 1993).

학위 논문

서종태:『星湖學派的陽明學和西學』(서울: 서강대학교 박사 논문, 1995).

미_주_

1장

1) 『朱子語類』第2冊, 卷19, 「語孟綱領」(北京: 中華書局, 1994), 437쪽.

2) 도통설은 그 유래가 깊지만 '도통'이란 용어는 주희가 처음 사용한 것이다.
주희는 『중용장구・서』에서 처음으로 '도통'이란 말을 사용했을 뿐만 아니라
철학 사상으로 이 개념을 내실화했고, 이후 '도통'은 철학의 한 범주가 되었다.
주희의 도통은 공자, 증자, 자사, 맹자 위로 복희伏羲까지 거슬러 올라가고, 맹자
이후에는 주렴계周濂溪, 이정二程을 추가하고 나서 스스로 이정 뒤에 위치한다고
했다("나는 총명하지 못하지만 다행히 사숙하여 들은 바가 있다(雖以熹之不敏,
亦幸私淑而聞之)"). 그가 스스로 '도통'을 이어간다고 자임한 것은 매우 명백하다.
이 점은 陳榮捷, 「新道統」, 『朱子新探索』(臺北: 臺灣學生書局, 1988), 429~435쪽
참조.

3) 주희는 『중용장구・서』에서 "다행히 이 책이 소실되지 않아", "근거 삼아
이가二家(불교와 노장)의 사이비를 물리칠 수 있다"고 했다. 『四書章句集注』(臺北:
大安出版社, 1996), 14~15쪽.

4) 구양수가 말했다. "의문: 예악禮樂의 책이 소실되어 제유諸儒의 학설에 잡다하게
나타나는데 유독 『중용』만 자사子思로부터 나온 것이라고 한다. 자사는 성인의
후예이니 그가 전한 것은 성인의 진수이어야 마땅한데 어찌 그의 설이 성인의 설과
다른가? …… 따라서 나는 그가 전했다는 이 통설이 잘못된 것이라고 의심한다.
자네들은 어떻게 생각하는가?" 「進士策問三首之三」, 『歐陽文忠公全集』 卷48.

5) 주자학은 송대에 영향력이 컸을 뿐만 아니라 원대의 학술 발전도 이끌었다. 이 점은
陳榮捷, 「元代之朱子學」, 『朱學論集』(臺北: 臺灣學生書局, 1988), 299~329쪽 참조.

6) 『원사元史』 81권에서 당시의 과거 고시 제도를 알 수 있다. 몽고인, 색목인의
제1고시는 경문經問 5조를 보는데 『대학』・『논어』・『맹자』・『중용』 내에서
출제하고 주희의 『장구집주』를 사용한다. 제2고시는 책策을 보는데 시무時務에서

출제하고 500자 이상이어야 한다. 한인漢人, 남인南人은 제1고시 때 명경明經,
의경疑經 2문제를 보며『대학』·『논어』·『맹자』·『중용』 내에서 출제하고
주희의『장구집주』를 사용한다. 제2고시는 경의經義를 보는데『시詩』는
주씨朱氏 본을,『주역周易』은 정씨程氏, 주씨 본을 위주로 하고,『춘추春秋』는
허용許用의『삼전三傳』및 호씨胡氏의『전傳』을,『예기禮記』는 고주소古注疏를
사용한다. 이와 같은 과거 규정에서 볼 수 있듯이 몽고인, 색목인뿐 아니라
남인, 한인에게도『사서』는 필수과목이며 주희의『사서장구집주』를 표준
본으로 삼았다. 사서학의 원대 과거시험의 지위와 관련해서는 周春健,
「'延祐科擧'與四書官學地位的制度化」,『內蒙古大學學報』第40卷 第3期(2008년
5월), 19~23쪽 참조.

7) 과거정식 내용은 다음과 같다. "초장初場은 사서의四書義 3문제(三道), 경의
4문제(四道)를 보는데, 사서는 주자의『집주集注』,『역易』은 정전程傳, 주자의
『본의本義』,『서書』는 채씨전蔡氏傳 및 고주소古注疏,『시』는 주자의『집전集傳』,
『춘추』는『좌씨左氏』,『공양公羊』,『곡량穀梁』삼전 및 호국안胡安國, 장흡張洽의
『전』,『예기』는 고주소를 위주로 한다." 그 후 성조 영락 때『사서오경대전』을
반포하여 주소注疏를 폐지했다.『明史』70卷「選擧」참조.

8) 예컨대 진덕수眞德秀(1178~1235)의『사서집편四書集編』,
조순손趙順孫(1215~1277)의『사서찬소四書纂疏』, 안도安道 축수洙(1256년
진사進士)의『사서집주부록四書集注附錄』등.

9) 남송 중엽 이후 특히 명대 후반기의 상업 출판이 매우 발달했다.
이에 대해 佐野公治,『四書學史の硏究』(東京: 創文社, 1988); 井上進,
『中國出版文化史と知の風景』(名古屋: 名古屋大學出版會, 2002) 참조.

10) 예를 들면 원대 호병문胡炳文(1250~1333)은『사서통四書通』, 정우定宇
진력陳櫟(1252~1334)은『사서발명四書發明』을 썼다(이 두 책은 대략
1330년 이전 간행됨). 예사의倪士毅(1330년 전후)는『사서발명』을 수정하여
『사서집석四書輯釋』을 냈다. 명대의 사서 주석서는 영락 13년(1415)
어명(欽令)으로 편찬, 간행한『사서대전四書大全』,『성리대전』,『오경대전』;
허제虛齋 채청蔡淸(1453~1508)의『사서몽인四書蒙引』(1504년경
간행); 임희원林希元(1481~1565)의『사서존의四書存疑』; 자봉紫峰
진침陳琛(1477~1545)의『사서천설四書淺說』(약 16세기 중엽 완성);
노일성盧一誠의『사서강술四書講述』; 관도觀濤 왕납간王納諫의

『사서익주四書翼註』; 장거정張居正(1525~1582)의 『사서직해四書直解』 등이 있다.

11) 李丙燾, 『韓國儒學史略』(서울: 아세아문화사, 1986); 裵宗鎬, 『朝鮮儒學史』(東京: 知泉書館, 2007); 李甦平, 『韓國儒學史』(北京: 人民出版社, 2009) 참조.

12) 여말 선초의 과거제도는 약간의 혁신은 있었으나 큰 변화는 없었다. 문과文科는 제술製述(문예文藝)을 기본으로 하고 강서講書(경술經術)를 부副로 했다. 세종 6년(1424) 명경과明經科를 설치하여 벼슬을 뽑았고 성종(1457~1494) 때에는 식년式年(정기 과거) 명경의 제도가 있어 초시와 복시 모두 사서오경四書五經을 보았다. 경서의 과목에서 사서는 주자의 『집주』, 『역』은 정자程子의 『전』과 주자의 『본의』, 『서』는 채씨전, 『시』는 주자의 『집전』, 『춘추』는 『좌씨전左氏傳』, 『예기』는 진씨陳氏의 『집설集說』을 위주로 했다. 이 제도는 대체로 명 제도를 따른 것이다.

13) 金文植, 「朝鮮本『朱子大全』的特徵」, 『朱子文化』 總23期(南平: 朱子文化雜誌社, 2010년 1월), 35~36쪽 참조.

14) 사단칠정 논쟁에 관한 타이완의 연구 성과는 李明輝, 『四端與七情: 關於道德情感的比較哲學探討』(臺北: 臺灣大學出版中心, 2005); 楊祖漢, 『從當代儒學觀點看韓國儒學的重要論爭』(臺北: 臺灣大學出版中心, 2005) 등이 있다.

15) 주리파는 퇴계의 제자 월천月川 조목趙穆, 금계錦溪 황준량黃俊良, 한강寒岡 정구鄭逑(1543~1620), 서애西厓 류성룡柳成龍(1542~1607), 학봉學峰 김성일金誠一(1538~1593)에서 이현일李玄逸(1627~1740), 이재李栽(1657~1731)로 전승되었고, 주기파는 율곡의 제자 김장생金長生(1548~1631), 김집金集(1574~1656)에서 우암尤庵 송시열宋時烈(1607~1689), 송준길宋浚吉(1605~1689), 박세채朴世采(1632~1695), 수암遂庵 권상하權尙夏(1641~1721)로 이어졌다.

16) 두 파의 논쟁은 숙종 35년(1705) 전후에 시작되어 결국 당쟁으로 이어졌다. '인물성동'론은 외암巍巖 이간李柬(1677~1727)을 대표로 삼연三淵 김창흡金昌翕(1653~1722), 도암陶庵 이재李縡(1680~1746), 기원杞園 어유봉魚有鳳(1672~1744), 여호黎湖 박필주朴弼周 등이 그 주장을 따랐다. 이들은 경기 지방에 거주하여 낙학洛學 혹은 낙론洛論이라고 부른다. '인물성이'론은 남당南塘 한원진韓元震(1682~1751)을 대표로 송시열, 권상하, 농암農巖 김창협金昌協(1651~1708), 병계屛溪 윤봉구尹鳳九(1681~1767) 등이 있다. 이들은 주로 충청도에 살아 호론湖論 혹은 호학湖學이라고 한다.

17) 정조는 다음과 같이 말했다. "공자는 술이부작述而不作이라 하셨는데 내 평생
공부는 주자의 책 한 부에 있다. 내 나이 스물에『주서회선朱書會選』을 편집하였고,
춘계방春桂坊에서 필사, 주석하였으며『어류語類』에 구두점을 찍은 바 있다.
서른에『주자회통朱子會統』을 편집하였고, 故 유신儒臣 한억증韓億增이 편집한
『주서朱書』를 고증 정정하였으며,『자양회영紫陽會英』과『주자각체朱子各體』를
편찬했다. 마흔 이후 주자의 여러 책을 열람하였고 근래에는『주서백선朱書百選』을
편집했다. 지난여름과 가을에『주자전서朱子全書』와『대전大全』,『어류』의 일부
문구를 모아『주자서절약朱子書節約』을 엮었다. 최근에는『주자대전』,『어류』
및 기타 선생의 말씀을 집대성하여 전집을 만들어보고자 한다. 편집이 완성되면
주합루 옆에 별도의 방을 하나 지어 주자의 초상을 봉안하고 전집을 소장할 것이다.
이 모두는 주자를 스승으로 모시는 성의에서 비롯한 것이다."『正祖實錄』48권, 22년
무오戊午(1798) 계축癸丑 4월 19일.

18) 이 부분은 陳祖武,「『李朝實錄』所見乾嘉年間中朝兩國之文獻與學術」, 鄭吉雄編,
『東亞視域中的近世儒學文獻與思想』(臺北: 臺灣大學出版中心, 2005), 405~423쪽
참조.

19) 아시카가 엔쥬츠足利衍述에 따르면 주자학의 일본 전래는 1212년 일본 승려
슌죠가 저장성 명주(지금의 닝보寧波)에서 일본으로 사서四書를 가져오면서
시작되었다고 한다. 足利衍述,『鎌倉室町時代之儒教』(東京: 有明書房, 昭和 45年)
참조. 그 외 鄭樑生,『朱子學之東傳日本與其發展』(臺北: 文史哲出版社, 1999)에서
주자학의 일본 전파와 일본 선승과의 관계를 자세히 다루었다.

20) 大庭脩,『漢籍輸入の文化史─聖德太子から吉宗へ』(東京: 硏文出版, 1997),
『江戶時代における中國文化受容の硏究』(京都: 同朋社, 1984) 참조.

21) 아베 요시오阿部吉雄는 후지와라 세이카, 하야시 라잔, 야마자키 안사이 등
도쿠가와 초기의 주자학자들이 어떻게 조선 주자학의 대가인 이퇴계의 영향을
받았는지 논증했다. 阿部吉雄,『日本朱子學と朝鮮』(東京: 東京大學出版會, 1965)
참조.

22) 17세기 일본에는 주희의『사서장구집주』가 없었기 때문에, 일본
학자들은 대부분『사서집석』,『사서대전』,『사서몽인』,『사서존의』,
『사서천설』등 사서를 주석한 책으로 중국 유학을 공부했다. 쓰지모토
마사시辻本雅史는 16~17세기 일본에 유입된 이러한 과거용 참고서를 '명대
사서학明代四書學'이라고 불렀고, 이것이 당시 일본의 주류 유교 서적이라고

보았다. 辻本雅史, 「德川時代'四書學'的展開與轉變: 以媒體的觀點出發」, 黃俊傑編,
『東亞儒者的四書詮釋』(臺北: 臺灣大學出版中心, 2005), 132~134쪽 참조.

23) 辻本雅史, 「第10章 談日本儒學的'制度化'—以近世17-19世紀爲中心」,
『日本德川時代的教育思想與媒體』(臺北: 臺灣大學出版中心, 2005),
『近世教育思想史の研究』(京都: 思文閣, 1990) 참조.

24) 『勿軒集』 7卷, 「贈陳敎諭」, 『文淵閣四庫全書』 集部 127 別集類, 總册 1188, 828쪽.

25) 주이존朱彝尊(1629~1709)은 「경서취사의經書取士議」에서 다음과 같이
말했다. "주자는 『논어』를 주석하고 『예기』에서 『중용』·『대학』을 발췌하여
장구를 맞추고 『맹자』까지 합쳐 '사서'라고 제목 붙여 독서는 여기서 시작해야
한다고 가르쳤다. 따라서 순희淳熙 이후 사서를 공부하는 자가 경서經書를
공부하는 자보다 많아졌다(朱子注『論語』, 從 『禮記』 中摘出 『中庸』 『大學』
爲之章句, 配以 『孟子』, 題曰四書. 諄諄誨人, 以讀書之法先從四子始, 由是淳熙而後,
諸家解釋四書, 漸多於說經者矣)". 〔淸〕賀長齡, 「禮政四」, 『淸經世文編』
卷57(淸光緖12年思補樓重校本, 北京: 中華書局, 1992), 中册, 1442쪽.

26) '맥락적 전향轉向'은 황쥔졔黃俊傑가 제시한 개념이다. 그는 "동아시아 문화
교류사에서의 모든 경전, 가치 이념 등 소위 문화 생산품은 구체적이고 특수한
문화적 맥락의 산물이며 특정한 시간성과 공간성을 지닌다. 따라서 동아시아
문화 교류사에서 어떠한 문화 생산품이든(특히 경전 텍스트) 이방異邦에 전파될
때 반드시 어느 정도의 맥락적 전향을 거쳐야 비로소 현지에서 뿌리내려 정착할
수 있다. 16세기 조선의 주자학 대가 이퇴계는 반평생 공을 들여 『주자서절요』를
편집하였는데 그가 강조한 것은 바로 중한中韓은 시공이 다르기 때문에 주자의
저술을 요약해야 조선 독자가 읽기에 적합하다는 것이다. 이퇴계가 말한 손약은
원래 생략, 요약의 뜻이지만 여기서 말한 맥락적 전향도 포함되어 있다"고 말한다.
黃俊傑, 「作爲區域史的東亞文化交流史: 問題意識與硏究主題」, 『臺大歷史學報』
第43期(臺北: 臺灣大學歷史系, 2009년 6월), 199~200쪽.

27) 예를 들면 김승일은 조선 주자학의 특색에 대해 다음과 같이 설명한다. "주자학은
'자연自然'과 '심心'의 관계를 하나의 체계(시스템)로 본다. 여기서 '심'은 '성性'과
'정情'으로 구성되는데 '심'의 본체는 '성'이고 '심'의 작용은 '정'이다. 하지만
주자는 '심'의 구성 요소의 하나인 '정'에 대한 더 자세한 논의는 없었다. 이에 비해
조선의 주자학은 정식으로 '정'의 문제를 제기하여 조선 나름의 독특한 성리학
체계를 형성했다." 金勝一, 「試論江戶幕府對朝鮮性理學的受容及其意義」, 葉國良,

徐興慶編,『江戶時代日本漢學研究諸面相: 思想文化篇』(臺北: 臺灣大學出版中心,
2009), 425~429쪽.

28) 辻本雅史,「日本德川時'四書學'的展開與轉變-從媒體的觀點出發」, 黃俊傑編,
『東亞儒者與四書詮釋』, 135~139쪽.

29) 리우유밍劉又銘은 명청기본론明淸氣本論을 2류 3형으로 나누어
분석한다. 제1류는 정주 이학程朱理學, 육왕 심학陸王心學과 서로 포용할
수 있는 신성기본론神聖氣本論이다. 그 아래 다시 2형으로 나눌 수
있는데, 제1형은 기본론氣本論의 틀 아래 이본론理本論이 있는 관점으로
왕부지王夫之(1619~1692)가 대표적이다. 제2형은 기본론의 틀 아래 심학心學이
있는 관점으로 유종주劉宗周(1578~1645), 황종희黃宗義(1610~1695)가
대표적이다. 제2류는 자연기본론自然氣本論으로 이런 유의 기론氣論은
이학理學과 심학心學의 형태를 벗어난다. 나흠순羅欽順(1465~1547),
왕정상王廷相(1474~1544), 오정한吳廷翰(1491~1559),
고염무顧炎武(1613~1682), 안원顏元(1635~1704), 대진戴震(1723~1777)
등이 대표적이다. 마부치 마사야馬淵昌也는 명대의 기철학氣哲學을 3유형
2조류로 나누었는데 3유형은 ① 주자 계통의 기철학: 나흠순, 오정한,
왕부지 ② 심학 계통의 기철학: 담약수湛若水, 유종주, 왕기王畿, ③
비성선설非性善說의 기철학: 왕정상. 2조류는 성선설-본래성인性善說-
本來聖人의 이론 구조와 비본래성인非本來聖人의 이론 구조다. 마부치 마사야는
비본래성인非本來聖人 이론 구조 아래 왕정상의 '비성선설'과 진확陳確의
'성선설'을 구분한다. 이 책은 리우유밍의 '자연기본론' 개념을 차용하지만
마부치 마사야의 논지를 근거로 나흠순과 오정한을 '자연기본론'에 귀속시키는
데 동의하지 않는다. 劉又銘,「宋明淸氣本論研究的若干問題」; 馬淵昌也,
「明代後期'氣'的哲學'之三類型與陳確的新思想」 참조. 두 글 모두 楊儒賓, 祝平次編,
『儒學的氣論與工夫論』(臺北: 臺灣大學出版中心, 2005)에 수록.

30) 예를 들면 섭적은 공자는 '중용'에 대해 논하지 않았고 중용의 도리도
(공자로부터) 전승된 것이 아니라고 본다. 그가 말했다. "공자는 중용의 미덕을
실천할 수 있는 백성은 매우 드물다고 했다. 자사가 『중용』을 지었다고 하는데
그것이 공자의 가르침을 근거로 썼다면 왜 안회顏回, 민자건閔子騫 같은 제자는
전승받지 못하고 유독 그 집(증자-자사)에만 전수했는가? 따라서 이는 잘못된
이야기이다. 만약 자사가 창작한 것이라면 이 책은 매우 훌륭할지 모르나

전대로부터 전승했다고 할 수 없다. 따라서 공자가 증자에게, 증자가 자사에게 전했다는 설은 분명 오류일 것이다." "한대漢代 사람이 『중용』은 자사가 지었다고 하지만 책을 직접 확인해보면 자사가 썼다는 설에 의심이 간다." 「總述講學大旨」, 『宋元學案』 卷54 「水心學案」(臺北: 臺灣中華書局, 1983), 12·26쪽.

31) 예를 들면 왕양명王陽明(1472~1528)은 주자가 『대학』의 '친민親民'을 '신민新民'으로 바꾸는 데 반대하였고 또 주자의 '격물格物'에 대한 해석도 반대했다. 『傳習錄』第1, 6條 참조.

32) 예를 들면 습재習齋 안원顏元은 주자는 유학의 정통이 아니라고 본다. 안원은 『재학편存學編』에서 다음과 같이 말했다. "주자가 유유游, 양양楊(이정二程의 제자 유정부游定夫, 양귀산楊龜山)이 석로釋老에 빠졌다고 하는데 도대체 뭘 지칭하는 것인지? 요순주공堯舜周孔, 육부六府, 육예六藝의 공부를 폐기하면서 석로에 안 빠졌다고 하는데 이는 또 무엇을 이야기하는 것인가? 나는 한대 사람은 유儒를 모른다고 본다. 예를 들면 만석군 집안의 법도를 보면 참으로 삼대三代의 유풍遺風을 간직하고 있는데 그를 유로 안 본다면 그들이 이야기한 유는 단지 훈고訓詁나 화려한 언사에 능한 부류일 것이다. 지금 보니 주자 문중 사제師弟는 일생 노력하여 화려한 문자를 남겼지만 오히려 유유游, 양양은 이를 탐탁하게 여기지 않을 것이다." 또 「주자어류평朱子語類評」에서는 "주자가 본 유도儒道는 바로 불교의 정미精微이다"라고 했다. 『顏元集』(北京: 中華書局, 1987), 282쪽.

33) 단옥재段玉裁(1735~1815)는 가경 19년(1814)에 당시 학술계의 병폐를 통탄하며 이렇게 말했다. "오늘의 큰 병은 낙洛, 민閩, 관중關中(이정, 주자, 장재)의 학문을 진부하다고 매도하며 다루지 않는 것이다. 그 결과 입신立身이 구차苟且하고 기절氣節이 쇠패衰敗하며 정사政事는 황폐되었다. 천하가 다 군자라고 하지만 진정한 군자는 없다. 모범을 보여주지 못한 자의 잘못이 아니겠는가. 그러므로 한학만 하고 송학을 안 한다는 것은 참으로 인심세도人心世道의 큰 걱정이다." 「與陳恭甫書」, 陳壽祺, 『左海文集』 卷4 「答段懋堂先生書」附錄(臺灣大學影印清嘉慶至同治間三山陳氏刊本), 50쪽.

34) 쓰지모토 마사시는 "진사이는 주석본을 근거로 하는 명대 사서학(예컨대 가이바라 에키켄貝原益軒)과 이에 반대하여 직접 주자학을 인식해야 한다는 안사이학 사이에서 힘겹게 분투했다"고 보았다. 辻本雅史, 「日本德川時代'四書學'的開展與轉變: 從媒體的觀點出發」, 136쪽.

35) 이토 진사이가 말했다. "자사가 『중용』49편을 저술하였는데 이는 『대戴·기記』에

수록되어 있다. 주희가 『논어』·『맹자』·『대학』과 함께 사서四書로 부르고
또 『중용』을 33장으로 나눴다. 하지만 『대학』은 공자의 문중에서 쓴 것이
아니고 『시』와 『서』를 조금은 알지만 공자의 가르침을 모르는 자가 쓴 것이다."
『中庸發揮·敍由』, 關儀一郎編, 『日本名家四書註釋全書』第1卷(東京: 鳳出版,
1973), 3쪽.

36) 오규 소라이가 말했다. "주자는 고문사古文辭를 독해하지 못하는 것 같다. 따라서
주희의 해석은 세밀한 것 같지만 옛날에 없는 것이다."『大學解』, 9쪽.

37) 오규 소라이가 말했다. "따라서 『대학』이란 책은 기記이지 경經도 전傳도 아니다.
체재가 다르다."『大學解』, 9쪽.

38) 『중용해』에서 다음과 같이 말했다. "그 책은 배움으로 덕德을 이루는 것을
이야기한다. 중용中庸을 멀리 가고 높이 오르는 기초로 하는 것은 공자의
가법家法이다. 천성天性을 기초로 하여 중용의 덕은 인정人情과 멀지 않다고
하는데 이것으로써 이 책이 허위가 아님을 밝히는 것이다. 덕을 이룬 자는 성誠을
실천할 수 있다는 이야기는 예악禮樂도 허위가 아님을 밝히는 것이다. 공자의
덕은 극에 달했다고 찬탄하는 것은 모두 노자와 대항하기 위한 것이다. ……
공자와 다른 것은 예악에서 벗어나 그 의義를 이야기하고, 하고 싶은 말은 끝까지
다하고야 만다는 점이다. 이후 유자儒者는 다 자기의 뜻으로 성인聖人의 도道를
이야기하여 잘못된 이론이 날로 성하고 고도古道는 거의 사라졌다."關儀一郎編,
『日本名家四書註釋全書』第1卷, 1~2쪽.

39) 『중용해』에서 다음과 같이 말했다. "따라서 공문孔門의 학문은 수덕修德을 임무로
하는데 자사의 이야기 역시 그렇다. 논쟁을 하기 위해 공자가 하지 않은 이야기를
해서 많은 폐단이 나타났고 유자儒者도 선왕先王의 도道는 안천하安天下를 위한
것이라는 사실을 망각했다. 이것이 어떻게 자사의 뜻인가?" 2쪽.

40) 『어맹자의語孟字義』에서 다음과 같이 말했다. "『논어』·『맹자』는 의리義理를
이야기하는 것이다. 『시』·『서』·『역』·『춘추』는 의리를 이야기하지 않아도
의리가 스스로 포함되어 있다. 의리를 이야기하는 것은 배워서 알 수 있다는
것이다. 의리가 스스로 포함되어 있는 것은 반드시 생각해서 얻어야 한다. ……
사경四經은 마치 자생한 물체처럼 조각할 필요 없이 있는 그대로 감상할 수 있다.
『논어』·『맹자』는 마치 척도를 만들어 천하를 재려는 것과 같다. 육경六經은
그림과 같고 『논어』·『맹자』는 화법畫法과 같다. 화법을 알아야 그림의
이치(畫理)를 알 수 있다. 화법을 모르고 그림의 이치를 안다는 것은 있을 수 없다.

…… 따라서 『논어』·『맹자』를 통달한 후 육경을 읽을 수 있다."『日本儒林叢書』
第6卷(東京: 鳳出版, 1978), 78쪽.

41) 『변명辯名』에서 다음과 같이 말했다. "배움이란 선왕의 도를 배우는
것이다. 선왕의 도는 『시』·『서』·『예』·『악』에 있다. 따라서 배우는 방법도
『시』·『서』·『예』·『악』을 배우는 것이다. 이것이 소위 사교四教이고
사술四術이라고도 한다. 『시』·『서』는 의義가 있는 곳이고, 『예』·『악』은 덕德의
규범이다. 덕은 자신을 세우는 것이고 의는 정치가 따르는 것이다. 따라서
『시』·『서』·『예』·『악』은 사士를 만들 수 있다. 그 교육 방법을 보면 『시』는
낭송(誦)이고 『서』는 독해(讀)이며 『예』·『악』은 연습(習)이다. 봄, 가을에는
『예』·『악』을 가르치고 겨울, 여름에는 『시』·『서』를 가르친다. 시간을 투자하여
음양에 따라 장기간 배양한다면 배우는 자는 그 속에서 유유히 공부하면서
저절로 덕이 세워지고 지식이 밝아진다. 중요한 것은 학습하고 익히고 오랜
시간 후 책과 하나가 되는 것이다. 이것이 옛 교육법이고 『논어』에서 이야기한
박학약례博學約禮이다."『臺灣大學圖書館所藏江戶中期刊本』41쪽.

42) 오규 소라이가 말했다. "도道라는 것은 하나의 통칭이다. 예악형정 등 선왕이 만든
것을 통틀어 이르는 것이다. 예악형정 외에 별도의 도가 있는 것은 아니다."『辨道』,
『荻生徂徠』〔日本思想大系 36〕(東京: 岩波書店, 1978), 201쪽.

43) 한국에서 주자학의 발전에 대해 鄭仁在,「朱子學在韓國的展開」, 黃俊傑,
林維杰編,『東亞朱子學的同調與異趣』(臺北: 臺灣大學出版中心, 2006), 297~330쪽
참조. 정인재는 한국의 주자학을 4기로 나눠본다. 제1기는 도입 및 이해 시기,
제2기는 발전과 해석 시기, 제3기는 주자학의 예학화禮學化 시기, 제4기는
위정척사衛正斥邪 시기이다. 서술이 지나치게 방대해지는 것을 피하기 위해 이
책에서는 '주자학의 예학화' 시기와 19세기 후반 양이洋夷를 배척하는 위정척사
운동을 생략한다.

44) 양명학이 조선에 전래된 시기에 대해 이능화李能和의 1521년 이후, 이병도의
1546~1566년, 다카하시 도루高橋亨의 1588년 등 세 가지 설이 있다. 대체로
1588년 이전이라고 본다. 최재목은 1529년으로 보며, 송석준은 양명학이 도입된
후 1566년 이퇴계의 비판을 받을 때까지 이미 40년이 지난 이 기간에 많은 학자의
찬동을 얻었을 것이라고 본다. 宋錫準,「韓國陽明學的形成和霞谷鄭齊斗」, 鄭仁在,
黃俊傑編,『韓國江華陽明學研究論集』(臺北: 臺灣大學出版中心, 2005), 1~28쪽
참조.

45) 이퇴계는 『전습록변傳習錄辨』을 편저하여 양명학을 이단이라고 비판했다.
　　『退溪全書』(下) 「年譜」卷2 「孝宗弘治 45년 10월: 作心經後論條」(서울:
　　성균관대학교대동문화연구원, 1958), 586쪽.

46) 왕양명의 『전습록傳習錄』은 1518년 전후에 출판되었지만 조선에서는 1593년에야
　　간행되었다. 조선에서는 이미 『이단변정異端辯正』(1552), 『곤학기困學記』(1560),
　　『학부통변學蔀通辯』(1573) 등 왕양명을 비판하는 서적이 출간되었다. 金容載,
　　「韓國硏究陽明學現況與新探索」, 『韓國江華陽明學硏究論集』, 485~517쪽.

47) 崔在穆, 「鄭齊斗陽明學在東亞學術中的意義」 참조. 『韓國江華陽明學硏究論集』
　　수록, 337~364쪽.

48) 정제두의 제자 항재恒齋 이광신의 논저에서도 볼 수 있다. 이광신의 동생
　　양중襄仲 이광찬李匡贊(1702~1766)은 이광신의 주자학과 양명학에 대한 해석
　　방식을 비평하기를 "심즉리心卽理 설에 대해 나도 얻은 바가 많지만 이것은
　　정주 성리설性理說과는 마치 물과 불처럼 다르다. 형은 다를 것이 없다며 이
　　둘을 봉합하고자 하고 소위 『빙탄록冰炭錄』도 이런 취지이나 이동異同을 논할
　　때 왕양명을 빌려 주자를 설명하거나 주자의 잣대로 왕양명을 재는 상황을
　　면하기 어렵다." 「與襄弁難朱王理氣說-三」, 『恒齋諱匡臣公遺稿』 册1 참조.
　　『恒齋諱匡臣公遺稿』는 심경호沈慶昊가 문중본門中本 3책을 수집하여 논문
　　「恒齋李匡臣論」을 발표했다. 『震檀學報』 제84호(서울: 震檀學會, 1997)에 수록됨.

49) 中純夫, 「陽明學對初期江華學派的影響」, 『韓國江華陽明學硏究論集』, 365~404쪽.

50) 이것은 다카하시 도루와 이능화의 추측이다. 高橋亨, 「朝鮮の陽明學派」,
　　『朝鮮學報』 제4집(서울: 朝鮮學會, 1953); 李能和, 「朝鮮儒學界之陽明學派」,
　　『靑丘學叢』 제25호(서울: 靑丘學會, 1936) 참조.

51) 허부許傅가 쓴 「謚狀」 참조. 『星湖先生全集』(서울: 경인문화사, 1974년), 부록 권2.

52) 철학상의 토론에는 소위 3대 논쟁이 있다. '무극無極과 태극太極의 변辯',
　　'사단칠정四端七情의 변辯', '호락논쟁湖洛論爭'이다.

53) 중국 고거학이 일본과 한국에 끼친 영향에 대해 王晴佳,
　　「考據學的興衰與東亞學術的近代化: 以近代日本史學爲中心」, 鄭吉雄編, 『語文,
　　經典與東亞儒學』(臺北: 臺灣學生書局, 2008), 475~506쪽 참조.

54) 임형택林熒澤은 "흔들리는 조공 질서 체계"로 이런 역사적 변국을 설명한다. 「東亞
　　實學 槪念 確立에 관하여」, 『동아 실학의 의미와 발전』 학술회의 논문집(서울:
　　제10회 국제학술회의, 2009년 10월).

55) 〔梁〕沈約, 『宋書』卷97, 「蠻夷傳」(北京: 中華書局, 1974), 2395쪽 참조. 또는
   西嶋定生, 『日本歷史の國際環境』(東京: 東京大學出版會, 1985), 76~77쪽;
   井上光貞, 「鐵劍の銘文—五世紀の日本を讀む」, 『井上光貞著作集』第5卷
   『古代日本と東アジア』(東京: 岩波書店, 1986), 407~409쪽 참조.

56) 石上英一, 「古代東アジア地域と日本」, 網野善彦等編,
   『列島內外の交通と國家』(東京: 岩波書店, 1987), 62~70쪽; 石母田正,
   「日本古代における國際意識について」, 「天皇と諸藩」, 『日本古代國家論』
   第1部(東京: 岩波書店, 1973), 326~327 · 331~332쪽; 羅麗馨, 「日本型華夷觀:
   7-9世紀日本の外交和禮儀」, 『臺灣師大歷史學報』35期(臺北: 臺灣師範大學歷史系,
   2006年 6月), 49~114쪽 참조.

57) 菅野眞道等, 『續日本記』前篇 卷3 「文武天皇慶雲3年正月丁亥」條, 黑板勝美,
   國史大系編修會編, 『新訂增補國史大系』第2卷(東京: 吉川弘文館, 1989), 24쪽.

58) 선진 제자先秦諸子의 문헌에 주周 왕실을 존중하고 이적夷狄을
   물리친다는 '존왕양이尊王攘夷'의 구호가 있었다. 그 후 '화이'사상과 주자가
   『자치통감강목資治通鑑綱目』에서 논한 '정통正統', '명분名分'이 연결되어
   윤리 규범적 의미를 지니게 되었다. 주자학의 윤리 규범은 대내적으로는
   '군신 상하君臣上下의 구분'을 기축으로 하여 군신, 부자, 부부, 형제, 친구 등
   오륜五倫 관계를 규정한다. 이 윤리 규범이 대외적인 국제 관계에서는 곧 화이
   내외華夷內外로 구분되어 내부의 화하華夏는 윤리 도덕을 구별할 수 있는
   성인군자이고 외부의 '이적'은 윤리 도덕을 모르는 야만인이다. 주자의 역사학에서
   '정통론'은 湯勤福, 『朱熹的史學思想』(山東: 齊魯書社, 2000), 158~165쪽 참조.

59) 羅麗馨, 「19世紀以前日本人的朝鮮觀」, 『臺大歷史學報』38期 (臺北:
   臺灣大學歷史系, 2006년 12월), 159~218쪽 참조. 이 글은 徐興慶編,
   『東亞知識人對近代性的思考』(臺北: 臺灣大學出版中心, 2009)에도 수록됨.

60) 에도 초기 하야시 라잔의 아들 하야시 가호林鵞峰(1618~1680)와 손자 하야시
   노부아쓰林信篤(1644~1732)는 『화이변태華夷變態』(전 35권)를 편집했다. 이
   책은 1644~1717년까지 수집한 2,200여 건의 문서 정보를 담고 있다. 韓東育,
   『從'脫儒'到'脫亞': 日本近世以來'去中心化'之思想過程』(臺北: 臺灣大學出版中心,
   2009), 157~168쪽.

61) 荒野泰典, 「序: 鎖國論から'海禁 · 華夷秩序'論へ」, 『近世日本と東アジア』(東京:
   東京大學出版會, 1988).

62) 성종 때 예조가 아뢰기를 "우리 동방은 기자箕子 이래 교화가 성행하여 남자는 열사지풍烈士之風이 있고 여자는 정정지속貞正之俗이 있어 예로부터 소중화小中華라고 불렸다." 『成宗實錄』 卷20, 「3년(1472 壬辰) 7월 10일(乙巳)」. 조선왕조의 '소중화' 개념은 기자 숭배에서 기인한 것으로 추측되며 조선의 기자 숭배는 삼국시대에 이미 있었다. 『舊唐書』 권199 「東夷 · 高麗傳」 참조. 고려 숙종(1096~1105) 때 평양부平壤府에 기자사箕子祠를 세워 제사를 지내도록 명했고, 조선왕조는 건국 때부터 태조를 기자箕子와 결부시켰다. 따라서 조선 사람은 보편적으로 기자조선을 주周에서 파생한 것이라고 여겨 '존주尊周' 혹은 '중화中華'의 개념과 마찬가지로 조선 역시 자신의 '화이 질서'가 있다고 생각한다. 기자 숭배에 관한 연구는 다음 글 참조. 韓永愚, "Kija Worship in the Koryo and Early Yi Dynasties: A Culture Symbol in the Relationship between Korea and China", The Rise of Neo-Confucianism in Korea(New York: Columbia University, 1985).

63) 閔德基, 「朝鮮朝前期の"交隣"にみる對外關係」, 『前近代東アジアのなかの韓日關係』(東京: 早稻田大學出版部, 1994), 23~33쪽; 三宅英利, 『近世日朝關係史の研究』(東京: 文獻出版, 1986), 91쪽.

64) 가와치 요시히로河內良弘의 『明代女史の研究』(京都: 同朋社, 1992)에서는 여진과 조선을 번속국藩屬國과 종주국宗主國의 관계였다고 본다.

65) 후금(청)은 1627년과 1636년 두 차례 조선을 침공하여 소현세자 이단李濬과 봉림대군 이호李淏를 인질로 데려갔다. 1645년 3월 소현세자는 한양으로 돌아왔는데 수행하는 청나라 사신이 조선 국왕 인조의 영접을 명했다. 아버지가 아들을 영접하는 것은 유교 예법에 어긋날 뿐 아니라 청의 사절이 곧 천자를 대표한다는 사실을 인정하는 의미였기 때문에 사대부의 반발과 원한을 샀다. 소현세자는 귀국한 지 2개월 후에 돌연 사망하여 동생인 봉림대군이 왕위를 계승하게 된다. 왕위에 오른 효종은 명에 대한 충성과 청에 인질로 끌려간 데 대한 원한으로 군대를 정돈하여 '오랑캐(胡虜)'를 몰아내고 명실明室을 회복하는 것'을 목적으로 북벌을 준비했다. 북벌은 결국 실현되지 못했지만 복수심의 영향으로 청 · 조선의 종번宗藩 관계는 거리감이 있었다. 金龍德, 「昭顯世子研究」, 『史學研究』 제18호(서울: 韓國史學會, 1964년 9월), 433~489쪽; 崔韶子, 「昭顯世子在清廷(1637~1645)」, 『金海宗教授華甲記念史學論叢』(서울: 一潮閣,1979), 375~389쪽; 葉泉宏, 「瀋館幽囚記(1637~1645):

清鮮宗藩關係建立時的人質問題」,『韓國學報』제18기(臺北: 韓國研究學會, 2004년 6월), 284~299쪽; 孫衛國, 「淸兩征朝鮮與朝鮮之對抗」, 「攘夷觀念與孝宗北伐」, 『大明旗號與小中華意識』(北京: 商務印書館, 2007), 70~98쪽.

66) 조선의 군신은 남명南明 정권, 삼번三藩 세력, 타이완의 정성공鄭成功, 몽골의 중가르準噶爾部 등 반청反淸 세력에 큰 기대를 걸었고 한때 사신을 파견하여 청에 대한 협공을 계획하기도 했다. 1646년 타이완의 정성공은 수차례 일본에 연합하여 벌청 복명伐淸復明하자고 요청했다. 조선은 이를 긍정적으로 보고 심지어 "조선의 길을 빌려 후원군을 보낸다(假道朝鮮, 出送援兵)"는 건의까지 했다. 『仁祖實錄』 卷47, 24년(丙戌) 12월 22일(甲午) 참조. 청은 조선, 일본, 남명이 군사동맹을 결성할 것을 우려하여 1650년 상황을 파악하기 위해 밀사를 조선으로 보내기도 했다. 바로 조선 역사상의 '육사 힐책六使詰責' 사건이다. 『孝宗實錄』 권3, 元年(庚寅) 2월 8일(辛卯) 참조.

67) 『肅宗實錄』 권4, 元年(1675 乙卯) 6월 3일(庚申).

68) 『肅宗實錄』 권51, 38年(1712 壬辰) 2월 27일(庚辰).

69) 허츠이何慈毅의 연구에 의하면, 조선왕조의 대對 일본 문서에는 숭정崇禎 연호를 숭정 16년까지만 사용하고 이후 간지干支를 사용했으며 청淸의 연호를 사용하지 않았다. 「文書式樣より見た江戸幕府の對琉意識」, 『第四回琉中歷史關係論文集』(沖縄: 南西印刷, 1993), 381~401쪽; 孫承喆, 「明淸時期對日外交文書의 年號와 干支」, 『大東文化研究』 제32집(서울: 성균관대학교, 1997), 133~152쪽; 孫衛國, 「從正朔看朝鮮王朝的正統意識」, 『大明旗號與小中華意識』, 226~253쪽.

70) 宋時烈, 『宋子大全』 권131 「雜錄」, 『韓國文集叢刊』 제112책(서울: 민족문화추진회, 1996), 438쪽.

71) 韓元震, 『南塘先生文集拾遺』 권6 「雜說」, 『南塘集』, 『韓國文集叢刊』 제202책(서울: 민족문화추진회, 1998), 453쪽.

72) 선조 15년(1594) 제주도에 표류한 서양인 핑리이馮里伊 등을 중국으로 보냈고, 27년(1594) 임진왜란 당시 예수회 선교사 세스페데스P. G. Céspedes가 일본군을 따라 조선에 들어왔다. 지봉芝峯 이수광李睟光(1563~1628)의 『지봉유설芝峯類說』에는 임진년 전후 영결리국永結利國(영국) 선박이 일본에 입국하고, 선조 36년(1603) 이광정李光庭 등이 사신으로 명에 가서 구라파국여지도歐羅巴國輿地圖를 얻어왔다는 기록이 있다. 『芝峯類說』 권2

「諸國部, 外國」(서울: 乙酉文化社, 1994).

73) 인조 6년(1628)에 네덜란드 신교도 박연朴淵(벨테브레J. J. Weltevree)이 조선에 홍이포紅夷砲 제작을 전수하였고, 인조 9년(1631) 사신 정두원鄭斗源 은 명의 수도에서 이탈리아 신부 로드리게스J. Rodriquez(중국명 육약한陸若漢)로부터 『치력연기治曆緣起』를 비롯해 망원경, 화포, 자명종, 염초화焰硝花, 자목화紫木花 등을 받았다. 마테오 리치의『천문서天文書』, 디아즈E. Diaz(중국명 탕마락湯瑪諾)의『천문략天問略』·『원경천리설遠鏡千里說』·『천리경설千里鏡 說』·『직방회기職方外記』·『서양국풍속기西洋國風俗記』·『서양공헌신위대경소 西洋貢獻神威大鏡疏』등의 서적과「천문도天文圖」·「남북극南北極」·「천문도수天 文度數」·「만리전도萬里全圖」등 그림이 들어왔다. 인조 22년(1644) 소현세자가 북경에 인질로 있을 때 아담 샬Adam Schall(중국명 탕약망湯若望)과 교제하여 그가 번역한『천문』·『산학算學』·『성교정도聖敎正道』와 지구의, 천주상 등을 선물로 받았다. 그 후 한흥일韓興一도 아담 샬이 만든 신력新曆을 가지고 조선으로 돌아와 개력改曆을 소청했고, 당시 관상감제조觀象監提調 김육金堉의 계청啓請으로 김상범金象範, 송인룡宋仁龍 등이 청에서 연구하여 효종 4년(1653)에 시헌력時憲曆을 시행했다. 李丙燾, 『韓國儒學史略』, 274~278쪽 참조.

74) 李元淳, 『朝鮮西學史』(서울: 一志社, 1986), 116쪽 참조.

75) 이익李瀷의 말이다. "천주天主란 유가의 상제上帝이고, 그 경사외신敬事畏信은 불교의 석가와 같다. 천당 지옥으로 권징勸懲을 하고 두루 교화하여 예수처럼 되는 것이다."「跋天主實義」,『星湖先生全集, 題跋』권55(서울: 경인문화사, 1974); 또 이렇게 말했다. "칠극七克이란 서양인 방적아龐迪我가 쓴 것으로 유가에서 이야기하는 극기克己다." 安鼎福(1712~1791),『星湖僿說類選』, 卷10,「人事門, 七克」,『朝鮮群書大系』(서울: 朝鮮古書刊行會, 1909~1916) 참조.

76) 예를 들면 광암曠庵 이벽李檗(1754~1786), 녹암鹿庵 권철신權哲身(1736~1801), 권일신權日身(1751~1791), 손암巽庵 정약전丁若銓(1758~1816), 선암選庵 정약종丁若鍾(1760~1801), 이가환李家煥(1742~1801) 등 남인 신진들은 서교를 깊이 믿었다. 李丙燾,『韓國儒學史略』, 278쪽.

77) 徐鍾泰,『星湖學派의 陽明學과 西學』(서울: 서강대학교 박사 논문, 1995), 6~49쪽.

78) 윤휴는『중용』에서 논한 것은 사천지도事天之道(하늘을 섬기는 도리)라고 본다.『중용』제1장의 '천명天命', '솔성率性', '수도修道'를 외천畏天을 통한 수도

과정이고, '지중화致中和'를 사천事天의 과정으로 해석하며, '천지위언天地位焉,
만물육언萬物育焉(천지는 제자리로 가고 만물은 생장한다)'을 실천의 결과로 본다.
윤휴, 『白湖全書』下(서울: 白湖先生文集刊行會, 1995), 1502쪽.

79) 劉明鍾, 『韓國儒教研究』(서울: 이문출판사, 1988), 506~514쪽.

80) 鄭玉子, 「朝鮮後期歷史의 理解」(서울: 일지사, 1993),
26~27쪽; 孫承喆, 「朝鮮中華主義と日本型華夷意識の對立」,
『近世の朝鮮と日本—交隣關係の虛と實』(東京: 明石書店, 1998), 269~274쪽.

81) 이토 진사이가 말했다. "지금 비록 주周가 쇠약하여 도道가 황폐되고 예악禮樂이
소실되었지만 전장문물典章文物은 아직 남아 있는데 어찌 제하諸夏가
이적夷狄보다 못하다고 할까? 공자가 이런 말을 한 것은 그가 무늬보다 실제를
더 중시했음을 알 수 있다."『論語古義』, 關儀一郞編, 『日本名家四書註釋全書』
제3권(東京: 鳳出版, 1973), 권2, 32쪽.

82) 범엽范曄의 『후한서後漢書』 권85 「동이열전東夷列傳」 제75에서는 다음과
같이 서술했다. "동방이 이夷다. …… 천성이 유순하고 도道로 다스리기 쉬워
군자국君子國, 불사국不死國이라고 부르는 곳도 있다. 이夷는 9종이 있는데
견이畎夷, 우이于夷, 방이方夷, 황이黃夷, 백이白夷, 적이赤夷, 현이玄夷, 풍이風夷,
양이陽夷다. 공자는 구이九夷에 살고 싶다고 했다."『後漢書集解』第2冊(臺北:
藝文印書館影印淸乾隆武英殿刊本, 1955), 1002쪽.

83) 이토 진사이가 말했다. "구이九夷의 종류는 명확하지 않다. 여徐, 진淮 두
이夷는 경전에 나오고, 일본은 『후한서』에 전傳이 있고, 기타 부상扶桑, 조선 등
명칭은 모두 사적史籍에 나온다. 공자가 이야기한 구이는 아마 이런 곳을 지칭한
것이다. ……『예禮』에 따르면 공자는 '소련少連 대련大連은 거상居喪을 잘하는데
동이東夷의 자식이다'라고 했고, 또 예부터 동방에 군자국이 있다고 하는데
공자의 말은 이 사실을 지칭했을 것이다. …… 공자는 구이에 마음을 둔 지 오래다.
이 장章과 부해지탄桴海之嘆도 우연히 나온 말이 아니다. 하늘 아래와 땅 위에
있으면 다 사람인데 예의禮義만 있으면 이夷도 바로 화華이고, 예의가 없으면 화도
불가피하게 이가 된다."『論語古義』, 137~138쪽.

84) 오규 소라이가 말했다. "'자욕거구이子欲居九夷'라고 하는데, 마융馬融은
구이九夷에 대해 동방의 이夷는 9종이라고 했다. 형병刑昺은 「동이전」을 인용하여
견이, 우이, 방이, 황이, 백이, 적이, 현이, 풍이, 양이라고 했다. 또 다른 설은
현토玄菟, 낙랑樂浪, 고려高麗, 만절滿節, 부유鳧臾, 색가索家, 동도東屠, 왜인倭人,

천비天鄙라고 한다. 진사이는 이를 받아들여 (구이를) 일본이라고 추측한다.
이는 그의 자아도취(自詡)이니 변론할 필요가 없다. 내 생각에는 구이란 한곳만
지칭하는 것이다. 마치 대호大湖를 오호五湖라고 하는 것처럼. 그렇지 않다면
구이에 살겠다는 말이 너무 산만하게 들린다. 그리고 이곳은 반드시 공자가 가봤을
것이다. 그러니까 살고 싶다(欲居)고 했던 것이다. 만약 안 가본 곳이라면 가보고
싶다(欲適)고 말했어야 맞다. 살고 싶다고 말한 것으로 보아 그곳은 아주 먼 곳이
아니다. 공유贛楡에는 공망산孔望山이 있는데 공자가 담郯에 갔을 때 등반했다고
전해지며 동이東夷 땅이다. 이곳이 구이가 아닌가 싶다. '군자거지君子居之,
하루지유何陋之有'에 대해 마융은 '군자소거즉화君子所居則化(군자가 살면
교화된다)'라고 해석했는데 문장의 의미상 매우 적절한 해석이다. 그런데
진사이는 동방에 군자국이 있기 때문에 (공자가) '군자거지君子居之'라고 표현한
것으로 해석한다. 이것은 공자가 스스로를 군자라고 칭하는 것을 부정하는
것인데, 이는 단지 진사이의 잘못된 해석을 정당화하기 위한 것이다. 그렇게
해석하면 '하루지유何陋之有'는 의미상 연결이 안 된다. 이로써 그가 문사文辭를
모른다는 것을 알 수 있다. 군자는 사대부의 통칭이고 공자도 이를 피하지 않았다.
사실 우리나라의 아름다움은 많은 곳에서 확인할 수 있는데 『논어』를 억지
해석하여 허황된 언론을 만들 필요가 어디 있는가."『論語徵』戊, 關儀一郎編,
『日本名家四書註釋全書』(東京: 東洋圖書刊行會, 1926), 제7권, 186쪽 참조.
85) 이런 사상의 근원은 일본인의 의식뿐만 아니라 중국 남쪽에 있는 명나라 잔여
세력의 영향도 있었다. 塚本學, 「江戸時代における"夷"觀念について」, 『近世再考:
地方の視點から』(東京: 日本エディタースクール出版部, 1986), 81~82쪽 참조.
86) 예를 들면 담헌湛軒 홍대용洪大容(1731~1785)이 다음과 같이 말했다.
"우리 동방이 중국을 흠모하고 추종하다 보니 자신이 이夷라는 것을 잊은 지
오래다. 중국과 같아지려고 하지만 그 차이는 엄존한다. 작은 지식에 국한되어
있는 자는 이런 말을 들으면 발끈 화내지만 이는 우리 동방 풍속이 치우친
것이다."「又答直齋書」, 『湛軒書·內集』권3, 『韓國文集叢刊』제248책(서울:
민족문화추진회, 2000), 67쪽.
87) 朱熹, 『四書或問』, "형씨刑氏는 구이九夷는 현토, 낙랑, 고려라고 본다. 호씨胡氏도
'군자君子는 기자箕子'라고 말한다. 기자는 요동 구이遼東九夷의 땅에 살았고
그 교화 풍속은 한대까지 남아 있으니 공자 때도 잘 보존되었을 것이다. 이 설은
반고班固가 주장한 것이다. 하지만 공자의 본의는 아닐 것이다." 朱熹著, 朱傑人,

嚴佐之, 劉永翔編, 『四書或問』, 『朱子全書』(上海: 上海古籍; 合肥: 安徽教育, 2002), 第6册, 773쪽.

88) 李惟泰, 『四書答問·論語答問』「子罕」 제13장(서울: 성균관대학교, 1991), 419쪽.

89) 朴世堂, 『思辨綠·論語』「子罕」 제18장(서울: 민족문화추진회 편, 1989), 542쪽.

90) 李瀷, 『星湖疾書·論語疾書』「公冶長」 제6장, 『韓國經學資料集成』 제21册(서울: 성균관대학교, 1990), 373쪽.

91) 정자程子는 "夷狄且有君長, 不如諸夏之僭亂, 反無上下之分也"라고 했다. 『論語古今註』, 『與猶堂全書』(서울: 여강출판사, 1985), 第5册, 총 91쪽.

92) 『論語古今註·子罕』, "반박: 현토, 낙랑은 (한)무제의 사군四郡 이름이요 공자가 알 수 있는 것이 아니다." 『與猶堂全書』 第5册, 총 328쪽.

93) 정약용은 「이여홍에게 답함答李如弘」에서 이렇게 말했다. "학문이란 사색과 변론의 성과이고 성실함이 없으면 이룰 수 없다. 일단 거짓이 있으면 성실하다고 할 수 없다. 따라서 경전經傳 공부에는 오직 옳은 것만 추구하고, 오직 옳은 것만 따르고, 오직 옳은 것만 고집한다. 고집할 것을 선택할 때 항상 널리 고증하고 자세하게 연구하여 공평한 마음가짐으로 소송을 판결하듯이 그 뜻을 심사한다. 그러고 나서 감히 설을 세운다. 어찌 감히 비슷한 의견으로 개가 남 따라 짖는 것처럼 진리에 어긋나는 논설을 내놓을 수 있는가?" 『詩文集, 書』, 『與猶堂全書』 제3책, 총 241쪽.

94) 1883년 고종은 신하에게 『여유당전서』의 등사를 명하고 내각에 소장케 했다. 황현黃玹, 『매천야록梅泉野錄』의 기록에 따르면, 등사가 완성된 시기는 1885~1886년이었다. 1934~1938년 정약용의 외현손 김성진金誠鎭이 편집하고 정인보, 안재홍이 교정한 『여유당전서』(전 76권)가 신조선사新朝鮮社에서 출판되었다. 1970년 경인문화사에서 영인판 『여유당전서』 6권, 『여유당전서보유與猶堂全書補遺』 1권을 출간했다. 1973년 다산학회에서 『여유당전서보유』 5권을 출판했고, 1985년 여강출판사에서 신조선사의 판본을 영인하여 『여유당전서』(전 20권)를 발행했다. 이 책은 여강출판사의 전 20권 판을 인용했다.

95) 1801년 정약용이 40세 때, 당시 국왕 순조(1790~1834)는 아직 어려 정순 대비 김씨가 대리청정했다. 정월에 조정은 「오가작통법五家作統法」을 반포하여 천주교도를 체포하기 시작하였고 대부분 극형에 처했는데 이른바 '신유사옥'이다. 蔡茂松, 『韓國近世思想文化史』(臺北: 東大圖書公司, 1995), 526~538쪽 참조.

96) 본문에서 이야기하는 일본 고학파는 이토 진사이, 오규 소라이, 다자이 준 등이다. 엄밀히 말한다면 이토 진사이는 '고의古義학파', 오규 소라이는 '고문사古文辭학파'다. 두 학파의 차이는 진사이의 고의古義의 '고古'는 공맹孔孟의 원래 뜻을 지칭하고『논어』·『맹자』를 주요 경전으로 삼는 데 비해 소라이의 '고古'는 '선왕지도先王之道(선왕의 가르침)'를 지칭하고 육경六經에서 나타난 예악형정을 '선왕지도'의 구체적인 내용으로 본다. 이 책의 목적은 이 두 학파의 차이를 논하는 것이 아니라 정약용의 논점과 비교하기 위한 것이므로 두 학파의 "송유宋儒의 이학理學으로 고대 경전을 해석하는 것을 반대", "공자 혹은 선왕의 의리義理 세계로 귀환" 등 공통점을 근거로 이를 통틀어 고학파로 부른다.

97) 金彦鍾, 「茶山『論語古今註』에서 흡수한 蘐園학파의 논어 학설」; 河宇鳳, 「정약용과 荻生徂徠의 경학사상 비교 연구」, 두 글 모두『茶山學』제3기(서울: 다산문화재단, 2002)에 수록됨. 하우봉, 「丁若鏞の日本儒學硏究」, 『朝鮮實學者の見た近世日本』(東京: ぺりんかん社, 2001).

98) 蔡茂松, 「韓儒丁茶山反朱學內容之研究」,『國立成功大學歷史學報』제4기(臺南: 成功大學歷史系, 1977), 131~172쪽; 韓劢 외,『丁茶山研究의 現況』(서울: 민음사, 1985); 李乙浩 외,『丁茶山의 經學: 논어, 맹자, 대학, 중용 연구』(서울: 민음사, 1989); 강만길 외,『다산학의 탐구』(서울: 민음사, 1990); 강만길 외,『다산의 정치경제사상』(서울: 창작과 비평사, 1990).

99) 예컨대 歷史學會 편,『실학 연구 입문』(서울: 일조각, 1973); 고려대학교 아세아문제연구소 한국연구실 편,『실학사상의 탐구』(서울: 현암사, 1974); 전남대학교 호남문화연구소 편,『실학논총: 이을호박사퇴임기념』(광주: 전남대학교 출판부, 1975); 이을호,『다산학의 이해』(서울: 현암사, 1975) 등에서 비슷한 논술을 했다.

100) 鄭一均,『茶山 四書 經學 研究』(서울: 일지사, 2000) 참조.

101) 崔益翰,『實學派와 丁茶山』(평양: 국립출판사, 1955) 참조.

102) 琴章泰,『東西交涉과 近代韓國思想』(서울: 성균관대학교출판부, 1984) 참조.

103) 丸山眞男,『日本政治思想史研究』(東京: 東京大學出版會, 1976), 210쪽 참조.

104) 丸山眞男,『日本政治思想史研究』, 224~228쪽.

105) 예를 들면 북한학자 최익한은 정약용이 동경하는 '신아구방新我舊邦'의 사회는 민주제도와 공상적 사회주의 이념이 포함되어 있다고 본다. 정성철은 실학이 추구하는 실용적 측면을 볼 때 실학과 성리학은 성질이 다르다고 보았다.

1960~70년대 남한 학자의 주류 연구, 예를 들면 『실학연구입문』, 『실학사상의
탐구』, 『실학논총: 이을호박사퇴임기념』, 이을호의 『다산학의 이해』 등은 대체로
실학의 기본 성격을 근대에 대한 동경과 민족적 주체 의식으로 보았다. 90년대
이후, 유초하의 「정약용 철학의 특징」, 『민족문화』 제19기(서울: 민족문화추진회,
1996)에서 주장하기를, 정약용은 '이理'의 보편 존재를 부정하고, 유물론과
다른 '심물이원론心物二元論' 관점을 형성했다. 성리학 폐기라는 관점에서 볼
때 정약용의 사상은 근대적 측면이 있지만, 동시에 그는 상제上帝의 개념을
도입하였기 때문에 도덕적 형이상학의 속박에서 완전히 벗어나지 못했다. 한형조는
『주희부터 정약용까지: 조선 유학의 철학적 이론 체계 연구』(서울: 세계사,
1996)에서 주장하기를, 정약용은 기氣를 구체적이고 한계가 있는 생명력으로
보고 근본에서부터 주희의 철학을 부정했다. 따라서 인류는 자연의 통제에서
벗어나 새로운 인생관을 구축할 수 있게 되었다. 이상의 연구 개황은 李俸珪,
「韓國學界關於茶山學研究的焦點」, 黃俊傑編, 『東亞儒學研究的回顧與展望』(臺北:
臺灣大學出版中心, 2005), 177~217쪽 참조.

106)   김태영은, 실학이 추구하는 것은 근대사회의 실현이 아니기 때문에 실학에
근대적 의미를 부여하는 것은 실학의 본래 모습에 위배된다. 실학파의
국가개혁론은 비록 개인을 인정하고 경쟁을 촉진하는 측면이 있지만, 사리 추구나
과도한 자유방임의 체제로 발전되지만 않는다면 오히려 공유적公有的 국가
공동체를 중심으로 하는 사유 방식으로 이해할 수 있으므로, 이것은 근대적 사유
방식과는 다르다. 金泰永, 『실학의 국가개혁론』(서울: 서울대학교출판부, 1998),
223쪽. 또한 그는 정약용의 왕정론王政論이 중세에 반대하는 것으로 볼 수도
있지만, 이는 다산의 문제의식과는 아무런 관련이 없다고 보았다. 「茶山經世論
중의 王權論」, 『茶山學』(창간호) (서울: 다산학술재단, 2000).

2장

1)   陳榮捷, 「朱熹集新儒學之大成」, 『朱學論集』(臺北: 臺灣學生書局, 1982), 1~35쪽
참조.

2)   조선, 일본이 중국 학자의 영향을 받은 것은 말할 필요도 없고, 일본, 조선 학자도
서로 영향을 준 현상을 볼 수 있다. 예를 들면 앞 장에서 언급했듯이 조선의

퇴계학이 도쿠가와 초기의 일본 유학자에게 영향을 주었고, 조선 후기의 정약용도 그가 쓴 「일본론日本論」에서 일본 고학파인 이토 진사이와 오규 소라이의 업적을 높이 평가했다. 이런 대목에서 세 나라의 유학은 동태적이고 다중적인 영향 관계였음을 알 수 있다.

3) 예를 들면 이노우에 데쓰지로井上哲次郞는 이토 진사이와 오규 소라이의 차이를 비교하면서 "진사이는 소라이보다 송유宋儒에 더 가깝다"는 결론을 내렸다. 井上哲次郞, 『日本古學派之哲學』(東京: 富山房, 1915), 619~623쪽. 장쿤장張崑將은 「丁茶山與太宰春臺對『論語』的比較研究」에서 이토 진사이의 제자인 다자이 슌다이太宰春臺와 정약용의 논어 해석의 차이점을 분석했다. 黃俊傑編, 『東亞視域中的茶山學與朝鮮儒學』(臺北: 臺灣大學出版中心, 2006), 41~94쪽 참조.

4) 장쿤장은 앞의 글에서 정약용은 사공事功의 입장에서 논어 주석을 하는 것이 아니라고 지적했다. 그는 정약용과 다자이 슌다이의 차이를 비교하여 말했다. "다산은 인仁을 해석할 때 '사事'로만 본 것에 비해 슌다이는 '사공事功'으로 인仁을 논했다. '사'와 '사공'의 차이는, '사공'은 일의 효용/효과 등 직접적인 측면이 있고 공리주의적 경향이 강하지만 '사'는 눈에 보이는 '사' 자체에 중점을 두고 그 효용/효과를 주로 하지 않아 아직 '사'에서(도道나 진리를) 찾는 초심을 간직하고 있다." 『東亞視域中的茶山學與朝鮮儒學』, 85쪽 참조.

5) 중국 학자 섭적은 성性을 말할 때 여전히 '생지위성生之謂性'의 관점에 입각하여 맹자의 성선설을 반대했다. 楊儒賓, 「葉適與荻生徂徠」, 楊儒賓, 張寶山 편, 『日本漢學研究初探』(臺北: 臺灣大學出版中心, 2004), 112쪽. 일본 고의학파의 이토 진사이도 인성론에서는 "卽生而言性(생으로 성을 논함)"을 주장하며 맹자의 성선설을 자포자기자를 위한 이론이라고 생각한다. 고문사학파의 오규 소라이도 맹자의 성선설을 반대하며 '성性'보다 '습習'을 중요시하는 입장에서 "性人人殊(성은 사람마다 다름)" "德人人殊(덕도 사람마다 다름)"를 주장한다. 따라서 고학파의 왕도정치론은 이미 맹자의 인성론적 입장에서 벗어났다는 것을 알 수 있다. 이 점은 張崑將, 『日本德川時代古學派之王道政治論: 以伊藤仁齋, 荻生徂徠爲中心』(臺北: 臺灣大學出版中心, 2004), 11쪽 참조. 정약용의 인성론에서 보여준 맹자의 심성론적 관점은 이 책 3장 참조.

6) 주희가 말했다. "천하에 이가 없는 기는 없고, 기가 없는 이도 없다(天下未有無理之氣, 亦未有無氣之理)". (宋) 黎靖德編, 王星賢點校,

『朱子語類』(北京: 中華書局, 2007), 第1冊, 第1卷「理氣上 · 太極天地上」, 2쪽.

7) "未有天地之先, 畢竟也只是理. 有此理, 便有此天地; 若無此理, 便亦無天地,
無人無物, 都無該載了! 有理, 便有氣流行, 發育萬物.", "理未嘗離乎氣. 然理形而上者,
氣形而下者, 自形而上, 下言, 豈無先後(이는 기를 떠난 적이 없다. 하지만 이는
형이상적이고 기는 형이하적이다. 형이상, 형이하를 이야기할 때 어찌 선후가
없겠는가)."『朱子語類』第1冊, 第1卷「理氣上 · 太極天地上」, 3쪽.

8) 리우수시엔劉述先은 주희의 '이일분수' 학설은 이천伊川으로부터 계승하여
확대 적용한 것이라고 지적하였다. "이일분수는 주자에 이르러 풍부한 함의로
발전했다. 이는 도덕 윤리의 측면뿐만 아니라 형이상학, 우주론적인 함의를 갖게
되었다." 劉述先, 『全球倫理與宗教對話』(臺北: 立緖文化, 2001), 205쪽; 劉述先,
『朱子哲學思想的發展與完成』(臺北: 學生書局, 1984), 269~354쪽.

9) 林維杰, 『朱熹與經典詮釋』(臺北: 臺灣大學出版中心, 2007), 1~24쪽.

10) 『朱子語類』第1冊, 第6卷「性理三 · 仁義禮智等名義」, 99쪽.

11) 주희가 말했다. "謂之中者, 所以狀性之德, 道之體也. 以其天地萬物之理, 無所不該,
故曰: 天下之大本. 謂之和者, 所以著情之正, 道之用也. 以其古今人物之所由,
故曰: 天下之達道也. 蓋天命之性, 純粹至善, 而具於人心者, 其體用之全,
本皆如此, 不以聖愚而有加損."『中庸或問』, 『朱子全書』(上海 · 合肥:
上海古籍出版社與安徽敎育出版社, 2002), 第6冊上, 558쪽.

12) 林維杰, 『朱熹與經典詮釋』, 41~45쪽.

13) "器小, 言其不知聖賢大學之道, 故局量褊淺, 規模卑狹, 不能正身修德,
以致主於王道. …… 愚謂孔子譏管仲之器小, 其旨深矣. 或人不知而疑其儉,
故斥其奢, 以明其非儉. 或又疑其知禮, 故又斥其僭, 以明其不知禮. 蓋雖不復明言小器之所以然,
而其所以小者, 於此亦可見矣. 故程子曰: 奢而犯禮, 其器之小可知. 蓋器大,
則自知禮而無此失矣. 此言當深味也."『四書章句集註』(臺北: 大安出版社, 1996),
90쪽.

14) "如其仁, 言誰如其仁者, 又再言, 以深許之. 蓋管仲雖未得爲仁人, 而其利澤及人,
則有仁之功矣."『四書章句集註』, 212쪽.

15) "程子曰, '桓公, 兄也. 子糾, 弟也. 仲私於所事, 輔之以爭國, 非義也. 桓公殺之雖過,
而糾之死實當, 仲始與之同謀, 遂與之同死, 可也. 知輔之爭爲不義, 將自免以圖後功,
亦可也. 故聖人不責其死而稱其功. 若使桓弟而糾兄, 管仲所輔者正, 桓奪其國而殺之,
則管仲之與桓, 不可同世之讐也. 若計其後功而與其事桓, 聖人之言, 無乃害義之甚,

啓萬世反復不忠之亂乎? 如唐之王珪魏徵, 不死建成之難, 而從太宗, 可謂害於義矣.
後雖有功, 何足贖哉?' 愚謂, 管仲有功而無罪, 故聖人獨稱其功, 王魏先有罪以後有功,
則不以相掩可也."『四書章句集註』, 213쪽.

16) 顧炎武『日知錄』卷7「管仲不死子糾」에서 말했다. "군신의 본분이 관련된 것은
이 한 몸이고, 이하夷夏의 방어가 걸리는 것은 천하다. 따라서 공자는 관중을
논할 때 공자규子糾를 위해서 죽지 않은 잘못을 무시하고 일광구합一匡九合의 공로를
높이 샀다. 중요성을 저울질할 때 천하를 더 중시한 것이다. 군신의 본분의
중요성이 이하夷夏의 방어보다 못하다는 춘추春秋의 뜻을 알 수 있다." "관중과
공자규 사이에는 군신의 관계가 성립되지 않았다고 보는 이가 있는데, 공자규는
제齊나라의 군주가 되지 못했지만 관중이나 소홀召忽에게는 군주였다. 호돌狐突의
자식 모毛와 언偃은 진문공晉文公을 따라 진秦에 있었는데, 호돌이 말했다. '내
아들은 진문공 중이重耳의 신하가 된 지 몇 년 됐다.' 모와 언이 중이의 신하가 될
수 있는데 관중과 소홀은 자규의 신하가 될 수 없다는 이야기는 성패를 기준으로
군신 관계를 정한다는 이야기인데, 그래도 되는가? 그리고 환공이 형이라는
이야기 역시 억지 주장이다."『文淵閣四庫全書』子部 164 雜家, 總冊858(臺北:
臺灣商務印書館, 1986), 545쪽. 毛奇齡의『四書改錯』卷1「人錯 · 桓公, 子糾」에서
말했다. "다 같은 왕자(公子)인데 형만 난을 평정할 수 있고 동생은 안 된다, 형만
신하를 둘 수 있고 동생은 안 된다. 이것은 이미 말이 안 되는 이야기이다. 더구나
환공과 공자규의 서열은『춘추』삼전,『사기史記』,『한서漢書』외에도『장자莊子』,
『순자荀子』,『한비자韓非子』,『윤문자尹文子』,『월절서越絶書』,『설원說苑』등 모두
자규가 형이고 환공이 아우라고 한다."『續修四庫全書』經部四書類, 165冊, 12쪽
참조. 이와 같은 의견은 卷20「貶抑聖門錯上 · 子曰管仲相桓公二節」卷22「附錄」,
194~195 · 214쪽에서도 찾아볼 수 있음.

17) 『論語古今註』,『與猶堂全書』第5冊, 총 579~580쪽.

18) 案(정약용은『여유당전서』에서 본인의 해석을 '案'으로 표시했다): 武王殺紂,
箕子不能死, 又從而陳洪範輔王道, 無乃不仁乎? 武王殺紂, 微子不能死,
又從而受封以奉祀, 無乃不仁乎? 彼當革世之際, 猶且如此, 況子糾小白, 均吾君之子,
管仲盡忠所事, 及糾之死, 入輔桓公, 以霸齊而尊周, 何謂之害義乎? 所貴乎聖經者,
凡義理當否, 質之於聖言也. 若旣聞聖言, 猶守己見, 亦奚以哉? 此不敢不辨.
『論語古今註』,『與猶堂全書』第5冊, 총 585~586쪽.

19) 而每有國難, 身必不與, 豈皆無君臣之義於其前君乎? 公子公弟, 法當君國, 旣正其位,

義不敢讎, 此春秋之義例也. 子糾, 小伯, 均是僖公之子, 旣正其位, 斯我君也.

子糾之未死也, 我以子糾爲君, 故可以讎桓, 子糾旣死, 猶必讎之乎? 召忽之死,

固爲仁矣, 管仲之事, 未必爲不仁也. 王珪, 魏徵, 亦其所秉者如此. 必以殉死爲仁者,

違於經也. 『論語古今註』, 『與猶堂全書』第5册, 총 585쪽.

20) 『戰國策』卷1「東周」(『文淵閣四庫全書』史部 164 雜史, 總册 406), 246쪽.

21) 원문은 毛奇齡,「管氏有三歸」『論語稽求篇』卷2(『文淵閣四庫全書』經部 204
四書類, 總册 210), 152쪽 참조.

22) (引證) 戰國策曰: '周文君免工師籍, 相呂倉, 而國人不悅.' 因曰: '宋君奪民時以爲臺,
而民非之. 無忠臣以掩蓋之也. 子罕釋相爲司空, 民非子罕, 而善其君.
齊桓公宮中女市女閭七百, 國人非之, 管仲故爲三歸之家, 以掩桓公, 非自傷於民也.'
毛曰: '國策此說, 謂管仲, 子罕, 同一掩蓋君非之事, 故相連引及, 非謂宋君築臺,
管仲亦築臺也. 宋君之非在築臺, 故子罕以扑築掩之. 齊桓之非在女市女閭之多,
則管仲以三娶掩之. 其掩蓋君非則一, 而築臺娶女, 截然兩分, 此最明了者.'
『論語古今註』, 『與猶堂全書』第5册, 총 124쪽.

23) (考異) 劉向說苑曰: '桓公立仲父, 大夫曰: 管仲之知, 可與謀天下, 其强可與取天下,
君恃其信乎, 內政委焉, 外事斷焉, 驅民而歸之, 是亦可奪也. 桓公曰善, 乃謂管仲:
政則卒歸於子矣, 政之所不及, 惟子是匡. 管仲故築三歸之臺, 以自傷於民.' …… 毛曰:
'劉向見戰國策兩事竝引, 且兩事皆掩蓋之事, 而三歸之上, 不立娶字, 遂疑爲一類,
而溺齊于宋, 溺仲于罕, 溺娶女于築臺, 且公然改家字爲臺字.' …… 然管氏築臺,
終無據, 不可爲訓.『論語古今註』, 『與猶堂全書』第5册, 총 124~125쪽.

24) 『論語古今註』, 『與猶堂全書』第5册, 총 125쪽.

25) "陳司敗問: 昭公知禮乎? 孔子曰: 知禮. 孔子退, 揖巫馬期而進之. 曰: 吾聞君子不黨,
君子亦黨乎? 君取於吳爲同姓, 謂之吳孟子, 君而知禮, 孰不知禮? 巫馬期以告, 子曰:
丘也幸, 苟有過, 人必知之". 朱熹註: "孔子不可自謂諱君之惡, 又不可以取同姓爲知禮,
故受以爲過而不辭."『四書章句集註』, 134~135쪽.

26) 『論語古今註』: (질의) 주자는 앞 단락은 관중의 사치를 지적하고 뒤 단락은 그의
예를 모르는 참월을 설명하는 것으로 보았다. 그렇게 생각한다면 삼취三娶로
해석할 수 없다. 案: 신하나 처첩은 같은 부류다. 부하를 너무 많이 두는
것(官事不攝)과 처첩을 너무 많이 두는 것은 한 문제다. 참월이라면 같은 참월이요
사치라면 같은 사치이고 예를 모르는 것이라면 같은 예를 모르는 행동이다. 왜
하필 부하를 많이 두는 것은 사치이고 처첩을 많이 두는 것은 참월이어야 하는가?

옛 설이 더 좋은 것 같다. (朱子曰: 此一段, 只擧管仲奢處, 下段乃形容他不知禮處,
便是僭竊, 恐不可做三娶說. 案: 臣妾一類也, 官事不攝, 妾媵備姓, 正是一事,
僭則同僭, 奢則同奢, 不知禮則同不知禮. 豈必備官爲奢, 備姓爲僭乎? 舊說恐好)
『與猶堂全書』第5冊, 총 126쪽.

27) (질의) 朱子曰: 管仲雖不得爲仁人, 而其利澤及人, 則有仁之功矣. 案:
仁者非本心之全德, 亦事功之所成耳. 然則旣有仁功, 而不得爲仁人, 恐不合理.
然孔子於二子之間, 每盛言其功, 以拒未仁之說, 而亦未嘗親自口中直吐出一個仁字,
則孔子於此, 亦有十分難愼者. 朱子之言, 其以是矣. 李卓吾云: 子路以一身之死爲仁,
夫子以萬民之生爲仁, 孰大孰小. 『論語古今註』, 『與猶堂全書』第5冊, 총 582~583쪽.

28) "수여관중지인誰如管仲之仁"은 주희『사서장구집주』중 "誰如其仁者, 又再言,
以深許之"의 대목에서 나온 것이다. 정약용은 그 아래에 작은 글씨로 "형형씨가
말했다. 여기인如其仁이란, 자로가 관중이 인仁하지 못하다고 하니 그의 인한
일을 이야기해주는 것이다. 또 말했다. 그 외에 또 누가 관중만큼 인한가? 재차
말한 것은 매우 좋게 보았다는 것이다." (邢云: 如其仁者, 子路言管仲未仁,
故爲說其行仁之事. 又云餘更有誰如其管仲之仁, 再言之者, 美之深也)
『論語古今註』, 『與猶堂全書』第5冊, 총 582쪽.

29) 孔曰: 誰如管仲之仁. 駁曰: 非也. 添入誰字, 猶不白矣. 凡此物之數與彼物相當者, 曰:
如其數. 子路獨以召忽爲殺身成仁, 而不知管仲之功將仁覆天下, 故孔子盛稱其功曰:
管仲雖不死, 亦可以當召忽之死也. 秤其輕重, 細心商量, 而終不見其不相當,
故再言之曰: 如其仁. 『論語古今註』, 『與猶堂全書』第5冊, 총 582쪽.

30) 管仲許仁之義, 臣以爲如其仁三字, 非許仁之辭也. 蓋曰管仲之功,
足以當召忽之仁也. 其者忽也. 如者當也. 然管仲之功, 及於生民,
不可與楚令尹陳文子比而同之也.『論語古今註』의 부록『論語對策』, 『與猶堂全書』
第6冊, 총 245~246쪽.

31) 江問: "如其仁, 或說如召忽之仁?" 曰: "公且道此是許管仲, 是不許管仲?
看上面如此說, 如何喚做不許他. 上面說得如此大了, 下面豈是輕輕說過.
舊見人做時文, 多做似仁說, 看上文是不如此, 公且道自做數句文字,
上面意如此, 下面意合如何? 聖人當時擧他許多功, 故云誰如得他底仁!
終不成便與許顔子底意相似. 管仲莫說要他'三月不違仁', 若要他三日, 也不會如此.
若子貢冉求諸人, 豈不强得管仲!"『朱子語類』第3冊, 第44卷「論語二十六-
憲問篇·子路曰桓公殺公子糾章」, 1128쪽.

32) 子上問: "仁通上下, 如何?" 曰: "仁就處心處說. 一事上處心如此, 亦是仁.

商三仁未也到聖人處, 然就這處亦謂之仁. '博施濟衆', 何止於仁! 必聖人能之,

然堯舜尚自有限量, 做不得. 仁者誠是不解做得此處, 病在求之太遠. '己欲立而立人,

己欲達而達人', 只教他從近處做."『朱子語類』第3冊, 第33卷「論語十五-

雍也篇 · 子貢曰如有博施於民章」, 848쪽.

33) 問: "仁者, 天下之正理." 曰: "說得自好, 只是太寬. 須是說: 仁是本心之全德,

便有箇天理在, 若天理不在, 人欲橫肆, 如何得序而和!"『朱子語類』第2冊, 第25卷

「論語四-八佾篇 · 人而不仁如禮何章」, 606쪽.

34) 亞夫問: "管仲之心既已不仁, 何以有仁者之功?" 曰: "如漢高祖唐太宗,

未可謂之仁人. 然自周室之衰, 更春秋戰國以至暴秦, 其禍極矣!

高祖一旦出來平定天下, 至文景時幾致刑措. 自東漢以下, 更六朝五胡以至於隋,

雖曰統一, 然煬帝繼之, 殘虐尤甚, 太宗一旦埽除, 以致貞觀之治. 此二君者,

豈非是仁者之功耶! 若以其心言之, 本自做不得這箇功業. 然謂之非仁者之功,

可乎? 管仲之功, 亦猶是也."『朱子語類』第3冊, 第44卷「論語二十六-

憲問篇 · 子路曰桓公殺公子糾章」, 1128쪽.

35) 如管仲之仁, 亦謂之仁, 此是粗處. 至精處, 則顏子三月之後或違之.

又如"充無欲害人之心, 則仁不可勝用; 充無欲穿窬之心, 則義不可勝用".

害人與穿窬固爲不仁不義, 此是粗底. 其其實一念不當, 則爲不仁不義處.『朱子語類』

第2冊, 第16卷「大學三一傳五章 · 釋格物致知」, 325쪽.

36) "'齊一變至於魯', 是他功利俗深. 管仲稱霸, 齊法壞盡, 功利自此盛.

然太公治齊尚功時, 便有些小氣象, 尚未見得, 只被管仲大段壞了." 又云:

"管仲非不尊周攘夷, 如何不是王道? 只是功利駁雜其心耳."『朱子語類』第3冊,

第33卷「論語十五-雍也篇 · 齊一變至於魯章」, 829쪽.

37) 問: "仁以理言, 通乎上下". 曰: "一事之仁也是仁, 全體之仁也是仁, 仁及一家也是仁,

仁及一國也是仁, 仁及天下也是仁, 只是仁及一家者, 是仁之小者, 仁及天下者,

是仁之大者. 如孔子稱管仲之仁, 亦是仁, 只是仁之功." 復問: "上是大, 下是小?"

曰: "只是高低." 又曰: "這箇是兼愛而言, 如'博施濟衆', 及後面說手足貫通處."

復問貫通處. 曰: "才被私意截了, 仁之理便不行."『朱子語類』第3冊, 第33卷

「論語十五-雍也篇 · 子貢曰如有博施於民章」, 847~848쪽.

38) 問: 仁通上下而言. 曰: "有聖人之仁, 有賢人之仁. 仁如酒好, 聖如酒熟." 問:

"仁是全體, 如'日月至焉'乃是偏." 曰: "當其至時, 亦備." 問: "孟武伯問三子, 卻說其才,

何意?"曰: "只爲未仁." 問: "管仲仁之功如何?" 曰: "匡天下亦仁者之事. 如趙韓王一言,
至今天下安. 謂韓王爲仁則不可, 然其所作乃仁者之功."『朱子語類』第3册, 第33卷
「論語十五-雍也篇 · 子貢曰如有博施於民章」, 848쪽.

39) 問: "仁通上下而言, 聖造其極而言否?" 曰: "仁或是一事仁, 或是一處仁. 仁者如水,
有一杯水, 有一溪水, 有一江水. 聖便是大海水."『朱子語類』第3册, 第33卷
「論語十五-雍也篇 · 子貢曰如有博施於民章」, 848쪽.

40) 관중이 도덕 수양(明明德)에 신경 쓰지 않았다는 평가는 『朱子語類』의
제자와의 대화에서 찾아볼 수 있다. 예를 들면 "又有自謂足以明其明德,
而不屑乎新民者; 又有略知二者之當務, 而不求止於至善之所在者. 此三者,
求之古今人物, 是有甚人相似?" 曰: "如此等類甚多. 自謂能明其德而不屑乎新民者,
如佛老便是; 不務明其明德, 而以政教法度爲足以新民者, 如管仲之徒便是;
略知明德新民, 而不求止於至善者, 如前日所論王通便是."『朱子語類』第2册, 第17卷
「大學四 · 次篇所謂在明明德一段」, 379쪽.

41) "一生全無本領, 只用私意小智做出來, 僅能以功利自強其國."『朱子語類』第2册,
第25卷「論語七-八佾篇 · 管仲之器子貢曰如有博施於民章」, 848쪽.

42) 초령윤과 진자문의『論語 · 公冶長』에 나온 이야기이다. 여기서 공자는 이 두
사람을 충忠과 청淸으로 칭찬하지만 인仁이라는 말에는 인색했다. 子張問曰,
"令尹子文三仕爲令尹, 無喜色, 三已之, 無慍色. 舊令尹之政, 必以告新令尹. 何如?"
子曰, "忠矣." 曰, "仁矣乎?" 曰, "未知, 焉得仁?" 崔子弑齊君, 陳文子有馬十乘,
棄而違之. 至於他邦, 則曰, '猶吾大夫崔子也.' 違之. 之一邦, 則又曰,
'猶吾大夫崔子也.' 違之. 何如?" 子曰, "淸矣." 曰, "仁矣乎?" 曰, "未知, 焉得仁?"
『論語章句集注』, 108쪽.

43) 程子曰, "學者當以論語孟子爲本. 論語孟子既治, 則六經可不治而明矣. 讀書者,
當觀聖人所以作經之意, 與聖人所以用心, 聖人之所以至於聖人, 而吾之所以未至者,
所以未得者. 句句而求之, 晝誦而味之, 中夜而思之, 平其心, 易其氣, 闕其疑,
則聖人之意可見矣." 程子曰, "學者須將論語中諸弟子問處便作自己問,
聖人答處便作今日耳聞, 自然有得. 雖孔孟復生, 不過以此教人.
若能於語孟中深求玩味, 將來涵養成甚生氣質!" 程子曰, "學者先讀論語孟子,
如尺度權衡相似, 以此去量度事物, 自然見得長短輕重."『四書章句集注』, 59~60쪽.

44) 讀書, 須從文義上尋, 次則看注解. 今人卻於文義外尋索.『朱子語類』第1册, 第11卷
「學五 · 讀書法下」, 193쪽.

45) 解書, 須先還他成句, 次還他文義. 『朱子語類』 第1冊, 第11卷 「學五 · 讀書法下」, 194쪽.

46) 講習孔孟書. 孔孟往矣, 口不能言. 須以此心比孔孟之心, 將孔孟心作自己心. 要須自家說時, 孔孟點頭道是, 方得. 不可謂孔孟不會說話, 一向任己見說將去. 『朱子語類』 第2冊, 第19卷 「論語一 · 語孟綱領」, 432~433쪽.

47) 便是看義理難, 又要寬著心, 又要緊著心, 這心不寬, 則不足以見其規模之大; 不緊, 則不足以察其文理之細密. 若拘滯於文義, 少間又不見他大規模處. 『朱子語類』 第1冊, 第9卷 「學三 · 論知行」, 158쪽.

48) 今諸公讀書, 只是去理會得文義, 更不去理會得意. 聖人言語, 只是發明這箇道理. 這箇道理, 吾身也在裏面, 萬物亦在裏面, 天地亦在裏面. 『朱子語類』 第3冊, 第36卷 「論語十八 · 子罕篇上」, 977쪽.

49) 臣對曰, 臣聞物莫靈於人, 人莫尊於聖, 聖莫盛於孔子, 則孔子之片言隻字, 實足爲生民之模範, 持世之維綱. 然家語緯而多舛, 孔叢僞而難信, 禮記諸篇, 亦雜出於門人掇拾之餘, 則後學之尊信體行, 惟論語一部是已. 然訓戒多因於時事, 而今不可考. 箋釋或出於私臆, 而義隨以晦, 聚訟紛然, 卒無以發其淵微, 得其正旨. 苟欲使因文悟道, 由淺入深, 則亦惟在實踐而已. 『論語古今註』, 『與猶堂全書』 第6冊, 총 241쪽.

50) 好其言, 善其色, 致飾於外, 務以悅人, 則人欲肆而本心之德亡矣. 聖人辭不迫切, 專言鮮, 則絶無可知, 學者所當深戒也. 『四書章句集註』, 63쪽.

51) 謝氏曰: "二者之可恥, 有甚於穿窬也. 左丘明恥之, 其所養可知矣. 夫子自言'丘亦恥之', 蓋竊比老彭之意. 又以深戒學者, 使察乎此而立心以直也." 『四書章句集註』, 111쪽.

52) 問"足恭". 曰: "足之爲義, 湊足之謂也. 謂如合當九分, 卻要湊作十分, 意謂其少而又添之也. 才有此意, 便不好." 『朱子語類』 第2冊, 第29卷 「論語十一 · 公冶長下 · 巧言令色足恭章」, 747쪽.

53) 巧言令色不是罪惡. 特聖人觀人, 每見巧言令色者其人多不能仁, 故第言鮮矣. 然 「春秋傳」 師曠善諫, 叔向引詩巧言如流以美之. 「大雅」 美山甫之德, 曰, 令儀令色. 巧言令色, 有時乎有好人. 鮮矣二字, 眞是稱停語. 若云絶無, 則違於實矣. 孔子他日, 又曰巧言亂德, 此惡言之巧也. 表記曰, 辭欲巧, 此善言之巧也. 巧言有善有惡, 況令色乎? 此只是觀人之法. 太宰純謂當與剛毅木訥近仁參看, 其言良是. 『論語古今註』, 『與猶堂全書』 第5冊, 총 24쪽.

54) 정약용은 주에서 다음과 같이 설명한다. 刑曰: "足, 成也. 謂巧言令色以成其恭, 取媚於人." 朱子云: "足, 有本當如此, 我却以爲未足而添足之, 故謂之足". 『論語古今註』, 『與猶堂全書』第5册, 총 193쪽.

55) 初言女安則爲之, 絶之之辭. 又發其不忍之端, 以警其不察. 而再言女安則爲之, 以深責之. 宰我既出, 夫子懼其真以爲可安而逐行之, 故深探其本而斥之. 言由其不仁, 故愛親之薄如此也. 『四書章句集註』, 254쪽.

56) 宰我之意, 蓋謂三年之禮, 有其文, 未有行者, 近於有名而無實. 或者先王之禮, 本自過久, 難於遵行, 故致此潰裂. 無寧以期爲斷, 易於遵行, 故以此發問. 及其問答之際, 堅守己見, 遽對曰安, 此是言語禮貌之失, 非是七十子之中, 宰我獨不孝而然. 且其發問, 本據君子. 君子者, 天子諸侯大夫之謂也. 當時君子原不三年, 宰我之論, 本出於循名責實, 非欲無故短喪也. 宰我之對曰安, 原是代當世君子替答曰安, 非自己曾有經驗, 知其果安也. 安得以此斷之爲不孝乎? 『論語古今註』, 『與猶堂全書』第6册, 총 159쪽.

57) 此爲書之首篇, 故所記多務本之意, 乃入道之門, 積德之基, 學者之先務也. 『四書章句集註』, 61쪽.

58) 凡二十六章. 通前篇末二章, 皆論禮樂之事. 『四書章句集註』, 81쪽.

59) 此篇皆論古今人物賢否得失, 蓋格物窮理之一端也. 凡二十七章. 胡氏以爲疑多子貢之徒所記云. 『四書章句集註』, 101쪽.

60) 凡二十八章. 篇內第十四章以前, 大意與前篇同. 『四書章句集註』, 112쪽.

61) 此篇多記聖人謙己誨人之辭及其容貌行事之實. 凡三十七章. 『四書章句集註』, 125쪽.

62) 楊氏曰: "聖人之所謂道者, 不離乎日用之間也. 故夫子之平日, 一動一靜, 門人皆審視而詳記之." 尹氏曰: "甚矣, 孔門諸子之嗜學也! 於聖人之容色言動, 無不謹書而備錄之, 以貽後世. 今讀其書, 即其事, 宛然如聖人之在目也. 雖然, 聖人豈拘拘而爲之者哉? 蓋盛德之至, 動容周旋, 自中乎禮耳. 學者欲潛心於聖人, 宜於此求焉." 舊說凡一章, 今分爲十七節. 『四書章句集註』, 157쪽.

63) 此篇多評弟子賢否. 凡二十五章. 胡氏曰: "此篇記閔子騫言行者四, 而其一直稱閔子, 疑閔氏門人所記也." 『四書章句集註』, 169쪽.

64) 胡氏曰: "此篇疑原憲所記." 凡四十七章. 『四書章句集註』, 206쪽.

65) 洪氏曰: "此篇或以爲齊論." 凡十四章. 『四書章句集註』, 237쪽.

66) 此篇多記聖賢之出處, 凡十一章. 『四書章句集註』, 256쪽.

67) 此篇皆記弟子之言, 而子夏爲多, 子貢次之. 蓋孔門自顏子以下, 穎悟莫若子貢; 自曾子以下, 篤實無若子夏. 故特記之詳焉. 凡二十五章.『四書章句集註』, 263쪽.

3장

1) 본문에서 '서학西學'을 언급할 때 대부분 서교西敎(천주교)의 이론을 의미한다. 하지만 정약용이 이를 통해 토마스 아퀴나스Thomas Aquinas(1225~1274)와 아리스토텔레스Aristotle(BC 384~BC 322)의 영혼론을 접했을 가능성을 배제할 수 없기 때문에 '서학'이란 용어를 사용하기로 한다.

2) 이런 견해는 정약용이 과연 천주교 신자인지의 문제와도 얽혀 있다. 정약용이 서학을 받아들인 경로와 관련하여 여전히 논쟁이 많다. 정약용의 인성론이나 상제上帝의 개념은 서학의 영향을 받은 것으로 볼 수 없다고 주장하는 이들로 강재언, 김상홍, 이동환 등이 있다. 강재언은 정약용의 사상과 서학의 관계를 논할 때 '서학'과 '서교'를 구분해서 보아야 한다고 주장한다. 그는 또 정약용의 '상제' 개념이나 '인성론'은 확실히『천주실의』의 영향을 받았지만 정약용이 '효제孝悌'를 인류의 근본으로 삼는 관점은 천주교의 교리와는 정반대라고 주장한다. 姜在彦, 「丁茶山의 西學觀」, 강만길 외, 『다산학의 탐구』(서울: 민음사, 1990) 참조. 김상홍도 정약용이 천주교 신자라는 관점에 대해 의문을 제기한다. 정약용은 1787년(26세) 천주교에 귀의했지만 4~5년만 유지했고 1791년(30세) 이후 천주교 신앙을 완전히 포기했다고 김상홍은 지적한다. 金相洪,『茶山學研究』(서울: 계명문화사, 1990). 이동환은 정약용이 '상제'의 개념을 도입한 것은 천주교의 영향 때문이 아니고 이황 이후 남인 학파의 사상 전통과 상호작용한 결과라고 본다. 李東歡,「茶山 사상 중 "상제" 개념 도입 과정에 대한 고찰」, 강만길 외,『다산학의 탐구』및「다산사상 중의 "상제" 문제」,『민족문화』제19기(서울: 민족문화추진회, 1996). 하지만 한국 천주교회의 역사를 연구하는 학자들은 강재언과 김상홍의 관점에 동의하지 않는다. 金玉姬의『韓國天主敎思想史2 · 茶山丁若鏞의 西學思想研究』(1991), 崔奭佑 외『茶山丁若鏞의 西學思想』(제5회 다산문화제 기념논집, 서울: 五車, 1993) 등의 논저에서, 정약용은 정치적 박해 때문에 한때 천주교를 포기했지만 결국 신앙을 회복했다고 주장한다. 또 최기복은 다블뤼Daveluy 신부의『朝鮮殉敎史備忘記』의 기록을 근거로 정약용이 쓴

묘지명은 그가 한때 신앙을 포기했다가 다시 회복하는 과정과 연관이 있다고
주장한다. 崔基福, 『茶山의 서학에 대한 탐구』. 이상의 연구 개황은 李俸珪,
「韓國學界關於茶山學硏究的焦點」, 黃俊傑編, 『東亞儒學硏究的回顧與展望』(臺北:
臺灣大學出版中心, 2005), 186~190쪽 참조.

3) 鄭杜熙, 「茶山西學에 관한 여러 관점」, 『다산사상 중의 서학 境界』, 『서강대학교
   인문연구논문집 제32집』(서울: 서강대학교, 2004); 崔奭佑 외, 『茶山丁若鏞의
   西學思想』 참조.

4) 이을호, 「改新儒學의 實學本質」, 『다산학의 이해』(서울: 玄岩社, 1977), 343~369쪽;
   『韓國改新儒學史試論』(서울: 박영사, 1980). 개신유학의 개념이 처음 나타난
   것은 천관우千寬宇가 정약용의 실학 관점을 논하는 글에서였다. 개신유학에 대한
   천관우의 정의는 이학理學(성리학)과 예학禮學에 대한 혁신reformation이다.
   따라서 한국사상사에서 개신유학은 반성리학Anti-Neo-Confucianism적 의미를
   지닌다.

5) 예를 들면 금장태, 「다산의 事天學과 서학 수용」, 『조선후기儒敎와 西學』(서울:
   서울대학교출판부, 2003).

6) 金炯孝, 「다산의 사상과 行事論 읽는 법」, 『원효에서 다산까지』(서울: 청계출판사,
   2000) 참조.

7) 정약용이 말했다. "心性之說最精微, 故最易差, 唯其字義先明, 乃可分也.
   其在古經以虛靈之本體而言之, 則謂之大體. 以大體之所發而言之, 則謂之道心.
   以大體之所好惡而言之, 則謂之性. 天命之謂性者, 謂天於生人之初,
   賦之以好德恥惡之性, 於虛靈本體之中, 非謂性可以名本體也. 性也者,
   以嗜好厭惡而立名. 『詩』云, '民之秉彝 好是懿德', 秉彝卽性也, 而必以好德爲言,
   斯可驗也. 「召誥」曰: '節性, 唯日其邁', 「王制」曰: '修六禮以節民性', 孟子曰:
   '動心忍性', 皆以嗜好爲性也." 『論語古今注』 卷9, 『與猶堂全書』 第6冊(서울:
   驪江出版社, 1992年), 총 101쪽.

8) 금장태, 『다산실학탐구』(서울: 소학사, 2001), 95쪽; 方浩範, 「유학과 정약용의 철학
   사상」, 『한국학술정보』(2004), 62쪽.

9) 예를 들면 최석우, 「정다산의 서학사상」, 『정다산과 그의 시대』(서울: 민음사,
   1990); 금장태, 『다산실학탐구』(서울: 소학사, 2001); 김형효, 「다산의 사상과
   行事論 읽는 법」, 『원효에서 다산까지』에 수록; 宋榮培, 「다산 실학과 『천주실의』
   典範의 비교 연구」, 『다산 사상 중의 서학 境界』(서강대학교 인문과학연구소,

인문과학연구논총 제32집, 2004).

10) 李瀷, 「跋『天主實義』」, 宋榮培 등역, 『天主實義』(서울: 서울대학교출판부, 1999),
     439쪽.

11) 예를 들면 朴鍾鴻, 「서학사상의 도입」, 『아세아연구』12(3)(1969); 崔韶子,
     「試論對西學的受容: 중국과 한국의 비교」, 『한국문화연구논총』36집(서울:
     이화여자대학교, 1980); 崔韶子, 「17~18세기 漢譯 서학서의 연구: 중국과 한국
     사대부에 대한 영향」, 『한국문화연구논총』36집(서울: 이화여자대학교, 1981).

12) 鄭仁在, 「西學與丁茶山的"性嗜好"學說」, 『東亞視域中的茶山學與朝鮮儒學』(臺北:
     臺大出版中心, 2006), 182~198쪽 참조.

13) 鄭仁在의 「西學與丁茶山的"性嗜好"學說」에서 이러한 설을 주장한다. 195쪽
     참조. 그가 인용한 『천주실의』의 문장은 제5편 「辨排輪迴六道戒殺生之謬說,
     而揭齋素正志」에 있다. Matteo Ricci S. J., 馬愛德 主編, 胡國楨 藍克實 譯註,
     『天主實義』(臺北: 利氏學社, 1985), 272쪽.

14) "余嘗以性爲心之所嗜好, 人皆疑之, 今其證在此矣. 欲樂性三字, 分作三層,
     最淺者欲也, 其次樂也, 其最深而逐爲本人之癖好者, 性也. 君子所性,
     猶言君子所嗜好也. 但嗜好猶淺, 而性則自然之名也. 若云性非嗜好之類,
     則所性二字不能成文. 欲樂性三字旣爲同類, 則性者嗜好也." 『孟子要義』卷2,
     『與猶堂全書』第4冊, 총 576쪽.

15) 『孟子要義』卷2, 『與猶堂全書』第4冊, 총 590쪽.

16) "今觀孟子言性, 皆以嗜好立喩, 凡以是也. 今人推尊'性'字, 奉之爲天樣大物,
     混之以太極陰陽之說, 雜之以本然氣質之論, 渺芒幽遠, 恍惚夸誕, 自以爲毫分縷析,
     窮天人不發之秘, 而卒之無補於日用常行之則, 亦何益之有矣." 『大學講義』卷2,
     「心性總義」 『與猶堂全書』第4冊, 총 144쪽.

17) "朱子曰, '循萬物自然之性之謂道', 此率字不是用力字. 又曰,
     '或以率性爲順性命之理, 則卻是道因人有'. 由是觀之, 所謂率性不過任其自然,
     恐與古聖人克己復禮之學不相符合. …… 朱子於性道之說, 每兼言人物,
     窒礙難通多此類也." 『中庸講義』卷1, 『與猶堂全書』第4冊, 총 242~243쪽.

18) "本然之性無有大小尊卑之差等, 特因所稟形質有淸有濁有偏有正, 故理寓於氣,
     不得不隨而不同. 『集注』曰, '人於其間, 獨得形氣之正爲小異', 亦此說也.
     審如是也, 人之所以異於禽獸者, 在於形氣, 不在性靈. 庶民去形氣, 君子存形氣,
     豈孟子之本旨乎! 形氣者體質也, 與生俱生死而後腐焉, 庶民獨安得去之乎?

性理家謂, 本然之性之寓於形氣也, 如水之注器, 器圓則水圓, 器方則水方,

是明明把人性獸性打成一物."『孟子要義』卷1,『與猶堂全書』第4册, 총 487쪽.

19) "後世之學, 都把天地萬物無形者, 有形者, 靈明者, 頑蠢者並歸之一理,

無復大小主客."『孟子要義』卷2,『與猶堂全書』第4册, 총 567쪽.

20) "若云稟命之初其分已定, 則君子小人孰不分定?"『孟子要義』卷2,『與猶堂全書』

第4册, 총 576쪽.

21) "『集注』乃驟括此文, '性'字原是嗜好之意, 故世人皆以嗜好爲性. 孟子獨曰: 若是性也,

則人必均得, 今旣得之有命, 則其非性可知也."『孟子要義』卷2,『與猶堂全書』第4册,

총 592쪽.

22) 대진은 청대 환파경학皖派經學의 대표적 인물로 그의 고증학은 객관적

학문 정신을 추구하였으며 건가학풍乾嘉學風을 열었다. 저서로는

『맹자자의소증孟子字義疏證』,『원선原善』,『성운고성운考』,『방언소증方言疏證』

등이 있으며, 후에『대씨유서戴氏遺書』가 편찬되어 세상에 전한다. 대진의 학설이

기본론氣本論에 속한다고 보는 학자 중 예컨대 리우유밍은 "대진은 만명晚明의

나흠순羅欽順, 왕정상王廷相, 오정한吳廷翰 및 명말 청초 고염무의 노선을

계승하여 마침내 자연기본론을 한층 더 원숙한 경지로 발전시켰다"고 본다. 劉又銘,

「宋明清氣本論硏究的若干問題」, 楊儒賓, 祝平次編,『儒學的氣論與工夫論』(臺北:

臺灣大學出版中心, 2005), 227쪽.

23) 정약용의 철학이 '기원론氣元論'의 전통을 계승하였고 대진과 비교할

만하다고 주장하는 이들로 韓英,『戴震的氣學與丁若鏞實學的近代性硏究』(北京:

世界圖書出版公司, 2007)가 있다.

24) "孟子曰, '理義之悅我心, 猶芻豢之悅我口', 非喻言也. 凡人行一事, 有當於理義,

其心氣必暢然自得. 悖於理義, 心氣必沮喪自失. 以此見心之於理義,

一同於血氣之於嗜欲, 皆性然耳."『孟子字義疏證』, 何文光 整理(北京: 中華書局,

1961年), 4쪽.

25) "孟子曰, '今人乍見孺子將入於井, 皆有怵惕惻隱之心', 然則所謂惻隱, 所謂仁者,

非心知之外別如有物焉藏於心也. 已知懷生而畏死, 故怵惕於孺子之危,

惻隱於孺子之死. 使無懷生畏死之心, 又焉有怵惕惻隱之心? 推之羞惡辭讓是非,

亦然."『孟子字義疏證』, 29쪽.

26) "人之血氣心知本乎陰陽五行者, 性也."『孟子字義疏證』, 8쪽.

27) "自古及今, 統人與百物之性以爲言, 氣類各殊是也. 專言乎血氣之倫, 不獨氣類各殊,

而知覺亦殊. 人以有禮義異於禽獸, 實人之知覺大遠乎物則然, 此孟子所謂性善."
『孟子字義疏證』, 35쪽.

28) "仁義禮智之懿, 不能人盡如一者, 限於生初, 所謂命也, 而皆可擴而充之,
則人之性也."『孟子字義疏證』, 37쪽.

29) 대진이 얘기한 '有物藏於心'과 비슷한 말을 정약용도 했는데, 예를 들면 다음과
같다. "今之儒者認之爲仁義禮智四顆在人腹中, 如五臟然, 而四端皆從此出, 此則誤矣.
然孝弟亦修德之名, 其成在外, 又豈有孝弟二顆在人腹中如肝肺然哉!"『論語古今注』
卷1,『與猶堂全書』第5册, 총 20~21쪽.

30) "天理云者, 言乎自然之分理也. 自然之分理, 以我之情絜人之情, 而無不得其平是也."
『孟子字義疏證』, 2쪽.

31) "仁義禮智之名成於行事之後, 故愛人而後謂之仁. 愛人之先, 仁之名未立也.
善我而後謂之善, 善我之先, 善之名未立也. 賓主拜揖而後禮之名立焉.
事物辨明而後智之名立焉. 焉有仁義禮智四顆磊磊如桃仁杏仁伏於人心之中者乎."
『孟子要義』卷1,『與猶堂全書』第4册, 총 413쪽.

32) "今人以人心爲氣質之性, 以道心爲義理之性, 不知心之與性所指不同. 性之爲字,
專主好惡而言, 豈可以心而爲性乎? 鹿之性好山林, 雉之性惡馴養, 雖不幸而墮於馴養,
顧其心, 終以山林爲好, 一見山林油然有感羨之心, 此之謂性也. 天於賦生之初,
予之以此性, 使之率而行之, 以達其道, 若無此性, 人雖欲作塵刹之善, 畢世不能作矣.
…… 故天之於人, 予之以自主之權, 使其欲善則爲善, 欲惡則爲惡, 游移不定,
其權在己, 不似禽獸之有定心. 故爲善則實爲己功, 爲惡實爲己罪, 此心之權也,
非所謂性也."『孟子要義』卷1,『與猶堂全書』第4册, 총 438쪽.

33) 심성론의 정의에 관해서는 勞思光,『新編中國哲學史』第三册 上(台北: 三民書局,
1987年), 68~72쪽 참조.

34) "民之生也, 不能無慾, 循其慾而充之, 放辟邪侈無不爲. 已然民不敢顯而犯之者,
以戒愼也, 以恐懼也. 孰戒愼也? 上有官執法也. 孰恐懼也? 上有君能誅殛之.
苟知其上無君長, 其誰不爲放辟邪侈者乎! …… 君子處暗室之中, 戰戰栗栗,
不敢爲惡, 知其上有上帝臨汝也."『中庸自箴』卷1,『與猶堂全書』第4册, 총
182~183쪽.

35) "天之主宰爲上帝, 其謂之天者, 猶國君之稱國, 不敢斥言之意也. 彼蒼蒼有形之天,
在吾人不過爲屋宇岬嵝, 其品級不過與土地水火平等一等, 豈吾人性道之本乎?
太極圖上一圓圈, 不見六經, 是有靈之物乎? 抑無知之物乎? 將空空蕩蕩,

不可思議乎? 凡天下無形之物, 不能爲主宰. …… 先聖言天, 若彼眞切分明,

今之言天, 若是其瀷芒怳忽, 豈可知耶? …… 若云'一陰一陽之謂道'本之『易傳』

則是言天道不是人道, 是易道不是天道, 豈可以吾人率性之道歸於一陰一陽乎?"

『孟子要義』卷2, 『與猶堂全書』第4册, 총 568~569쪽.

36) 『天主實義』, 64~66쪽.

37) "箴曰: 所不睹者何也? 天之體也. 所不聞者何也? 天之聲也. 何以知其然也?

經曰, '鬼神之爲德, 其盛矣乎! 視之而弗見, 聽之而弗聞, 體物而不可遺,

使天下之人齋明承祭, 洋洋乎如在其上, 如在其左右'. 不睹不聞者, 非天而何? ……

君子處暗室之中, 戰戰栗栗, 不敢爲惡, 知其上有上帝臨汝也."『中庸自箴』卷1,

『與猶堂全書』第4册, 총 182쪽.

38) "道心與天命不可分作兩段看, 天之儆告我者, 不以雷不以風,

密密從自己心上丁寧告戒. 假如一刻, 驀有傷人害物之志萌動出來時,

覺得一邊有溫言以止之者, 曰, '咎皆由汝, 何可怨. 彼汝若釋然, 豈非汝德'. 丁寧諦聽,

無所熹微, 須知此乃是赫赫之天命, 循而順之則爲善爲祥, 慢而違之則爲惡爲殃.

君子之戒愼恐懼, 眞在此也. …… 天之靈明直通入心, 無隱不察, 無微不燭, 照臨此室,

日監在玆, 人苟知此, 雖有大膽者, 不能不戒愼恐懼矣."『中庸自箴』卷1,『與猶堂全書』

第4册, 총 183~184쪽.

39) "天主之稱, 謂之原, 如謂有所由生, 則非天主也. 物之有始有終者, 鳥獸草木是也.

有始無終者, 天地鬼神及人之靈魂也. 天主則無始無終, 而爲萬物始焉, 爲萬物根抵焉.

無天主則無物矣. 物由天主生, 而天主無所由生也.""今吾欲擬指天主何物, 曰:

'非天也, 非地也, 而其高明博厚較天地猶甚也. 非鬼神也, 而其神靈鬼神不齊也.

非人也, 而邈邁聖睿也. 非所謂道德也, 而爲道德之源也."『天主實義』, 82 · 94쪽.

40) "今天下萬國各有自然之誠情, 莫相告諭而敬一上尊. 被難者籲哀望救, 如望父母焉.

爲惡者捫心驚懼, 如懼一敵國焉."『天主實義』, 72쪽.

41) "能不持今世之苦勞, 以專精修道, 圖身後萬世之安樂也."『天主實義』, 68쪽.

42) "中庸之道以知天爲首功, 故其於知天之義, 必先尊德性, 致博厚而極高明.

其於踐跡之法, 必先以問學, 入之精微, 然後由之以中庸之道."『中庸講義』卷1,

『與猶堂全書』第4册, 총 343쪽.

43) "草木之性, 有生而無覺. 禽獸之性, 旣生而又覺. 吾人之性, 旣生旣覺又靈又善."

『中庸講義』卷1, 『與猶堂全書』第4册, 총 329쪽.

44) 정인재는 「西學與茶山的'性嗜好'學說」에서 "이익은 『천주실의』의

영혼삼분설靈魂三分說의 영향을 받아 『심설心說』을 지었다. 정약용은 또한

이익의 '삼심설三心說'을 '삼성설三性說'로 진일보 발전시켰다"고 했다.

『東亞視域中的茶山學與朝鮮儒學』, 201쪽 참조.

45) 이익의 '삼심설'은 다음과 같다. "論心不一, 有曰草木之心, 有曰人物之心,

有曰天地之心, 心則同而有不同者存何也? 彼頑然土石謂之無心, 至於草木生長衰榮,

若有心然者而無知覺, 只可道生長之心而已矣. 禽獸之有生長之心, 則固與草木同,

而又有所謂知覺之心. 夫禽獸生而長而老而死, 是其一支體一毛羽, 得養而充,

傷缺復完, 是於草木之心無少異也, 而與知覺不相干. 知覺者, 知寒覺暖,

欲生惡死之類是也. …… 至於人, 其有生長及知覺之心, 固與禽獸同,

而又有所謂義理之心者." 「雜著 · 心說」『星湖先生全集』(서울: 경인문화사, 1974年),

下冊, 卷41, 108쪽.

46) "彼世界之魂, 有三品. 下品名曰生魂, 卽草木之魂是也. …… 中品名曰覺魂,

則禽獸之魂也. …… 上品名曰靈魂, 卽人魂也."『天主實義』第3篇,「論人魂不滅,

大異禽獸」, 144쪽.

47) "神形妙合乃成爲人, 故其在古經總名曰身, 亦名曰己. 而其所謂虛靈知覺者,

未有一字之專稱, 後世欲分而言之者, 或假借他字, 或連屬數字曰心曰神曰靈曰魂,

皆假借之言也. 孟子以無形者爲大體, 有形者爲小體, 佛氏以無形者爲法身,

有形者爲色身, 皆連屬之言也."『大學講義』卷2,「心性總義」『與猶堂全書』第4冊, 총

141〜142쪽.

48) "大抵氣質之慾雖人所固有, 而萬不可名之曰人之性, 何也? 物之品有四等, 『荀子』

曰, '水火有氣而無生, 艸木有生而無知, 禽獸有知而無義, 人有知有氣有生有知有義,

斯其所以爲尊品也.' 今論艸木之身, 明有形質, 亦有生活, 然必以生活言之者,

生活貴於形質也. 又論禽獸之身, 明有生活亦有動覺, 然必以動覺言之者,

動覺貴於生活也. 人身雖有動覺, 乃於動覺之上, 又有道義之心爲之主宰,

則人性者主於道義, 可兼言動覺乎? 論艸木者單言生活之性, 不可曰末備. 論人者,

單言道義之性, 何以謂之未備也?"『孟子要義』卷2,『與猶堂全書』第4冊, 총 539쪽.

49) 『荀子, 性惡』: "人之性惡, 其善者僞也. 今人之性, 生而有好利焉,

順是,故爭奪生而辭讓亡焉; 生而有疾惡焉, 順是, 故殘賊生而忠信亡焉;

生而有耳目之欲, 有好聲色焉, 順是, 故淫亂生而禮義文理亡焉. 然則從人之性,

順人之情, 必出於爭奪, 合於犯分亂理, 而歸於暴. …… 塗之人可以爲禹. 曷謂也?

曰: 凡禹之所以爲禹者, 以其爲仁義法正也. 然則仁義法正有可知可能之理.

然而塗之人也, 皆有可以知仁義法正之質, 皆有可以能仁義法正之具,

然則其可以爲禹明矣." 여기서 알 수 있듯이 순자가 말하는 '성性'의 내용은

"호리好利, 질악疾惡, 이목지욕耳目之欲"이고, 이는 도덕의 근원과 무관하다.

순자는 사람의 도덕규범은 "知仁義法正之質" "能仁義法正之具"를 통해서 수립될

수 있다고 보는데, 이 역시 '성악性惡'의 '성性'과 관계없다. 따라서 순자의 이론은

'심心' '성性'을 분리하여 논하는 입장이고 의리나 도덕의 근거는 '성'과 무관함을

알 수 있다. 순자의 원문은 『新譯荀子讀本』(臺北: 三民書局, 1974), 345쪽에서

인용함.

50) 『荀子, 解蔽』: "人何以知道? 曰: 心. 心何以知? 曰: 虛壹而靜. …… 知道察, 知道行,
體道者也. 虛壹而靜, 謂之大淸明." 『新譯荀子讀本』, 315쪽.

51) "一物之生, 惟得一心. 若人, 則兼有二心, 獸心人心是也. 則亦有二性, 一乃形性,
一乃神性也. 故擧凡情之相背, 亦由所發之性相背焉. …… 人于一心一事, 一時一事,
不得兩情相背竝立. 如目也, 不能一時覛一物, 而竝不覛之也. …… 是以兩相悖之情,
必由兩相背之心. 兩相悖之心, 必由兩相悖之性也." 『天主實義』第3篇, 「論人魂不滅,
大異禽獸」, 150쪽.

52) "彼世界之魂, 有三品. 下品名曰生魂, 卽草木之魂是也. 此魂扶草木以生長,
草木枯萎, 魂亦消滅. 中品名曰覺魂, 則禽獸之魂也. …… 至死而魂亦滅焉.
上品名曰靈魂, 卽人魂也. …… 人身雖死, 而魂非死, 蓋永存不滅者焉." 『天主實義』
第3篇, 「論人魂不滅, 大異禽獸」, 144쪽.

53) "天主亦置人于本世, 以試其心而定德行也, 故現世者, 吾所僑寓, 非長久居也.
吾本家室, 不在今世, 在後世. 不在人, 在天." 『天主實義』第3篇, 「論人魂不滅,
大異禽獸」, 140쪽.

54) "生於其心者, 言也. 害於其政者, 亦言也. 政, 大事也. 事, 小政也. 詖淫之言,
生於其蔽陷之心, 以害其政事, 此所謂一心爲萬物之本也." 『孟子要義』卷1,
『與猶堂全書』第4冊, 총 409쪽.

55) "心也, 神形妙合, 其發用處, 皆與血氣相須. 於是假借血氣之所主,
以爲內衷之通稱, 非謂此鑿七竅而懸如柿者, 卽吾內衷也. 故衷之內篤曰'歡心',
其篤愛者謂之'仁心', 其樂施者謂之'惠心', 欲爭奪者謂之'爭心', 設機巧者謂之'機心'.
然則人心道心亦當與諸文同例, 不必以此疑心之有二也." 『大學講義』卷2,
「心性總義」, 『與猶堂全書』第4冊, 총 141~142쪽.

56) "人恒有二志相反而一時竝發者, 此乃人鬼之關, 善惡之幾, 人心道心之交戰,

欲勝義勝之判決."『孟子要義』卷2,『與猶堂全書』第4册, 총 574쪽.

57) "但志者, 心之所之, 此固然矣. …… 凡喜怒哀懼之發, 皆心發爲志."『孟子要義』卷1,
『與猶堂全書』第4册, 총 403쪽.

58) 조기趙岐는『맹자주孟子注』에서 다음과 같이 설명한다. "美味, 美色, 五音, 芬香,
安佚, 皆人性之所欲也, 得居此樂者有命祿, 人不能皆如其願, 故君子不謂之性也."
정약용은 조기의 주注가 "純熟無病, 恐不可輕改(흠이 없어 섣불리 고쳐서는 안
된다)"고 높이 평가했다. 그는 또 "父子君臣之倫, 敬賓尊賢之法, 欽崇天道之誠,
皆出於天性, 不可以所遇之不同而有所改易, 故君子不謂命也"라고 했다.『孟子要義』
卷2,『與猶堂全書』第4册, 총 592~593쪽.

59) 위에서 인용한 "人身雖有動覺, 乃於動覺之上, 又有道義之心爲之主宰,
則人性者主於道義, 可兼言動覺可乎?"(주 48) 대목 이외에 정약용은
다음과 같이 언급했다. "大抵人之所以知覺運動趨於食色者與禽獸毫無所異,
惟其道心所發無形無質, 靈明通慧者, 寓於氣質以爲主宰. 故粵自上古,
已有人心道心之說, 人心者, 氣質之所發也, 道心者, 道義之所發也. 人則可有此二心,
若禽獸本所受氣質之性而已, 除此一性之外, 又安有超形之性寓於其體乎?
氣質之性卽其本然也, 然孟子所言者, 道義之性也."『孟子要義』卷2,『與猶堂全書』
第4册, 총 531~532쪽.

60) "若魂因身終而滅, 天主安得而賞罰之哉?"(영혼이 죽음과 함께 소멸되면 천주는
무슨 수로 상벌을 주나?)『天主實義』第3篇,「論人魂不滅, 大異禽獸」, 164쪽.

61) "所謂性者, 欲知吾性之能樂善恥惡, 一念之萌 察其善惡, 以率以修以達天德也.
若以理爲性, 以窮理爲知性, 以知理之所徙出爲知天, 遂以知理之所從出爲盡心,
則吾人一生事業, 惟有窮理一事而已, 窮理將何所用乎夫! …… 畢生窮此理而知此性,
仍於事親, 敬長, 忠君, 牧民, 禮樂, 刑政, 軍旅, 財賦, 實踐, 實用之學不無小缺欠.
知性知天或近於高遠無實乎, 先聖之學, 斷不如此."『孟子要義』卷2,『與猶堂全書』
第4册, 총 564쪽.

62) "臣謂此章('盡其心者知其性'), 卽'知然後行' '行然後知'之意也.
首一節是先言如是用工, 則其功效必如是, 此'行然後知'也. 次一節是旣知功效如是,
則其用工當如是, 此'知然後行'也. 故知性則養性, 養性則知性. 知天則事天,
事天則知天."『孟子要義』卷2,『與猶堂全書』第4册, 총 656쪽.

63) 예를 들면 정인재는 다음과 같이 말했다. "다산은 한편으로 신체의 일부분인
심장을 기氣로 보는 것에 동의하고, 다른 한편으로는 어떻게 영명한 심心을

기氣로 부를 수 있느냐고 반문함으로써 주자학의 '심통정성心統情性'설을
비판했다. 이를 근거로 다산이 사람이 사후에 영명한 혼이 남는다는 영혼불멸설을
주장하는 경향이 있다고 추측할 수 있다. 다산의 영혼은 결코 기의 취산에 따라
취산하지 않는다는 주장을 통하여 그가 서학의 영향을 받았음을 알 수 있다."
『東亞視域中的茶山學與朝鮮儒學』, 204쪽 참조.

64) "四心者人性之所固有也, 四德者四心之所擴充也.
未及擴充則仁義禮智之名終不可立矣. 然而孟子於此章直以四心爲四德者,
惻隱之心旣發未有不往救也, 羞惡之心旣發未有不往棄也,
恭敬之心旣發未有不迎拜也, 是非之心旣發未有不辨明也, 此人性本善之明驗.
故孟子以四德黏著於四心, 與前篇不同. 雖然, 仁義禮智竟成於行事之後,
若以爲在心之理則又非本旨."『孟子要義』卷2,『與猶堂全書』第4册, 총 537쪽.

65) "惻隱之心發於內, 引而長之則可以行仁政."『孟子要義』卷1,『與猶堂全書』第4册,
총 415쪽.

66) "常於孟子性善之說不能無疑, 以爲孟子專主善一邊勸人矣. 及聞性字之義在於嗜好,
則如披雲都天, 七篇中許多論性處, 渙然冰釋, 無復可疑. 孟子眞吾師也, 何快如之!
嗟呼! 性之爲嗜好, 無人不茶飯說話, 而發此鍵於孟子者, 必待美鏞之手,
此非君眼高而然, 天欲成君之名, 慳秘而出之, 幸勿自多如何?"『巽菴書牘』,『與猶堂文
集』(韓國學中央研究院圖書館藏手抄本), 鄭仁在의 글에서 재인용.

4장

1) 「述志二首」之一: "弱歲游王京, 結交不自卑. 但有拔俗韻, 斯足通心期. 戮力返洙泗,
不復問時宜. 禮義雖暫新, 尤悔亦由玆. 秉志不堅確, 此路寧坦夷. 常恐中途改,
永爲衆所嗤."『詩文集』,『與猶堂全書』(서울: 경인출판사, 1985), 제1권, 총 34쪽.

2) 예를 들면 黃俊傑, 「丁茶山對『論語』"克己復禮"章的詮釋及其思想定位」에서는
"다산은 구체적이고 특수한 사회관계 맥락 속에서 인仁을 정의한다"고
보았다. 張崑將, 「丁茶山與太宰春臺『論語』的解釋比較」에서는 "다산의 인仁에
대한 해석은 단지 사事의 측면에서 본다"고 했다. 두 글 모두 黃俊傑編,
『東亞視域中的茶山學與朝鮮儒學』(臺北: 臺灣大學出版中心, 2006)에 수록됨.
31 · 85쪽 참조.

3) 仁者, 人與人之盡其道也. 子事親然後有孝之名, 少事長然後有弟之名,
   臣事君然後有忠之名, 牧養民然後有慈之名. 去仁, 何以成名? 『論語古今註』,
   『與猶堂全書』第5册, 총 137쪽.

4) 孝弟亦仁, 仁亦孝弟, 但仁是總名. 事君牧民恤孤哀鰥, 無所不包. 孝弟是專稱,
   惟事親敬兄, 乃爲其實. 故有子謂諸仁之中, 孝弟爲之本. 而程子謂行仁自孝弟始,
   未嘗不通. 但程子曰: '孝弟謂之行仁之本則可, 謂是仁之本則不可', 此與有子語不合.
   仁與爲仁, 不必猛下分別也. 『論語古今註』, 『與猶堂全書』第5册, 총 21쪽.

5) 仁者, 人倫之成德. 恕者, 所以成仁之方法. …… 施諸己而不願, 亦勿施於人.
   『論語古今註』, 『與猶堂全書』第5册, 총 171쪽.

6) 補曰: 仁者, 嚮人之愛也. 處人倫盡其分, 謂之仁. 爲仁由己, 故曰: 不遠. 『論語古今註』,
   『與猶堂全書』第5册, 총 280쪽.

7) 仁者, 二人相與也. 事親孝爲仁, 父與子二人也. 事兄悌爲仁, 兄與弟二人也.
   事君忠爲仁, 君與臣二人也. 牧民慈爲仁, 牧與民二人也. 以至夫婦朋友, 凡二人之間,
   盡其道者皆仁也. 然孝弟爲之根. 『論語古今註』, 『與猶堂全書』第5册, 총 20쪽.

8) 仁者, 人也. 二人爲仁. 父子而盡其分則仁也. 父與子二人. 君臣而盡其分則仁也,
   君與臣二人. 夫婦而盡其分則仁也. 夫與婦二人. 仁之名, 必生於二人之間.
   只一己則仁之名無所立. 近而五教, 遠而至於天下萬姓, 凡人與人盡其分, 斯謂之仁.
   故有子曰: 孝弟也者, 其爲仁之本. 孝弟爲仁民之本. 仁字訓詁, 本宜如是.
   於是顏淵問仁, 孔子却不把二人爲仁之義以答其問, 另就自己心上修治使之爲仁.
   看來孔子此答, 新奇出凡, 殆若問東而答西, 使之警發, 非平平地順下說話也.
   故下段敷說其所以然, 曰: 我若自修, 卽克己復禮, 人皆歸順. 父子兄弟夫婦君臣,
   以至天下萬民, 無一人不歸於仁人之所感化, 於是乎仁成矣. 『論語古今註』,
   『與猶堂全書』第5册, 총453~454쪽.

9) 다산은 이렇게 말했다. "인仁은 마음의 덕德도 아니고 천리天理도 아니다.
   사씨謝氏의 설은 종잡을 수 없어 오늘의 학자는 인仁을 종사(실천)하고 싶어도
   이 애매모호한 것을 어찌 하오리까!"(仁不是心德, 不是天理. 謝氏之說, 不可摸捉,
   今之學者, 雖欲從事於仁, 奈渾融無象, 何哉) 『論語古今註』, 『與猶堂全書』第5册, 총
   555쪽.

10) 주희가 말했다. "仁者愛之理, 只是愛之道理, 猶言生之性, 愛則是理之見於用者也.
    蓋仁, 性也, 性只是理而已. 愛是情, 情則發於用. 性者指其未發, 故曰: 仁者愛之理.
    情即已發, 故曰: 愛者仁之用." 『朱子語類』(王星賢點校, 北京: 中華書局, 1994),

464쪽.

11) 다산은 말했다. "오늘의 유학자는 인의예지 네 덩어리(顆)가 내장처럼 사람 배
속에 있고 사단四端은 여기서 나온다고 생각하는데 이것은 잘못이다. 그렇다면
효제孝弟도 도덕 수양의 명칭이고 몸 밖에서 이루어지는데 또 다른 효제 두
덩어리가 간폐처럼 배 속에 있단 말인가. 정자程子가 '인성 속에 어디 효제가
있는가'라고 얘기한 뜻은 효제가 몸 밖에서 이루어진다고 말하려는 것이지 인성에
효제가 될 수 있는 이리가 없다는 뜻은 아니다."(今之儒者. 認之爲仁義禮智四顆.
在人腹中. 如五臟然. 而四端皆從此出. 此則誤矣. 然孝弟亦修德之名.
其成在外. 又豈有孝弟二顆在人腹中. 如肝肺然哉. 程子云人性中曷嘗有孝弟來.
其意亦謂孝弟成於外而已. 非謂人性之中. 無可孝可弟之理也)『論語古今註』,
『與猶堂全書』第5冊, 총 21쪽.

12) 차이마오쑹蔡茂松은「丁茶山의 四書研究」에서 정약용 '서론恕論'의 요점을
다음과 같다고 본다. 1. 힘든 일은 남보다 먼저 하고, 이로운 일은 남보다 뒤에
한다. 2. 서로써 인륜에 처할 수 있다. 3. 서는 일관一貫이다. 4. 서는 즉, 혈구絜矩의
도리다. 5. 추서推恕와 용서容恕. "추서와 용서" 절에서 주희는 '용서'를, 정약용은
'추서'를 주장했다고 하지만 주희의 논술을 보면 '추서'를 반대한다고 볼 수 없기에
이 책에서는 '추서'를 정약용의 독창적 견해로 보지 않는다. 차이마오쑹의 글은
姜萬吉 외, 『茶山學의 探究』(서울: 민음사, 1990), 171~287쪽 참조.

13) (三國)何晏集解, (宋)刑昺疏, 『論語注疏』에서 "忠謂盡中心也,
恕謂忖己度物也"라고 정의함. 『論語注疏』(陳新校勘, 沙志利標點, 『儒藏』精華編104,
經部四書類學庸之屬論語之屬에 수록됨)(北京: 北京大學出版社, 2007), 62쪽.

14) 盡己之謂忠, 推己之謂恕. 而已矣者, 竭盡而無餘之辭也.
夫子之一理渾然而泛應曲當, 譬則天地之至誠無息, 而萬物各得其所也.
自此之外, 固無餘法, 而亦無待於推矣. 曾子有見於此而難言之, 故借學者盡己,
推己之目以著明之, 欲人之易曉也. 蓋至誠無息者, 道之體也, 萬殊之所以一本也;
萬物各得其所者, 道之用也. 一本之所以萬殊也. 以此觀之, 一以貫之之實可見矣.
『四書章句集注』(臺北: 大安出版社, 1996), 96~97쪽.

15) 補曰: 道, 人道也. 謂之吾道者, 身任之也. 一者, 恕也. 貫, 穿也. 行恕以忠,
故孔子單言恕, 而曾子連言忠恕也. 周禮疏云: 中心爲忠, 如心爲恕. 蓋中心事人,
謂之忠, 忖他人如我心, 謂之恕也. 『論語古今註』『與猶堂全書』第5冊, 총 148쪽.

16) 盡己之謂忠, 推己之謂恕也. 然忠恕非對待之物, 恕爲之本, 而所以行之者忠也.

以人事人而後有忠之名. 獨我無忠. 雖欲先自盡己, 無以著手.

今人皆認吾道爲先忠而後恕, 失之遠矣. 方其忠時, 恕已久矣. 『論語古今註』,

『與猶堂全書』第5册, 총 150쪽.

17) 夫子本云一以貫之, 而曾子乃言忠恕二字, 故學者疑二之非一.

然中庸旣云忠恕違道不遠, 而及其釋義, 仍是一恕字而已. 則忠恕卽恕,

本不必分而二之. 一以貫之者, 恕也. 所以行恕者, 忠也. 『論語古今註』,『與猶堂全書』

第5册, 총 149쪽.

18) 劉炫曰: 克, 勝也. 己謂身也. 身有嗜慾, 當以禮義齊之, 嗜欲與禮義戰,

使禮義勝其嗜慾, 身得歸復於禮, 如是乃爲仁也. 補曰: 己者我也. 我有二體,

亦有二心. 道心克人心, 則大體克小體也. …… 補曰: 由己謂由我也. 仁生於二人之間,

然爲仁由我, 不由人也. 『論語古今註』,『與猶堂全書』第5册, 총 450쪽.

19) 克己, 則凡由己之惡無所不克, 其功全也. 克伐怨欲, 則所克只怨欲而已, 其功未全也.

且不行者, 遏絶杜塞而已, 在內之根, 未盡淸也, 安得與克己同功乎. 且去惡未足爲仁,

故門人所言, 每以去惡爲能事, 而孔子所答, 每以爲善爲全功. 聖賢高下之級,

正在於此. 『論語古今註』,『與猶堂全書』第5册, 총 547쪽.

20) 孔曰: 無欲故靜. 駁曰: 非也. 仁者强恕而行, 故所求乎子以事父, 所求乎弟以事兄,

所求乎臣以事君, 所求乎朋友先施之. 此不求於物而先自我施之也.

其象爲厚德以澤物, 故曰靜. 『論語古今註』,『與猶堂全書』第5册, 총 230쪽.

21) 仁者人也. 愛親敬長忠君慈衆, 所謂仁也. 求仁者必强恕, 强恕者必克己.

朱子以絶私欲爲仁, 良以是也. 然克己是求仁之方, 非卽爲仁也. 學者宜審焉.

『論語古今註』,『與猶堂全書』第6册, 총 43쪽.

22) 관중에 대한 주희의 평가는 이렇다. "如其仁, 言'誰如其仁'者, 又再言, 以深許之.

蓋管仲雖未得爲仁人, 而其利澤及人, 則有仁之功矣." 『四書章句集註』, 212쪽.

23) 주희의 견해에 대한 정약용의 논평은 다음과 같다. "朱子曰: 管仲雖不得爲仁人,

而其利澤及人則有仁之功矣. 案, 仁者非本心之全德, 亦事功之所成耳. 然則旣有仁功,

而不得爲仁人, 恐不合理." 『論語古今註』,『與猶堂全書』第5册, 총 582쪽.

24) 何晏의 『論語集解』에서 "孝弟也者, 其爲仁之本矣" 중 '본본'을 '기基'로 해석한다.

정약용은 이에 반박하기를 "틀렸다. 본말本末은 일체一體다. 기基라고 하면 여전히

떨어져 있는 것이다. 따라서 주자는 이를 고쳤다." 『論語古今註』,『與猶堂全書』

第5册, 총 20쪽.

25) 주희는 "里有仁厚之俗爲美. 擇里而不居於是焉, 則失其是非之本心, 而不得爲知矣"

『四書章句集註』, 92쪽.

26) 정약용은 "이里란 사람이 안거安居하는 곳이다. 사람이 거주한 곳은 오직 인仁만
아름답다. 『맹자』를 보면 '인이란 사람의 편안한 저택이다'라고 한다. 거처를
선택할 때 인에 처하지 않는다면 어찌 지혜롭다 할 수 있는가?"『論語古今註』,
『與猶堂全書』第5册, 총 132쪽.

27) 아래 인용문은 『論語古今註』, 『與猶堂全書』第5册, 총 132~133쪽.

28) 鄭曰: 里者, 仁之所居. 居於仁者之里, 是爲美. 求居而不處仁者之里, 不得爲有知.
駁曰: 非也. 案: 子欲居九夷, 曰: 君子居之, 何陋之有. 又曰: 言忠信行篤敬,
雖蠻貊之邦, 行矣. 君子之道, 修其在我, 無適不行. 若必仁者之里是擇是居,
則不責己而先責人, 非教也. 此經之義, 宜遵孟子荀子. (引證) 孟子曰:
"矢人豈不仁於函人哉? 矢人唯恐不傷人, 函人唯恐傷人. 巫匠亦然, 故術不可不愼也.
孔子曰: '里仁爲美. 擇不處仁, 焉得智?' 夫仁, 天之尊爵也, 人之安宅也.
莫之禦而不仁, 是不智也.『論語古今註』,『與猶堂全書』第5册, 총 132~133쪽.

29) (引證) 荀子曰: 仁有里, 義有門. 仁非其里而虛之, 非禮也. (虛讀爲居, 聲之誤也)
義非其門而由之, 非義也. 案: 仁可居, 故曰有里. 義可由, 故曰有門. 仁非其里,
謂不仁也. 義非其門, 謂不義也. 荀子讀論語, 亦里爲句, 仁爲美爲句.『論語古今註』,
『與猶堂全書』第5册, 총 133쪽.

30) 王忠林註譯,『新譯荀子讀本』(臺北: 三民書局, 1974), 380쪽.

31) 仁之不明久矣. 可仁之理, 在於本心. 詩云: 民之秉彝, 好是懿德. 是也. 行仁之根,
在於本心. 孟子云: 惻隱之心, 仁之端. 是也. 若仁之名, 必待行事而成焉.
舜底豫瞽瞍, 然後乃成其孝. 比干苦諫殷周, 然後乃成其忠. 文王瞯血四窮,
然後乃成者慈. 凡人與人之間, 盡其本分, 然後名之曰仁. 徒以虛靈不昧之中,
沖漠無眹之理, 指之爲仁, 非古經之例也. 以仁爲理, 則四書及詩書易禮凡仁字,
皆難讀. 不但當仁不讓爲難解也. 況善名在外, 非我之所能予奪. 何者?
有仁心行仁政而得仁聲布仁聞, 此之謂善名在外也. 人方誦我而勸使之誦吾師,
理所不通. …… 孔安國曰: 當行仁之事也. 遇行仁之事, 或擔當其事, 則雖師不讓,
以其急也.『論語古今註』,『與猶堂全書』第6册, 총 48쪽.

32) 心性之說, 最精微, 故最易差. 唯其字義先明, 乃可分也. 其在古經,
以虛靈之本體而言之, 則謂之大體. 以大體之所發而言之, 則謂之道心.
以大體之所好惡而言之, 則謂之性. 天命之謂性者, 謂天於生人之初,
賦之以好德恥惡之性於虛靈本體之中, 非謂性可以名本體也. 性也者,

以嗜好厭惡而立名. …… 孔子曰性相近者, 謂其好德恥惡之性, 聖凡皆同.
以此之故, 兩人之賢不肖, 本相近也. 習於善人則薰陶漸磨, 日進其德, 此移於善也.
習於惡人則狎昵濡染, 日增其惡, 此移於惡也. 『論語古今註』, 『與猶堂全書』第6冊, 총
104~105쪽.

33) 朱子曰: 此所謂性, 兼氣質言者也. 案: 本然氣質之說, 直指心體, 發明隱微,
使吾人得以認己, 其功大矣. 然其命之曰本然, 恐與實理有差, 不敢不辨. ……
故名之曰本然, 謂本來自然也. 然形軀受之父母, 不可曰無始也. 性靈受之天命,
不可曰無始也. 不可曰無始, 則不可曰本然. 此其所不能無疑者也. 虛靈本體,
孟子謂之大體, 斯其不爲正名也乎. 大體何如者也? 凡天下有生有死之物,
止有三等. 草木有生而無知, 禽獸有知而無靈. 人之大體, 旣生旣知,
復有靈明神妙之用, 故萬物而不漏, 推萬理而盡悟. 好德恥惡, 出於良知,
此其迥別於禽獸者也. 但其山川風氣, 父母精血, 受之爲氣質, 不能無淸濁厚薄之差,
故大體之囿於是者, 隨有慧鈍通塞之異. 且氣短者寡語, 血熱者易怒,
愧則汗出, 哀則淚落, 皆大體小體相須相關妙合而不能離之明驗也.
雖然若論其體, 只是一體, 惟一大體之中, 含生如草木, 知覺如禽獸,
又能窮易象算曆數而神妙靈通, 不可曰一體之中, 三性鼎立也. 若一體之中, 三性鼎立,
則人必有靈妙已絶而猶能觸覺者, 觸覺已絶而猶能生活者. …… 夫旣妙合而不能離,
則命之曰本然之性, 氣質之性, 磊磊落落, 確分二體, 恐亦有差舛者.
何況性也者, 非大體之全名, 乃就大體之中, 執其好惡之理, 而別立一名,
斯又非可以指之爲二三者也. 『論語古今註』, 『與猶堂全書』第6冊, 총 105~106쪽.

34) 정약용은 다음과 같이 말한다. "孟子以本心譬之於山木, 以私欲譬之於斧斤.
夫斧斤之於山木, 其爲敵讐也大矣. 以己克己, 是千聖百王單傳密付之妙旨要言.
明乎此則可聖可賢, 昧乎此則乃獸乃禽. 朱子之爲吾道中興之祖者, 亦非他故.
其作中庸之序, 能發明此理故也. 近世學者, 欲矯宋元諸儒評氣說理內禪外儒之弊,
其所以談經解經者, 欲一遵漢晉之說, 凡義理之出於宋儒者, 無問曲直, 欲一反之爲務.
其爲一二人心術之病, 姑舍是, 將使擧天下之人, 失其所僅獲, 昧其所僅明,
滔滔乎爲禽何獸, 爲木爲石, 非細故也." 『論語古今註』, 『與猶堂全書』第5冊, 총
451쪽.

35) 주희의 말이다. "그러나 사람에게 몸이 있으므로 이목구비와 사지의 욕망이
발동하여 더러 그 인仁을 해치지 않을 수 없다. 사람이 이미 인하지 못하면 그
천리天理를 없애버리고 욕망을 추구하는 것이 더욱 이르지 않는 바가 없다.

이런 점 때문에 군자의 학문은 인을 구하는 일을 급선무로 한다. 그러나 인을 구하는 요체는 인을 해치는 바를 제거하는 것일 뿐이라고 할 것이다. …… 욕망이 인을 해치는 것을 아는 자가 여기에 있어, 발본색원하여 욕망을 이기고 또 이겨 하루아침에 시원하게 다 없어지고 이치가 순수해지는 경지에 이르면, 가슴속에 간직된 것이 어찌 만물을 생성하는 천지의 순수한 마음과 따뜻한 봄 햇살과 같은 것이 아니겠는가. 묵묵히 이루어 한 이치도 갖추어지지 않음이 없고 한 사물도 포괄하지 않음이 없을 것이고, 감응하여 통하면 어떤 일이라도 이치에 부합하지 않음이 없고 어떤 사물도 그 사랑을 입지 못함이 없을 것이다."(然人有是身, 則有耳目鼻口四肢之欲. 而或不能無害夫仁. 人旣不仁, 則其所以滅天理而窮人欲者, 將無所不至. 此君子之學所以汲汲於求仁. 而求仁之要亦曰: 去其所以害仁者而已. …… 知人欲之所以害仁者在是. 於是乎有以拔其本塞其原克之. 克之克之而又克之, 以至於一旦豁然欲盡而理純, 則其胸中之所存者, 豈不粹然天地生物之心, 而藹然其若春陽之溫哉. 黙而成之, 固無一理之不具, 而無一物之不該也. 感而通焉, 則無事之不得於理, 而無物之不被其愛矣.) 朱熹,「克齋記」『朱熹文集』第8冊(臺北: 富德文教基金會, 2000), 3868~3869쪽.

36) 孟子之謂性善, 豈有差乎? 但不得不善, 人則無功. 於是又賦之以可善可惡之權, 聽其自主. 欲向善則聽, 欲趨惡則聽, 此功罪之所以起也. 天旣賦之以好德恥惡之性, 而若其行善行惡, 令可游移, 任其所爲, 此其神權妙旨之凜然可畏者也. 何則好德恥惡, 旣分明矣. 自此以往, 其向善汝功也, 其趨惡汝罪也. 不可畏乎? 禽獸之性, 本不能好德恥惡, 故善不爲功, 惡不爲罪, 斯大驗也. 苟使人性不得不善, 如蠶之不得不孝, 如蜂之不得不忠, 如元央之不得不烈, 天下其復有善人乎? 於是復予之以可善可惡之具, 使其從善如登, 從惡如崩, 卽此形軀是也. 神形妙合, 不能相離, 故形軀諸慾, 亦由此性中發, 此古之所謂人心. 而氣質之說, 所由興也, 然此氣質之性, 堯舜未嘗偏受其淸明, 桀紂未嘗偏受其濁穢, 其于本性之善惡了無關焉. …… 氣質之於善惡, 其不相關如此, 則氣質之說, 雖廢之可也. 『論語古今註』,『與猶堂全書』第6冊, 총 107~108쪽.

37) "性與天道, 若中庸所言者是也. 知可以辨精微, 然後可與言性, 言天. 故得聞者少." 『論語古今註』,『與猶堂全書』第5冊, 총 171쪽.

38) 아래 인용문은『中庸自箴』,『與猶堂全書』第4冊, 총 178~179쪽.

39) 孟子之沒. 道脈遂絶. …… 孟子以本心譬之於山木, 以私欲譬之於斧斤. 夫斧斤之於山木, 其爲敵讎也大矣. 以己克己, 是千聖百王單傳密付之妙旨要言.

明乎此則可聖可賢, 昧乎此則乃獸乃禽. 朱子之爲吾道中興之祖者, 亦非他故.
其作中庸之序, 能發明此理故也. 近世學者, 欲矯宋元諸儒評氣說理內禪外儒之弊,
其所以談經解經者, 欲一遵漢晉之說, 凡義理之出於宋儒者, 無問曲直, 欲一反之爲務.
其爲一二人心術之病, 姑舍是, 將使擧天下之人, 失其所僅獲, 昧其所僅明,
滔滔乎爲禽何獸, 爲木爲石, 非細故也. 『論語古今註』, 『與猶堂全書』第5册, 총
450~451쪽.

40) 예를 들면 『論語 · 八佾』의 "王孫賈問曰: 與其媚於奧, 寧媚於竈. 何謂也? 子曰:
不然. 獲罪於天, 無所禱也"의 "獲罪於天"에 대한 주석으로 정약용은 "補曰: 天,
謂上帝也(천은 상제를 말한다)."고 했다. 『論語古今註』, 『與猶堂全書』第5册, 총
104쪽.

41) 箴曰: 所不睹者何也? 天之體也, 所不聞者何也? 天之聲也. …… 民之生也,
不能無慾, 循其慾而充之, 放辟邪侈無不爲. 已然民不敢顯而犯之者,
以戒愼也, 以恐懼也. 孰戒愼也? 上有官執法也, 孰恐懼也? 上有君能誅殛之.
苟知其上無君長, 其誰不爲放辟邪侈者乎! …… 君子處暗室之中, 戰戰栗栗,
不敢爲惡, 知其有上帝臨汝也. …… 道心與天命不可分作兩段看, 天之徹告我者,
不以雷不以風, 密密從自己心上丁寧告戒. …… 天命不但於賦生之初, 畀以此性,
原來無形之體, 妙用之神, 以類相入, 與之相感也. 故天之徹告, 亦不由有形之耳目,
而每從無形妙用之道心, 誘之誨之, 此所謂天誘其衷也. 順其誘而從之, 奉天命者也.
慢其誘而違之, 逆天命者也. 曷不戒愼, 曷不恐懼. 『中庸自箴』, 『與猶堂全書』第4册,
총 182~184쪽.

42) 郊所祭者, 上帝也. 上帝之體, 無形無質, 與鬼神同德, 故曰鬼神也.
以其感格臨照而言之, 故謂之鬼神. 『中庸自箴』, 『與猶堂全書』第4册, 총 205쪽.

43) 예를 들면 『尙書』「商書 · 湯誓」: "夏氏有罪, 予畏上帝, 不敢不正"(하씨는
죄가 있고 나는 하늘이 두려워 바로잡지 않을 수 없다); 그 외에
『周易』「豫卦」·「鼎卦」; 『尙書』「商書 · 盤庚」·「商書 · 湯誥」·「商書 · 伊訓」·
「商書 · 太甲」·「周書 · 大誥」·「周書 · 康誥」·「周書 · 召誥」·「周書 · 多士」
·「周書 · 君奭」·「周書 · 立政」·「周書 · 顧命」·「周書 · 文侯之命」·「周書 ·
呂刑」·「周書 · 泰誓」·「周書 · 武成」·「周書 · 微子之命」·「周書 · 康王之誥」-
·「虞書 · 舜典」·「虞書 · 益稷」; 『毛詩』「魯頌」·「小雅」·「大雅」·「周頌」·「商頌」;
『周禮』「秋官司寇」·「天官冢宰」·「春官宗伯」; 『禮記』「禮運」·「禮記」·「效特牲」
·「緇衣」·「雜記」·「王制」·「中庸」·「表記」·「月令」·「大傳」·「孔子閒居」;

『左傳』「成公」·「哀公」·「襄公」;『穀梁傳·哀公』;『孝經』「聖治章」·「紀孝行章」
등에서도 상제上帝의 표현이 있다.

44) 如"降衷于下民", 這緊要字卻在'降'字上. 故自天而言, 則謂之降衷;
自人受此衷而言, 則謂之性. 如云"天所賦爲命, 物所受爲性", 命, 便是那'降'字;
至物所受, 則謂之性, 而不謂之衷. 所以不同, 緣без據他來處與所受處而言也.
"惟皇上帝降衷于下民", 此據天之所與物者而言. "若有常性", 是據民之所受者而言.
"克綏厥猷", 猷即道, 道者性之發用處, 能安其道者惟后也. 如"天命之謂性,
率性之謂道, 修道之謂教"三句, 亦是如此.『朱子語類』第2冊, 第18卷
「大學五·或問下·傳五章. 然則吾子之意亦可得而悉聞一段」, 410쪽.

45) 所謂"天命之謂性", 此是說道; 所謂"天之蒼蒼", 此是形體;
所謂"惟皇上帝降衷於下民", 此是謂帝. 以此理付之, 便有主宰意.『朱子語類』第5冊,
第68卷「易四·乾上」, 1684쪽.

46) 問:"'上帝降衷于民', '天將降大任於人', '天祐民, 作之君', '天生物, 因其才而篤',
'作善, 降百祥; 作不善, 降百殃', '天將降非常之禍於此世, 必預出非常之人以擬之',
凡此等類, 是蒼蒼在上者真有主宰如是邪? 抑天無心, 只是推原其理如此?"曰:
"此三段只一意. 這箇也只是理如此. 氣運從來一盛了又一衰, 一衰了又一盛,
只管恁地循環去, 無有衰而不盛者. 所以降非常之禍於世, 定是生出非常之人."
『朱子語類』第1冊, 第1卷「理氣上·太極天地上」, 5쪽.

47) 鬼者, 陰也; 神者, 陽也. 氣之屈者謂之鬼, 氣之只管恁地來者謂之神.『朱子語類』
第2冊, 第18卷「大學五·或問下·傳五章·獨其所謂格物致知者一段」, 395쪽.

48) 曰:"人心苟正, 表裏洞達無纖毫私意, 可以對越上帝, 則鬼神焉得不服? 故曰:
'思慮未起, 鬼神莫知', 又曰: '一心定而鬼神服.'"『朱子語類』第6冊, 第87卷
「禮四·小戴禮·祭義」, 2262쪽.

49) 손시아오즈孫效智의 토마스 아퀴나스에 대한 설명을 참조함. 孫效智,『宗教,
道德與幸福的弔詭』(臺北: 立緒出版社, 2002), 67~68쪽.

50) 曰: 大德必得其位, 必得其祿. 又曰: 大德必受命. 蓋傷仲尼也.
仲尼有大德而不得位不得祿不受命. 蓋天道至此而一變矣. 上古以來, 非聖人不受命.
漢高祖無德而受命, 天道至此而果一變矣. 先儒於必得必壽之文, 疑之太過,
或謂氣數, 或引老子, 拘滯甚矣. 栽培傾覆之理, 亦不可一槪說. 或始培而終覆之,
或旣覆而復興之. 貧富貴賤, 壽夭顯晦, 參差不齊, 自君子而視之則皆一致也. 故易曰:
'天下同歸而殊塗, 一致而百慮. 天下何思何慮?' 神權妙用. 衆人固不得而知之矣.

此經所言, 傷仲尼也. 非謂君子之道, 以是爲期也. 『中庸自箴』, 『與猶堂全書』 第4册,
총 206~207쪽.

51) 이 방면의 연구는 금장태, 「다산의 社稷祭 및 禘祭에 대한 禮學적
관점」『宗敎學研究』 제16호(서울: 서울대 종교학연구회, 1997) 참조. 이 글은
『다산실학탐구』(서울: 소학사, 2001)에도 수록됨.

5장

1) 然古之爲學者, 知性之本乎天, 知理之出乎天, 知人倫之爲達道,
以孝弟忠信爲事天之本, 以禮樂刑政爲治人之具, 以誠意正心爲天人之樞紐,
其名曰仁, 其所以行之曰恕, 其所以施之曰敬, 其所以自秉曰中和之庸,
如斯而已, 無多言也. 雖多言, 是重言複言, 無異言也. 今之爲性理之學者,
曰理曰氣曰性曰情曰體曰用, 曰本然氣質, 理發氣發, 已發未發, 單指兼指, 理同氣異,
氣同理異, 心善無惡, 心善有惡, 三幹五椏, 千條萬葉, 毫分縷析, 交嗔互嚷, 冥心默研,
盛氣赤頭, 自以爲極天下之高妙, 而東振西觸, 捉尾脫頭, 門立一幟, 家築一壘,
畢世而不能決其訟, 傳世而不能解其怨. 入者主之, 出者奴之, 同者戴之, 殊者伐之,
竊自以爲所據者極正, 豈不疎哉. 禮者所以節文乎孝弟忠信之行者也, 則勿知焉, 曰:
'名物度數, 於道末也', 曰: '籩豆之事, 則有司存'. 樂者所以悅樂乎孝弟忠信之行者也,
則勿知焉, 曰: '詠歌舞蹈, 於今外也', 曰:'樂云樂云, 鍾鼓云乎'.
刑政者所以輔成乎孝弟忠信之行者也, 則勿知焉, 曰: '刑名功利之學,
聖門之所棄也'. 威儀者所以維持乎孝弟忠信之行者也, 祭祀賓客朝廷軍旅燕居喪紀,
其容各殊, 布在容經, 不可相用, 則勿知焉, 概之以一字之禮曰跪. 三百三千,
其終以一跪字概之乎? 『詩文集·論』, 『與猶堂全書』(서울: 여강출판사, 1985), 第1册,
239~240쪽.

2) 이 설은 牟宗三, 『心體與性體(一)』(臺北: 正中書局, 1968), 278쪽 참조.

3) 『學習記言序目』上册 (北京: 中華書局, 1977), 206쪽.

4) 朱謙之, 『日本的古學與陽明學』(北京: 人民出版社, 2000), 14쪽.

5) 荻生徂徠: "道者統名也, 擧禮樂刑政凡先王所建者, 合而論之也,
非離禮樂刑政別有所謂道也." (도는 예악형정 등 선왕이 만든 것을 통칭한 것이다.
예악형정과 별도로 도가 있는 것이 아니다.) 『辨道』, 『荻生徂徠』(吉川幸次郎等編:

日本思想大系 36)(東京: 岩波書店, 1978), 201쪽.

6) 『孟子古義』, 關儀一郎編, 『日本名家四書註釋全書』第1卷(東京: 鳳出版, 1973), 149쪽.

7) 仁齋: "孔子曰, 性相近也, 習相遠也. 此萬世論性之根本準則也. 而孟子尊孔子爲願學之, 其旨豈有二哉乎." (공자의 '성상근습상원'의 말은 성을 논하는 근본 준칙이다. 맹자는 공자를 따른다고 하니 이와 다를 수 있겠는가.) 『語孟字義』, 『日本儒林叢書』第6卷(東京: 鳳出版, 1978), 34쪽.

8) 「辨名」: "人之有材, 譬諸木之材, 或可以爲棟梁, 或可以爲宋梠, 人隨其性所殊, 而各有所能, 是材也." 『荻生徂徠』, 242쪽.

9) 차이마오쑹은 「丁茶山의 四書研究」에서 "문질 문제는 문화 발전 단계의 문제이고, 동시에 고대 삼대三代문화의 진전 문제다"라고 말한다. 이 관점은 의미심장하다. 다만 『논어』의 텍스트를 보면 '문질' 문제는 문화 발전의 문제뿐만 아니라 개인의 도덕과 사회의 예제禮制 간 어떻게 조화를 이루느냐의 문제로 볼 수도 있다. 『茶山學의 探究』(서울: 민음사, 1990), 225쪽 참조.

10) 「雍也」제16장, 「八佾」제14장 "子曰: 周監於三代, 郁郁乎文哉! 吾從周" 부분을 같이 보면 '문질文質'의 '문文'은 '예악제도禮樂制度'로 볼 수 있다.

11) 「丁茶山의 四書研究」는 앞의 주 참조. 「孔子的文質論」은 『國立成功大學歷史學報』 第17期(臺南: 成功大學歷史系, 1991), 1~40쪽에 수록됨.

12) 言學者當損有餘, 補不足, 至於成德, 則不期然而然矣. 楊氏曰: "文質不可以相勝. 然質之勝文, 猶之甘可以受和, 白可以受采也. 文勝而至於滅質, 則其本亡矣, 雖有文, 將安施乎? 然則與其史也, 寧野. 『四書章句集注』(臺北: 大安出版社, 1996), 119쪽.

13) 진력의 말은 원래 『사서발명四書發明』에 수록되었고, 원대 사백선史伯璿의 『사서관규四書管窺』 卷3에 인용되었다. 원문은 다음과 같다. 『發明』: "先有質而後有文, 文所以文其質也, 文得其中, 方與質稱, 文不及則爲野, 文太過則爲史, 故文可損益, 而質無損益. 學者損史之有餘, 補野之不足, 使文質相稱, 則有彬彬之氣象矣." 『四書管窺』(『文淵閣四庫全書本』經部 198 四書類, 總冊 204), 744쪽.

14) 先進不足於節文, 而其心則實. 後進節文備矣, 而其本却失. 故雖於禮樂爲君子, 其於道之本則不得也. 故孔子不從. 是君子之道從其本心之天理者, 不從禮樂之節文者也. 鄭齊斗, 『霞谷全集』(서울: 여강출판사, 1988), 卷14, 436쪽.

15) 奚啻寧野而已. 人旣病於史則雖聖師提耳, 莫可回悟. 人心全亡,福地都喪, 天厭衆離, 終於覆亡而已. 野則猶有可悟之質, 猶有可教之姿.

若審知皮之不存, 毛將焉附之義, 決不可文勝也. 魏伯珪, 『存齋先生文集』(一),

韓國文集編纂委員會『韓國歷代文集叢書』第469册(서울: 경인문화사, 1999), 卷6

「存齋集 · 讀書箚義 · 論語」, 469/35b.

16) 魏伯珪, 『存齋先生文集』(一), 卷2「疏 · 萬言封事」, 97/3b.

17) 第十六章, 集註: 損有餘補不足, 自兼文質而言之. 新安謂: 文可損益而質無損益.

然則學者工夫, 專就文上損益而已耶. 損益須兼文質言之方可. 且只損史之有餘,

補野之不足, 則文又可損而不可益矣, 其論又偏. 林泳, 『滄溪先生文集』(四),

韓國文集編纂委員會『韓國文集叢書』第371册(서울: 경인문화사, 1999), 卷21

『滄溪集 · 讀書箚錄 · 論語』, 160/37a.

18) 사백선의 말은 다음과 같다. 『發明』: "'文可損益, 質無損益'之言, 似矣.

但以『集註』誠或不足之言推之, 誠卽質耳, 不足非益, 又何以得中乎?

然則野之有餘於質, 在所當損益, 亦不可謂無矣. 竊意『集註』'損有餘,

補不足'是通說二句之旨. 主質勝文言之, 則損有餘之質, 補不足之文以就中;

主文勝質言之, 則損有餘之文, 補不足之質以就中. 如此, 則似順文解義.

若如『發明』所言, 則損有餘一句專主文勝質言, 補不足一句專主質勝文言, 先主下句,

而後主上句, 似非順文解義之體, 『集註』不應爾也不知如何. 況經所謂'質勝文,

文勝質'是泛說有次二等人耳, 非謂一人之身, 質旣勝文, 文又勝質也. 『集註』'損有餘,

補不足'之云, 是通爲二等人言之, 各當有所損益云爾. 『發明』乃謂'損史之有餘於文,

以補野之不足於文', 以之一字似共主一人言者. 豈有一人之身, 旣失於野,

又失於史哉? 讀者其詳思之." 『四書管窺』卷3(『文淵閣四庫全書本』經部 198 四書類,

總册 204), 744쪽.

19) 忠質文損益. 文質之異, 固易見. 而質與忠, 却相近, 然其實, 亦煞不同. 今有一般人,

渾厚誠實, 一味無僞, 此可謂之忠. 又有一般人, 沈毅簡儉, 不事文飾, 此可謂之質.

忠則全無圭角, 又無文彩, 質則雖無文彩, 早是有圭角了. 此二者之所以不同也.

忠之弊, 寬綏而無裁制. 質之弊, 直致而少委曲. 寬綏而無裁制, 故矯之須以質,

不然則便頹弛. 直致而少委曲, 故矯之須以文, 不然則太粗鹵. 金昌協,

『農巖先生文集』(五), 韓國文集編纂委員會, 『韓國歷代文集叢書』第252册(서울:

경인문화사, 1999), 卷33『農巖集 · 雜識 · 內篇三』, 244~245/5쪽.

20) 『論語』「爲政」제23장: "殷因於夏禮, 所損益, 可知也; 周因於殷禮, 所損益, 可知也."

『四書章句集注』: "馬氏曰: 所因, 謂三綱五常. 所損益, 謂文質三統. 朱子按: 文質, 謂:

夏尙忠, 商尙質, 周尙文.『四書章句集注』, 78쪽.

21)   問:『集註』損有餘補不足, 陳氏以爲損史以補野, 以說恐不然? 曰:
      質勝文者, 質有餘而文不足也. 文勝質者, 文有餘而質不足也. 損有餘補不足,
      當於文質二者通言之耳. 又問: 文可損益而質亦可損益耶? 曰: 三代之所損益者,
      是忠質文三者. 則何謂質無損益耶? 問: 註又云: 至於成德, 則不期然而然矣.
      是盖釋本文'彬彬然後君子'一句語. 而陳氏則云: 到成德之境, 則自然純熟云云.
      輔氏亦云: 至於成德, 則文質相稱, 有不期然而然者矣, 夫然後可以謂之君子.
      是與朱子所言之本意皆不相似矣. 曰: 然若以陳輔兩說, 則是君子然後文質彬彬也,
      非文質彬彬然後爲君子也. 朱子之意, 則盖曰文質不可相勝,
      故學者當損其有餘補其不足. 旣能損之補之, 則文質相稱, 不期於成德而自成德,
      以明學者用力處, 專在損不餘補不足也. 李縡,『泉上講說‧論語』, 成均館大學校
      大東硏究院,『韓國經學資料集成』第21冊『論語4』(서울: 成均館大學校, 1990),
      642~643쪽.

22)   진식陳埴(1176~1232),『木鍾集』: "三代忠質文之尙, 以經攷之,
      止言虞夏之質不勝其文, 殷周之文不勝其質而已. 自董仲舒始有三代忠質文之說."
      『文淵閣四庫全書』子部 9 儒家類, 總冊 703, 678쪽.

23)   『河南程氏外書』卷11: "三代忠質文, 其因時之尙然也. 夏近古人多忠誠, 故爲忠.
      忠弊, 故救之以質. 質弊, 故救之以文. 非道有弊也. 後世不守, 故浸而成弊,
      雖不可以一二事觀之, 大槪可知如堯舜禹之相繼, 其文章氣象亦自小異也."
      『二程集』(上)(北京: 中華書局, 2006), 414쪽.

24)   陳舜兪,『都官集』卷6「說變」: "夏之衰而商變之, 商之衰而周變之, 其言曰:
      三王之道, 若循環然, 忠質文相救之謂變. 爲是說者, 其賊道也. 道不質不文,
      三王本人情而皆有敝, 不可易者道, 是所可變者敝也, 奚文質之拘而不爲人情者乎?"
      『文淵閣四庫全書』集部 35 別集類, 總冊 1096, 456~457쪽.

25)   陳祥道,『論語全解』卷2「子張問十世可知也」: "董仲舒以忠質文爲三代之道,
      是離忠質以爲二, 而不知忠者乃所以爲質也."『文淵閣四庫全書』經部 190 四書類,
      總冊 196, 77쪽.

26)   『朱子語類』卷24,「子張問十世可知章」: 忠, 質, 文, 忠, 只是樸實頭白直做將去;
      質, 則漸有形質制度, 而未及於文采; 文, 則就制度上事事加文采.
      然亦天下之勢自有此三者, 非聖人欲尙忠, 尙質, 尙文也. 夏不得不忠, 商不得不質,
      周不得不文. 彼時亦無此名字, 後人見得如此, 故命此名. 問: '忠與質如何分?' 曰: '忠,

只是渾然誠確. 質與文對. 質便自有文了, 但文未盛; 比之文, 則此箇質耳.'『朱子語類』
第2冊(北京: 中華書局, 2007), 595~596쪽.

27)　三綱五常, 禮之大體, 三代相繼, 皆因之而不能變. 其所損益,
不過文章制度小過不及之間. 而其已然之跡, 今皆可見. …… 聖人所以知來者蓋如此,
非若後世讖緯術數之學也.『四書章句集注』「爲政」第23章, 78쪽.

28)　按: 損有餘補不足. 陳新安以爲文有損益而質無損益, 輔慶源以爲文質俱有損益.
兩說皆通. 蓋文質互相進退, 文之有餘而損者, 便是質之不足而益者也.
文之不足而益者, 便是質之有餘而損者也. 譬如陽長則陰消, 陽消則陰長也.
故以本末之分而言, 則文可損益而質不可損益. 以對待之體而言, 則文質俱有損益.
其實一意也. 然輔說深得訓詁之體. 金龜柱,『論語箚錄』, 成均館大學校 大東研究院,
『韓國經學資料集成』第25冊『論語8』(서울: 成均館大學校, 1990), 700쪽.

29)　輔氏曰: 文質不可以相勝, 一定之理也. 文質彬彬, 盡善之道也. 與其史也寧野,
彼勝於此之辭也. 凡物必先有質而後有文, 則質乃文之本也. 文勝而至於滅質,
則其本亡矣. 如繪盡之事, 使無素地, 則五采何所施乎? 與其史也寧野, 野近本,
而史徇末故也. 趙順孫,『論語纂疏』卷3,『文淵閣四庫全書』經部 195, 四書類, 總冊
201, 302쪽.

30)　輔氏曰: 有質斯有文, 有文須有質, 兩者不可相無, 如陰陽晝夜之相須也.
皮譬則文也, 皮毛具在, 然後虎豹犬羊之可辨. 文質兼存, 然後君子小人之可明.
若盡去其毛, 獨存其皮, 譬則盡去其文獨存其質耳, 如是則虎豹犬羊之貴賤,
君子小人之賢否, 皆不可辨矣.『四書纂疏』卷6「棘子成曰君子質而已矣何以文爲」章,
『文淵閣四庫全書』經部 195, 四書類, 總冊 201, 395쪽.

31)　三代忠質文損益, 所敎似與『表記』之說逕庭. 未知如何.『表記』之文,
王氏已疑其非孔子之言, 蓋其論說義理, 與『論語』所訓有所參差故也.
朱夫子亦不取此言. 其說在『語類』, 又於『論語爲政』損益章小註可考也. 權尙夏,
『寒水齋文集』(三), 韓國文集編纂委員會,『韓國歷代文集叢書』第727冊(서울:
경인문화사, 1999), 卷17『寒水齋先生文集 · 答閔靜三』, 40/43b~44a.

32)　『星湖疾書 · 論語 · 爲政第二』:『大傳』云: "聖人南面而治天下, 必自人道始矣.
立權度量, 考文章, 改正朔, 易服色, 殊徽號, 異器械, 別衣服, 此其所得與民變革者也.
其不可得變革者有矣, 親親也, 尊尊也, 長長也, 男女有別也. 此其不可得變革者也."
旣與此章之旨合, 蓋所損益本有許多, 馬氏約而言文質三統, 擧重而見輕也.
成均館大學校 大東研究院,『韓國經學資料集成』第21冊『論語4』, 339~340쪽.

33) 『星湖疾書 · 論語 · 爲政第二』: 按『漢書』董子曰: "夏尙忠, 殷尙敬,
周尙文, 所繼之救, 當用此也", "禹繼舜, 舜繼堯, 三聖相受而守一道,
故繼治世者其道同, 繼亂世者其道變也". 太史公高祖贊云: "夏之政尙忠,
忠之弊, 小人以野, 故殷人承之以敬. 敬之弊, 小人以鬼, 故周人承之以文.
文之弊, 小人以僿, 故救僿莫若以忠. 三王之若循環, 終而復始".
『春秋元命苞』及班氏『白虎通』其說皆如此. 但『元命苞』以僿爲蕩, 『白虎通』以僿爲薄,
繼之云: "人道主尙, 故忠爲人教. 地道謙卑, 故敬爲地教. 敬形於祭祀, 故失鬼,
文形於飾皃, 故失薄, 是謂三教, 更無所謂殷尙質者. 按『表記』云: 夏道先祿而後威,
先賞而後罰, 親而不尊, 其民之弊, 惷而愚, 喬而野, 朴而不文. 殷人先鬼而後禮,
先罰而後賞, 尊而不親, 其民之弊, 蕩而不靜, 勝而無恥. 周人其賞罰用爵列, 親而不尊,
其民之弊, 利而巧, 文而不慚, 賊而蔽", 此亦與彼數說略相似. 340~341쪽.

34) 『星湖疾書 · 論語 · 爲政』: 蘇氏古史引『傳』之言曰: 夏之政尙忠,
商之政尙質, 周之政尙文. 仲尼亦曰: 周監於二代, 郁郁乎文哉.
自生民以來, 天下未嘗一日而不趨於文也. 至周而文極. 當唐虞夏商之際,
盖將求周之文而其勢有所未至, 非有所謂質與忠也. 其當時莫不自以謂文於前世,
而後之人乃更以爲質也. 此說頗有理, 而與循環窮復之義不合,
又不知其所謂傳者何所指也. 伊川『春秋傳序』亦曰: 忠質文之更尙皆未有所考.
341~342쪽.

35) 『星湖疾書 · 論語 · 爲政』: 『白虎通』又引『三正記』云: 正朔三而改,
文質再而復也. 天質地文, 周反統天. 三微質文, 數不相配, 故正不隨質文也.
『檀弓疏』亦引『三正記』之說如此以釋, 釋曰: 質法天, 文法地, 而爲天正, 殷質法天,
而爲地正, 正朔以三, 而改文質以二, 而復各自爲義, 不相須也. 342쪽.

36) 『禮記注疏下』「表記」, 國立編譯館主編: 中華叢書『十三經注疏』第12册(臺北,
新文豊出版社, 2001), 2287쪽.

37) 『星湖疾書 · 論語 · 爲政』: 『表記』云: 子曰: 虞夏之質, 殷周之文, 至矣.
虞夏之文不勝其質, 殷周之質不勝其文. 疏云: 始則虞質殷文, 殷質周文. 而此云然者,
夏家雖文, 比殷周之文, 猶質也. 殷家雖質, 比虞夏之質, 猶文也. 故夏雖有文,
同虞之質. 殷雖有質, 同周之文也. 其說雖未必盡信, 要之馬氏所謂文質三統者,
其意不過如斯, 故不及於忠也. 342~343쪽.

38) 『星湖疾書 · 論語 · 爲政』: 愚以爲, 夏之尙忠, 質之極也. 殷之尙敬, 去質而稍文.
在夏漸文, 在周猶質. 至周文弊, 而後復歸於忠, 所以爲循環也. 以三代之更尙言,

則忠敬文; 只以對勘者言, 則文質而已. 而忠敬文者, 初不外於質文也. 從周而觀,
夏殷皆質也. 從夏而觀, 殷周皆文也. 蘇氏有見乎質之漸文, 而猶未及乎質, 上無忠,
擧質而諱敬, 其說恐不得爲通論也. 考之史傳, 旣如彼求之理, 義又如此, 然程朱之說,
似亦有考信, 姑識所疑以待後考. 344쪽.

39) 或人所論忠質文說. 略曰: 今因來諭, 以慎思之. 朱子所謂"朴實頭白直做去"者,
是就制度文爲上言也, 非兼君子修己治人立心用功之謂也. 以立心用功而言,
則當患不朴實不白直, 此何嘗做弊來? 以制度文爲言, 則當禹之時, 風俗淳朴,
故其制作之間, 儀文少禮節, 只尙渾朴白直, 卽時之宜也. 未嘗有不足. 而及時世轉異,
事端浸生, 則渾朴白直何能無不適之弊? 故湯稍加禮節以存儀貌, 此卽所謂質,
而亦其時之所宜也. 然非愈生愈異之所當也. 是以周人監二代忠質之制, 損之益之,
與時宜之, 此夫子所以有郁郁之歎也. 質是就忠而損益, 文是就忠質而損益,
則文非離乎忠質, 而以其世之降俗之變, 有專文減質之弊, 亦非文之有不善也.
不審此無悖於盛敎之推演否? (今此所論卽寒泉門人尹參奉昌鼎之說,
其間往往有些可議處, 大體則亦好矣.) 金元行,『渼上經義 · 論語』, 成均館大學校
大東硏究院,『韓國經學資料集成』第23冊『論語6』, 481쪽.

40) 夏殷周忠質文, 本是漢儒讖緯雜說, 孔子之所不言, 孟子之所不道. 二千年來,
儒者蒙此大蔀, 不知解脫, 將何以議文質乎.『論語古今註』,『與猶堂全書』第5冊, 卷
223쪽.

41) 駁曰: 非也. 夏尙忠, 殷尙質, 周尙文. 本出於董仲舒春秋繁露. (漢書杜欽傳云:
殷因於夏尙質, 周因於殷尙文, 又云漢承周秦之敝, 宜抑文尙質). 而文質遞變之說,
已起於伏生書大傳. (白虎通云: 王者一質一文者何? 所以承天地順陰陽.
陽極則陰受, 陰極則陽受. 明一陽一陰, 不能繼也). 漢儒論三代之治, 率以是爲話柄.
然其說自相予盾, 不可究詰. …… 漢儒謂周道文勝, 當矯之以質, 於是毁禮廢樂,
一遵秦轍, 使堯舜三王之治, 不復於斯世, 皆文質之說, 有以誤之也. 孔子曰:
"周監於二代, 郁郁乎文哉. 吾從周."(八佾篇) 孔子不以文爲病, 確言從周,
何漢儒獨以是爲病之! …… 檀弓云: "殷旣封而弔, 周反哭而弔, 孔子曰: 殷已慤, 吾從周".
中庸云: "吾說夏禮, 杞不足徵也. 吾學殷禮, 有宋存焉. 吾學周禮, 今用之. 吾從周."
孔子屢言從周, 爲其行之百世而無弊也. 何乃欲無故而紛更之乎? 此二千年來,
斯文之巨蔀也.『論語古今註』,『與猶堂全書』第5冊, 卷 73쪽.

42) (引證): 表記: "子曰: 虞夏之質, 殷周之文, 至矣. 虞夏之文, 不勝其質.
殷周之質, 不勝其文."案: 漢儒文質之說, 其千枝萬葉, 皆以表記爲根氐.

然文不勝質, 則其文質彬彬然也. 質不勝文, 則其文質彬彬然也. 文不勝質,
非質勝文也. 勝者一克而一負也. 不勝者相敵而止. 質不勝文, 非文勝質也.
孔子嘗言堯之爲君, 煥乎其有文章. 則虞者文盛之時也. 孔子嘗言殷已愨,
則殷者質厚之時也. 煥乎有文而卒無以克其質, 則其文質彬彬然也.
純乎其愨而卒無以蔽其文, 則文質彬彬然也. 孔子通執四代, 竝以爲文質彬彬,
特其中有氣味之不同, 故虞夏以質見稱, 殷周以文見稱而已. 然且殷周之文,
孔子竝稱, 則所謂殷尙質周尙文者, 漢儒之白撰也. 總之: 曰質曰文,
皆後世之人執其成效而評之者. 豈有立國之初, 先以尙文自命, 或以尙質爲法者乎?
『論語古今註』,『與猶堂全書』第5册, 총 225~226쪽.

43) 補曰: 野人, 農夫也. (孟子曰: 非野人, 莫養君子) 君子, 士大夫也. 補曰: 從, 猶自也.
(爾雅文: 小雅云: 伊誰之從) 孔子責門人仕者曰: 爾曹習於禮樂, 輕視先進, 以爲野人.
(質勝文則野) 自處以君子, (自以爲文質彬彬) 如使我用之, 則必自先進始. (從, 自也)
謂先用先進也. (以淳質可貴)『論語古今註』,『與猶堂全書』第5册, 총 396~397쪽.

44) 毛述齋曰: 文質不是本末. 若是本末則商尙本周尙末, 必無是理.『論語古今註』,
『與猶堂全書』第5册, 총 223쪽.

45) 「爲政」第23章: 聖王之得天下也, 惟求第一等道理, 可以久行而無弊者,
爲之垂法而已. 不顧吾之利害, 惟一文一質, 膠守定例, 如一晝一夜之不得移易,
有是理乎?『論語古今註』,『與猶堂全書』第5册, 총 73쪽.

46) 「爲政」第23章; 案: 註疏諸家所據, 皆此文也. 然經云有損益可知, 而若據此文,
則其所不損益可知, 其所損益不可知也. 豈可引之以爲釋乎?『論語古今註』,
『與猶堂全書』第5册, 총 74~75쪽

47) 質謂本之以德行. (忠信之人可學禮) 文謂飾之以禮樂. (學先王之道).『論語古今註』,
『與猶堂全書』第5册, 총 223쪽.

48) 『論語古今註』「顏淵」8장,「棘子成曰, 君子質而已矣, 何以文爲」주석 참조.

49) 정약용은 "文, 謂詩書禮樂; 仁, 謂孝悌忠信"이라고
말했지만(『論語古今註』「顏淵」第24章,『與猶堂全書』第5册, 총 492쪽), 이때
소위 효제충신孝悌忠信은 "仁의 名(이름)"을 지칭한다. (인仁은 성사成事 이후
얻는다. 성사 이후 비로소 효제충신의 이름이 있다.) 「옹야」 제16장의 주에서
"忠信之人可以學禮"라고 할 때 이 '충신忠信'은 '인仁' 혹은 '인仁의 명名'이 아니라
마음 내부의 '방향을 따름', '배신하지 않음', '거짓 없음' 같은 심리 활동이다.
이것은 아래에서 인용한 「술이述而」 제24장의 주를 보면 알 수 있다.

50) 邢曰: 文謂先王之遺文; 行謂德行, 在心爲德, 施之爲行. 中心無隱謂之忠,
人言不欺謂之信. 補曰: 文行外也, 忠信內也. 入則孝出則悌, 行也. 嚮人以誠曰忠,
與人無僞曰信. 荻曰: 四敎, 卽四科也. 文卽文學, 行卽德行. 忠施諸政事, 信施諸言語.
駁曰: 非也. 傅會之巧也. 政事言語, 以當忠信可乎.『論語古今註』,『與猶堂全書』
第5册, 총 275쪽.

51) 聖人欲曉後學, 分言文質. 苟非其質, 文無所施, 故所先者質. 非謂徒質可以爲成人也.
以一身則徒質無文者, 不免爲野人. 在一國則徒質無文者, 不免爲仁夷.
然文者待質而成, 若本無質, 仍亦無文. 旣名爲文, 其本有質可知也. 比之畫然,
雖無丹碧, 猶有絹本. 若本無絹, 何有丹碧. 徒丹徒碧, 不名爲文. 何則? 不斑斑故也.
由是觀之, 周旣有文, 驗其有質. 惟殷亦然. 特其文采不能盡美, 故孔子每取周文,
非謂殷人以不尙文自命也.『論語古今註』,『與猶堂全書』第5册, 총 224쪽.

52) 文盛則爲文武成康, 文衰則爲幽厲平板. 今之陋儒, 每云周末文勝, 不亦謬乎.
誠若周末文勝, 周其再昌矣. 文之爲物, 盛於西周, 衰於東周, 減於秦, 熄於漢, 冷於唐.
『論語古今註』,『與猶堂全書』第5册, 총 224쪽.

53) 漢儒謂周道文勝, 當矯之以質, 於是毁禮廢樂, 一遵秦轍, 使堯舜三王之治,
不復於斯世, 皆文質之說, 有以誤之也. 孔子曰" 周監於二代, 郁郁乎文哉, 吾從周.
孔子不以文爲病, 確言從周, 何漢儒獨以是病之也? 周人之禮, 斟酌二代, 損益修潤,
傳之百世, 行之無弊, 故孔子論王道則曰吾從周, 論來世則曰其或繼周者, 雖百世可知.
『論語古今註』,『與猶堂全書』第5册, 총 73~74쪽.

54) 古者欲成其文者, 宜先務其質. 今也則不然, 欲反其質者, 宜先修其文. 何者?
先王之道不明, 卒無以反乎質也. 其勢之相乘相減如此. 而儒者一開口, 輒以抑文爲主,
豈所謂識時務者乎?『論語古今註』,『與猶堂全書』第5册, 총 224~225쪽.

55) 大抵周末文勝之說, 原是冤語. 孔子之時, 禮壞樂崩, 詩亡書缺. 至孟子之時,
諸侯滅去典籍, 故季文子聘於隣國, 覲求逸禮. (卽朝聘遭喪之禮) ……
其視西周之盛, 秦莽晦盲, 天昏地黑, 何得謂之周末文勝乎? 眞若周末文勝, 皱顯之治,
其盛於文武矣. 文雖待質以成章, 質亦待文以存本. 何則? 質也者, 孝弟忠信也.
文之旣亡, 三綱淪而九法斁, 質安得獨存乎? 今之急務, 在乎修文. 文修而後質可復也.
『論語古今註』·『與猶堂全書』第5册, 총 398쪽.

56) 「顏淵」제8장 주에서 정약용은 "孔子言文質亦未嘗偏重偏輕, 如云質勝文則野,
文勝質則史, 未嘗有輕重(공자는 문질 어느 한쪽을 중시하거나 경시하지
않았다)"라고 말했다. 문文과 질質은 대립시켜 따로 논할 수 없다는 생각을 알 수

있다.

57) 『論語古今註』「爲政」23장: "夏禮未盡善, 故殷雖因之而有所損益. 殷禮猶未盡善,
故周雖因之而又有所損益. 典章法度, 至周而大備, 盡善盡美, 無可損益.
有王者興, 必一遵周禮, 百世不變. 故曰: 其或繼周者, 雖百世可知也. 若王者不興,
雜亂妄作, 茫無定準, 則其變不可知."『與猶堂全書』第5冊, 총 72쪽;「八佾」14장:
"孔子以周禮爲百世不易之良法. 故其答子張之問曰: 其或繼周者, 雖百世可知.
謂傳之百世而無弊也. 至於此章, 明明自說通執三代, 吾從周, 其一毫無憾可知,
豈得以文勝而病之乎. 秦漢以降, 質旣先亡, 文亦隨減. 文之旣減, 質遂難復.
遂至二千年長夜, 天不更曙. 而猶以文勝爲戒, 不亦謬乎.『與猶堂全書』第5冊,
107쪽.

58) 楊曰: 文猶質也, 質猶文也, 兩者不可以相勝. 然質之勝文, 則有其質矣,
猶之甘可以受和, 白可以受采也. 文勝而至於減質, 則其本亡矣. 雖有文, 將
安施乎？然則與其史也, 寧野° 尹曰: "史, 文勝而理不足也. 唯君子文質得其宜.
『論孟精義』,『文淵閣四庫全書』經部四書類 192(北京: 商務印書館), 卷6, 總 0192,
506/32a-b.

59) 問: 伊川曰: "君子之道, 文質得其宜也." 范氏曰: "凡史之事"云云. 第十七章凡七說,
今從伊川范氏之說. 伊川第二說, 呂氏說論"史"字, 皆通. 謝氏專指儀容說, 恐未當.
大綱且論文質, 故有野與史之別. 若專以爲儀容, 則說"史"字不通. 史無與儀容事.
楊氏自"質之勝文"以下, 皆推說. 與本文不類. 尹氏曰: "史文勝而理不足." "理"字未安.
如此, 則野可謂之理勝也. 既謂之勝, 則理必不足. 野與史, 皆可謂之理不足也.
曰: 史既給事官府, 則亦習於容止矣. 謝說之失不在此. 卻是所說全以觀人爲言,
無矯揉著力處, 失卻聖人本旨. 楊說推得卻有功. "文勝則理不足", 亦未有病. 野,
固理勝而文不足也.『朱子語類』卷32「論語14, 雍也3, 質勝文則野章」第3冊,
810~811쪽.

60)「五學論」: 古者學道之人, 名之曰士. 士也者, 仕也. 上焉者仕於公, 下焉者仕於大夫.
以之事君, 以之澤民, 以之爲天下國家者, 謂之士.『詩文集 · 論』,『與猶堂全書』第2冊,
총 240쪽.

61) 養民之謂牧者, 聖賢之遺義也. 聖賢之敎, 原有二途: 司徒敎萬民, 使各修身;
大學敎國子, 使各修身而治民. 治民者, 牧民也. 然則君子之學, 修身爲半, 其半牧民也.
『詩文集 · 序』,『與猶堂全書』第2冊, 총 358쪽.

6장

1) 일반적으로 일본 도쿠가와 시대의 고학파는 세 학파로 나뉜다. 야마가 소코
학파山鹿素行學派, 이토 진사이의 고의학파古義學派 혹은 굴하학파崛河學派, 오규
소라이의 고문사학파古文辭學派 혹은 훤원학파諼園學派. 이 세 학파의 공통점은
정주 이학程朱理學을 반대하며 원시 유학 사상으로 돌아가 선왕 혹은 공맹의
도를 탐구하는 데 노력하자는 주장으로 복고학파 혹은 고학파라고 통칭한다.
이 책에서 다루는 일본 고학파는 주로 정약용에게 직접 영향을 끼친 이토
진사이 · 오규 소라이를 위주로 한다. 진사이와 소라이 모두 주자학을 반대하고
복고학을 제창하지만 양자 사이에도 차이가 있다. 이 문제에 관해서는 井上哲次郎,
『日本古學派之哲學』(東京: 富山房, 1915) 참조.

2) 『中庸章句 · 序』, 『四書章句集注』(臺北: 大安出版社, 1996), 14~15쪽.

3) "伯魚生伋, 字子思, 年六十二. 嘗困於宋. 子思作中庸." 『史記』 卷47
「孔子世家」(『文淵閣四庫全書』 史部 2 正史類, 總冊 244冊, 臺北: 臺灣商務印書館,
1986), 250쪽.

4) 구양수가 말했다. "예악의 책이 소실되어 제유의 학설에 잡다하게 나타나는데
유독 『중용』만 자사로부터 나온 것이라고 한다. 자사는 성인의 후예이니 그가
전한 것은 성인의 진수이어야 마땅한데 어찌 그의 설이 성인의 설과 다른가? ……
따라서 나는 그가 전했다는 이 통설이 잘못된 것이라고 의심한다. 자네들은 어떻게
생각하는가?"「進士策問三首之三」, 『歐陽文忠公全集』 卷48(『四部備要 · 集部』 第6冊,
上海: 中華書局据祠堂本校刊), 3~4쪽.

5) 왕십붕의 주요 논점은 네 가지다. (1) 『중용』의 얘기는 『논어』와
『역易 · 계사繫辭』와 많이 다르다. (2) 공자의 시대에는 『중용』이 언급한
서동문書同文, 거동궤車同軌의 일이 없다. (3) 『중용』에서 공자를 '중니仲尼'라고
칭하는데, 정말로 자사가 지었다면 성인의 손자가 자字로 조상을 호칭하는 것은
불가능하다. (4) 맹자는 스승인 자사가 『중용』을 지었다는 언급은 하지 않았다.
王十朋, 「問策第十首」, 『梅溪先生文集』 前集 卷13(『四部叢刊初編』 集部, 上海:
商務印書館縮印明正統刊本), 152쪽.

6) 임광조가 말했다. "나는 최근 사람 몇 명을 골라 예서禮書를 강의하는데
『악기樂記』와 『중용』에 이르니 나름대로 해석하게 되었다. 이 몇 편은 동중서가
지은 것으로 의심되고 『대서大序』 · 『계사』와 다르다."「與鄭編修漁仲」, 『艾軒集』

卷6(『四庫全書珍本』初集 · 集部別集類, 上海: 商務印書館影印文淵閣本), 17~18쪽.

7) 섭적이 말했다. "공자는 중용의 미덕을 실천할 수 있는 백성은 매우 드물다(中庸之德民鮮能)고 했다. 자사가『중용』을 지었다고 하는데 그것이 공자의 가르침을 근거로 썼다면 왜 안회, 민자건 같은 제자는 전승받지 못하고 유독 그 집안에만 전수했는가? 따라서 이는 잘못된 얘기다. 만약 자사가 창작한 것이라면 이 책은 매우 훌륭할지 모르나 전대로부터 전승했다고는 할 수 없다. 따라서 공자가 증자에게, 증자가 자사에게 전했다는 설은 분명 오류일 것이다."「總述講學大旨」, 『宋元學案』卷54「水心學案」(臺北: 臺灣中華書局, 1983), 12쪽; 또 말했다. "한대 사람이『중용』은 자사가 지었다고 하지만 책을 직접 확인해보면 자사가 다 썼다는 설에 의심이 간다." 같은 책, 26쪽.

8) 진선이 다음과 같이 지적했다. "나는 지금도 '춘추수기조묘春秋修其祖廟, 진기종기陳其宗器' 이하 단락은 한유漢儒의 잡기雜記라고 의심한다. 아마도 앞 문장에서 武王周公達孝라고 논했기 때문에 여기다 붙였을 것이다. ……『중용』은 원래 49편인데 지금 한 편만 남아 있다. 이것을 보면 완전한 책이 아닌 것 같다." 『捫蝨新話』下集 卷3(『叢書集選』0052, 臺北: 新文豊出版社, 1984), 72쪽.

9) 왕백이 말했다. "하루는 우연히 한서漢書「예문지藝文志」를 보니 '중용설 이편中庸說二篇'이라고 적혀 있다. 안사고顔師古의 주를 보면 '今「禮記」有「中庸」一篇'이라고만 적혀 있고 한 편이 소멸되었다고 하지 않는다. 반고班固 때는 아직도 (중용은) 두 편이었다는 것이다. 지금 (하나로) 합쳐져 엉망이 된 것은 소대씨小戴氏의 손에 의한 것일까? 그는 옛 사람이 책을 쓸 때 직접 편명을 쓰지 않았고 지금의 편명은 다 후인이 붙인 것이라는 사실을 모르는 것 같다. 이 두 편의 내용이 다른데도 뒤섞어놓아 (중용으로) 제목을 달아버렸다." 「古中庸跋」, 『魯齋集』卷5(『金華叢書』36, 『百部叢書集成』1534, 臺北: 藝文印書館 影印), 16~17쪽. 〔왕백은 지금의 중용은 원래 1~20장(中庸)과 21장 이후(明誠) 두 부분으로 나뉘어 있었다고 주장함.〕

10) 용어 문제는 예를 들면 청대의 원매袁枚, 섭유葉酉는『중용』내용 중 "재화악이부중載華岳而不重"의 '화악華岳'은 한나라 수도 근처인 화산華山이라고 지적하고 이를 근거로『중용』은 한대의 작품이라고 주장한다. 하지만 『경전석문經典釋文』에 의하면 '화악'은 '산악山岳'으로도 되어 있어 이 설은 더 숙고할 필요가 있다. 또 앞에서 인용한 왕십붕의 '서동문書同文, 거동궤車同軌'를 근거로『중용』이 후대 작품이라는 설에 대해 주희는 다음과 같이 반박했다.

『춘추』에도 "동궤필지同軌畢至"라는 말이 있고, 『주례』에서 사도司徒가 백성에게
도예道藝를 가르칠 때 서書도 그중 하나였으며 또 "외사장달서外史掌達書
명어사방名於四方"의 얘기가 있으니 '서동문, 거동궤'는 진秦나라 이후에 나온 말일
필요가 없다는 것이다. 주희의 설은 趙順孫, 『中庸纂疏』卷3 (『文淵閣四庫全書』
經部 195 四書類, 總冊 201), 187쪽 참조. 자사가 공자를 "중니仲尼"라고 부르는
문제에 대해서도 주희는 "고대 사람은 살아 있을 때 작위가 없었고 죽은 후에도
시호가 없으니 자손이 조상을 부를 때도 이름을 부를 뿐이다"라고 반박했다. 이
설은 趙順孫, 『中庸纂疏』卷1(『文淵閣四庫全書』經部 195 四書類, 總冊 201),
108쪽 참조.

11) 『韓非子 · 顯學』: 自孔子之死也, 有子張之儒, 有子思之儒, 有顏氏之儒, 有孟氏之儒,
有漆雕氏之儒, 有仲良氏之儒, 有孫氏之儒, 有樂正氏之儒. 『韓非子』卷19
「顯學五十」(臺北: 臺灣中華書局, 1987), 9쪽.

12) 『荀子 · 非十二子』: 略法先王而不知其統, 猶然而猶材劇志大, 聞見雜博.
案往舊造說, 謂之五行, 甚僻違而無類, 幽隱而無說, 閉約而無解. 案飾其辭, 而祇敬之,
曰: 此真先君子之言也. 子思唱之, 孟軻和之, 世俗之溝猶瞀儒, 嚾嚾然不知其所非也,
遂受而傳之, 以爲仲尼子弓爲玆厚於後世, 是則子思孟軻之罪也.
『新譯荀子讀本』(臺北: 三民書局, 1974), 105~106쪽.

13) 『中庸章句 · 序』 · 『四書章句集注』, 19쪽.

14) 탕쥔이: "나도 『대학』, 『중용』 두 편 중 명백하게 공자, 증자의 말을 인용한
것 외에는 대부분 70명 제자의 후학과 맹자의 추종자가 묵墨, 장莊, 순荀의
심心을 논하는 사상을 접한 후 일부 문제를 참고하고 또 일부 용어를 빌려
맹자의 심心을 논하는 취지를 발전시키고 공맹 유학의 정통을 잇기 위해 저술한
것이라고 생각한다. 하지만 주자의 『대학』, 『중용』을 『맹자』와 일관된 전승이라는
견해가 틀린 것은 아니다." 『中國哲學原論 · 導論篇』(臺北: 臺灣學生書局, 1979),
124~125쪽.

15) 쉬푸관: "사상적인 면에서 『중용』 상편이 나온 이유는 공자의 실천적인
윤리 교육과 성性 및 천도天道와의 관계를 해결하기 위한 것이다." "하편은
'誠者, 天之道, 誠之者, 人之道'의 관념을 통해 성과 천도의 문제를 대답하고
'誠者物之始終, 不誠無物'의 관념을 통해 중용中庸과 성명性命의 문제를
대답하려고 한다." 『中國人性論史』(臺北: 臺灣商務書局, 1977), 110 · 146쪽.

16) 첸무: "『중용』과 『역전』이 모두 늦게 나온 책이고 두 책의 저자는 도가의

노장사상 영향을 받아 유가와 도가를 소통하여 새로운 경지를 열기를 원했다."
『中國學術思想史論叢(二)』(臺北: 東大圖書公司, 1980), 308쪽.

17) 머우종산: "만약 공자에게 정말로 하나의 사상 전통이 있고 사제 간에 확실히 이
생명의 지혜가 전승되었으며 『맹자』·『중용』·『역전』·『대학』 등이 이 전승을
대표한다는 사실을 인정한다면 송·명의 유학은 단지 이 전통을 알리는 것일 뿐
새로운 발전을 한 것은 아니다.』『心體與性體(一)』(臺北: 正中書局, 1968), 16쪽.

18) 葉適: 本朝承平時, 禪說尤熾. 豪杰之士, 有欲修明吾說以勝之者, 而周, 張, 二程出焉,
自謂出入于老, 佛甚久, 已而曰: 吾道固有之矣. 故無極太極, 動靜男女, 太和參量兩,
形氣聚散, 絪縕感通, 有直內, 無方外, 不足以入堯舜禹之道, 皆本于『十翼』,
以爲此吾所有之道, 非彼之道也. 及其啓教後學, 于子思, 孟子之新說奇論,
皆特發明之, 大抵欲抑浮屠之鋒說, 而示吾所有之道若此. 然不悟『十翼』非孔子作,
則道之本統尙晦, 不知夷狄之學, 本與中國異, 而徒以新說奇論辟之, 則子思,
孟子之失邃彰. 范育序『正蒙』, 謂: 此書以『六經』所未載, 聖人所不言者, 與浮屠,
老子辯, 豈非以病爲藥, 而與寇盜設郛郭, 助之捍御乎? 嗚呼! 道果止于孟子而邃絶邪?
其果至是而復傳邪? 孔子曰: 學而時習之, 然則不習而已矣. 「總述講學大旨」,
『宋元學案』卷54「水心學案」(臺北: 臺灣中華書局, 1983), 13쪽.

19) 이토 진사이는 『대학』은 공자의 문중에서 쓴 것이 아니고 『시』와 『서』를 조금
알지만 공자의 가르침을 모르는 자가 쓴 것이다. 『맹자』는 공자의 뜻을 밝히는
책이고 『중용』은 공자의 말을 연역한 책이다. 이 책은 자사의 저작인지 확실하지
않지만 그 내용은 『논어』에 부합되어 채택했다. 『中庸發揮·敍由』, 關儀一郞編,
『日本名家四書註釋全書』第1卷 (東京: 鳳出版, 1973), 3쪽.

20) 오규 소라이는 『대학』은 경서經書도 아니고 경서의 전傳도 아니라고 본다.
"大學之爲書, 記也. 非經也, 非傳也, 體裁殊也"; 『중용』의 가치에 대해서는 "이 책은
배움을 통해 덕을 이루는 것을 논하는 것이다. 중용을 멀리 가고 높이 올라가는
기초로 삼는 것은 공자의 가법이다.(其書專言學以成德, 而以中庸爲行遠登高之基,
則孔子之家法也)"라고 말했다. 『大學解』, 9쪽; 『中庸解』, 1쪽; 두 책 모두
關儀一郞編, 『日本名家四書註釋全書』第1卷에 수록됨.

21) 伊藤仁齋, "此('喜怒哀樂之未發'至'萬物育焉')四十七字, 本非『中庸』本文,
蓋古『樂經』之脫簡". 『中庸發揮』, 11쪽.

22) 『中庸發揮』, 6~7쪽.

23) 『中庸發揮』, 7쪽.

24) 주희는 『중용장구』에서 "喜怒哀樂, 情也. 其未發, 則性也"라고 말했다.
『四書章句集注』, 23쪽.

25) 朱熹: 中庸何爲而作也? 子思子憂道學之失其傳而作也. 蓋自上古聖神繼天立極,
而道統之傳有自來矣. 其見於經, 則'允執厥中'者, 堯之所以授舜也; '人心惟危,
道心惟微, 惟精惟一, 允執厥中'者, 舜之所以授禹也. 堯之一言, 至矣, 盡矣!
而舜復益之以三言者, 則所以明夫堯之一言, 必如是而後可庶幾也.『四書章句集注』,
19쪽.

26) 『中庸』之書, 『論語』之衍義也. 其言肇出於『論語』, 而子思衍之, 以作『中庸』,
蓋贊無過不及, 而平常可行之德, 以名其書. 先儒謬爲堯舜以來傳授心法,
孔門蘊奧之書, 以高遠隱微之說解之, 而不知孔孟之教, 不出於仁義二字. 而仁義之外,
又無所謂中庸者也. 失作者之義殊甚. 學者苟以名篇之義求之, 則思過半矣.
『中庸發揮』, 4쪽.

27) 性者, 生之質. 人其所生, 而無加損者也. 言人有斯形焉, 則惻隱, 羞惡, 辭讓,
是非之心, 生來具足, 不假外求, 乃天所賦予我, 故曰天命之謂性.『中庸發揮』, 9쪽.

28) 『中庸發揮』, 7쪽.

29) 朱熹: 心之虛靈知覺, 一而已矣. 而以爲有人心, 道心之異者,
則以其或生於形氣之私, 或原於性命之正, 而所以爲知覺者不同, 是以或危殆而不安,
或微妙而難見耳. 然人莫不有是形, 故雖上智不能無人心, 亦莫不有是性.
故雖下愚不能無道心. 二者雜於方寸之間, 而不知所以治之, 則危者愈危,
微者愈微, 而天理之公卒無以勝夫人欲之私矣. 精則察夫二者之間而不雜也,
一則守其本心之正而不離也. 從事於斯, 無少間斷, 必使道心常爲一身之主,
而人心每聽命焉.『四書章句集注』, 19쪽.

30) 孔子曰: 性相近也, 習相遠也. 此萬世論性之根本準則也. 而孟子宗孔子, 爲願學之,
其旨豈有二哉乎? …… 夫天下之性, 參差不齊, 剛柔相錯, 所謂性相近是也.
而孟子以爲人之氣稟雖剛柔不同, 然其趨於善則一也. 猶水雖有清濁, 甘苦之殊,
然其就下則一也. 蓋就相近之中, 而舉其善而示之也, 非離乎氣質而言. 故曰:
人性之善也, 猶水之就下也. 蓋孟子之學, 本無未發, 已發之說. 今若從宋儒之說,
分未發, 已發而言之, 則性既屬未發, 而無善惡可言, 猶水之在於地中,
則無上下之可言. 今觀謂之猶就下也, 則其就氣質而言之明矣.『孟子字義』,
『日本儒林叢書』第6卷(東京: 鳳出版, 1978), 34~35쪽.

31) 『中庸發揮』, 9쪽.

32) 伊藤仁齋, 聖人未生, 則道在天地, 聖人旣生, 則道在聖人. 聖人旣歿, 則道在六經.
『中庸發揮』, 9쪽.

33) 伊藤仁齋, 『易』語(一陰一陽之謂道)是說天道, 如 '率性之謂道', '志於道', '可與適道',
'道在邇'等類, 是說人道. …… 凡聖人所謂道者, 皆以人道而言之, 至於天道,
則夫子之所罕言, 而子貢之所以不可得而聞也, 其不可也必矣. 같은 책, 41쪽.

34) 伊藤仁齋, "竊思唐虞之間, 世醇民朴, 其君臣教誡之言, 惟止於人倫政術,
日常行之間". 같은 책, 7쪽.

35) 이하 인용문은 같은 책, 9~10쪽.
率, 循也. 猶循途循轍之循, 謂循此而不相差也. 言人莫不有父子, 君臣, 夫婦, 昆弟,
朋友之倫; 亦莫不有親義別敘信之道. 皆循其性, 而非矯揉造作, 故曰: 循性之謂道.
脩, 治也. 聖人躬立人極, 明禮義, 謹孝弟, 以爲教, 故曰: 修道之謂教.
蓋諸子百家, 各以其道爲是, 而不知道者流行天下, 人人之所同由, 故合于人之性則爲道,
否則非道. 所以先之以性, 謂之天命. 則見性者人之所以爲人之本,
而非我之所得而私也, 謂之循性.
夫道者, 至矣, 盡矣, 蔑以加焉. 然而不能使人爲聖爲賢, 能成其材德.
其爲聖爲賢能成其材德者, 教之功也. 故道爲上, 教次之. 然而使人之性,
如雞犬之無知, 則雖有善道, 雖有善教, 莫能受之. 其能盡道受教者, 性之善故也.
孟子所謂性善是也.
舊解以爲人物各循其性之自然, 則其日用事物之間, 莫不各有當行之路, 是則道也.
愚謂天下莫尊於道, 亦莫大於道. 以經古今, 以統人倫, 無上亦無對.
若謂待循性而後道始有焉, 則是性先而道後, 性重而道輕, 先後換位, 輕重失序,
豈所謂天下之達道者乎哉? 蓋性者己之所有, 道者, 天下之所通. 言各有攸當.
若謂道自性出則不可. 劉安亦云: 循性而行謂之道. 蓋漢儒沿襲之誤也.

36) 荻生徂徠: 程, 朱諸家又以天爲理, 以性爲理, 以道爲當行之理. 人性之初,
不殊聖人, 道無物不有, 無時不然. 是何殊於老氏所見哉. 見『中庸解』, 關儀一郎編:
『日本名家四書註釋全書』第1卷, 15~16쪽.

37) 『中庸解』, 1쪽.

38) 伊藤仁齋: 中庸之德, 爲道之至極也. 蓋唐虞三代之盛, 民朴俗醇, 無所矯揉,
而莫不自合于道. 父父, 子子, 兄兄, 弟弟, 夫夫, 婦婦, 自無詭行異術相接於耳目者,
此所謂中庸之德爲至也. 及後世也, 教化日渝, 不失不及, 則必失之過, 求道於遠,
求事於難, 愈騖愈遠, 愈騖愈難, 民之鮮能, 一坐於此, 豈非難而又難乎. 『中庸發揮』,

12~13쪽.

39) 『中庸發揮』, 4·12쪽.

40) 荻生徂徠: 七十子既歿, 鄒魯之學稍稍有失其眞者. 而老氏之徒萌蘗於其間, 迺語天語性, 以先王之道爲僞, 學者惑焉, 是子思所以作『中庸』也.『中庸解』, 1쪽.

41) 荻生徂徠: 故孔門之學, 以脩德爲務, 子思之言不其然乎. 雖然有所爭, 斯有所辨, 迺言孔子之所未發, 故語性之弊, 內外之辨, 於是乎出, 儒者遂忘先王之道爲安天下而設焉, 豈子思之心哉. 같은 책, 2쪽.

42) 荻生徂徠: 古之君子, 欲施諸天下, 則文武之政布在方策. 欲得之已, 則詩, 書, 禮, 樂具存, 博學之而後有以知之. 今欲不習其事而遽知其全, 是果何用歟? 是無它, 先王之道降爲儒者之道, 颺之口舌, 欲以服人, 然後有所用已. 子思豈有是哉? 같은 책, 3쪽.

43) 荻生徂徠: 其(中庸)所以異乎孔子者, 迺離禮樂而言其義, 必盡其所欲言而後已. 自此其後, 儒者務以己意語聖人之道, 議論日盛, 而古道幾乎隱. 孟, 荀百家之說所以興, 道之汚隆繫焉. 같은 책, 2쪽.

44) 荻生徂徠: 欲讀『中庸』者, 必先讀六經而知聖人之道, 然後可以知子思著書之意. 같은 책, 5쪽.

45) "喜怒哀樂之未發"者, 人性之初. 嬰孩之時, 其性質之殊, 未可見以言之. 凡人有性有習, 性與習相因, 不可得而辨焉. 習以成性故也. 故論性必於人生之初未有習之時. 如『樂記』所謂"人生而靜, 天之性也"是也. "發而皆中節"者, 旣長之後, 性之異稟旣發, 有萬不同, 苟能學焉, 則能中禮義之節也. 같은 책, 6~7쪽.

46) 夫聖人率性而造道, 子思言率不言造, 其流至孟子言性善而極矣. 荀子迺有睹乎造, 故曰性惡, 豈不皆一偏之言乎. 祇子思所主, 在誠僞之分, 而不在內外之辨. 故其意蓋言: 道雖聖人所造乎, 然率性而造之. 至於習而孰之, 則亦能誠而莫殊乎性焉. 是子思親見孔子, 受業七十子, 而學不失其眞. 是以雖不言造, 而猶言之, 迺所以其言之有所顧忌, 而大非孟子之所能及也. 같은 책, 5쪽.

47) 荻生徂徠: 老氏又語性語天以勝之, 而後民始惑焉. 故子思不得已, 亦本諸性而推諸天, 所以抗老氏而勸世. 勸世之言, 晰乎一體而未周焉. 理周者其言不峻潔焉; 不峻潔者不足以聳聽衆焉, 此其言所以未免失乎一偏. 같은 책, 5쪽.

48) 荻生徂徠: 性者, 性質也. 人之性質, 上天所與, 故曰:"天命之謂性".

聖人順人性之所宜以建道, 使天下後世由是以行焉, 六經所載禮樂刑政類皆是也. 같은
책, 3쪽.

49) 같은 책, 7쪽 참조.

50) 같은 책, 9쪽 참조.

51) 같은 책, 45쪽 참조.

52) 荻生徂徠: 體物, 猶體仁之體. 物者, 禮之物也. 譬如祭如在, 祭者禮, 而如在者,
其物也. 體仁者, 躬而不離也. 如『左傳』子貢論執玉之高卑, 而曰: "嘉事不體,
何以能久". 體字之義, 可以見矣. 祭而如在, 如在之道, 烏能離鬼神而它之求哉?
是遣鬼神, 則無禮之物.『中庸解』, 24쪽.

53) 이와 비교하면 이토 진사이는 "陰曰鬼, 陽曰神. 或曰: 貴爲神, 賤爲鬼"라고 말하여
오히려 우주론인 색채가 더 강하다.『中庸發揮』, 23쪽 참조.

54) 此謂堯舜也. 孔子學以成聖人之德, 故以稱天下至聖. 堯舜性也, 故以稱天下至誠.
……"大經"者, 謂禮之大者也. 先王所以經綸天下者, 禮而已. 或以爲"五倫",
或以爲"九經", 二者皆禮盡之也. 外禮樂而語道, 皆後世理學者流之說, 不可從矣.
禮者, 所以合人倫而理之, 其制度文爲, 詳密具至, 故以治絲比之也. "天下之大本"者,
中庸之德也. 謂之"立"者, 言立以爲教也. "知天地之化育"者, 即上章"致中和,
天地位, 萬物育焉"及"贊天地之化育"同意. 聖人能通之爲一, 是之謂知,
豈在知覺見聞之聞也? 蓋『中庸』一書主"誠", 故"夫婦之愚可與知焉"及"生知",
"學知", "困知"及"至誠之道可以前知, 善必先知之, 不善必先知之"之類,
皆以"不知而默契者"爲"知", 讀者能識是意, 則知之爲贊, 不待辨說而明矣.『中庸解』,
61쪽.

55) 荻生徂徠: 朱熹曰: 中庸者, 不偏不倚無過不及, 而平常之理, 乃天命所當然,
精微之至極也. 是以中庸爲道者也. 近歲又有據是言, 而就古聖人之道,
擇其中庸與非中庸者, 何其妄也. 같은 책, 10쪽.

56) 荻生徂徠: 蓋凡人行先王之道, 而能有誠心者, 得之天性. 故曰: 誠者天之道也.
力行之久, 習以成性, 則其初無誠心者, 今皆有誠心, 是以力之所爲,
教之所至也. 故曰: 誠之者, 人之道也. (不勉而中) 中者, 譬諸射乎此而中乎彼,
謂其不知而暗合乎先王之道也. 人之得乎性質者, 雖不勉强, 而暗合先王之道;
雖不思慮, 而能得先王之道弗謬, 是其發乎誠心者也. 故曰: 誠者不勉而中, 不思而得.
從容中道者, 言聖人之於先王之道, 莫不誠矣. 以明誠之者, 可以至於聖人也.
堯舜性之, 湯武反之, 皆然. 即鄭玄所謂大至誠者是也. 같은 책, 41~42쪽.

57)　伊藤仁齋, 王道即仁義, 非仁義之外, 復有王道也.
　　『童子問』·『伊藤仁齋集』·『大日本思想全集』第4卷(東京: 大日本思想全集刊行會,
　　1934年), 101쪽.

58)　荻生徂徠: 先王之道, 安天下之道也. 其道雖多端, 要歸於安天下焉.『辨道』,
　　(『荻生徂徠』上, 東京: 岩波書店, 1982년), 202쪽. 또 말했다. 蓋先王之道, 敬天爲本,
　　禮樂刑政, 皆奉天命以行之, 故知命安分, 爲君子之事矣.『論語徵』甲, 關儀一郎編:
　　『日本名家四書註釋全書』第7卷(東京: 東洋圖書刊行會, 1926년), 5～6쪽.

59)　伊藤仁齋, 問: 然則, 王道不弁欲歟? 答: 否.『書』曰: 以禮制心, 以義制事.『孟子』曰:
　　君子以仁存心, 以禮存心. 苟有禮義以裁之, 則情即是道. 欲即是義, 何惡之有.
　　『童子問』第10章, 104쪽.

60)　이토 진사이는 "性道教三者, 包括天下之理盡"라고 했다.『中庸發揮』, 10쪽.

61)　伊藤仁齋, 若謂待循性而後道始有焉, 則是性先而道後, 性重而道輕, 先後換位,
　　輕重失序, 豈所謂天下之達道者乎哉. 蓋性者己之所有, 道者天下之所通, 言各有攸當.
　　若謂道自性出則不可. 같은 책, 11쪽.

62)　伊藤仁齋:『論語』專言教, 而道在其中矣. 孟子專言道, 而教在其中矣. 蓋道爲上,
　　教次之. 然道無爲, 而教有功, 故『論語』雖以人爲本, 然其告人, 每以教爲重,
　　故專言教而道在其中矣. 至孟子時, 世衰道微, 諸子百家各道其道, 而仁義充塞,
　　故專揭仁義示人, 而以存養擴充爲要, 故專言道而教在其中矣. 같은 책, 55쪽.

63)　"성교귀일性教歸一"이라는 말은『中庸解』, 43쪽에서 확인할 수 있다.

64)　같은 책, 33～34쪽.

65)　伊藤仁齋, 若舜湯之執中, 雖不言權, 權自在其中矣; 若學者, 必不可不用權,
　　故中必以權爲要, 所謂無過不及者. 亦非不可訓中也. 然在用權得其當之後,
　　不可以無過不及便爲中也. 같은 책, 5쪽.

66)　같은 책, 46쪽.

67)　같은 책, 5쪽.

68)　井上哲次郎,『日本古學派之哲學』, 744～745쪽.

69)　예를 들면 나카이 지쿠잔中井竹山(1830～1804)의 관점이 그렇다. 中井竹山,
　　「總非」,『非徴』,『近世後期儒家集』(中山 幸彦, 岡田武彦校註, 東京: 岩波書店, 1981).

70)　伊藤仁齋: 學問之法, 予岐而爲二, 曰血脈, 曰意味. 血脈者, 謂聖賢道統之旨,
　　若孟子所謂仁義之說是也. 意味者, 即聖賢書中意味是也. 蓋意味本血脈中來,
　　故學者當先理會血脈. 若不理會血脈, 則猶舡之無柁, 宵之無燭, 茫乎不知其所底止.

然論先後, 則血脈爲先; 論難易, 則意味爲難. 『語孟字義 · 學』, 59쪽.

71) 伊藤仁齋, 『論語』, 『孟子』者, 說義理者也. 『詩』·『書』·『易』·『春秋』不說義理,
而義理自有者. 說義理者, 可學而知之者; 義理自有者, 須思而得之也. ……
四經猶天生之物, 不煩雕琢, 自然可觀焉. 『語』, 『孟』猶設權衡尺度, 以待天下之長短.
六經猶畫也, 『語』, 『孟』猶畫法也, 知畫法而後可通畫理, 示知畫法而能通畫理者,
未之有也. …… 故通『語』, 『孟』二書, 而後可以讀六經. 『語孟字義』, 78쪽.

72) 伊藤仁齋: 禮字義本分明, 然於禮之理甚多曲折, 非學明識達者不能識焉.
蓋禮之難知, 不在於節文度數繁縟難識, 而專在於斟酌之損益, 時措之宜. ……
若欲準古酌今, 隨於土地, 合於人情, 上自朝廷下至於閭巷, 使人循守而樂行之,
則非明達君子不能作焉. 『語孟字義』, 29쪽.

73) 伊藤仁齋: 聖人從天下上見道, 故就天下之所同然見道, 不欲離乎天下, 而獨善其身,
故其學爲經世, 其道爲達身, 其教爲仁義忠信. …… 其修己立德, 將以安天下之人.
故不以天下之所不能而強人, 亦不以天下之所不從而爲教, 所以爲王道也. 『童子問』,
109쪽.

74) 다산이 제시한 증거는 다음과 같다. 漢書藝文志, 中庸說二篇. 劉宋散騎常侍戴顒,
撰中庸傳二卷. 隋書經籍志, 中庸講疏一卷. 梁武帝撰. 王崇簡云,
梁武帝又撰私記制旨中庸義五卷. 唐陸德明釋文云: 中庸, 孔子之孫子思作,
以昭明祖德.

75) 정약용은 다음과 같이 말했다. 『중용』과 『향당』편은 실로 서로 표리 관계라고
본다. 왜냐하면 『향당』은 성인의 규범(문장)이 겉으로 나타난 상황을 이야기하는
것이고, 『중용』은 성인의 도덕이 속 안에 충만한 상황을 이야기하는 것이다. 성인의
내온內醞을 알고자 하면 이 책 말고 또 뭐가 있겠는가? 臣竊嘗以爲中庸一書,
與鄕黨篇實相表裏. 何者? 鄕黨, 就聖人文章之著於外者而言之. 中庸,
就聖人道德之充乎內者而言之. 欲知聖人之內蘊者, 舍是書何以哉! 『中庸策』,
『與猶堂全書』 제1집, 권8, 27쪽.

76) 『國語 · 晉語』(獻公 26年), 舅犯曰" …… 夫堅樹在始, 始不固本, 終必槁落. 夫長國者,
唯知哀樂喜怒之節, 是以導民. 不哀喪而求國, 難; 因亂以入, 殆. 以喪得國, 則必樂喪,
樂喪必哀生. 因亂以入, 則必喜亂, 喜亂必怠德. 是哀樂喜怒之節易也, 何以導民?
民不我導, 誰長?"

77) 정약용은 다음과 같이 말했다. 『진어』에서 구범이 말했다. '나라를 다스리는
자는 희로애락의 절도를 알아야 하고 이로써 백성을 인도해야 한다. 상당했을 때

애도하지 않고 전쟁을 치르면 상을 즐거워하고 난을 좋아하게 되니 희로애락의 절도가 뒤집히게 된다. 어떻게 백성을 인도할 것인가?' 옛 사람이 논한 희로애락의 절도란 이런 것이다. 그 취지(氣味)는 후세 성리학자와 다르다. 중용은 고문이니 마땅히 고인의 취지대로 읽어야 한다. 晉語舅犯曰: '夫長國者, 唯知哀樂喜怒之節, 是以導民. 不哀喪而求國難, 則必樂喪哀生喜亂, 是哀樂喜怒之節易也, 何以導民'. 古人論喜怒哀樂之節, 不過如此, 其氣味與後世性理家所論不同. 中庸旣是古文, 當以當時氣味求之.『中庸講義補』,『與猶堂全書』第4册(서울: 여강출판사, 1985), 총 248쪽.

78) 此節, 卽愼獨君子存心養性之極功, 非通論天下人之性情也.『中庸自箴』, 『與猶堂全書』第4册, 總 185쪽.

79) 朱熹: 喜怒哀樂, 情也. 其未發, 則性也. 無所偏倚, 故謂之中. 發皆中節, 情之正也. 無所乖戾, 故謂之和.『中庸章句』,『四書章句集注』, 23쪽.

80) 정약용은 다음과 같이 말했다. 만약 이발已發에는 선악이 있고 미발未發에는 없다면 대중은 비록 화和를 이루지 못해도 중中에 도달할 수 있다. 그럼 소인과 군자가 위육位育의 공功을 나눠 갖게 되는데 통할 수 있는 말인가? 若云已發有善惡, 未發無善惡, 則是衆人雖不能皆和, 未嘗不皆中, 雖不能致和, 未嘗不致中. 小人君子, 其將分據位育之功, 而可通乎?『中庸自箴』,『與猶堂全書』 제4책, 총 186쪽.

81) 정약용은 다음과 같이 말했다. 신독愼獨은 중화中和를 이룰 수 있다. 왜냐? 미발未發이란 희로애락의 미발이지 생각 사려의 미발이 아니다. 이 상태에서는 항상 조심하여 마치 상제 신명이 지켜보고 있는 것처럼 근심하고 잘못이 있을까봐 두려워해야 한다. 항상 마음가짐을 곧고 바르게 하여 외부 사물이 올 것을 기다린다. 이것이 천하의 가장 중中(알맞은, 적중)한 것이 아닌가? 이 상태에서 기쁜 일을 보면 기뻐하고 화나는 일을 보면 화내고 슬픈 일을 당하면 슬퍼하고 즐거운 일을 만나면 즐거워한다. 이것은 신독의 공부가 있었기 때문에 일을 만나서 발發할 때 항상 절도에 맞는 것이다. 이것이 천하의 가장 화한 것이 아니겠는가? 愼獨之能致中和, 何也? 未發者, 喜怒哀樂之未發, 非心知思慮之未發. 當此之時, 小心翼翼, 昭事上帝, 常若神明照臨屋漏, 戒愼恐懼, 惟恐有過; 矯激之行, 偏倚之情, 惟恐有犯, 惟恐有萌. 持其心至平, 處其心至正, 以待外物之至. 斯豈非天下之至中乎? 當此之時, 見可喜則喜, 見可怒則怒, 當哀而哀, 當樂而樂, 由其有愼獨之潛功, 故遇事而發, 無不中節, 斯豈非天下之至和乎?『中庸自箴』,『與猶堂全書』第4册,

186쪽.

82) 정약용은 다음과 같이 말했다. 주자도 여기(혹문)에서 중화中和는 신독愼獨에서
나온 것이라고 했다.『장구』에서는 이런 말이 없어 속물 선비들은 알지 못했다.
오늘의 학자는 주자의 이 설을 지침으로 하면 현혹되지 않을 것이다. 천명天命의
성性은 성인과 우매한 자 모두 갖고 있지만 중화라는 것은 덕을 이룬 경지이고
반드시 노력하고 공부한 후에야 얻을 수 있다. 어찌 노력하기도 전에 이미 중화의
덕이 마음에 못처럼 박혀 있을 수 있단 말인가!
箴曰: 朱子於此, 亦以中和出於愼獨. 特於章句無此意思, 故俗儒不能知耳. 今之學者,
表章朱子此說, 以爲指南, 庶不迷矣. 但天命之性, 雖聖愚同得, 而中和二字,
乃成德之美名, 必用力推致而後乃爲吾有, 豈可於不用力之前, 先有中和之德,
釘著人心者乎!『中庸自箴』,『與猶堂全書』第4冊, 188~189쪽.

83) 정약용은 다음과 같이 말했다. 주자는『장구』에서 대중(모든 사람)의 본성이라고
했다.『혹문』에서는 군자의 공부라고 했다. 대개 정자 문하의 여러 가지 설은 원래
불명확하다. 따라서 주자는 따르기도 하고 위배되기도 하고 서로 모순되는 꼴이
되었다. 치중화致中和란 신독군자愼獨君子의 일이니『혹문』의 설을 정론으로 봐야
할 것이다. 朱子於『章句』以爲衆人之本性, 於『或問』以爲君子之用力. 蓋以程門諸說,
原自不明, 故朱子或從或違, 致相矛盾. 臣以爲致中和者, 愼獨君子之事,
當以或問爲定論矣.『中庸講義』,『與猶堂全書』第4冊, 248쪽.

84) 정약용은 다음과 같이 말했다. 주자는『장구』에서 이 절은 천하 사람의
성정性情을 통틀어 말하는 것이라고 하고,『혹문』에서는 이 중화中和의 덕德은
근심과 두려움(즉, 마음 수양) 때문이라고 했다. 양자가 서로 모순되어 수많은
갈등과 오해가 여기서 시작되었다. 대개 정자의 문하가 학문을 논할 때부터 오류가
많았고 주자는『혹문』에서 이를 자세히 변별하여 여기서 더 이상 논할 필요가
없다. 다만 주자는 이런 오류에 대해『혹문』에서 "잘못된 말로 사람을 오도하고
있다"고 지적하였지만 그 뿌리와 가지가 아직도 남아 있어 (주자가) 어떤 때는
모든 사람을 통틀어 논한다고 하고, 어떤 때는 군자만 얘기하는 것이라 하고, 어떤
때는 본심本心의 체용體用이라 하고, 어떤 때는 신독의 성과라고 하는 등 좌우로
왔다 갔다 하고 일정하지 않아 이것은 학자가 깊이 한탄해야 할 일이다. 今按,
朱子於『章句』以此節爲通論天下人之性情, 於『或問』以此中和之德謂由於戒愼恐懼,
兩義相戾, 不能雙通, 於是百藤千葛都由此起. 蓋自程門論學之初, 已多謬戾.
朱子作『或問』一書, 辨之極詳, 今不再述. 但朱子於程門記錄之誤, 雖斷之曰:

亂道誤人(見或間), 然其根株枝葉, 尙亦有刊落未盡者. 故或通論衆人, 或單言君子,
或以爲本心之體用, 或以爲愼獨之功效, 左傾右仄, 趣不歸一, 此學者之深恨也.
『中庸講義』, 『與猶堂全書』第4冊, 246쪽.

85) 정약용은 다음과 같이 말했다. 신독이 바로 미발이다. 이것이 바로 주자가
이야기한 미발 때의 공부다. 愼獨卽未發. 此朱子所謂未發時有工夫也. 『中庸講義』,
『與猶堂全書』第4冊, 250쪽.

86) 정약용은 다음과 같이 말했다. 『악기』에서 말했다. "사람은 태어날 때
고요(靜)하니 이것은 천성이다. 사물에서 감感을 받아 동動하니 이는 성性의
욕欲이다." 이것도 한대 학자의 설이다. 고경古經에는 이런 취지, 논리(氣味)가
없다. 『樂記』云: 人生而靜, 天之性也. 感於物而動, 性之欲也. 此亦漢初俗儒之說,
古經無此氣味. 『中庸講義』, 『與猶堂全書』第4冊, 247쪽.

87) 정약용은 다음과 같이 말했다. 『중용』의 미발未發, 이발已發은 원래 신독愼獨하는
군자의 지성至誠을 두고 하는 이야기이다. 이것은 시괘蓍卦(역易으로 점칠 때
쓰는 시초蓍草)의 적감寂感*과 전혀 다르다. 특히 불교에서 심心을 논할 때 늘
적감으로 설명하는데 정문제공程門諸公은 양측의 설이 서로 맞는다고 보는 것
같구나. 況中庸之未發已發, 原係愼獨君子至誠之說, 與蓍卦寂感之理, 無所勞髴.
特以佛氏論心, 每以寂感爲說, 程門諸公以爲兩家之說, 泐然相合. 『中庸講義』,
『與猶堂全書』第4冊, 247쪽.

  * 다산의 원문 바로 앞 구절에 나온다. ○易曰寂然不動, 感而遂通天下之故.
  此謂蓍卦爲物, 無思無爲. 若枯槁無慮之物, 一朝布筮揲蓍, 四營成易, 則萬物來感,
  遂通天下之故也. 此與吾人心體, 原不相類.

88) 정약용은 다음과 같이 말했다. 주자가 명경지수明鏡止水(밝은 거울,
고요한 물)로 미발의 중을 설명하니 공적空寂에 가까워질 우려가 있다.
朱子以明鏡止水爲未發之中, 恐與空寂相近. 『中庸講義』, 『與猶堂全書』第4冊, 252쪽.

89) 聖門治心之法, 有愼思無入寂, 有戒恐無默存. 故思而不學, 學而不思, 孔子戒之.
小心翼翼, 昭事上帝, 文王以之. 未聞以寂然不動爲吾心之本體也. 孟子曰: 心之官思,
思則得之. 未聞曰: 心之官寂, 寂則感之也. 經但曰: 喜怒哀樂未發而已, 何嘗曰:
一切思念, 都未發乎? 喜怒哀樂未發之時, 胡獨無戒愼恐懼乎? 中和之德, 本出於愼獨,
朱子『或問』論之詳矣. 『中庸講義』, 『與猶堂全書』第4冊, 247쪽.

90) 정약용은 다음과 같이 말했다. 주자가 말했다. '하늘이 음양오행으로 만물을
화생하여 기氣를 통해 형체를 이루고 이理도 부가 된다.' 지금 보기에는 음양의

명칭은 햇빛의 비춤과 가림에서 온 것이다. 해가 비치면 양이고 해가 가리면
음이다. 거기에 원래 체질이 없고 명암만 있어 원래 만물의 어머니가 될 수 없다.
…… 따라서 성인이 역易을 만들 때 음양의 대칭으로 천도天道와 역도易道를
하는 것이다. 거기에 무슨 체질이 있단 말인가? 朱子曰: 天以陰陽五行化生萬物.
氣以成形, 理亦賦焉. 今案: 陰陽之名, 起於日光之照掩, 日所隱曰陰, 日所映曰陽.
本無體質, 只有明闇. 原不可以爲萬物之父母. …… 故聖人作易, 以陰陽對待,
爲天道爲易道而已, 陰陽曷甞有體質哉?!『中庸講義』,『與猶堂全書』第4册,
238~239쪽.

91) 정약용은 다음과 같이 말했다. 하늘의 도리는 크고도 크다. 만물의 이치는
희미하고 은밀하여 추측하기 어렵다. 하물며 오행은 만물 중 다섯에 불과하고 같은
물질이다. 한데 다섯으로 만萬을 만들어내다니 너무 어렵지 않은가?! 天道浩大,
物理眇隱, 未易推測. 況五行不過萬物中五物, 則同是物也, 而以五生萬, 不亦難乎.
『中庸講義』,『與猶堂全書』第4册, 241쪽.

92) 정약용은 다음과 같이 말했다. 성이란 물체는 형체(形)도 없고 본질(質)도 없다.
만약 성性이 질質에 의지한다고 하는 것은 괜찮은데, 천명 이외에 별도로 기질의
성을 세운다면 이는 옛날부터 증명된 바가 없어 나로서는 감히 알지 못한다.
경서書經에서 말했다. 오직 하늘 상제만 참마음(衷)을 하민(백성)에게 내린다.
만약 변하지 않는 성(恒性)이 있다면 이것이 바로 천명의 성이 아닐까? (여기서)
정신과 형체가 묘하게 합쳐 있고 성性과 기氣는 서로 떨어져 있지 않다. 그러면
이 중용(經)에서 논한 것도 선은 있고 악이 없는 선이다. 따라서 솔성率性하라고
한다. 만약 이것이 기질의 성이라면 어떻게 따를(率) 수 있단 말인가? 性之爲物,
無形無質. 若云性寓於質則可. 若於天命之外, 別立氣質之性, 則在古無徵,
臣未敢知也. 書曰: 惟皇上帝, 降衷于下民. 若有恒性, 此豈非天命之性乎? 神形妙合,
性不離氣. 然此經所論, 卽有善無惡之性, 故使之率性. 氣質之性, 豈可率乎?!
『中庸講義』,『與猶堂全書』第4册, 241쪽.

93) 정약용은 다음과 같이 말했다. 주자는 비록 솔率을 순循이라고 풀이했지만 그가
성을 논할 때 인人과 물物의 성을 겸하여 논했다. 따라서 주자는 만물의 자연
본성을 따르는 것이 도道라고 하였다. 여기서 솔率은 힘쓴다는 뜻이 없다. 또 어떤
이는 솔성率性을 성명性命의 이리를 따르는 것이라고 한다. 이럴 경우 솔성은
자연 방임에 불과하고 이는 성인의 극기복례의 학문과도 맞지 않을 것이다. ……
주자는 성性 혹은 도道를 이야기할 때 매번 사람과 사물을 겸하여 논한다. 주자의

이야기가 막히거나 안 통하는 것도 대체로 이런 대목 때문이다. 朱子雖訓率爲循°
然朱子論性° 本兼人物之性而言之° 故朱子曰循萬物自然之性之謂道° 此率字不是用
力字. 或以率性爲順性命之理, 則却是道因人有, 由是觀之, 所謂率性, 不過任其自然,
恐與古聖人克己復禮之學不相符合. …… 朱子於性道之說, 每兼言人物,
故其窒礙難通多此類也.『中庸講義』,『與猶堂全書』第4冊, 242~243쪽.

94) 정약용은 다음과 같이 말했다. 경에서 말했다. 천지의 화육化育을 이끈다(돕는다).
또 말했다. 만물의 성성性을 다한다. 주자는 이 두 문장을 볼 때 너무 얽매여
매번 명성도교命性道教 사자四者로 사람과 사물을 같이 논한다. 하지만 소위
천명天命의 성성은 인성人性이다. 솔성率性의 도道는 인도人道다. 수도修道의
교教는 사람에 대한 가르침(人教)이다. 인성을 잘 다스리면 물성物性도 따르게
된다. 인도가 밝혀지면 화육을 이끌 수 있다. 어떻게 수양 공부를 시작한 초기부터
금수초목의 성성이나 도를 다루어 같이 성장하려고 할 수 있는가! 今按: 經曰:
贊天地之化育. 又曰: 能盡物之性. 朱子看此二句, 太拘太泥, 每以命性道教四者,
兼人物而言之. 然所謂天命之性, 是人性也. 率性之道, 是人道也. 修道之教, 是人教也.
人性旣順, 則物性咸若. 人道旣明, 則化育可贊. 豈可於繕性學道之初, 兼治禽獸之性,
交修草木之道, 以冀其偕茂偕育哉.『中庸講義』,『與猶堂全書』第4冊, 243쪽.

95) 정약용은 다음과 같이 말했다. 천성天性 이 두 글자는 '西伯戡黎, 不虞天性'에서
처음 나왔다.『역전』의 진성盡性과『맹자』의 지성知性이란 말은 이보다 후세에
나온 것이다. 천명天命을 겪은 성성이 바로 조이祖伊가 이야기한 천성天性이다.
하지만 성성자의 본래 뜻을 이야기한다면 성이란 심심心이 기호嗜好하는 것이다.
소고, 맹자, 왕제 등에서 이야기한 성은 모두 기호로 보는 것이다. 箴曰: 天性二字,
始發於'西伯戡黎, 不虞天性'一語.『易傳』盡性之句,『孟子』知性之訓, 皆後於是也.
此經天命之性, 卽祖伊所言之天性也. 然據性字本義而言之, 則性者心之所嗜好也.
召誥云: 節性唯日其邁. 孟子曰: 動心忍性. 王制云: 修六禮以節民性. 皆以嗜好爲性也.
『中庸自箴』,『與猶堂全書』第4冊, 178쪽.

96) 蓋人之胚胎旣成, 天則賦之以靈明無形之體. 而其爲物也, 樂善而惡惡, 好德而恥汚.
斯之謂性也. 斯之謂性善也.『中庸自箴』,『與猶堂全書』第4冊, 178쪽.

97) 人恒陷於惡, 其謂之性善者何也? 人每行一善事, 其心必愉然以快.
豈非適性故愉然乎? 人每行一惡事, 必欲然自覺. 豈非拂性故欲然乎? 赤子入井,
必急往援出而後安於心. 鷄肉當前, 必固辭不食而後安於心. 班斑同行,
必分其重任然後安於心. 善人被誣, 必暴其寃枉然後安於心. 凡遇此而不能行者,

皆惄蹙不安. 其安與不安, 豈非適性與拂性之故乎? 故曰率性可以爲善.
『中庸自箴』,『與猶堂全書』第4冊, 179～180쪽.

98) 荀卿言性惡, 揚雄言善惡渾. 其謂之性善者. 何也. 性若不善. 安得率之. 若善惡渾.
安得率之. 必其物純善無惡. 故可以率之循之. 如鋸者之循繩墨. 濟者之循橋梁.
若其中微有不善. 聖人立敎. 必當曰違之拂之. 改之揉之. 豈得以率性爲道乎.
『中庸自箴』,『與猶堂全書』第4冊, 179쪽.

99) 정약용은 다음과 같이 말했다. 사람은 태어나서 영명한 전체의 성성을
부여받았다고 했는데, 반드시 성을 기호嗜好로 보아야 하는 이유는 무엇인가?
(답) 사람들은 늘 나는 천성적으로 회자膾炙를 좋아하고 쉰 음식을 싫어한다,
나는 천성적으로 음악을 좋아하고 개구리 소리를 싫어한다고 말한다. 사람은 원래
기호를 천성으로 보는 것이다. 따라서 맹자는 성선의 논리를 설명할 때 늘 기호로
설명한다. 공자는 『시경』의 '병이호덕秉彝好德' 문구를 인용하여 인성을 증명한다.
기호가 아닌 다른 기준으로 성性을 논하는 것은 수사(공맹)의 원래 가르침이
아니다. 箴曰: 人方以靈明之全體爲性. 其必以嗜好爲性者, 何也? 人有恒言曰:
我性嗜膾炙, 曰我性惡饎敗, 曰我性好絲竹, 曰我性惡蛙聲. 人固以嗜好爲性也.
故孟子論性善之理, 輒以嗜好明之. 孔子引秉彝好德之詩, 以證人性. 舍嗜好而言性者,
非洙泗之舊也.『中庸自箴』,『與猶堂全書』第4冊, 179쪽.

100) 率性之謂道. 故性之所發, 謂之道心. 道心常欲爲善, 又能擇善. 一聽道心之所欲爲,
玆之謂率性. 率性者, 循天命也. 不義之食在前, 口腹之慾溢發, 心告之曰: 勿食哉,
是不義之食也. 我乃順其所告, 却之勿食, 玆之謂率性. 率性者, 循天命也. 四體繭然,
常欲疲臥, 道心告之曰: 勿偃哉, 是怠慢之習也. 我乃順其所告, 蹶然起坐, 玆之謂率性.
率性者, 循天命也.『中庸自箴』,『與猶堂全書』第4冊, 180쪽.

101) 性旣如是, 故毋用拂逆, 毋用矯揉, 只須率以循之, 聽其所爲, 自生至死, 遵此以往,
斯之謂道也. 但道路爲物, 舍之不治則蓁莽阻塞, 莫適所向, 必有亭堠之官,
爲之治之繕之開之導之, 使行旅弗迷其方, 然後方可以達其所往. 聖人之牖導衆人,
其事相類, 斯之謂敎也. 敎者繕治道路者也.『中庸自箴』,『與猶堂全書』제4책, 178쪽.

102) 敎者, 五敎也. 下文曰修身以道, 修道以仁, 仁者人倫之成德, 天之所以察人善惡,
恒在人倫. 故人之所以修身事天, 亦以人倫致力. 下文所謂五達道, 卽修道之敎也.
人能於父子君臣夫婦昆弟朋友之際, 盡其心之中和, 則修道者也.『中庸自箴』,
『與猶堂全書』第4冊, 178쪽.

103) 中者, 不偏不倚, 無過不及也. 名此於經文, 具有確證. 惟庸字之義, 未有明解.

若云平常之理, 則聖人以平常之理, 名曰至德, 亦恐未然.『中庸自箴』,『與猶堂全書』第4冊, 189쪽.

104) 竊嘗思之, 仲尼之學, 源於堯舜. 故大學之明德新民, 其在堯典曰: "克明峻德, 以親九族, 以平百姓, 以協萬邦". 其在皋陶謨曰: "愼厥身修, 敦敍九族, 庶明勵翼, 邇可遠在". 玆皆是修身齊家治國平天下之說. 前聖後聖之言, 若合符節. 奚獨中庸二字, 爲仲尼所創建, 而堯舜之世無此說乎? 今案, 『皋陶謨』皋陶陳九德之目, 其一曰寬而栗, 夫不偏於寬之濟之以栗, 則中也. 其二曰柔而立, 夫不倚於柔而濟之以立, 則中也. 其五曰擾而毅, 夫不過於擾而濟之以毅, 則中也. 六曰直而溫, 夫不過於直而滲之以溫, 則中也. 餘所謂愿而恭, 亂而敬, 簡而廉, 剛而塞, 彊而義, 雖其字義今多不明, 要皆不偏於此而兼之如彼之意. 末乃結之曰: "彰厥有常, 吉哉". 則九德者, 中也, 有常者, 庸也. 中庸二字, 其非堯舜以來聖聖相傳之密旨要言乎? 其在堯典, 曰: "夔命汝典樂, 敎冑子, 直而溫, 寬而栗, 剛而無虐, 簡而無傲", 其爲不偏不倚無過不及之德, 又昭昭然. 而大司樂中和祇庸之敎, 本出堯典, 又彰彰然矣. 古者敎人以禮樂, 故皋陶謨曰: "自我五禮有庸哉". 堯典曰: "典樂敎冑子以中庸之德". 仲尼以中庸立敎, 源源本本起於堯舜. 知此而後, 中庸二字之義, 昭如日星, 建諸天地, 數千年湮晦不明之學, 一朝洞若發矇, 何快如之, 何樂如之.『中庸自箴』,『與猶堂全書』第4冊, 189~191쪽.

105) 舜之所以爲大知者, 以其不自用而取諸人也. 邇言者, 淺近之言, 猶必察焉, 其無遺善可知. 然於其言之未善者則隱而不宣, 其善者則播而不匿, 其廣大光明又如此, 則人孰不樂告以善哉. 兩端, 謂衆論不同之極致. 蓋凡物皆有兩端, 如小大厚薄之類, 於善之中又執其兩端, 而量度以取中, 然後用之, 則其擇之審而行之至矣. 然非在我之權度精切不差, 何以與此. 此知之所以無過不及, 而道之所以行也.『四書章句集注』, 26쪽.

106) 兩端, 謂凡事之本末輕重也. 言舜之所以爲大智者, 在於不狹人而自用, 好察淺近之人. 且其惡者隱而不宣, 善者揚而不棄, 故能來天下之善也. 而其衆論之不同, 皆執而不棄, 所以廣其知也. 擇其無過不及, 而用之於民者, 欲天下無遺善. 蓋知者每馳高, 而愚者不及知, 唯若舜之知, 乃爲天下之大聖, 而中庸之所以行也.『中庸發揮』, 13~14쪽.

107) 箴曰: 舊注以過與不及爲兩端, 本是正解. 若衆論皆過, 則皆不可用, 若衆論皆不及, 則亦皆不可用也. 中與兩端, 皆已先在舜自己心內, 以之爲權衡尺度, 於是執此三者, 以察人言. 其犯於兩端者去之, 其合於中者用之, 斯其所以爲舜也. 若於人言之內,執其兩端, 較量其大小厚薄而用其中品, 則宜大宜厚者, 亦將以其不中而去之乎?
中者, 至善之所在也. 有極大極厚而得中者, 有極小匿薄而得中者.『中庸自箴』,
『與猶堂全書』第4冊, 195쪽.

108) 禮以稱位爲中. 大夫之棺五寸, 則厚於五寸過也, 薄於五寸不及也. 服以稱體爲中.
侏儒之衣三尺, 則大於三尺過也, 小於三尺不及也. 然則大小厚薄, 未嘗非兩端,
此朱子之義也. 然衆人之論, 未必有大中小三層. 十人言之, 或十人皆主厚大,
或十人皆主厚小, 舜將奈何. 大小厚薄, 必於吾心之內, 先有權衡, 以執者中,
然後去察人言. 其犯於兩端者棄之, 其合於中庸者用之, 方可以不失其中.
朱子以兩端爲人言之兩端, 原恐難解, 臣無任惶恐.『中庸講義』,『與猶堂全書』第4冊,
260~261쪽.

109) 草木之性, 有生而無覺. 禽獸之性, 旣生而又覺. 吾人之性, 旣生旣覺又靈又善.
『中庸講義』卷1,『與猶堂全書』第4冊, 239쪽.

110) 정약용은 다음과 같이 말했다.『대학』・『중용』모두 '성誠'자를 가장 으뜸
공부로 본다.『대학』은 의意를 성誠하려면 먼저 격치格致를 하라고 하고,『중용』은
신身을 성誠하려면 먼저 명선明善하라고 한다. 하지만 격물치지格物致知는
사물의 본말(원리)을 아는 것이고 명선은 반드시 하늘을 알아야 한다. 지천知天이
신독愼獨의 근본이다. 이것이 양자의 차이다.『大學』・『中庸』, 皆以誠字爲首功.
而『大學』則曰: 欲誠其意者, 先之以格致『中庸』則曰: 欲誠其身者, 先之以明善.
亦一例也. 然格物致知, 不過知物之本末而已, 明善則必知天. 知天爲愼獨之本,
此其異也.『中庸自箴』,『與猶堂全書』第4冊, 215~216쪽.

111)『中庸發揮』, 7쪽.

112) 伊藤仁齋, 惟聖人之敎, 爲大中至正之道.『中庸發揮』, 20쪽.

113) 伊藤仁齋: 此章(庸德之行, 庸言之謹)反覆推明, 以言道不遠人之意, 蓋學問之至要,
中庸之至極也. 若夫不識道者, 必以無形無影, 高遠不可及之理, 爲其至極,
而不知中庸之道, 通乎天下, 達乎萬世, 不可須臾離.『中庸發揮』, 21쪽.

114) 伊藤仁齋: 蓋資秉聰穎者, 必騖于高遠, 流于汚漫, 其卒也, 必陷於異端.
唯顏子之爲人, 擇乎中庸, 是以能受夫子博約之敎, 而至於欲罷不能之地也.
『中庸發揮』, 15쪽.

115)『中庸發揮』, 20쪽.

116) 이 관점은 黃俊傑,『東亞儒學的新視野』(臺北: 臺灣大學出版中心, 2004), 130쪽
참조.

117) 伊藤仁齋, 『孟子古義 · 總論』, 關儀一郎編, 『日本名家四書註釋全書』 제1권, 4~5쪽.

118) 以善服人者, 覇者之事也; 以善養人者, 王者之德也. 以善服人者, 有意於服人, 故人不服; 以善養人者, 欲人皆善, 而無意於服之, 故天下自不得不服焉. 『孟子古義』, 172쪽.

119) 張崑將, 『日本德川時代古學派之王道政治論: 以伊藤仁齋, 荻生徂徠爲中心』(臺北: 臺灣大學出版中心, 2004), 142쪽 참조.

120) 伊藤仁齋: 所謂王道者, 以不忍人之心行不忍人之政而已, 何難之有? 『童子問』, 제19장, 117쪽.

121) 장쿤장은 진사이가 이야기한 '실덕實德'을 분석하여 진사이의 불인인지정不忍人之政 혹은 왕자王者의 조건은 네 가지라고 설명한다. 즉 여민동우락與民同憂樂, 상검尙儉, 제민지산制民之産, 범천도이위덕法天道以爲德. 그리고 왕패王覇의 구분도 이 네 가지를 기준으로 판단하여 하나만 부족해도 진사이는 이를 패覇(道)로 본다. 張崑將, 앞의 책, 141~146쪽.

122) "孟子未云天下之性皆善而無惡", "性善之說爲自暴自棄而發", 『孟子古義』, 149쪽.

123) 中庸之德, 爲道之至極也. 蓋唐虞三代之盛, 民朴俗醇, 無所矯揉, 而莫不自合于道. 父父, 子子, 兄兄, 弟弟, 夫夫, 婦婦, 自無詭行異術相接於耳目者, 此所謂中庸之德爲至也. 及後世也, 教化日渝, 不失不及, 則必失之過, 求道於遠, 求事於難, 愈驚愈遠, 愈驚愈難, 民之鮮能, 一坐於此, 豈非難而又難乎! 『中庸發揮』, 12~13쪽.

124) 『語孟字義』上 「天命」, 21쪽.

125) 曰道也者, 主道而言之辭也. 老氏貴精賤粗之見, 以禮樂刑政之類爲先王陳迹而不用之. 獨見夫精粹者, 而命之爲道. 子思著書抗之, 故亦主道而言之, 六經莫非道也. 『中庸解』, 4쪽.

126) "道心與天命不可分作兩段看, 天之儆告我者, 不以雷不以風, 密密從自己心上丁寧告戒. 假如一刻, 驀有傷人害物之志萌動出來時, 覺得一邊有溫言以止之者, 曰, '咨皆由汝, 何可怨. 彼汝若釋然, 豈非汝德'. 丁寧諦聽, 無所熹微, 須知此乃是赫赫之天命, 循而順之則爲善爲祥, 慢而違之則爲惡爲殃. …… 天命不但於賦生之初, 畀以此性, 原來無形之體, 妙用之神, 以類相入, 與之相感也. 故天之儆告, 亦不由有形之耳目, 而每從無形妙用之道心. 『中庸自箴』, 『與猶堂全書』 第4册, 183쪽.

127) “視之而弗見, 聽之而弗聞, 體物而不可遺(보려 해도 보이지 않고, 들으려 해도 들리지 않으며, 만물의 예體가 되어 빠뜨림이 없으니),” “君子處暗室之中, 戰戰栗栗, 不敢爲惡, 知其上有上帝臨汝也(군자가 어두운 방에 있으면서도 두려워하며 감히 나쁜 짓을 하지 못하는 것은 위에서 상제가 그를 굽어보고 있다는 것을 알기 때문이다).” 『中庸自箴』, 『與猶堂全書』 第4册, 182~184쪽 참조.

128) 『中庸講義』에서 말했다. “君子之學, 時於事親, 終於事天”, 또 『中庸自箴』에서 말했다. “明善則必知天, 知天爲愼獨之本”, 이는 모두 지천知天, 사천事天을 요지로 하는 것이다. 『與猶堂全書』 第4册, 216 · 280쪽 참조.

129) 日本今無憂也. 余讀其所謂古學先生伊藤氏所爲文及荻先生太宰純 等所論經義. 皆燦然以文. 由是知日本今無憂也. 雖其議論間有迂曲. 其文勝則已甚矣. 夫夷狄之所以難禦者. 以無文也. 無文則無禮義廉恥以愧其奮發鷙悍之心者也. 無長慮遠計以格其貪婪攫取之慾者也. 如虎豹豺狼. 怒則齧之. 饞則啗之. 復安有商度可否於其間哉. 斯其所以爲難禦也. 斯其所以可畏也. …… 日本之俗. 喜浮屠尙武力. 唯剽掠沿海諸國. 奪其寶貨糧帛. 以充其目前之慾. 故我邦爲患. 自新羅以來. 未嘗數十年無事. 中國江浙之間. 連年攻刦. 至大明之末. 其患不息. 今我邦州縣不與交兵. 已二百餘年. 中國互相市貨. 舟航絡續. 苟非有禮義文物. 有以大變其輕窕貪賊之俗. 何累千百年莫之或改者. 能一朝而帖然寧息如此哉 …… 此皆文勝之效也. 文勝者. 武事不競. 不妄動以規利. 彼數子者. 其談經說禮如此. 其國必有崇禮義而慮久遠者. 故曰日本今無憂也.

7장

1) 『禮記正義』: “鄭(玄)『目錄』云: 名曰『大學』者, 以其記博學可以爲政也. 此於(劉歆)『別錄』屬通論.” 『禮記 · 十三經注疏本』 第5册(臺北: 藝文印書館, 1976), 983쪽.

2) 韓愈, 「原道篇」, 『韓昌黎集』(臺北: 河洛圖書出版社, 1975), 7~11쪽.

3) 錢基博, 『四書解題及其讀法』에서 인용한 陳振孫, 『直齋書錄解題』의 설이다. (臺北: 臺灣商務印書館, 1973), 1쪽.

4) 『대학』의 개정판 문제에 대해 黃進興, 「理學, 考據學與政治: 以『大學』改本的發展爲例」, 『優入聖域』(臺北: 允晨文化, 1994), 352~391쪽.

5) 伊藤仁齋, 『大學定本』, 關儀一郎編, 『日本名家四書註釋全書』 第1卷(東京: 鳳出版, 1973), 9쪽.

6) 이 10개 항목은 伊藤仁齋, 「大學非孔氏之遺書辨」, 吉川幸次郎, 清水茂編校, 『伊藤仁齋·伊藤東涯』(東京: 岩波書店, 1983), 160~164쪽 참조. 또한 진사이가 42세에 지은 「私擬策問」에서도 『大學』은 공자의 유서가 아니라고 질의했다. 『古學先生文集』 卷5, 三宅正彦等編集, 『近世儒家文集集成』(東京: ぺりかん社, 1985) 참조. 『大學定本』에서도 10개 항목에 대해 자세한 논술이 있다.

7) 『大學定本』, 10쪽 참조.

8) 소라이는 진사이에 대해 다음과 같이 비평했다. 주희의 『장구』는 결국 만족스럽지 못하고 후세 그의 말을 따르는 자는 흩어지고 배반했다. 근래에 와서 또 시비를 가리다가 옛 대학까지 폐기하려는 자가 있는데 이 역시 공자 문중의 죄인이다. 朱熹作大學章句, 終不慊人意, 後世奉其言者, 猶且渙焉以叛. 至於近幾, 迺又有因辯其非是, 遂併古大學而廢焉者, 亦孔門罪人也. 『大學解』, 關儀一郎編, 『日本名家四書註釋全書』 第1卷, 9쪽.

9) 오규 소라이가 말했다. "『대학』의 문장을 음미해보면 『계사』보다 질이 높고 『중용』보다 순수하다. 맹자 이후의 사람이 할 수 있는 솜씨가 아니다. 분명히 70명 수제자가 전승한 것이다", "따라서 『대학』이란 책은 기기이지 경經도 아니고 전傳도 아니다. 체재가 다르다. 『大學解』, 9쪽.

10) 오규 소라이가 말했다. "주희는 고문사古文辭를 독해하지 못하는 것 같다. 주희의 해석은 세밀한 것 같지만 옛날에 없는 것이다." 『大學解』, 9쪽.

11) 오규 소라이가 말했다. 앞 장에서 대학지도大學之道는 재명명덕在明明德이라고 하지만, 만약 덕德이 몸에 있지 않으면 배우는 것만 못하다. 학문(배움)의 방법은 격물格物에서 시작하며, 이는 덕의 기초다. 따라서 이 장은 明德於天下에서 역으로 추론하여 격물에서 끝난다. 치지致知, 성의誠意, 정심正心 모두 학문의 방법이 아니다. 단지 수신修身은 격물에서 시작해야 한다는 점을 설명한 것이다. 따라서 격물에서만 '재在'라고 했다. 그리고 또 다시 격물에서 시작하여 순서대로 설명하여 평천하平天下에서 끝을 맺어 이것이 자연의 추세라는 점을 설명한다. 『大學解』, 17~18쪽.

12) 오규 소라이가 말했다. 옛 사람의 어휘 선택은 매우 정밀하다고 할 수 있다. 주희가 이를 몰라 여덟 항목을 학문의 방법으로 했다. 그 말이 과연 맞는가? 사람이 좋아해서 왕으로 모신다. 이것이 수신修身의 방법이 되는가? 더구나

주희는 격물格物과 치지致知를 구별 못 하고 있다. 이렇게 되면 일곱 조목밖에
안 된다. 주희는 치致를 극極이라고 설명하고, 격물을 궁리窮理라고 설명한다.
이렇게 되면 또 크게 잘못된 것이다. 왜냐면 성인이 얘기한 지知는 세속이 얘기한
지知가 아니다. …… 주희는 "내 지식을 궁극적으로 확장하여 안 미치는 곳이
없다"라고 한다. 이것은 속세의 하나라도 모르면 수치라는 사고방식이다. 성인은
이를 혐오하여 열심히 배우라고 할 뿐 지식을 선호하라고 가르치지 않았다. ……
따라서 옛 학자는 반드시 먼저 선왕의 시서예악詩書禮樂의 가르침을 따른다.
배워서 익히면 자연히 지知를 이룰 수 있다. 이것이 바로 격물하면 지를 치할 수
있다는 것이다. 선왕의 가르침을 버리고 혼자서 자신의 심心으로 사물의 이理를
궁구하려는 것은 허망한 짓이다. 이것은 결국 불교에 빠지는 일이다. 부처는 성인이
없는 서역 나라에 태어나서 혼자 자신의 지식으로 궁리할 수밖에 없었다. 공자가
돌아가신 지 천 년이 지났다고 성인의 나라에서 태어난 사람이 이것을 모르다니
슬프도다.『大學解』, 18~19쪽.

13) 乾隆己酉春, 余忝甲科, 卽被內閣抄啓. 四月上御熙政堂, 召抄啓諸臣講大學,
歸而錄之如左.『大學講義』,『與猶堂全書』第4冊(서울: 여강출판사, 1985), 93쪽.

14) 乾隆辛亥, 內閣月課, 親策問大學. 臣對曰: 臣妄竊以爲大學之極致,
大學之實用, 不外乎孝弟慈三者. 今欲明大學之要旨, 必先將孝弟慈三字,
疏滌表章, 然後一篇之全體大用, 乃可昭也. 經曰: 明明德於天下, 則明明德歸趣,
必在乎平天下一節矣. 興孝興弟之法, 恤孤不倍之化, 其果非明明德之眞面目乎.
卷旣徹, 命擺置第一. 時蔡樊翁爲讀卷官, 謂所言明德之義, 違於章句, 降爲第二,
以金義淳爲第一. 今二十四年前事也.『大學公議』,『與猶堂全書』第4冊, 18쪽.

15) 정약용의 자찬묘지명自撰墓誌銘에서 이렇게 말하였다. 나는 어린 시절부터
학문에 뜻이 있었는데 20년 동안 세상사에 빠져 선왕의 도리를 공부하지 못했다.
유배된 이후 여가가 생겨 기쁜 마음으로 육경사서를 가져와 깊이 탐구했다.
鏞旣謫海上, 念幼年志學, 二十年沈淪世路, 不復知先王大道. 今得暇矣, 遂欣然自慶,
取六經四書, 沈潛究索.『詩文集·文集』,『與猶堂全書』第2책, 652쪽. 李乙浩,
『茶山經學思想硏究』(서울: 을유문화사, 1996), 李篪衡,『茶山經學硏究』(서울:
태학사, 1996), 鄭一均,『茶山四書經學硏究』(서울: 일지사, 2000) 등 연구에
의하면, 다산의 경학 입장은 송대 성리학의 경전 주석을 부정하고 공자의 사상인
수사학으로 돌아가자는 것이다. 다산의 경학 체계는 '육경사서六經四書' 중에서
자기 수양(修己) 문제와 '일표이서一表二書' 중에서 사람을 다스림(治人) 문제가

서로 의존하며 성립된 것이다.

16) 선인이 말했다. 「중용」은 자사가 지었고, 「치의」는 공손니자가 지었다. 정강성이
말했다. 「월령」은 여불위가 편집했다. 노식이 말했다. 「왕제」는 한문제 때
박사가 기록했고, 「삼년문」은 순자가 지었으며 「악기」는 하간헌왕의 제자들이
편집했다. 이 책들은 모두 저자가 알려져 있으나 「대학」은 누가 지었는지
이전 학자의 언급이 없다. 정단간鄭端簡이 인용한 가규賈逵의 말은 위조임이
분명하니 따를 수 없다. 주자는 증자가 경經 1장을 짓고, 그 제자가 전傳 10장을
지었다고 하지만 전혀 근거 없는 말이다. 주자 마음대로 한 얘기다. 주자의
생각에는 공자의 도통이 증자에게 전수한 후 또 자사 · 맹자에게 전승되었는데,
자사 · 맹자 모두 저술이 있고 증자만 저술이 없어서 이것으로 그 도의 맥을
이으려는 것이다. 案: 先儒謂「中庸」子思所作, 「緇衣」公孫尼子所撰. 鄭康成云:
「月令」呂不韋所修. 盧植云: 「王制」漢文時博士所錄, 「三年問」荀卿所著, 「樂記」
河間獻王諸生所輯, 皆有古據. 至於「大學」, 前人不言誰人所作. 鄭端簡所引賈逵之言,
明係僞造, 不可從也. 朱子謂曾子作經一章, 曾子之門人作傳十章, 亦絶無所據.
朱子以意而言之也. 朱子以爲孔子之統, 傳于曾子, 以傳思孟, 而思孟有著書,
曾子無書, 故第取此以連道脈耳. 『大學公議』, 『與猶堂全書』 第4冊, 3쪽.

17) 朱熹, 『大學章句』: 人生八歲, 則自王公以下, 至於庶人之子弟, 皆入小學. ……
及其十有五年, 則自天子之元子, 衆子, 以至公, 卿, 大夫, 元士之適子, 與凡民之俊秀,
皆入大學. 『四書章句集注』, 1쪽.

18) 오규 소라이가 말했다. 대학大學이란 천자 제후의 수도에서 사람을 가르치는
곳(宮)이다. 천자의 경우 벽옹辟雍이라고 하고 제후는 반궁頖宮이라고 한다.
천자가 교敎를 명한 후 건립한 것이다. …… 박대성인博大聖人으로 설명하는
것은 잘못이다. 주희는 대 · 소학으로 해석한다. …… 대인大人, 소자小子의
학문의 차이로 설명하려는 것도 매우 잘못된 것이다. 학교(學宮)에 대소가 있다고
들었지만 학문에 대소가 있다는 얘기는 들어본 적이 없다. 옛날에 얘기한 학문은
시서육예詩書六藝를 말한다. …… 학교에 대소가 있다는 것은 상서교숙庠序校塾의
별칭이 아니다. 『大學解』, 7쪽.

19) 大學者, 國學也. 居冑子以敎之. 大學之道, 敎冑子之道也. 『大學公議』, 4쪽.

20) 朱子於此, 遂改書名曰大學. 讀之如字, 訓之曰大人之學. 與童子之學, 大小相對.
以爲天下人之通學, 所謂大人者, 冠而成人之稱也. 然冠而成人者, 古者不稱大人 ……
且古者小學大學之別. 原以藝業之大小, 黌舍之大小, 分而二之. 若其年數, 或稱十五,

白虎通或稱二十. 書大傳冠與不冠. 仍無所論. 豈必大人入太學乎. 古者學宮之制.

今不可詳. 然上庠下庠東序左學東膠虞庠諸名. 見於王制 …… 要之諸學之中.

其最尊最大者. 謂之大學. 猶群廟之中其最尊者. 謂之大廟. 群社之中其最尊者.

謂之大社. 見祭法大廟大社. 旣讀爲泰. 則惟獨大學讀之爲大. 定無是理. 大學之大.

旣讀爲泰. 則惟獨大學之書. 讀之爲大. 抑又何義. 夫旣以太學敎人之故.

名是書曰大學. 而彼曰泰. 此曰大. 非公言也. 『大學公議』, 5~6쪽.

21) 胄子者, 太子也. 惟天子之子, 嫡庶皆敎. 而三公諸侯以下, 惟其嫡子之承世者,

乃入太學. 見於『王制』, 見於『書·大傳』. 則『周禮』所謂大司樂之敎國子,

樂師之敎國子, 師氏之敎國子, 保氏之養國子, 凡稱國子, 皆堯典之胄子,

非匹庶家衆子弟所得與也. 『大學公議』, 7쪽.

22) 天子之太子, 將繼世爲天子. 天子之庶子, 將分封爲諸侯. 諸侯之適子, 將繼世爲諸侯.

公卿大夫之適子, 將繼世爲公卿大夫. 斯皆他日御家御邦, 或君臨天下, 或輔弼天子,

道斯民而致太平者也. 故人之于太學, 敎之以治國平天下之道. 『大學公議』, 7쪽.

23) 胄子他日, 皆有成物化民之責, 故戒之以自明. 恐明明德於天下者,

不先自修而强人之明德也. 『大學公議』, 50쪽

24) 議曰: 周禮大司樂, 以六德敎國子, 曰: 中和祗庸孝友. 中和祗庸者, 中庸之敎也.

孝友者, 大學之敎也. 大學者, 大司樂敎胄子之宮, 而其目以孝友爲德. 經云"明德",

豈有他哉. 孟子曰: 學則三代共之, 皆所以明人倫也. 明人倫, 非明孝弟乎?

原來先王敎人之法, 厥有三大目, 一曰德, 二曰行, 三曰藝. …… 大司樂敎胄子,

亦只此三物而已. 彼以忠和爲德, 孝友爲行. 而大司樂通謂之德者, 德行可互稱也.

…… 雖其恒業之所肄習在於諸藝, 而其本敎則孝弟而已. …… 不寧惟是,

幷其所謂誠意正心, 亦其所以爲孝弟之妙理方略而已, 非設敎之題目也. 設敎題目,

孝弟慈而已. 堯典曰愼徽五典, 曰敬敷五敎. 五典五敎者, 父義母慈兄友弟恭子孝也.

…… 然兄友弟恭, 合言之則弟也. 父義母慈, 合言之則慈也. 然則孝弟慈三字,

乃五敎之總括, 太學之敎胄子, 胄子之觀萬民, 其有外於此三字者乎? 『大學公議』,

14~15쪽.

25) 先聖先王, 處胄子於太學, 敎胄子以老老長長之禮, 示萬民以老老長長之法,

使嗣世之爲人君者, 身先孝弟, 以率天下. 使當世之爲臣民者, 興於孝弟, 咸歸大化.

『大學公議』, 75쪽.

26) 總之, 上老老者, 太學之養老也. 上長長者, 太學之序齒也. 上恤孤者, 太學之饗孤也.

此三大禮, 爲太學興孝弟興弟興慈之本. 若去此三禮, 則經所云大學之道, 不知何道,

經所云明明德於天下, 不知何德. 『大學公議』, 78쪽.

27) 『大學解』, 11쪽.

28) 朱熹: 其傳十章, 則曾子之意而門人記之也. 舊本頗有錯簡, 今因程子所定,

　　而更考經文, 別爲序次如左. 『大學章句』, 4쪽.

29) 주희의 설명은 다음과 같다. 신新이란 구舊를 바꾸는 것이다. 이미 명덕을 스스로

　　밝혔으니, 이것을 남에게까지 확대하여 그들로 하여금 역시 낡고 더러운 것을

　　없앨 수 있도록 하는 것이다. 新者, 革其舊之謂也. 言既自明其明德, 又當推以及人,

　　使之亦有以去其舊染之污也. 『大學章句』, 5쪽.

30) 明德旣爲孝弟慈, 則親民亦非新民也. 『大學公議』, 22쪽.

31) 右傳之五章, 蓋釋格物致知之義, 而今亡矣. 間嘗竊取程子之意以補之. 『大學章句』,

　　9쪽.

32) 自知止而后有定以下至此節, 都是格物致知之說. 格物致知, 不得更有一章.

　　『大學公議』, 36쪽.

33) 孫叔徹의 「丁若鏞治大學的幾個特點」에서 다음과 같이 말했다. '知止而后有定'부터

　　'此謂知本, 此謂知之至也'까지는 '일을 시작하기 전'의 방법론이라 할 수 있다.

　　그렇다면 '격물치지' 장은 대학지도大學之道의 방법론이고 '성의誠意' 이후 부분은

　　대학지도의 효용론이다. 『臺灣東亞文明研究學刊』第2卷 第1期(2006), 192쪽.

34) 誠者, 物之終始. 始者, 成己也. 終者, 成物也. 成己者, 修身也. 成物者, 化民也.

　　然則修身原以誠意爲首功, 從此入頭, 從此下手, 誠意之前, 又安有二層工夫乎?

　　惟是天下萬事, 不得不先有慮度. 慮度詳審, 然後是乃起功法也. 昭明德於天下,

　　使天下之人咸歸大道者, 天地間頭一件大事也. 故旣知所止, 乃定其志. 旣定其志,

　　乃慮其事. 通執所經營之物事, 度其本末, 算其終始, 於是自其末而溯之, 上至誠意,

　　爲始事之初步. 特以量度揣摩在始事之前, 故上面又安著致知格物二件. 物仍是此物,

　　知仍是此知, 卽凡天下之物及其所知. 天下之理, 何與於是哉? 『大學公議』, 32~33쪽.

35) 知格物致知章不亡者, 此章起句突兀, 上不連致知, 下不銜正心也. 不誠無物,

　　故先言誠意. 包括意心身家國天下, 一歸之於誠意. 繼引淇奧烈文之詩, 以明誠意之功,

　　可以自修, 可以化民, 皆可以止於至善. 繼引康誥等九文, 又明誠意之功, 自明而新民,

　　以止於至善. 繼引聽訟語, 又以明修身爲本, 以起下正心修身之節. 誠意非徑入也.

　　三綱領非落倒也. 經豈有誤哉. 『大學公議』, 44~45쪽.

36) 誠意不獨爲正心之本, 修齊治平, 莫不以誠意二字成始成終.

　　故說者或以爲舊本誠意章, 在三綱領之前, 直接經一章之後, 可見其表出之意也.

『大學講義』, 96쪽.

37) 然誠之爲物, 貫徹始終. 誠以誠意, 誠以正心, 誠以修身, 誠以治家國, 誠以平天下.
故中庸曰: 誠者, 物之終始也.『大學公議』, 31쪽.

38) 意心身者, 善惡未定之物. 烏得徑謂之德乎? 德猶不可, 烏得徑謂之明德乎?
若云意心身非德, 而誠意正心修身, 不可曰非德. 則是大學之道, 可曰在德,
不可曰在明德. 可曰在明德, 不可曰在明明德. 必於誠正修一重之外, 又有一重工夫,
然後乃可曰明明德.『大學公議』, 18~19쪽.

39) 學問須以大學爲先, 次論語, 次孟子, 次中庸.『朱子語類』第14卷, 249쪽.

40) 大學是爲學綱目. 先通大學, 立定綱領, 其他經皆雜說在裏許.『朱子語類』第14卷,
252쪽.

41) 明, 明之也. 明德者, 人之所得乎天, 而虛靈不昧, 以具衆理而應萬事者也. 但爲氣稟
稟所拘, 人欲所蔽, 則有時而昏; 然其本體之明, 則有未嘗息者° 故學者當因其所發
而遂明之, 以復其初也.

42) 허령불매한 마음이 성정性情을 통괄하고, 이기理氣나 어둡고 밝음을 논하는 것은
역시 군자가 뜻을 가져야(공부해야) 하는 것이지만 결코 옛 태학에서 그르치는
과목이 아니다. 虛靈不昧, 心統性情, 曰理曰氣, 曰明曰昏, 雖亦君子之所致意,
而斷斷非古者太學敎人之題目.『大學公議』,『與猶堂全書』第4冊, 15쪽.

43) 『大學公議』,『與猶堂全書』第4冊, 27쪽.

44) 豈皆心體之謂乎? 凡德行之通乎神明者謂之明德 …… 明倫非明孝弟乎? 太學之道,
在於明倫, 故曰太學之道, 在明明德. …… 明心固亦吾人之要務, 但此經之云明明德,
必非明心.『大學公議』,『與猶堂全書』第4冊, 21쪽

45) 明者, 昭顯之也. 明德也, 孝弟慈.『大學公議』,『與猶堂全書』第4冊, 14쪽.

46) 凡德行之通乎神明者, 謂之明德. 如祭神之水, 謂之明水, 格天之室, 謂之明堂.
孝弟爲德, 通乎神明, 故謂之明德. 何必虛靈者爲明乎?『大學公議』,『與猶堂全書』
第4冊, 21쪽.

47) 若其太學條例, 則綱曰明德, 目曰孝弟慈而已.『大學公議』,『與猶堂全書』第4冊,
20쪽.

48) 經曰: 古之欲明明德於天下者, 先治其國. 古文皆有引起照應, 則明明德全解,
當于治國平天下節求之矣. 乃心性昏明之說, 絶無影響. 惟其上節曰: 孝者所以事君也,
弟者所以事長也, 慈者所以使衆也. 其下節曰: 上老老而民興孝, 上長長而民興弟,
上恤孤而民不倍. 兩節宗旨, 俱不出孝弟慈三字, 是則明明德正義也.『大學公議』,

『與猶堂全書』第4冊, 16쪽.

49) 孟子言庠序學校之制, 而繼之曰: 學所以明人倫也. 人倫明於上, 小民親於下,
亦豈是他說乎. 明明德者, 明人倫也. 親民者, 親小民也.『大學公議』,『與猶堂全書』
第4冊, 22쪽.

50) 孟子曰: 人人親其親, 長其長, 而天下平. …… 孟子此言, 亦親民也. 然則民之所明,
非虛靈不昧之德審矣. 親其親者孝也, 長其長者弟也. …… 親民烏得無條目乎? 經曰:
上老老而民興孝, 使民興孝者親民也. 經曰: 上長長而民興弟, 使民興弟者親民也.
經曰: 上恤孤而民不倍, 使民不倍者親民也. 何得云親民無條目乎?『大學公議』,
『與猶堂全書』第4冊, 23쪽.

51) 若云盤銘康誥周雅之文爲新民之明驗, 則親新二字, 形旣相近, 義有相通,
親之者新之也. …… 百姓相親, 其民乃新. 豈必一畫無變, 乃爲照應乎?
但王陽明不以明德爲孝弟, 則其所言親民之義, 皆無至理. 不如程子之說童孺皆悅.
總之兩義不可偏廢. 今幷陳之, 以俟知者.『大學公議』,『與猶堂全書』第4冊, 22~23쪽.

52) 經曰: 一家仁, 一國興仁. 一家讓, 一國興讓. 又曰: 上老老而民興孝, 上長長而民興弟.
興也者, 作新也. 舊廢而新興也. 此之謂新民.『大學公議』,『與猶堂全書』第4冊,
24~25쪽.

53) 新, 棄舊也. 民皆自新, 則其國若新國然.『大學公議』,『與猶堂全書』第4冊, 51쪽.

54) 此經所引, 亦謂民新則國新而已, 非取受命興王之意也.『大學公議』,『與猶堂全書』
第4冊, 52쪽.

55) 止者, 必至於是而不遷之意. 至善, 則事理當然之極也. 言明明德, 新民,
皆當至於至善之地而不遷. 蓋必其有以盡夫天理之極, 而無一毫人欲之私也.
『大學章句』,『四書章句集注』, 4쪽.

56) 止者, 至而不遷也. 至善者, 人倫之至德也. 誠則至. 議曰: 止於至善者, 爲人子止於孝,
爲人臣止於敬, 與國人交止於信, 爲人父止於慈, 爲人君止於仁. 凡人倫之外,
無至善也.『大學公議』,『與猶堂全書』第4冊, 22쪽.

57) 정약용: "지선이란 무엇이냐? 경의 본문에 나오듯이, 인경효자신仁敬孝慈 등이다";
"인경효자신 이 다섯 가지가 지선의 덕목(제목)이다. 비록 그 나열 순서가
뒤죽박죽이지만, 경經에서 얘기하는 지선至善은 효제자孝弟慈 등의 덕목임을
알 수 있다. 이 덕목 이외에 별도의 지선이 있다는 것은 아니다." "至善之爲何物?
經有正文, 曰仁曰敬, 曰孝曰慈, 皆至善也"; "仁敬孝慈信五者, 皆至善之題目.
雖其所列, 錯落不整, 亦可見經所云至善, 乃孝弟慈之諸德. 非此諸德之外,

別有至善也.『大學公議』,『與猶堂全書』第4冊, 29 · 53쪽.

58) 知爲人君必至於仁而后乃爲至善, 則其志乃定. 曰: 仁者, 人君之所不得不爲也.
　　此志牢固堅確, 一定不動, 宅於此心, 安如磐石, 然後思所以仁於民者. 商量揣度,
　　慮其本末, 慮其先後. 曰: 仁者, 吾之所以治平也. 思治平, 不可不先齊吾家.
　　思齊家, 不可不先修吾身. 思修身, 不可不先正先誠. 於是 自誠意入頭, 自誠意下手,
　　爲仁之始事. 此之謂能得也. 得者得路也. 得其所由始也.『大學公議』,『與猶堂全書』
　　第4冊, 29~30쪽.

59) 止至善一句, 雖爲明德新民之所通貫, 而若其用力, 仍是自修. 非治人使止於至善也
　　…… 爲人君止於仁, 亦只是自修. 堯舜不强勸民使至於至善也. 經曰: 堯舜帥天下以仁.
　　帥也者, 率也導也. 堯舜身先自修, 爲百姓導率而已. 强令民止於至善, 無此法也.
　　『大學公議』,『與猶堂全書』第4冊, 25쪽.

60) 且聖人之道, 雖以成己成物爲始終. 成己以自修. 成物亦以自修. 此之謂身敎也
　　…… 我旣治心. 又治民心. 偕期於止至善. 豈經文之所言乎 …… 我旣至善.
　　民自隨我而至善. 然民之至善, 非我所强. 爲仁由己. 而由人乎哉.『大學公議』,
　　『與猶堂全書』第4冊, 27쪽.

61) 議曰: 大學有三綱領. 三綱領, 各領三條目, 皆是孝弟慈. 此節非明德新民之條目也.
　　然且文雖八轉, 事惟六條, 格物致知, 不當幷數之爲八. 名之曰格致六條,
　　庶名實相允也.『大學公議』,『與猶堂全書』第4冊, 35쪽.

62)『大學公議』,『與猶堂全書』第4冊, 25~26쪽.

63) 議曰: 意心身, 本也. 家國天下, 末也. 然修身又以誠意爲本, 平天下又以齊家爲本.
　　本末之中, 又各有本末也. 故下文六事, 相銜相聯, 層層爲本. …… 誠正修, 始也.
　　齊治平, 終也. 其終始之中, 又各有終始. 如本末之例也. 然誠之爲物, 貫徹始終.
　　誠以誠意, 誠以正心, 誠以修身, 誠以治家國, 誠以平天下. 故中庸曰: 誠者,
　　物之終始也.『大學公議』,『與猶堂全書』第4冊, 31쪽.

64) 意心身家國天下, 明見其有本末, 則物格也. 誠正修齊治平, 明認其所先後, 則知至也.
　　『大學公議』,『與猶堂全書』第4冊, 35쪽.

65) 極知其所先後, 則致知也. 度物之有本末, 則格物也.『大學公議』,『與猶堂全書』
　　第4冊, 32쪽.

66) 蓋格物之解, 當以本末字尋之. 致知之解, 當以先後字尋之.『大學公議』,『與猶堂全書』
　　第4冊, 40쪽.

67)『大學公議』,『與猶堂全書』第4冊, 36쪽.

(68) 『大學解』, 16~17쪽.

(69) 『대학공의』의 다음 구절을 보라. "自誠意入頭, 自誠意下手, 爲仁之始事,
此之謂能得也", 29쪽; "經所云知止能得格物致知, 雖若有許多層節, 其實語有先後,
而時無先後. 只此一刻知止以立志, 卽此一刻慮事以得路, 卽此一刻格物以致知,
卽此一刻誠意以正心. 語其道則明有先後, 語其時則不至荏苒", 42~43쪽; "知止卽知,
誠意卽行, 其餘不須知也", 43쪽; "至善者, 至誠之所成也", 47쪽; "誠意而后止於至善",
53쪽.

(70) 誠者, 物之終始, 修己治人, 徹頭徹尾. 豈唯正心以誠, 雖至平天下,
亦只是一誠字靠將去也. 『大學講義』, 『與猶堂全書』第4冊, 97쪽.

(71) 經文特以誠意一段, 揷之於最高之地者, 誠意爲物之終始, 以此修身, 以此齊家,
以此治平. 故引淇奧前王二節, 以證斯義. 誠意爲物之終始, 以此明德, 以此親民,
以此止善, 故繼引康誥等九文, 以證斯義. 『大學公議』, 『與猶堂全書』第4冊, 56쪽.

(72) 정약용은 이여홍李汝弘에게 준 서한에서 다음과 같이 말했다. 소위 서恕란
인仁의 방법이다. 자공子貢이 평생 지킬 수 있는 한마디를 물었더니 공자는
서恕자를 대답했다. 그렇다면 서恕자가 우리의 도道와 어떤 관계인가? 자공이
얘기한 한마디는 한 글자라는 뜻이다. 한 글자로서 평생 실행할 수 있다는 것은
운서韻書에 있는 1만 3,345자 중에 서恕자보다 더 위에 있는 자가 없다는 얘기다.
이것이 공자가 얘기한 "서恕를 강행하면 인仁은 더 이상 가까울 수 없다"는 뜻이다.
이렇게 보면 서恕라는 것은 인仁을 추구하기 위한 것일 뿐이다. 마치 밥이 살기
위한 도구인 것과 마찬가지다. (그렇다면) 인이란 또 높고 높게 서恕자 위에 있다고
봐야 하지 않을까? 이 글자(仁)의 뜻을 제대로 알아야 도를 안다고 할 수 있다. 이
글자를 제대로 모르면 도를 안다고 할 수 없다. 우리의 도는 이 글자 외에는 없는
것이다. 所謂恕者, 卽仁之方也. 子貢問一言可以終身行之者, 孔子答之以一恕字.
則恕字之關於吾道爲何如也? 子貢所謂一言者, 一字也. 一字而可以終身行之,
則凡韻書所載一萬三千三百四十五字, 若無以加乎恕字之上者矣. 乃孔子之言曰:
强恕而行, 求仁莫近焉. 由是觀之, 恕之爲物, 不過所以爲求仁之用. 如飯之爲物,
不過所以爲活人之用也. 仁之爲物, 顧不巍巍然又在恕字之上乎? 此字之義認得眞切,
則可云知道. 此字之義認得不眞切, 則不可曰知道. 誠以吾道不外乎此字也.
「與李汝弘 · 甲戌十月日」, 『詩文集 · 書』, 『與猶堂全書』第3冊, 255~256쪽.

(73) 然聖人之言, 有倫有序, 不相混雜. 或論心性如孟子, 或論天道如中庸,
或論德行如此經, 各有所主, 意趣不同. 『大學公議』, 『與猶堂全書』第4冊, 26~27쪽.

74) 誠者, 物之終始. 故書詩 (禮) 介特, 不相銜也. 意者, 中心之隱念也. 自欺者,
　　人性本善, 知不善而爲之, 是自欺也. 『大學公議』, 『與猶堂全書』第4冊, 44쪽.

75) 皐陶謨一篇, 乃大學之淵源. 千聖相傳之旨, 始於此謨, 終於大學, 不可不察也. 上云:
　　愼厥身修, 惇敍九族, 庶明勵翼, 邇可遠在玆兹, 大學之修身齊家治國而平天下也.
　　此云: 知人之哲, 安民之惠, 卽大學此章之兩大義也. 下云: 三德六德九德之辨,
　　卽官人之法. 下云: 粒食鮮食乃粒之奏, 卽惠民之績. 上下二千年之遠,
　　而其言若合符契, 斯豈非治平之宗旨乎? 爲天下國家者, 盍亦深思. 『大學公議』,
　　『與猶堂全書』第4冊, 85~86쪽.

76) 爲國者, 其大政有二: 一曰用人, 二曰理財. 『大學公議』, 『與猶堂全書』第4冊,
　　84~85쪽.

77) 及夫大明御世, 文明邁越, 則又尊信朱子, 禁止異說. 四書三經, 班之學宮, 胡廣解縉,
　　撰次大全, 使天下學者, 皆得以棄智絶意, 一其趨尚. 於是乎兩漢以來諸家之說,
　　遂不免束閣而廢卷矣. 其爲正百家之統, 救一世之失, 誠有所補, 然其流弊,
　　不無矯枉之過. 末流蒙士, 闇茸荒蕪, 初不知異同有訟, 新舊有本, 唯成說是遵,
　　唯俗學是尚. 認爲天造, 自塞聰明. 溯古以探本者, 指之爲好新, 援經以證傳者,
　　詆之爲尚奇. 儀禮爲廢物, 周禮爲僻書, 公羊穀梁, 便歸異端, 爾雅孝經, 視如符籙.
　　馬融鄭玄, 名字亦疎, 孔疏賈釋, 面目不見. 鹵莽滅裂, 無復承藉. 斯文之晦塞,
　　又莫如今日也. 於戲. 天下之事, 始於一理, 中散爲萬殊, 末復合於一理. 故博而後約,
　　聖門傳法. 今經典之說, 紛綸錯綜, 散無綱紀, 苟非精選博採, 會其極而歸其極,
　　則經之道幾乎熄矣. 『詩文集 · 策』, 『與猶堂全書』第1冊, 651쪽.

78) 「五學論」: 今之爲性理之學者, 曰理曰氣曰性曰情曰體曰用, 曰本然氣質, 理發氣發,
　　已發未發, 單指兼指, 理同氣異, 氣同理異, 心善無惡, 心善有惡, 三幹五椏, 千條萬葉,
　　毫分縷析, 交嗔互嚷, 冥心默研, 盛氣赤頸, 自以爲極天下之高妙, 而東振西觸,
　　捉尾脫頭, 門立一幟, 家築一壘, 畢世而不能決其訟, 傳世而不能解其怨. 入者主之,
　　出者奴之, 同者戴之, 殊者伐之, 竊自以爲所據者極正, 豈不疎哉. 『詩文集 · 論』,
　　『與猶堂全書』第2冊, 239쪽.

79) 然古之爲學者, 知性之本乎天, 知理之出乎天, 知人倫之爲達道,
　　以孝弟忠信爲事天之本, 以禮樂刑政爲治人之具, 以誠意正心爲天人之樞紐,
　　其名曰仁, 其所以行之曰恕, 其所以施之曰敬, 其所以自秉曰中和之庸, 如斯而已,
　　無多言焉. …… 禮者, 所以節文乎孝弟忠信之行者也, 則勿知焉, 曰: ‘名物度數,
　　於道末也’, 曰: ‘籩豆之事, 則有司存’. 樂者, 所以悅樂乎孝弟忠信之行者也,

則勿知焉, 曰: '詠歌舞蹈, 於今外也', 曰: '樂云樂云, 鍾鼓云乎'. 刑政者,
所以輔成乎孝弟忠信之行者也, 則勿知焉, 曰: '刑名功利之學, 聖門之所棄也'.
威儀者所以維持乎孝弟忠信之行者也, 祭祀賓客朝廷軍旅燕居喪紀, 其容各殊,
布在容經, 不可相用, 則勿知焉, 槪之以一字之禮曰跪. 『詩文集 · 論』, 『與猶堂全書』
第2冊, 239~240쪽.

80) 『詩經講義 · 大雅 · 蕩之什 · 烝民』에서 말했다. 『춘추』의 사람을 보고 논하는
방법은 위의威儀 외에 없다. 「향당」의 성인을 배우고 따르는 방법도 위의에서
벗어나지 않는다. 春秋傳觀人論人之法, 不外乎威儀, 鄕黨篇尊聖學聖之術,
不出乎威儀. 『與猶堂全書』第6冊, 550쪽. 『論語古今註 · 鄕黨』에서 정약용이
말했다. 「향당」은 공자의 행동과 차림이 예禮에 맞는다는 기록이다. 記鄕黨者,
記夫子動容中禮也. 『與猶堂全書』第5冊, 351쪽.

81) 정약용은 「중용책」에서 다음과 같이 말했다. 『중용』과 「향당」편은 서로 표리
관계라고 본다. 왜냐? 『향당』은 성인의 예의범절(文章)이 겉으로 나타난(드러난)
상황을 얘기하는 것이고, 『중용』은 성인의 도덕이 속 안에 충만한 상황을 얘기하는
것이다. 성인의 내면을 알고자 하면 이 책 말고 또 무엇이 있겠는가? 문인들이
볼 수 있는 것은 (공자의) 위엄과 행동에 불과하다. 자사는 집 안에서 배우고
가문의 전통을 이어받아 그가 알고 있는 것은 정수精髓이고 심오한 이상이다.
자공이 말한 "공자의 문장(예의, 태도)을 볼 수 있어도 공자가 성성과 천도天道를
얘기하는 것은 얻어들을 수 없다"는 것이 바로 이 얘기다. 만약 학자들이 향당
편을 읽어 공자의 외적인 문장文章(예의, 태도)을 얻고, 중용을 읽어 공자의 도덕
내면을 발휘한다면 공자한테서 (직접) 못 배웠다 하더라도 무엇이 걱정인가?
臣竊嘗以爲中庸一書, 與鄕黨篇實相表裏. 何者? 鄕黨, 就聖人文章之著於外者而言之.
中庸, 就聖人道德之充乎內者而言之. 欲知聖人之內蘊者, 舍是書何以哉!
蓋門人之所得而見者, 不過威儀動作之間. 若子思則本之家庭之學, 接乎宗嫡之統,
其所得而知之者, 乃其精髓蘊奧之祕. 子貢所謂夫子之文章, 可得而見,
夫子之言性與天道, 不可得而聞者, 此也. 苟使學者讀鄕黨之篇而得其文章之表,
讀中庸之書而發其道德之蘊, 何患乎學孔子也. 『中庸策』, 『與猶堂全書』第1冊, 655쪽.

82) 愛養父母謂之孝, 友於兄弟謂之弟, 教育其子謂之慈, 此之謂五教也. 資於事父,
以尊尊而君道立焉. 資於事父, 以賢賢而師道立焉. 茲所謂生三而事一也.
資於事兄以長長, 資於養子以使衆. 夫婦者, 所與共修此德, 而治其內者也.
朋友者, 所與共講此道, 而助其外者也. 然唯慈者, 不勉而能之. 故聖人之立教也,

唯孝弟是訓. 孟子曰: 仁之實, 事親是也. 義之實, 從兄是也. 禮之實, 節文斯二者是也.

樂之實. 樂斯二者是也. 智之實, 知斯二者, 不去是也. 由是言之, 大學之明明德,

明此二者也. 中庸之自誠明, 誠此二者也. 忠之爲言, 盡此二者而實於己也.

恕之爲言, 推此二者而及於物也. 格物致知, 格此二者而知所以先後也. 窮理盡性,

窮此二者而盡吾之性分也. 二者誠乎心, 謂之正心. 二者誠乎身, 謂之修身. 昭明二者,

以順性命, 謂之事天. 天命之謂性, 率性之謂道, 修道之謂教, 教也者, 五教也.

『詩文集・原』, 『與猶堂全書』第2册, 125〜126쪽.

83) 「맹자책孟子策」에서 말했다. 성현의 전통은 위로는 무왕에서 끝났고, 아래로는

맹자에서 끝났다. 따라서 그 기상은 비슷하다. 오늘 맹자의 책을 근거로 무왕의

도를 찾는다면 대체로 맞을 것이다. 맹자가 평생 노력한 것이 바로 왕도를

부흥하는 것인데 그가 얘기한 것은 "다섯 무畝의 집에 뽕나무를 심고, 닭과

돼지를 키우는 데 때를 놓치지 마라", "학교 교육에 근심하고 효제의 뜻을 잘

가르쳐라" 등 몇 마디에 불과하다. 얼마나 쉽고 평범한 얘기인가. 그런데 그

당시 제후는 듣지 않아 전쟁에서 벗어나지 못했다. 따라서 무왕 이후 왕도는

종식되었다. 말수명末受命(말년에 천명을 받음), 이 세 글자가 결국 천고千古 동안

지사志士의 한이 되었다. 聖賢之統, 上焉而止于武王, 下焉而止于孟子. 故其氣象,

亦大槪相近. 今若因孟子之書, 而求武王之道, 則亦庶乎其無悖矣. 孟子之平生拳拳,

卽百里興王之道. 而其事則不過曰: 五畝之宅, 樹以桑, 雞豚之畜, 無失時.

謹庠序之敎, 申孝弟之義, 數句語而已. 以今觀之, 何其至平易至淺近. 而當時諸侯,

聽我藐藐, 卒不能擺脫於堅甲利兵之功. 斯所以武王之後, 王道邃熄. 而末受命三字,

終爲千古志士之恨者也.『詩文集・策』, 『與猶堂全書』第1册, 664쪽.

8장

1) 「西巖講學記」, 『詩文集』, 『與猶堂全書』第3册, 403〜404쪽.

2) 然理氣之說, 可東可西, 可白可黑, 左牽則左斜, 右掣則右斜, 畢世相爭, 傳之子孫,
亦無究竟. 人生多事, 兄與我不暇爲是也.『詩文集』, 『與猶堂全書』第3册, 244쪽.

3) 「鹿菴權哲身墓誌銘」: 後世之學, 溺於言談, 說理氣論情性, 而疎於踐履.
『詩文集・墓誌銘』, 『與猶堂全書』第2册, 610쪽.

4) 四端由吾心, 七情由吾心, 非其心有理氣二寶而各出之使去也. 君子之靜存而動察也,

凡有一念之發, 卽已惕然猛省曰: 是念發於天理之公乎? 發於人欲之私乎? 是道心乎?

是人心乎? 密切究推, 是果天理之公則培之養之, 擴而充之. 而或出於人欲之私,

則遏之折之, 克而復之. 君子之焦脣敝舌而憧憧乎理發氣發之辯者, 正爲是也.

苟知其所由發而已, 則辨之何爲哉? 退溪一生用力於治心養性之功,

故分言其理發氣發, 而唯恐其不明. 學者察此意而深體之, 則斯退溪之忠徒也.

『與猶堂全書』第2冊, 308~309쪽.

5) 「與金承旨書」: 자기의 이해를 계산하지 않고 남의 시비를 생각하지 않으며 절친한
   친구의 우의도 고려하지 않고 극구 반대하며 거친 파도를 막으려 했다. 이것은
   그의 마음이 순전히 공적인 천리에서 나오고 사적인 인욕은 추호도 없어서 그렇다.
   (朱子) 不計自己利害, 不顧旁人是非, 不念朋舊之誼, 情好之篤, 而極口觝排,
   務障狂瀾. 是其心未嘗不純然一出於天理之公, 而無一毫人欲之私也.『與猶堂全書』
   第3冊, 154~155쪽.

6) 「與金德叟 · 又書」: 而從違取舍之際, 又必兢兢致愼, 要令理勝而義明而已,
   未敢輕呵前人, 取快筆舌. 其才如彼其高, 而其心如此其公, 所以其言之端的可信,
   非餘人所及也.『與猶堂全書』第3冊, 350쪽.

7) 박제가는『北學議』내외이편內外二篇을 저술하였는데 「내편內篇」은 중국의
   수레(車), 배(船), 성城, 벽돌(甓), 기와(瓦), 집(宮室), 도로道路, 교량橋梁,
   목축(畜牧), 시장과 우물(市井), 장사(商賈), 약의藥醫, 활과 화살(弓矢) 등
   일상생활의 시설을 소개하여 조선도 빈곤을 면하려면 중국의 문물제도를
   배워야 한다고 역설하고, 「외편外篇」에서는 밭(田), 거름(糞), 뽕나무(桑),
   농업과 잠업에 대한 총론(農蠶總論), 강남 · 절강 상선과 통상하는 문제에 대한
   논의(通江南浙江商舶議), 과거론科擧論, 재부론財賦論 등의 내용을 소개하며
   농상農桑을 개량하고 선박을 이용해 외국과 무역을 해야 한다고 주장했다.

8) 日本未通中國, 凡中國之錦綉寶物, 皆從我得之. 又其所孤陋,
   我人之詩文書畫, 得之爲奇珍絶寶. 今其舟航直通江浙, 不唯得中國之物而已,
   竝得其所以製造諸物之法, 歸而自造而裕其用.「日本論二」,『詩文集 · 論』,
   『與猶堂全書』第2冊, 280~283쪽.

9) 世稱毛奇齡詆斥朱子之說, 語雖乖悖, 理或明的, 鏞亦嘗比觀而照勘矣.
   蓋其學術專襄於漢儒讖緯之餘, 而雜引其贋書荒怪之談. 人見其考據之博,
   驚怯喪膽而云然也. 細細查櫛, 則柄鑿相戾, 瘢疣百出 …… 況其曼殊傳連廂詞等作,
   無異倡優下賤, 大非儒者氣象. 而其從曾祖卽王陽明之親徒, 故傳其心法,

而爲此醜正之論也. 知此而後益信朱子爲天地四時, 而藐然顧笑於蚍蜉之撼樹也.
至於格君安民之苦心血誠, 亦鏞之所嘗反覆詠歎而不能已者. 今門下言之,
益不勝犁然而會心也.『與猶堂全書』第3册, 191~192쪽.

10) 야마노이 유우山井湧는 경학사학파의 대표 인물로서 진제陳第(1541~1617),
   황종희, 고염무. 왕부지, 모기령, 비밀費密(1623~1699), 당견唐甄(1630~1704),
   만사동萬斯同(1638~1702) 등이 있다고 본다.『明淸思想史の研究』(東京:
   東京大學出版會, 1980), 242~243쪽 참조.

11) 沈慶昊,「丁若鏞的『詩經』論與淸朝學術的關係: 以繼承,
   批判毛奇齡學說爲例」(黃俊傑編,『東亞視域中的茶山學與朝鮮儒學』에 수록됨);
   심경호,「丁若鏞의 詩經論과 淸朝 學術: 毛奇齡 學說의 비판과 극복을 중심으로」;
   辛源俸,「淸代思想이 茶山 易學觀 수립에 대한 영향—毛奇齡을 중심으로」(『茶山學』
   第3期에 수록됨) 등을 참고하라.

12) 「答金德叟」: 한유漢儒의 훈고 전승에서 취할 수 있는 것이 많지만 그 오류 또한
   적지 않다. 따라서 주자가 많이 고쳤는데 이는 일부러 트집 잡는 것이 아니다.
   근래에 고대의 주석에 전념하는 풍습이 있는데 고주古注에 대해 이견異見을
   제시하면 망령이라고 비난한다. 하지만 수십 년 칩거하여 오랫동안 책을 읽으니
   고대 주석이 다 맞는 것이 아니고 후세 학자가 무조건 틀린 것도 아니라는 사실을
   깨달았다. 오직 겸허한 마음으로 공정하게 그 시비와 진위를 고찰해야 할 것이다.
   연도와 세대만을 따를지 그 여부를 판단해서는 안 된다. 竊嘗以爲漢儒高古,
   其訓詁相承, 固多可取, 而其紕繆錯誤, 誠亦不少. 故朱子多所更改, 非求瑕於白璧也.
   近世一種習尙, 乃欲專心古注, 凡古注所說, 有議其不允者, 指之爲妄人.
   然窮居數十年, 沈漸章句, 積久稽驗, 知古注未必盡是, 後儒新論未必盡非.
   唯當虛心公觀, 以察是非之眞, 不宜按世次考年紀, 以斷其從違也.『與猶堂全書』
   第3册, 330쪽.

13) 통신사의 외교 활동을 통해 조선은 1764년 일본의 고학古學과
   소라이학徂徠學의 발전을 알게 되었다. 정약용이「일본론」,
   「발태재순논어고훈외전跋太宰純論語古訓外傳」 등의 글을 지었고,
   『논어고금주』에서 이토 진사이 3회, 오규 소라이 50회, 다자이 슌다이
   148회 인용한 것으로 보아 일본 학자에 대해 상당히 많이 알고 있었고 또
   영향을 받았을 것이다. 통신사와 일본 고학의 관계에 관해서는 夫馬進,
   「朝鮮通信使による日本古學の認識」,『思想』第981號(2006년 1월);

「1764年朝鮮通信使と日本の徂徠學」, 『史林』第89卷 第5號(2006년 9월) 참조.

조선시대 일본 유학의 전래에 관해 朴洪植, 「伊藤仁齋, 荻生徂徠의 學의 丁茶山에

對한 意義」, 『民族文化論叢』第31輯(嶺南大學民族文化硏究所, 2005년 6월)

참조. 박홍식의 글에 따르면, 일본 유학의 전래는 3단계로 나눌 수 있는데, 첫째,

안정복安鼎福의 이토 진사이 소개. 둘째, 이덕무李德懋의 이토 진사이, 오규

소라이, 다자이 준에 대한 소개. 셋째, 정약용의 진사이, 오규 소라이, 다자이 준의

『논어』주석에 대한 인용과 비평이다. 다산의 일본 고학파에 대한 인용에 관해서는

河宇鳳, 「丁若鏞の日本儒學研究」, 『朝鮮實學者の見た近世日本』(東京: ぺりかん社,

2001) 참조.

14) 「日本論一」, 「日本論二」, 『與猶堂全書』第2冊, 280~283쪽.

15) 張崑將, 「丁茶山與太宰春臺對『論語』的解釋比較」(黃俊傑編,

『東亞視域中的茶山學與朝鮮儒學』에 수록됨) 참조.

16) 다자이 준은 일본의 유명 학자로 그가 지은 「논어고훈외전」은 황간皇侃(중국

남북조 유학자)을 추종하고 주자의 장구를 비방했다. 괴상하게도 그 풍기가

섬나라에 만연하였다. 논어에 牢曰, 憲問 두 글이 있다고 7편을 琴牢, 原憲(공자의

제자)의 작품이라고 주장한다. 그의 언론이 이렇게 괴교乖巧하다. 그 원류는 이토

진사이에서 나온 것인데 돌고 돌아 격렬해져 이렇게 방사放肆한 지경에 이르렀다.

太宰純, 日本名儒也. 其所著論語古訓外傳, 祖述皇侃, 詆排朱子章句. 異哉一時風氣,

如煙霏霧漲, 至及海島之中也. 以論語有牢曰憲問二文, 遂以七篇爲出琴原二子之手.

其言之乖巧類如此, 其淵源蓋出於伊藤維禎, 而轉轉磯激, 放肆至此.

「跋太宰純論語古訓外傳」, 『與猶堂全書』第2冊, 498쪽.

17) 「古詩二十四首」, 『與猶堂全書』第1冊, 139쪽.

18) 張崑將, 「丁茶山與太宰春臺對『論語』的解釋比較」, 85~92쪽.

19) 有君子可以治人, 有民可以養君子. 其必一君子可以治衆民, 然後天下治.

若使天下之人, 家諭戶曉, 而民咸爲君子, 是天下無民. 無民非國也.

其君子亦無所使者, 若然者, 何以爲國乎? 『論語古今外傳』(京都大學影印本), 卷8,

8쪽. 다자이 준은 『斥非』에서도 이런 사상을 피력했다. "君子之道者, 爲人上之道也.

而小人之道者, 爲人下之道也. 且古者有圭璧金璋, 命服命車, 宗廟之器, 皆不粥於市,

以尊物非民所宜有故也. 先王之制也. 今說經於衢路, 豈不粥尊物於市之類乎?

『日本儒林叢書』第4卷, 10쪽.

20) 정약용은 말했다. 공자 스스로 "가르침에 구별이 없다"고 하였는데 또

"알게 해서는 안 된다"고 할 리가 있나? 서대전書大傳에서 "공경대부원사의
적자는 15세에 소학에 들어간다"고 하니 혹자는 맹자가 얘기한 "학교에서
효제의 의리를 가르친다"는 말도 귀족에만 해당된다고 주장한다. 하지만
왕제王制에서 말했다. "경대부원사의 적자와 국내에서 선발된 수제가 모두
왔다"고 한다. 국내의 수제라는 것이 바로 주자가 얘기한 "凡民之俊秀者"이다.
동례대사도周禮大司徒에서 말했다. "삼물三物, 팔형八刑, 오례五禮, 육락六樂
등으로 만민萬民을 가르치고 다스린다." 만민이라고 하니 어찌 존비귀천이
있겠나? 성인의 마음은 공평하고 사심이 없다. 그래서 맹자는 "누구나 요순이
될 수 있다"고 한다. 어떻게 개인의 사욕 때문에 백성을 우매하게 하여 자신을
지키고 남이 요순 되는 길을 막을 수 있는가? 설사 자신의 지위를 지키고자 해도,
마땅히 예의를 가르쳐 윗사람을 공경할 줄 알게 해야 나라가 지켜진다. 만약
백성을 우롱하면서 자신을 지키려고 한다면 몇 개월 안 가서 망한다. 진秦나라가
그 예다. 孔子親口自言曰: "有敎無類". 而又反之曰: "不可使知之". 有是理乎?
書大傳曰: "公卿大夫元士之適子, 十五入小學". 故說者遂謂孟子所云: "謹庠序之敎,
申之以孝弟之義者", 亦不過貴族. 然王制曰: "卿大夫元士之適子, 國之俊選皆造焉".
所謂國俊者, 卽朱子所謂凡民之俊秀者. 周禮大司徒: "以鄕三物, 敎萬民, 而賓興之.
以鄕八刑糾萬民, 以五禮防萬民之僞, 以六樂防萬民之情. 凡萬民之不服敎者,
歸于士". 名曰萬民, 豈復有尊卑貴賤於其間乎? 聖人之心, 至公無私, 故孟子曰:
"人皆可以爲堯舜". 豈忍以一己之私欲, 愚黔首以自固, 阻人堯舜之路哉? 設欲自固,
亦當敎民以禮義, 使知親上而死長, 然後其國可守. 眞若愚黔以自固, 則不踰朞月,
其國必亡. 秦其驗也.『論語古今註』卷4,『與猶堂全書』第5冊, 297~298쪽.
21)   然以余所聞, 其論大學, 以爲格物者, 格物有本末之物, 致知者,
      致知所先後之知. 又以孝弟慈爲明德, 而舊本不必有錯簡. 其論中庸,
      以所不聞所不睹爲天載之無聲無臭. 其論四端, 以端爲首, 如趙岐之說.
      而仁義禮智爲行事之成名. 其論喪禮, 以兄弟爲同族之通稱, 以立後爲死人之後,
      以帶下尺爲衣裾之長, 以燕尾爲本無之物. 其受弔, 唯主人拜賓, 衆主人不拜賓.
      以玆速謗不少. 其論國風, 以鄭衛爲刺淫之詩. 其論尙書, 以梅氏二十五篇爲贗書.
      凡此諸說, 雖與朱子所論不無異同, 生平愛慕朱子, 誦其文述其義, 津津洋洋,
      不知眉毛之跳動. 嘗曰: 眞心慕朱子者, 莫我若也.『詩文集 · 墓誌銘』,『與猶堂全書』
      第2冊, 612쪽.
22)   차이마우쏭에 따르면, 권철신, 정약전은 1777년 가을 광주와 여주의 경계인

앵자산 주어사에서 김원성金源星, 권상학權相學(권철신의 아들), 이총억李寵億 등과 함께 교리 연구를 시작했다. 1791년 진산사건 이후 교회는 권철신, 정약종, 최창현崔昌顯, 최인길崔仁吉 등이 이끌었고, 1793년 권철신은 윤유일尹有一, 지황池璜을 베이징으로 보냈으며 그 후 주문모周文謨가 조선에 들어와 선교 활동을 하게 되었다. 蔡茂松, 『韓國近世思想文化史』(臺北: 東大圖書公司, 1995), 520~529쪽 참조.

23) 以己克己, 是千聖百王, 單傳密付之妙旨要言. 明乎此, 則可聖可賢, 昧乎此, 則乃獸乃禽. 朱子之爲吾道中興之祖者, 亦非他故, 其作中庸之序, 能發明此理故也. 近世學者, 欲矯宋元諸儒評氣說理內禪外儒之弊, 其所以談經解經者, 欲一遵漢晉之說, 凡義理之出於宋儒者, 無問曲直, 欲一反之爲務. 其爲一二人心術之病, 姑舍是, 將使擧天下之人, 失其所僅獲, 昧其所僅明, 滔滔乎爲禽何獸, 爲木爲石, 非細故也. 『論語古今註』, 『與猶堂全書』第5冊, 450~451쪽.

24) 예를 들면 소라이가 "所謂誠其意"를 해석할 때 말했다. 주희는 '성의誠意'의 성誠자는 허자虛字라는 것을 모르고 학문의 방법이라고 잘못 해석했으니 막히고 안 통한다. 朱熹不知"誠意"之誠爲虛字, 謬以爲爲學之方, 至是殆不可通. 『大學解』, 22쪽.

25) 이 점에서 정약용의 해석은 오규 소라이에 가깝고 이토 진사이와 다르다.

26) 필자는 최진영이 지적한 다산은 사상사에서 "비판과 계승의 이중주"를 했다는 설명에 동의한다. 그의 『韓國儒學思想硏究』 제5장 제5절 참조(邢麗菊譯, 北京: 東方出版社, 2008).

27) 韓東育, 『從'脫儒'到'脫亞': 日本近世以來'去中心化'之思想過程』(臺北: 臺灣大學出版中心, 2009) 참조.

28) 만동묘는 송시열과 그의 제자 권상하 등이 1703년에 건립한 것으로 명 태조, 명 의종과 임진왜란 때 조선을 도운 명 신종의 제사를 모셨다. 대통묘는 1831년에 건립되어 명나라 유민遺民을 모셨고, 대보단은 숙종이 1705년 건립하여 명의 황제와 파병 장수를 모셨다. 만동묘, 대통묘, 대보단에 관한 연구는 孫衛國, 『大明旗號與小中華意識』(北京: 商務引書館, 2007), 제2·3·4장 참조.

29) '숭명삼의崇明三義'는 유인석의 시 제목에서 따온 것임. 柳麟錫, 「崇明三義」 『毅菴集』(서울: 경인문화사, 1973), 卷3, 54쪽.

30) 楊雨蕾, 「18世紀朝鮮北學思想探源」, 『浙江大學學報』 第37卷, 第4期(浙江:

浙江大學, 2007年 7月) 참조.

31) 小川晴久,「地動說から宇宙無限論へ: 金錫文と洪大容の世界」,『東方學志』
第21輯(서울: 연세대학교 국학연구원, 1979) 참조.

32) 홍대용은 「의산문답醫山問答」에서 실옹實翁의 말을 빌려 이렇게 말했다.

하늘이 낳고 땅이 키웠고 혈기가 있으면 다 인간이다. 능력이 뛰어나 한 영역을
다스리면 모두 군왕이다. 성문과 해자로 영토를 잘 지키면 모두 나라다. 옷을
바르게 차려입든 몸에 문신을 하고 다니든 모두 습속(문화)이다. 하늘에서 볼
때 내외(가까운 것과 먼 것)의 구분이 어디 있겠는가? 따라서 각자 자기 동족을
사랑하고 자기 왕을 존경하고, 자기 나라를 지키고 자기 풍속을 따르는 것은 화華나
이夷나 똑같다. 대부분 천지가 변하면서 사람도 많아지고, 사람이 많아지면서
나와 남이 생긴다. 자타(나와 남)가 생기면서 내외 구분이 생긴다. 내장과 사지의
대비는 한 몸속의 내외 구분이다. 내 몸과 내 처자는 한 집안의 내외다. 형제와
친척은 한 가문 안의 내외다. 이웃과 변방은 한 나라 안의 내외다. 서로 다른 문화
사이는 천지 아래의 내외다. 내 것이 아닌 것을 가지면 도盜라고 하고, 죄가 없는데
죽이면 적賊이라고 한다. 주변 호로가 쳐들어오는 것을 중국은 구寇라고 부르고,
중국이 침략하면 주변국은 적賊이라고 부른다. 서로 치고 싸우는 그 본질은 똑같다.
공자는 주나라 사람인데 왕실과 제후가 날로 쇠퇴하여 오초吳楚 같은 나라가 계속
괴롭힌다. 춘추란 주나라 (역사) 책이고, 내외 구분은 엄격하다. 하지만 공자가
바다로 떠나 구이九夷에 살면서 중화로 그들을 변화시켜 주周의 도道를 역외에서
부흥한다면, 내외의 구분이나 질서에 대한 정의는 역외의 춘추로 정해질 것이다.
공자가 성인인 이유도 이 때문이다.

天之所生, 地之所養, 凡有血氣, 均是人也. 出類拔華, 制治一方, 均是君王也.
重門深濠, 謹守封疆, 均是邦國也. 章甫委貌, 文身雕題, 均是習俗也. 自天視之,
豈有內外之分哉? 是以各親其人, 各尊其君, 各守其國, 各安其俗, 華夷一也.
夫天地變而人物繁, 人物繁而物我形. 物我形而內外分. 臟腑之於肢節, 一身之內外也.
四體之於妻子, 一室之內外也. 兄弟之於宗黨, 一門之內外也. 鄰里之於四境,
一國之內外也. 同軌之於化外, 天地之內外也. 夫非其有而取之謂之盜,
非其罪而殺之謂之賊. 四夷侵疆, 中國謂之寇, 中國瀆武, 四夷謂之賊. 相寇相賊,
其義一也. 孔子周人也, 王室日卑, 諸侯衰弱, 吳楚滑夏, 寇賊無厭. 春秋者, 周書也.
內外之嚴, 不亦宜乎. 雖然, 使孔子浮于海, 居九夷, 用夏變夷, 興周道於域外,
則內外之分, 尊攘之義, 自當有域外春秋. 此孔子之所以爲聖人也.『湛軒書 · 內書』

卷4「補遺」,『韓國歷代文集叢書』第2602冊(서울: 경인문화사, 1999), 382쪽.

33) 여기서는 미나모토 료엔源了圓의 분석 개념을 빌렸다. 미나모토 료엔은 실학을 '실천적 실학'과 '실증적 실학' 두 유형으로 구분했다. 그에 따르면, 첫 번째 유형의 사상은 대부분 '가치적 이성주의'이고, 두 번째 유형은 '경험주의적 이성주의'의 경향이 강하다. 첫 번째 유형의 대표 학자는 후지와라 세이카(1561~1619), 하야시 라잔(1583~1657), 나카에 도주(1608~1648), 구마자와 반젠(1619~1691) 등이 있고, 두 번째 유형의 대표 학자는 오규 소라이(1666~1728), 미우라 바이엔(1723~1789), 가이호 세이료(1755~1817), 혼다 토시아키(1743~1821) 등이 있다. 일본 근세 실학의 발전 과정은 제1유형에서 제2유형으로 발전하지만 양자는 동시에 공존하고 상호 보완했다. 源了圓,『近世初期實學思想の研究』(東京: 創文社, 1980), 64~119쪽 참조.

34) 박종천의 연구에 따르면, 정약용의 예론禮論에는 왕권을 강화하는 측면도 있고, 군주가 왕권을 남용하는 것을 억제하는 측면도 있다. 박종천, 「"國朝典禮考"에서 나타난 茶山 丁若鏞의 禮論」,『韓國思想史學』第16期 (서울: 韓國思想史學會, 2001) 참조.

35) 예를 들면 金泰永,「茶山 經世論 中의 王權論」에서 지적하기를 성리학과 실학 사이에는 일정한 관계가 존재하여 "성리학의 왕정론王政論(마음공부를 중심으로 한 성학론聖學論)"이나 "실학의 왕정론(제도 개혁을 선도로 하는 국가 개혁론)" 모두 근대적인 사유 방식을 갖추지 않았다. 위 글은『茶山學』창간호(서울: 다산학술재단, 2000)에 수록됨. 이영훈에 따르면, 다산의 사상은 비록 성숙된 근대의 사고는 아니지만 그중에는 이미 근대를 지향하는 진보 의식이 포함되어 있다. 이영훈, 「다산의 인류관계 범주에 대한 구분과 사회의식」,『茶山學』 제4기(서울: 2003) 참조.

36) 유학 지성에 대한 비판을 전제로 하는 근대 의식 구축 작업에 대해 일부 연구자는 이를 "주자학을 부정하면서 또 계승하는 모순된 행위"라고 지적한다. 하지만 일본의 근대사 발전에는 이런 예를 많이 찾을 수 있다. 다시 말하면, 일본 근대화의 선구자가 근대적 개념을 구축할 때, 자신들이 비판하는 주자학 지식 체계에 기반을 두어야 비로소 그 구축 활동을 전개할 수 있었다. 이 점에 관해서 子安宣邦, 「朱子學與近代日本的形成」(黃俊傑, 林維杰編,『東亞朱子學的同調與異趣』에 수록됨), 155~168쪽 참조.